中文社会科学引文索引（CSSCI）来源集刊

人文论丛

2015年

第2辑（总第24卷）

冯天瑜　主编

教育部人文社会科学重点研究基地
武汉大学中国传统文化研究中心　　主办

WUHAN UNIVERSITY PRESS
武汉大学出版社

KEY RESEARCH INSTITUTE IN UNIVERSITY

图书在版编目(CIP)数据

人文论丛.2015 年.第 2 辑:总第 24 卷/教育部人文社会科学重点研究基地,武汉大学中国传统文化研究中心主办.—武汉:武汉大学出版社,2015.12

ISBN 978-7-307-17258-6

Ⅰ.人… Ⅱ.①教… ②武… Ⅲ.社会科学—2015—丛刊 Ⅳ.C55

中国版本图书馆 CIP 数据核字(2015)第 281235 号

责任编辑:李 程　　　责任校对:李孟潇　　　版式设计:马 佳

出版发行:**武汉大学出版社** 　(430072 武昌 珞珈山)
　　　　(电子邮件:cbs22@ whu.edu.cn 网址:www.wdp.com.cn)
印刷:武汉中远印务有限公司
开本:787×1092　1/16　印张:19　字数:461 千字　插页:2
版次:2015 年 12 月第 1 版　　　2015 年 12 月第 1 次印刷
ISBN 978-7-307-17258-6　　　定价:68.00 元

《人文论丛》2015年第2辑（总第24卷）

学术顾问（以姓氏笔画为序）

卜松山　瓦格纳　艾　兰　池田知久

刘纲纪　朱　雷　李学勤　杜维明

宗福邦　饶宗颐　章开沅　谢和耐

裘锡圭

编委会成员（以姓氏笔画为序）

冯天瑜　刘礼堂　李维武　陈文新

陈　伟　陈　锋　吴根友　沈壮海

张建民　杨　华　杨逢彬　罗国祥

尚永亮　郭齐勇

主　编　冯天瑜

副主编　郭齐勇　陈　锋　陈文新　杨　华

本卷执行主编　郭齐勇

本卷执行编辑　王林伟

目 录

人文探寻

中国哲学精神与特点及其对现代性的批判与调适[*]

□ 郭齐勇　王晨光

笔者拟探讨"中国哲学精神"的问题。然而,"中国哲学"非常复杂,从流派来看有诸子百家、儒释道、宋明理学等,从典籍来说有经史子集与地方文献等,还有不同时空的中华各民族的哲学思潮与思想家,以及口耳相传的思想内容。

任何概括都有危险性,不免挂一漏万,以偏概全。尽管如此,人们还是要概括、提炼。冒着可能陷入化约主义偏失的危险,我们还是试图从儒、释、道家的哲学中抽绎出反映"中国哲学精神与特点"的若干内涵,尽管儒释道诸家及其所属诸流派之间的主张不尽相同,但它们仍有一些共同的思想倾向。

一、中国哲学精神与特点

笔者把中国哲学精神与特点概括为以下六点:自然生机、普遍和谐、德性修养、秩序建构、具体理性、知行合一,以下分别展开论述。

(一)存有连续与生机自然

所谓"存有的连续",即把无生物、植物、动物、人类和灵魂统统视为在宇宙巨流中息息相关乃至互相交融的连续整体,这种观点区别于将存有界割裂为神界、凡界的西方形而上学。受此影响,中国古代思想家始终聚焦于生命哲学本身,没有创世神话,不向外追求第一原因或最终本质等抽象答案,不向超越的、外在的上帝观念致思,故也不曾如西方哲学那样摇摆于唯物与唯心、主观与客观、凡俗与神圣之间。① 所谓"生机的自然主义",指中国哲学认为"自然是一种不断活动的历程,各部分成为一种有生机的整体形

* 本文为教育部人文社会科学重点研究基地重大项目"现当代新儒学思潮研究"(项目号:13JJD720014)的成果之一,又为中央高校基本科研业务费专项资金资助重点项目(项目号:2015113010201)成果。

① 参见杜维明:《试谈中国哲学中的三个基调》,《杜维明文集》第 5 卷,武汉出版社 2002 年版,第 4 页。

式，彼此动态地关联在一起……此种活动的历程是阴与阳的相互变动，在时间的历程中来实现自己"。中国哲学并不强调主体和客体、物体和精神之间的分辨，而是一种自然的相应，互为依藉和补充，在互为依藉和补充以及自然的相应中，就成就和保存了生命与理解。①

在西方，一元外在超越的上帝、纯粹精神是宇宙的创造者，如如不动的创造者与被它创造的生动活泼的世界被打成两橛。近代以来理性主义的兴起又使得道德转而凭靠"实证论的观点"或"恒久有益的功利主义思考"② 来形成新的正当性基础。而在中国传统中，自轴心突破后，中国的人性便具有超越性并与整个宇宙相照映。由于意识到自己处于"存有的全体"之中，因此便使人超越小我而进入"己达达人"的境界。③ 以本体而言，中国哲学也并非孤立的自然本体，更没有凌驾在上的造物主，而是始终保持人与万物之间相互融通，唯借默识可于"万象而见其浑全，所以有天地万物一体的境界，而无以物累心之患，无向外追求之苦"④。此外，中国哲学"气"的概念更昭示着变动不居，流转无息的宇宙规律，世间万物不是僵化与封闭的，而是在同周边他者流行融摄中积极创化、生生不息，这都是存有连续与生机自然的体现。

（二）　整体和谐与天人合一

中国哲学讲求天、人、物、我之间的感通，追求整体和谐、动态圆融的观念与智慧。肯定天道与性命之间的相融相通，突破人与外界的隔阂，致力于以中正平和的仁德同他者对话。正如汤一介所言："普遍和谐"的观念是"天人合一"的基本命题和"体用一源"的思维模式的产物，包括了自然的和谐、人与自然的和谐、人与人的和谐，以及人自身内外身心的和谐，是儒、释、道三家共同的思想旨趣。⑤ "天人合一"体现了中国哲学精神中存有的连续和有机的整体。天是事物存在及其价值的根源，天道有化生万物之德。"大哉乾元，万物资始乃统天。云行雨施，品物流形。……乾道变化，各正性命。保合太和，乃利贞。首出庶物，万国咸宁。"（《周易·乾·彖辞》）这正说明中国文化以天道贯人事的特点。"天"是万物的最终依据，"天"不是与地相对的"物质之天"，而是作为自然界整体意义的"自然之天"。此外，"天"还有着"道德义理之天"，乃至"宗教神性意义"的内涵。正是由于天所具有的多重含义，"天"便不只是指外在于人的自然界，而是有机的、连续性的、生生不息的能动的、与"人"相关联的不可分的存在。⑥

中国人有着对天、天地精神的信仰及对天命的敬畏，并提升自己的境界以"与天地精神相往来"。无论是倡明"天地之塞吾其体，天地之帅吾其性"（《西铭》），还是反向

---

① 成中英：《中国哲学的四个特性》，《成中英文集》第1卷，湖北人民出版社2006年版，第18～19页。

② 特洛尔奇：《现代精神的本质》，《基督教理论与现代》，刘小枫编，朱雁冰等译，华夏出版社2004年版，第62页。

③ 参考余英时：《论天人之际：中国古代思想起源试探》，中华书局2014年版，第35～41页。

④ 熊十力：《答马格里尼》，《熊十力全集》第4卷，湖北教育出版社2001年版，第199页。

⑤ 参见汤一介：《中国哲学中和谐观念的意义》，《新轴心时代与中国文化的建构》，江西人民出版社2007年版，第91页。

⑥ 汤一介：《论"天人合一"》，《汤一介集》第5卷，中国人民大学出版社2014年版，第58页。

论之曰："天者，吾性中之象；地者，吾性中之形"（《己易》）都是要把内在的精神与宇宙相契合，赋予个体一种贯通天地的存在感。儒家立己立人、成己成物、博施济众、仁民爱物之仁心，道家万物与我为一、天籁齐物之宽容，佛家普度众生、悲悯天下之情怀，都是这种精神的结晶。由此，儒家并不把自然界视为"异在"的存在，视为人之外的对立面，中国文化精神蕴含人与万物一体同源的体悟，天人之间互相融摄，不仅个体对万物持有深切的仁爱、关怀，更将整个天地万物都看作是与自己的生命紧紧相连的。

（三）德性修养与内在超越

中国文化特别凸显在道德文明层面，并且用道德取代了宗教的功能。儒、释、道、宋明理学四大思想资源与思想传统，最根本处是做人，是强调人的德性修养。这四大思想传统及其内部各流派在根本的目的上并无大的差别，他们彼此的分歧或纷争，主要是修身功夫入路问题。儒家的"极高明而道中庸"，佛教的"平常心即道心"都表明了现实与理想的统一。人人皆可为尧舜，人人皆具佛性，是儒家与佛教的最高信仰。实际上，儒、道、佛与宋明理学都是要追求一种理想的高尚的社会，因此其共同点都在培育理想的人格境界，以出世的精神干入世的事业。这四大思想传统的道德精神并非只停留在社会精英层，相反通过教化，通过民间社会、宗教与文化的各种方式，如蒙学、家训、家礼、戏文、乡约、行规等，把以"仁爱"为中心的五常、四维、八德等价值渗透到老百姓的日用常行之中，成为他们日常生活的伦理。而这些伦理是具体的、有生命的，甚至其中每一个赞扬与责备都包含很高的智慧。①

内在超越的精神是中国传统哲学在面对超越性与内在性问题时展现出来的共同精神。儒家的天道性命之学、为己之学，是"以道德理想的提升而达到超越自我和世俗的限制，以实现其超凡入圣的天人合一境界"；道家的道德论和逍遥思想，"以其精神的净化而达到超越自我与世俗的限制，以实现其绝对自由的精神境界"；中国禅宗的明心见性、转识成智、见性成佛等中心思想，强调"人成佛达到超越的境界完全在其本心的作用"。②儒、释、道三家都呈现出内在的超越性。内圣外王之道，同样为中国传统哲学中儒、道、释（禅宗）所共有，以此作为达到理想社会的根本办法。晚近以来，新儒家更提倡反求本心的学术以解决时代危机，如熊十力援引如来藏与阿赖耶识染净对立的说法，便是要力证个体伦理责任以图"振起衰疲之族类"③。论及"天人不二"，更指出"国际经济问题合理解决，人类究有向上而发扬灵性生活之要求"。这正是要在现代危机中力图凸显个体生命与心灵德用的能力，从而倡明"本心炯然内证"④ 的道德自决性。牟宗三继之提出"智的直觉"、"逆觉体证"也是本于阳明的"天理自然明觉发见"⑤ 来彰显"内在于本心

---

① 参见黄勇：《美德伦理学与道德责任：儒家论道德赞扬与责备》，《儒家思想与当代中国文化建设》，人民出版社 2013 年版，第 370~384 页。

② 汤一介：《论老庄哲学中的内在性与超越性》，《儒释道与内在超越问题》，江西人民出版社 1991 年版，第 13 页。

③ 熊十力：《新唯识论》（壬辰删定本）赘语和删定记，《体用论》，中华书局 1994 年版，第 4、10 页。

④ 熊十力：《新唯识论》（语体文本），中华书局 1985 年版，第 252 页。

⑤ 王阳明：《传习录》卷 2《答聂文蔚》，《王阳明全集》，上海古籍出版社 2011 年版，第 95 页。

之真诚恻坦"①。在他看来，正因智的直觉为本心明觉所呈现的直觉，所以感通周流而遍润一切，自然也会"自悦自觉其所不容己的自立之法则"②。所谓"逆觉体证"便是"本心仁体之明觉活动"自知自证自己的体现。由此，儒家连带宇宙生化的内在道德哲学转而可证成主体创生的可能性，至于道德法则的建立亦不需外铄而可视为"沛然莫之能御"的个体良知朗现。正如杜维明所言："儒家的宗教性就是要在这个所谓凡俗的世界里面体现其神圣性，把它的限制转化成个人乃至群体超升的助源，把 conditionality 变成 resource。"③ 可见，内在超越落实下来就是要高扬仁心本体刚健、创生的特质，就是要澄清个体不应被人们创造出来的物质世界和人文建制所异化、所遮蔽，以致忘却、沦丧了人之所以为人的根蒂。

（四）秩序建构与正义诉求

中国哲学中不仅有理想胜境，而且有系统的现实社会治理的智慧与制度。长期以来，中国社会秩序的建构，靠的是"礼治"。"礼治"区别于"人治"、"法治"。"德治"是"礼治"的核心，但"礼治"的范围比"德治"更广。《礼记·乐记》载："是故先王之制礼乐，人为之节。衰麻哭泣，所以节丧纪也。钟鼓干戚，所以和安乐也。昏姻冠笄，所以别男女也。射乡食飨，所以正交接也。礼节民心，乐和民声，政以行之，刑以防之，礼乐刑政四达而不悖，则王道备矣！"可见"礼"是带有宗教性、道德性的生活规范。古代村社组织由选举产生的三老、啬夫管理公共事务，而庠、序、校等则为民众议政、集会与活动提供场所，在一定意义上就是社会自治、地方自治的。无论是范仲淹首创的"义庄"、蓝田吕大钧定乡约、朱熹增损乡约乃至王阳明南赣立约，都是将儒家教义化为切身躬行的条目，由此完成社会的重建，最终达到以"礼"化"俗"的功能。在"礼"所形成的秩序中，不仅"疲癃、残疾、惸独、鳏寡"这类弱势群体得以救济，而且贵者能够"守其业，保禄位"，地位卑贱之人也能"尊其贵，畏其威刑也"（《左传正义·昭二十九年》）。各在其位，各尽所能，因此荀子赞誉"礼"为"道德之极"、"治辨之极"、"人道之极"。

礼包含着法，礼既是道德规范，又是法律制度。儒家主张"明德慎罚"、"德主刑辅"、"一断于法"、"赏当其功，刑当其罪"、"执法必信，司法必平"等公平原则。荀子说："故刑当罪则威，不当罪则侮；爵当贤则贵，不当贤则贱。古者刑不过罪，爵不逾德。"（《荀子·君子》）同时，荀子又主张不以私情害法，指出："怒不过夺，喜不过予，是法胜私也。"（《荀子·修身》）他强调"严令繁刑不足以为威"（《荀子·议兵》），"刑弥繁而邪不胜"（《荀子·宥坐》）。他主张"明刑弼教"，不滥用刑，"杀一人刑二人而天下治"（《荀子·议兵》），重视德教。儒家总体上肯定德本刑用，省刑慎罚，反对不教而诛。因此，在"礼"所形成的秩序空间中蕴含着"反求诸己"的道德意识，其不去刻意以外在的条文来维护社会秩序，而是将个体安顿在自发形成的地域共同体中，由此，司法得以兼顾伦理与公正，最终目的就在于实现融洽和睦的人际关系。

---

① 牟宗三：《从陆象山到刘蕺山》，吉林出版集团有限责任公司 2010 年版，第 139 页。
② 牟宗三：《智的直觉与中国哲学》，台湾联经出版事业有限公司 2003 年版，第 252 页。
③ 杜维明：《东亚价值与多元现代性》，中国社会科学出版社 2001 年版，第 40 页。

（五）具体理性与象数思维

中国的理性是具体的理性。《论语》中孔子就是对某个具体的人物、具体的情况作出评判，这一点就与我们现代的学术讨论习惯大不相同。① 西方理性主义的主要特征是人有抽象和演绎的理性能力。中国哲学家承认人是理性的，人可自然地知道"实在"或"道"。"实在"和"道"不是逻辑界说的抽象术语，而是普遍和具体地展现于事事物物中的合理秩序，可以透过直接的经验和广泛的经验层面来了解。中国哲学所展示的具体理性，无论是在认识实践的层面，还是在伦理政治甚至本体论的层面，始终不与经验相离。② 相对于西方用理性思辨的方式来考察、探究形上学的对象，中国哲学则致力于在人事上推求治乱循环大道，"他人及天地万物即在人之实践追问中构成意义，成为人实践追问所处的意义世界，中国哲学则名之曰人生境界。然而，如此还未足以让人充分彻悟存在，盖最终要安顿人的有限性，人必须将其意义世界再往上一提而成对超越之体证及诚信"③。正是由于中国哲学所具有的实践性特点，使其得以超越"概念王国"。然而这并非说中国哲学不存在逻辑与概念。相反，中国哲学的"道"、"仁"等一系列的概念、范畴，需要在自身的系统中加以理解。历代学者在不同的境遇中反复诠释这些哲学概念，在修养与思辨中不断推演与验证中国哲学的各种命题，并将道德的、美学的、生态学的涵义赋予本体论、宇宙论体系之中，实际上是以整全的身心性命来完成哲学验证。

中国哲学又具有象数的思维方法。如《周易》原为治历与掌卜之官通天文、察物变所作，尽管万物变动不居，古人却将其归简为数理。而《易》之辞，又能推阐其义，并开显为"尊生、彰有、健动、率性"④ 不同的天人价值，这即是中国哲学"推天道以明人事"⑤ 的智慧。因此，借助象数，古人得以向后人昭示"吉凶悔吝、进退存亡"的道理。既取象比类，又触类旁通；阴阳平衡，刚柔调和；注重生命节律，肯定周期、序列、整体综合与统筹，而《易》之大用，在乎教人立身处事之道"⑥，抽象思维始终紧密地联系于人事，所谓"图象为无言之史，谱牒为无文之书，相辅而行，虽欲阙一而不可者也"⑦。这种象数思维既抽离出至简至约的宇宙运行法则，又"开物成务，冒天下之道"。它不只提供一种思维形式，同时诱导思维内容，它是思维内容同思维形式紧密结合的一种奇特的思维方式⑧，更与中国哲学所蕴含的经世致用智慧密不可分。

---

① Shun Kwong-loi（信广来）：Studying Confucian and Comparative Ethics：Methodological Reflections，Journal of Chinese Philosophy，2009（36），p. 456.

② 成中英：《中国哲学的四个特性》，《成中英文集》第 1 卷，湖北人民出版社 2006 年版，第 16~18 页。

③ 郑宗义：《从实践的形上学到多元宗教观——"天人合一"的现代重释》，《天人之际与人禽之辨》，新亚学术集刊第 17 期，2001 年，第 65 页。

④ 熊十力：《读经示要》，中国人民大学出版社 2009 年版，第 225~253 页。

⑤ 永瑢等：《四库全书总目》卷 1《易类叙》，中华书局 1965 年版，第 1 页。

⑥ 张舜徽：《四库提要叙讲疏》，台湾学生书局 2002 年版，第 12 页。

⑦ 章学诚著，叶瑛校注：《文史通义校注》，中华书局 1985 年版，第 635 页。

⑧ 唐明邦主编：《周易评注》，中华书局 2009 年版，第 11 页。

（六）知行合一与经史并重

中国哲学经世致用的精神体现为"知行合一"，其不去刻意追逐理论层面的繁复建构，而是切实地关注知识与现实间的关系。这就要求学者不仅要"穷神知化"、"存心养性"，更要在冥契天道后勇于付诸行动。自宋儒将"民胞物与"揭示天下，中国的知识分子无不将个体修养与拯世济民贯通起来。知识不再是书斋中"馨悦绨绣"式供学者钻营或谋取功利的器物，而是关系着改政移风与国计民生。在朱熹、王阳明和王夫之的知行统合观中，我们可以知道，中国哲学家的行为方式是理想与理性的统一，价值与事实的统一，理论理性与实践理性的统一。① 而在现代社会，传统知行观也不断发展，不仅德性涵养性的知识拓展为现代学术知识系统，行为也从单一维度的事功展现为各个领域的建设，学者在这一过程中保持着自觉、自愿、自由、自律，这是颇值得称道的。

经世致用的精神在知识论层面则呈现为经史并重的学术传统。经史传统为孔子开创，由于春秋末期官师治教分离，孔子遂援用鲁史制《春秋》，寓义于事。② 其深意正如苏洵所言："是以因史修经，卒之论其效者，必曰乱臣贼子惧。由是知史与经，皆忧小人而作，其义一也。"在此之后，义理与史事得以互相彰显，所谓"经不得史无以证其褒贬，史不得经无以酌其轻重"③。可以说，在中国的经史传统中，经典的价值并不表现为孤立的一套尊奉的"圣典"，而是在不同时代的撰述予以呈现，其原因就在于任何时代都将产生新的问题，而学者的使命就是结合具体处境来实践政治教化。因此，一旦经典脱离致用或拘泥于章句训解，便会有学者重提经史之学予以纾解。譬如章学诚所言："夫道备于六经，义蕴之匿于前者，章句训诂足以发明之。事变之出于后者，六经不能言，故贵约六经之旨而随时撰述以究大道也。"④ 这里的"随时撰述"便是他"六经皆史"一语的注解，可见，这绝不同于近代历史主义对经典价值的摧毁，相反，是要在时势变迁中以经典之体开出史学之用，是要打破学者对经典文本的滞守，要求学者重新关注民生日用彝伦等问题，这正是知行合一精神的开显。

实际上，经史传统并不止化解经典与致用脱离的危机，其本身更是一种"疏通知远，藏往知来"的学问体系。刘咸炘曾自叙"观事理必于史。此史是广义，非但指纪传编年，经亦在内"⑤。在他看来，经史之学本身就是贯通的整全学说，其价值就在于"御变"。其实，无论是"御变"抑或史迁的"通古今之变"，都是在历史流变中推求经义与致用之

---

① Yong Huang（黄勇）：Two Dilemmas of Virtue Ethics and How Zhu Xi's Neo-Confucian Avoids them, Journal of Philosophical Research, 2001（36），pp. 247-281.

② 孔子所言"其义则丘窃取之矣"，又如"吾欲托之空言，不如载之行事之深切著明也"，均足以看出《春秋》开创的经史传统所蕴含的实践智慧与经世理念。此后无论是王阳明的"致吾心之良知于事事物物也"，抑或朱熹的"无时无处不致其戒谨恐惧之力"，还是章学诚明确提出的"知史学之本于春秋，知春秋将以经世"，均能看到这种义理（经）与致用（史）合一的精神。

③ 苏洵著，曾枣庄、金成礼笺注：《史论上》，《嘉佑集笺注》，上海古籍出版社1993年版，第229页。

④ 章学诚：《章学诚遗书》卷1《原道下》，文物出版社1985年版，第12页。

⑤ 刘咸炘：《认经论》，《推十书》甲辑《中书二》，上海科学技术文献出版社2009年版，第43页。

道,此即"深求其故,取证于心"①。所以,在经史并重的学术传统中,经典并不体现为一套凝滞的玄理思辨,而存在于古往今来历史人物的行事之中。经典不是空言三代圣王,而是一种有裨于世道人心的致用资源。正如黄宗羲所提倡的"学必原本于经术,而后不为蹈虚,必证明于史籍,而后足以应务,元元本本,可据可依"。② 由此,古与今、知与行、经与史、经典与实务的紧张感得以消解,种种差异不过是"此心之万殊、道体之无尽,与真理展开的一个过程"③。

总而言之,时空流转必然会产生古典与现实的离隙,然而在这种情况下,仅仅希望逃遁到经典之中来解决困境无疑是懈怠的表现。经史并重其实就是要求学者既遵循经典的价值,又能够知行合一,积极地在世间践行道义。正如章实斋告诫学生的:"不特志古之道不宜中辍,亦正以其心力营于世法"④。因此,经史传统就是呼吁学者在庸常的世俗生活中秉持信念,与时偕行。在当今时代,中国哲学精神不仅不背离日用彝伦,更与现代文明共存的同时保持着补弊救偏的职能。"世运既变,治道斯移,则始于粗粝,终于精微。"⑤我们相信古与今的磨合是一个长久的过程,唯有秉持和平中正的仁德精神与伟岸气象,最终才能调适上遂地健康发展。

二、中国哲学精神对现代性的批评与调适

(一) 中国哲学精神建构社群秩序的意义

近代以来,讨论中国现代转型往往倾向认为中国过重于私领域,亟待向公领域转型进而构建公民社会。如孙中山曾说中国一盘散沙,梁启超则参照福泽谕吉之说认为中国偏重私德缺少公德。此一偏之辞皆忽视了中国的公领域必然是从私领域完善后推扩所得。其实任公也说"公德者,私德之推也"、"蔑私德而谬托公德,则并所以推之具而不存也"⑥。这正是《礼记·祭义》所言"立爱自亲始",也是阳明所谓"冬至一阳生,必自一阳,而后渐至六阳"、"抽芽、发干、生枝叶"的譬喻。⑦ 在中国文化精神中,"亲亲的人格成长和发展,有利于仁民的人格成长和发展;齐家能力的增长,也可以促进治国能力的增长。因此,修齐治平,亲亲仁民爱物正是生命的体证与实践,而非一种逻辑的推导"⑧。这正表明儒家的人既是道德人格的主体,也是一种关系性的存在,更是在关系中培养与成就自我的。此正是"施于有政,是亦为政"的要义,传统政治并不以公民普遍参政为最高准

---

① 黄宗羲:《南雷诗文集》卷1《恽仲升文集序》,《黄宗羲全集》第10册,浙江古籍出版社2005年版,第4页。

② 全祖望:《鲒埼亭集外编》卷16《甬上证人书院记》,《全祖望集汇校集注》,上海古籍出版社2000年版,第1059页。

③ 萧萐父:《黄宗羲的真理观片论》,《吹沙集》,巴蜀书社2007年版,第324页。

④ 章学诚:《章学诚遗书》卷29《与史余邨论学书》,文物出版社1985年版,第335页。

⑤ 康有为:《孔子改制考》,中华书局2012年版,第1页。

⑥ 梁启超:《论公德》,《饮冰室合集》第6册《专集之四》,中华书局1989年版,第12页。

⑦ 王阳明:《王阳明全集》卷1《语录一》,上海古籍出版社1992年版,第26页。

⑧ 郭齐勇:《中国儒学之精神》,复旦大学出版社2013年版,第180页。

则，而是探寻政治本体意义，在社群之中涵化民众对关系的维护，从而完成良好的秩序建构。

然而余英时认为："以群体关系而言，中国文化在现代化的挑战下必须有基本改变，是非常显明的。在现代社会中政治与法律都是各自具有独立的领域与客观的结构，决不是伦理——人伦关系——的延长。"① 这实际上是误将人伦关系理解为私领域的伦理道德，并将现代政治与德性修养分离。孟子说"徒善不足以为政，徒法不能以自行"（《孟子·离娄上》）；埃德蒙德·柏克强调幸福的追求只有通过"德性"，亦即"德性强加给激情的制约"。这正是强调人的意志必须永远置于理性、审慎和德性的统治之下。因此柏克认为政府的基础不在"虚幻的人权"，而在"尊奉义务"。② 显然，余英时正是将良好政治的标准让位于工具理性。而事实上，在现代东亚社会，人情主义原则同专业化官僚是并行不悖的。根据怀特对公民社会的解释，其具有两层意义：首先，"公民社会"这一概念所描述的"公民权、代议制和法治等原则为基础的国家与社会的关系"，在此意义上他所指的是某种"政治社会"；其次，它还被用来表示"中间社会组织"，而这个意义上的"公民社会"又可以表示"所有的社会组织"、"资产阶级社会"和"群众性组织"等。③ 实际上，这正是传统政治架构内涵，儒家一方面正视贤愚不肖的差别，从而要求选拔士人参与政治，有恤民之担当；另一方面也强调庶民皆应修养德性，能近取譬，从孝亲为始逐步向外推扩，这两方面本身便呈现一种良好的交融互动秩序。实际上，即使是治人，孔子也是强调士子应承担保国恤民的义务而非统治的权利，所谓"人君为政在于得人，而取人之则又在修身。能修其身，则有君有臣，而政无不举矣"④。可见中国文化精神的治理架构在于使个体成为一个"德性的真实"，卓然自立于天壤之间，关联着人之为一道德的存有。换言之，正因现代化的生活世界具有"以培养抽象的自我认同为目标和促使成年个体化的社会化模式"⑤，故不得不将德性重建的使命重新赋予个体。因此，儒家并不抵触民主宪政，倘使借此能真正树立其道德的主体，而达到一种交光互网的德化，亦不可不谓为中国文化精神之实现。⑥

（二）中国哲学精神对虚无主义的调适

启蒙思想的目标凸显为对理性的追求与对传统教条的克服，然而当现代性"把极端的怀疑原则制度化，并且坚持所有知识都采取假说的形式"时，却致使"现代性的反思

---

① 余英时：《从价值系统看中国文化的现代意义》，《文史传统与文化重建》，三联书店 2012 年版，第 474 页。

② 施特劳斯：《自然权利与历史》，彭刚译，三联书店 2006 年版，第 48 页。

③ Gordon White, Prospects for Civil Society: A Case Study of Xiaoshan City, China's Quiet Revolution: New Interactions between State and Society, Longman Group United Kingdom, 1994, pp. 195-196. 转引自夏光：《东亚现代性与西方现代性：从文化的角度看》，三联书店 2005 年版，第 291 页。

④ 朱熹：《四书章句集注》，中华书局 1983 年版，第 28 页。

⑤ 哈贝马斯：《现代性的哲学话语》，曹卫东等译，译林出版社 2004 年版，第 2 页。

⑥ 林安梧：《儒学革命：从"新儒学"到"后新儒学"》，商务印书馆 2011 年版，第 45 页。

性削弱知识的确定性"①，从而将道德、科学与艺术三者相互区分。正如哈贝马斯所言，"专家有自己的一片自律范围，也意味着这范围与日常交际解释学的分离"②。可见，现代性不仅导致道德的边缘化与道德的法律化，而且导致理论与实践的脱节。而后现代"为了逃脱理性的束缚，但同时也走向了偏离人性的悖情乖离、怪力乱神的行为"。③ 事实上，除了价值和存在的迷失，精神危机的深沉层面还体现为形上世界的陷落。亨廷顿认为现代政治体与传统政治体之间的差异主要呈现有"理性化的权威，差异性的结构，大众的参与以及由此产生的一种能够实现各种广泛目标的能力"④。现代政制借由理性目标的方式重塑社会结构，无疑弱化了个体对自身价值的追求。换言之，现代性所具有的理性主义迫使道德从法律与习俗中独立出来，然而由此产生的现代伦理学建构由于失去了启示与共识基础，本身便面临着无法自证的危机。

倘若按吉登斯定义，现代性是17世纪在欧洲出现并影响世界的"社会生活或组织模式"的话，那么这种"组织模式"实际正表现为国家通过建立一套训导人们行为的社会机制而进行的权力扩张。⑤ 而当理性裹挟着经济效能、实际利益等标准从道德规范和道德自抑的干扰中解放出来时，道德本身的合法性也只能依靠"社会整合"等契约义务性质的参考系作为评价标准，个体所本具的道德能力则被剥离并丧失。而一旦置于古今之争的视域中则不难发现，现代性所具有的普世性更体现在对传统社会运转机制与价值理念的转换，借由世俗化国家理念的传播与浸润，"原子式"的个体一方面以追求自由和权利为最高目的，另一方面也与周遭生活世界日益疏离。正如艾伦·布卢姆所批判，虚无主义最显著的表现并不是缺乏坚定的信念，而是本能或情欲方面的混乱。"人们不再相信灵魂中多变而相互冲突的各种倾向有着自然的等级，用来替代自然的传统也已崩溃。"⑥ 事实上，这恰恰根源于后现代主义价值取向是以个体为本位来解决人的生命形式及意义的安顿问题。

针对以上问题，具有整体主义取向的中国哲学则能展开调适，无论是强调个体的德性修养与内在仁体契悟，抑或是追求此世价值安顿的秩序建构与正义诉求，还是在知行合一与经史并重传统中所流露出的经世致用关怀，均要求我们把理想境界和现实人生统一起来，通过"为仁由己"、"尽心知天"的内倾路径，把事实（或现实）世界与价值（或超越）世界统一起来。通过践形尽性的功夫，使价值理想在现实人生中完全地展现出来。最终更落实在"居敬"、"体仁"、"存养"、"立诚"等反求诸己的功夫论上，这在现代物欲横流、尘世喧嚣下均具有着重要意义。

---

① 吉登斯：《现代性与自我认同：现代晚期的自我与社会》，赵旭东、方文译，三联书店1998年版，第3、23页。

② 哈贝马斯：《论现代性》，王岳川、尚水编：《后现代主义文化与美学》，北京大学出版社1992年版，第17页。

③ 成中英：《儒学整体伦理学与世界新文明：伦理整体化与儒学世界化》，《成中英文集》第2卷，湖北人民出版社2006年版，第342页。

④ 亨廷顿：《导致变化的变化：现代化，发展和政治》，西里尔·E.布莱克编：《比较现代化》，杨豫、陈祖洲译，上海译文出版社1996年版，第44页。

⑤ 鲍曼：《立法者与阐释者：论现代性、后现代性与知识分子》，洪涛译，上海人民出版社2000年版，第106页。

⑥ 艾伦·布卢姆：《美国精神的封闭》，战旭英译，译林出版社2011年版，第110页。

（三） 中国哲学精神对古今对立的超越

启蒙后的现代社会具有价值排他性，近代中国仓促转型并接受现代价值，致使古今完全割裂。实际上，与其将现代性视为一种特定的历史时期或一套凝固的制度架构，毋宁看作是一种处于生成中的构想，其并不拒斥传统所进行的反思与批判，而是整全的社会在衍化进程中不断进行的自我调适。正如亨廷顿所言："任何实际的社会显然融合了传统理想类型和现代理想类型中的一些成分。因此，一切实际社会都处在转变中，或者说都是混合的。"① 罗荣渠也指出："把社会现象按'传统'与'现代'编排成两组相互排斥的特征是虚假的。因为任何现代社会都不可能是纯粹的现代性社会，而是现代性与传统性兼而有之的社会。"② 换言之，从传统到现代是一个"连续体"，传统与现代并非二元对立，而是一个辩证发展的关系。

鉴于现代性与传统二元对立的弊端，部分学者提出从传统的角度审视现代的主张。杜维明引用张灏的提法，希望"我们不仅要从现代的角度来批判和了解传统；同时，也要从传统的角度来批判和了解现代"③，杜维明将之形容为"用现代'格义'传统，用传统来'格义'现代"。我们认为现代性不是僵滞的平面化的概念，而是一个不断与中国哲学精神相调适的过程，中国哲学精神的特制恰能弥合两者间的决裂。我们不应拘执于古今之争来推阐自身的合法性，更不宜斩断传统与现代相互融摄的可能性，而应展开中国哲学精神所焕发的存有连续性内在机理，本于天人合一的关怀消解古今对峙的紧张。新儒家前辈哀民生多艰而奔走于"新外王"之证成，在 1958 年唐君毅、牟宗三、徐复观、张君劢四人联署发表的《中国文化与世界宣言》中，已构想国民自觉其自我成为"道德实践的主体"进而成为"知性的主体"与"政治的主体"，④ 这绝非丧失文化主体性，而恰恰是中国文化精神在现代重建活动中内在延续力的展现。经学归本于天道，却不离百姓日用，这也可见"天之超越性只能透过人之道德主体性来理解"⑤。正如蔡仁厚所言，儒学以常理常道为主，理上超越时空，事上顺时制宜，在现代社会具有重大价值。⑥ 在这种理念下，古今的差异其实也是"理一分殊"的题中之义，人类面对问题的共通性终将超越各种歧异，因此，着重分殊也就是说我们不只要重视建立终极关怀，还要重视道的具体落实的问题，具体落实的诸德性也正是生生之仁德的表现。⑦ 今天我们要解决中国的现实问题，不仅需调动传统文化资源，更应保持对现代价值的开放性。唯有通过中国哲学精神统摄传统与现代，最终方可构建具有中国特色的解决之道。

---

① 亨廷顿：《导致变化的变化：现代化，发展和政治》，西里尔·E. 布莱克编：《比较现代化》，杨豫、陈祖洲译，上海译文出版社 1996 年版，第 56 页。

② 罗荣渠：《现代化新论》，北京大学出版社 1993 年版，第 38 页。

③ ［美］杜维明：《现代精神与儒家传统》，三联书店 2013 年版，第 123 页。

④ 唐君毅：《中华人文与当今世界》，台湾学生书局 1975 年版，第 896 页。

⑤ 李明辉：《当代儒学的自我转化》，中国社会科学出版社 2001 年版，第 134 页

⑥ 蔡仁厚：《新儒家与新世纪》，台湾学生书局 2005 年版，第 23～27 页。

⑦ 刘述先：《理一分殊》，上海文艺出版社 2000 年版，第 7 页。

三、余　　论

　　晚近以来，中国应对现代性的过程正呈现为麦金太尔所言"认识论的危机"。即一种通过"偶然环境与特殊社会秩序"以及"特殊的语言和文化系统"① 所表述的传统权威遭受了新变化的挑战，而传统的信奉者调动资源予以回应却未受到普遍赞同的尴尬处境。在麦金太尔看来，新理论可以解决问题，但只有与传统概念框架及信念保持一致才能宣告危机的解除。换言之，新理论正相当于对传统的重构与再诠释，而传统也唯有基于特定的价值，才能在变动不居中维持对自我的辨识，不致沦为技术性的"被发明的传统"②。

　　传统内在于人心之中，是不断被人们理解、复制、批判和重构的动态流程，对其继承应基于主体自觉，按"人事有代谢，往来成古今"的客观进程，对历史中形成的传统进行筛选与评判，找到传统与现代化的历史接合点。③ 只有坚信传统蕴含着应时而化的内在生命，坚守中国精神的价值系统，才能走出古今之争的对立格局。正如章学诚所言："所谓好古者，非谓古之必胜乎今也，正以今不殊古，而于因革异同，求其折衷也。"④ 因此，批评传统与现代的思想弊病，去芜存菁，作出创造性的选择和诠释，正是我们的职责。传统在创造之中，应向未来敞开无穷的可能性。所谓现代化，就是自觉有意识地促进"传统"的这种变迁。"因为我们理解着传统的进展并且参与到传统的进展之中，从而也就靠我们自己进一步地规定了传统。"⑤ 《礼记·礼器》有"礼以时为大"之教，阳明亦有"不离日用常行内，直造先天未画前"。⑥ 事实上，对传统价值的重新体认正伴随着对现代价值的不断反思，而在中国的现代化进程中，传统、现代两者的相互融摄与调适正源于中国文化精神焕发的内在诉求，中国特色的治国之道也可据此而逐步完善。最终，中国近代文明发展得以构成"连续"与"变革"的统一，而不是"传统"与"现代"的断裂。⑦ 中国文化精神亦可借此而开显出源头活水，最终脱离西方现代单一度量中国古典精神的尺度，重新树立民族文化的自信。

（作者单位：武汉大学哲学学院）

---

　　① 麦金太尔：《谁之正义？何种合理性？》，万俊人等译，当代中国出版社 1996 年版，第 430 页。

　　② 霍布斯鲍姆：《传统的发明》，顾航译，译林出版社 2004 年版，第 4 页。

　　③ 萧萐父：《活水源头何处寻——关于传统文化与现代化之间历史接合点问题的思考》，《吹沙集》，巴蜀书社 2007 年版，第 82~83 页。

　　④ 章学诚著，叶瑛校注：《文史通义校注》，中华书局 1985 年版，第 351 页。

　　⑤ 伽达默尔：《时间距离的解释学意蕴》，《哲学译丛》1986 年第 3 期。

　　⑥ 王阳明：《王阳明全集》卷 20《别诸生》，上海古籍出版社 2011 年版，第 872 页。

　　⑦ 陈来：《传统与现代：人文主义的视界》，三联书店 2009 年版，第 35~37 页。

《尚书》的性情思想研究*

□　欧阳祯人

《尚书》是中华传统哲学思想之终极源头之一。它蕴含丰富的人学思想，是中国历朝历代、各家各派心性学说的重要基石。本文立足于《尚书》的文本，从儒家性情思想出发，研究传统道德的人性根源。《尚书》具有丰富的性情思想资源。由于它植根于三代历史兴衰更替的动荡之中，作者们大凡都经历了殷革夏命、周革殷命所带来的情感煎熬和振荡，因而对人本身以及人类社会的思考就特别深刻，并由此而奠定了儒家性情思想的基调，树立了特殊的理论范式，是值得我们深入研究的。

一、情真意切　敬德保民

刘熙载《艺概·经义概》云："文不易为，亦不易识。观其文，能得其人之性情志尚于工拙疏密之外，庶几知言知人之学与?"《尚书》虽"皆典、谟、训、诰、誓、命之文"（《史通·六家》)，但其敬天保民，明德慎罚，体恤苍生，诛讨独夫的思想后面，毫无疑问是有性情支撑的。《文心雕龙·原道》有云："唐虞文章，则焕乎始盛!"可见，刘勰是感受到了《尚书》的性情的。《尚书》的性情思想，是整个儒家心性思想的一个重要组成部分，它从一个特定的视角来展示儒家心性的深远与博大。

《尚书》之文作者众多，成文的年代又不一样，因而文章的旨趣、水平、风格都有一定差别。诚如章实斋所言："《书》无定体，故易失其传；亦惟《书》无定体，故托之者众。"（《文史通义·书教中》）但总的来讲，不论今文《尚书》还是古文《尚书》，其思想的主体都是笼罩在儒家思想之下的，虽然文体庞杂，但是江河归海，它们共同地体现了儒家著述的人文情怀、创作规范以及相关的美学思想。我们如果深入到这种美学思想的背后，再深挖一层，就必然会在"工拙疏密之外"得其"性情志尚"。正因为它文体庞杂，"托之者众"，因而它在中国文化史上，尤其是在中国心学史上，影响就相当的深远。

《尚书》是一本君对臣、上级对下级、长辈对晚辈的训诰之书，因而它最大的特点是

＊　本文为贵州省孔学堂 2015 年度重大招标研究项目"当代道德观构建与传统美德转化研究"（课题批准号：kxtzd201503）阶段性研究成果。

肃穆、尊贵、诚恳。例如开篇的《尧典》，虽文章质直古朴，但由于它的基本思想是"钦明文思"的大德昭显，"光被四表，格于上下"，"协和万邦，黎民于变时雍"，因此，庄严之中透着圆润，质朴之中透着华贵，现实之中透着超迈，展现的是一幅天人合一的闳大景象。很显然，这是一种类似孟子之大智大勇，存浩然之气的人才具备的性情之美。章实斋说得好："《尚书》圆而神，其于史也，可谓天之至也。"（《文史通义·书教下》）我们应该看到，这是一种思维的模式，这种模式对中国历朝历代心性思想的发展是有模范作用的。

例如，王阳明的《大学问》是中国哲学史上的名篇。它的基本思想就是："明明德者，立其天地万物一体之体也。亲民者，达其天地万物一体之用也。……君臣也，夫妇也，朋友也，以至于山川鬼神鸟兽草木也，莫不实有以亲之，以达吾一体之仁，然后吾之明德始无不明，而真能以天地万物为一体矣。夫是之谓明明德于天下，是之谓家齐国治而天下平，是之谓尽性。"① 从根本上讲，这种思路始终没有脱离"光被四表，格于上下"、"协和万邦，黎民于变时雍"的模式。《王阳明全集·传习录》的开篇就说得更加直接：

> 爱问："'在亲民'，朱子谓当作'新民'，后章'作新民'之文似亦有据。先生以为宜从旧本作'亲民'，亦有所据否？"先生曰："'作新民'之'新'是自新之民，与'在新民'之'新'不同，此岂足为据？'作'字却与'亲'字相对，然非'新'字义。下面'治国平天下'处，皆于'新'字无发明，如云'君子贤其贤而亲其亲，小人乐其乐而利其利'；'如保赤子'；'民之所好好之，民之所恶恶之，此之谓民之父母'之类，皆是'亲'字意。'亲民'犹孟子'亲亲仁民'之谓，亲之即仁之也。百姓不亲，舜使契为司徒，敬敷五教，所以亲之也。《尧典》'克明峻德'便是'明明德'。'以亲九族'至'平章'、'协和'，便是'亲民'，便是'明明德于天下'。"

这段文字告诉我们，王阳明的思想，毫无疑问是承接于孔曾思孟之源、折中于周程朱陆之间，但是，当我们把眼光进一步伸向遥远的《尚书》的时候，我们会发现，王阳明的文字深具中国文化三昧，与《尚书》具有明显的联系。

夏商周三代战乱频仍，环境恶劣，人们迁徙无常，因此，《尚书》之中几乎每一篇文章都潜伏着一种浓郁的忧患意识："皇祖有训，民可近，不可下，民惟邦本，本固邦宁。予视天下愚夫愚妇一能胜予，一人三失，怨岂在明，不见是图。予临兆民，懔乎若朽索之驭六马，为人上者，奈何不敬？"（《五子之歌》）"若网在纲，有条而不紊；若农服田力穑，乃亦有秋。汝克黜乃心，施实德于民，至于婚友，丕乃敢大言汝有积德。乃不畏戎毒于远迩，惰农自安，不昏作劳，不服田亩，越其罔有黍稷。"（《盘庚上》）"我不可不监于有夏，亦不可不监于有殷。我不敢知曰，有夏服天命，惟有历年；我不敢知曰，不其延。惟不敬厥德，乃早坠厥命。我不敢知曰，有殷受天命，惟有历年；我不敢知曰，不其

---

① 王守仁撰，吴光、钱明、董平、姚延福编校：《王阳明全集》，上海古籍出版社 2012 年版，第799 页。

延。惟不敬厥德，乃早坠厥命。"（《召诰》）"自时厥后立王，生则逸，生则逸，不知稼穑之艰难，不闻小人之劳，惟耽乐之从。自时厥后，亦罔或克寿。或十年，或七八年，或五六年，或四三年。"（《无逸》）这种忧患意识使整个《尚书》的文气直切、诚恳而淳厚，韵味古朴而深沉，真诚之中流荡着令人震颤的情感，具有独特的感人力量。章实斋云："凡文不足以动人，所以动人者，气也；凡文不足以入人，所以入人者，情也。气积而文昌，情深而文挚，气昌而情挚，天下之至文也。"（《文史通义·史德》）又云："夫情本于性也，才率于气也，累于阴阳之间者，不能无盈虚消息之机；才情不离乎血气，无学以持之，不能不受阴阳之移也。"（《文史通义·质性》）感于天地阴阳之移，动乎血气才情之性，化而为诰命文章，此《尚书》之所以感人者也。

由此可见，《尚书》的性情思想以真挚、诚恳为最高的境界。夏商周三代有远见的统治者无不认识到，只有对天帝真诚，对人民真诚，体恤苍生，才能够国祚永保，因为"我受命无疆惟休，亦大惟艰"（《君奭》），"惟王受命，无疆惟休，亦无疆惟恤"（《召诰》），承受天的大命，是无上的美好，也是无穷的艰辛、无限的忧患啊！但是，"敬哉！天畏棐忱"（《康诰》）。只要真诚地关心民生疾苦，就可以感动天地，就可以永祈天命："欲至于万年，惟王子子孙孙永保民"（《梓材》）。于是"敬德保民"成了《尚书》中最大的主题：

> 王若曰："呜呼，群后！惟先王建邦启土，公刘克笃前烈，至于大王肇基王迹，王季其勤王家。我文考文王克成厥勋，诞膺天命，以抚方夏。大邦畏其力，小邦怀其德。惟九年，大统未集，予小子其承厥志。底商之罪，告于皇天、后土、所过名山、大川，曰：'惟有道曾孙周王发，将有大正于商。今商王受无道，暴殄天物，害虐烝民，为天下逋逃主，萃渊薮。予小子既获仁人，敢祗承上帝，以遏乱略。华夏蛮貊，罔不率俾。恭天成命，肆予东征，绥厥士女。惟其士女，篚厥玄黄，昭我周王。天休震动，用附我大邑周。惟尔有神，尚克相予以济兆民，无作神羞！"（《武成》）

以仁义为皈依，以人民为根本，上承天命，下继大统，拯救苍生，辞真意切，谴责独夫，声讨无道，神人共愤，正气冲天，此檄文之情也。袁宗道曰："盖昔者咎、禹、尹、旦、召、毕之徒，皆备明圣显懿之德，其器识深沉浑厚，莫可涯涘，而乃今读其训诰谟曲诗歌，抑何尔雅阂伟哉？千古而下，端拜颂哦，不敢以文人目之，而亦争推为万世文章之祖。"（《白苏斋类集·士先器识而后文艺》）那么这种深沉浑厚、真挚诚恳的性情观是从哪里来的，有什么样的哲学背景呢？我们不妨在下文作进一步的探讨。

二、降衷于民 天畏棐忱

王应麟曰："《仲虺之诰》言仁之始也，《汤诰》言性之始也，《太甲》言诚之始也，《说命》言学之始也，皆见于《商书》。'自古在昔，先民有作，温恭朝夕，执事有恪。'亦见于《商颂》。孔子之传有自来矣。"皮锡瑞《经学通论》曰："《商书》四篇，皆出伪孔古文。""此乃伪孔书袭孔学，非孔学本于伪孔书。王氏不知，乃以此书为圣学所自出，岂非颠倒之甚哉？惟《商颂》作于正考父，乃孔子六世祖，以为孔子之传有自来，其说尚不误耳，然亦本于近祖正考父，而非本于远祖商王也。"①

根据陈梦家先生在《尚书通论》一书中的考证，现在已经确知，上述的"商书四篇"，早已为先秦时期的《缁衣》、《左传》、《孟子》、《墨子》等典籍所征引，可见这四篇文献自古就有。况且，笔者在研读"商书四篇"之后以为，王应麟氏之论并非肤浅之说，而是深得四篇文献之精神的。倒是皮锡瑞氏之论囿于古代小学的局限，不能从思想史的规律上来思考问题，因而犯有常识性的错误：第一，孔学的出现，必有一个从无到有，由远而近，再由小到大的发展过程。把孔子设定为一个没有前期思想铺垫的圣者，这是儒家经学道统观念在作怪，并不是历史地看问题。其实，孔子自己就说过，他学问的最大特点，就是"温故而知新"，是"述而不作"。就是说，孔子所作的只是整理、注释、传述，甚至发展、提升古人的学说，没有以前辉煌的文化传统作为积淀，孔子是不可能出现的。第二，具体的文献显示，《商颂》的文字，有些地方可以与《商书》相发明。近世王国维有《说商颂》一文，从卜辞的角度考证出《商颂》为宗周中叶的诗，大约成诗于公元前770年。学术界已经公认此为《商颂》成诗年代的定论。宋襄公生活的时代是公元前700年到前637年之间，可见《毛诗正义》的记载"《那》，祀成汤也。微子至于戴公，其间礼乐废坏。有正考甫（父）者，得《商颂》十二篇于周之大师，以《那》为首"才是正确的，而皮锡瑞"惟《商颂》作于正考父，乃孔子六世祖"的说法则很不严肃。况且，孔子（前551—前479年）生活的时代相距正考父已经200多年，即便《商颂》真是作于正考父，又何以见得孔子的思想就一定是正考父的嫡传，而正考父就没有吸收商代文明的熏陶呢，即便正考父是孔子的六世祖？第三，近百年来随着考古学的发展，甲骨文、金文、简帛文献以及各种其他材料的问世，人们不仅进一步确定了今文《尚书》的价值，正在纠正由来已久的对古文《尚书》的偏见，甚至对《逸周书》的许多篇章，人们也都在以信史视之。② 这些是皮锡瑞完全没有想到的事情了。

王应麟氏之说注重了孔子之学的渊源与传承，这是可贵的。但就其《尚书》、言仁、言性、言诚、言学之谓，倒也未必绝对准确。例如，他说"《汤诰》，言性之始也"就是以偏概全。《君陈》云："惟民生厚，因物有迁，违上所命，从厥攸好。"生，性也。这句话的意思是说，人的自然之性是淳厚诚悫的，但是会因外物的诱惑发生变化。性情因诱于外物，而放纵无收，以至乖异倨慢，故人主要注重教化，正确引导，慎重地指导人民的接物之道。这段话有性善论的倾向，强调人与生俱来的淳厚诚悫。为此，《泰誓上》有云："惟天地万物父母，惟人万物之灵。"天地是人的父母，万物造化而钟秀于人的性灵，因此，天生之性只能是善的，因为它是以天地为范本的。所以《康诰》称人民为"赤子"，保民就"若保赤子"。《立政》将人民称之为"受民"。受民者，受天而降，受命而生，故而受天帝之庇护也。很明显，从《君陈》《泰誓》《康诰》《立政》四篇中都可以开出性善论，或者说，都是孟子性善论的滥觞。

当然，《汤诰》讲得最为彻底："惟皇上帝降衷于民。若有恒性，克绥厥猷惟后。"伟大的上帝降下了"衷"（即"善性"）给天下苍生，顺从人的天性，能够找到安定他们性情的人，只能是君主。大约三代之际，天下纷争不息，民不聊生，"万方百姓罹其凶

———————————

① 皮锡瑞：《经学通论》，中华书局1954年版，第95~96页。
② 杨宽：《论〈逸周书〉》，《西周史》，上海人民出版社1999年版。

害，弗忍荼毒"（《汤诰》），故"民不静"，忍无可忍，揭竿反抗，致使统治者深感"艰大"（《大诰》），于是"德政"由是而生，修身养性之学在统治者的倡导之下，蔚然而形成了传统，因为只有保住人民的"恒性"才能使人民安静。所以，三代统治者的保民思想中，很大的成分是保民之"恒性"，保"赤子"的婴孩之心。当然，《尚书》的性善论思想从思想内容上来讲并没有形成系统，从理论的水平上来讲还没有脱离朴素的阶段，与孟子作为人学基础的性善论是不可同日而语的。

《君陈》的"惟民生厚，因物有迁"，"从厥攸好"，《汤诰》的"若有恒性，克绥厥猷惟后"都认识到了天生之性，在后天磨砺交接的过程中，会发生变化的特性。因此，"习与性成"（《太甲上》），注意到了人的习尚、习惯、修习的德目与人的生存环境等后天的因素之间的关系，都是与"性"相辅相成的，所以，人们必须主动地、有意识地去"养性"、"习性"、"成性"，注重修身的实践性。在《尚书》中，修身养性实际上是一个回应天命的过程，既然天是世界上最大的真实，是世界万物最高的范本，那么人的性情的修养也一定是以拥抱天的美德为目的的。

因此，真诚的情感就必然在《尚书》中受到极度的重视。《尚书》关于情感的叙述特别多，其中有几个概念，值得注意。例如，"允"："钦明文思安安，允恭克让，光被四表，格于上下"（《尧典》）；"浚哲文明，温恭允塞，玄德升闻，乃命以位"（《舜典》）；"人心惟危，道心惟微，惟精惟一，允执厥中"；"祗载见瞽叟，夔夔斋栗，瞽亦允若。至诚感神，矧兹有苗"（《大禹谟》）；"尔克敬典在德，时乃罔不变。允升于大猷"（《无逸》）。《尚书》中"允"字凡32见，其中绝大多数是"诚信、真诚"的意思。《尔雅·释诂》云："允，孚、亶、展、谌、亮、询、信也。"也就是说，允，在《尚书》中与"诚、亶、忱"等在表达真情至性的意向时，实为同一概念："鬼神无常享，享于克诚"（《太甲下》）；"诞告用亶"（《盘庚中》）；"敬哉！天畏棐忱；民情大可见，小人难保。往尽乃心，无康好逸，乃其乂民"（《康诰》）。应该指出的是，《尚书》中，真挚的情感，是人的主体之心贯通天人的桥梁，是人与上天对话，或者说，与"天冥合为一"的精神状态。这种状态实际上就是儒家哲学宗教性赖以存有的基本土壤，与《中庸》的"诚"实际上已经相去无几了。

三、敬德修德 律己克诚

在《尚书》中，"真诚"是"情感"的最基本的质素，但是，远非唯一的内涵，它具有深远而广阔的理论背景。《尚书》中的情，是以"欲"为基础的。从人天生的欲望来讲，《尚书》的作者们早就看到了"生则逸"（《无逸》）的人性本质，他们已经认识到，为了国家的长治久安，"永祈天命"，统治者就必须满足人民物质生活的基本需求，并且在德性上对人民进行必要的教化，否则人民就不会"安静"，就不会听从上级的领导。对统治阶级内部来说，由于"生则逸"的天性，在他们没有掌握国家政权的时候，往往励精图治，修德正身；可是一旦大权在握，"玩人丧德，玩物丧志"（《旅獒》），则不知稼穑之艰辛，荒亡淫逸，是为三风十愆："敢有恒舞于宫，酗歌于室，时谓巫风，敢有殉于货色，恒于游畋，时谓淫风。敢有侮圣言，逆忠直，远耆德，比顽童，时谓乱风。惟兹三风十愆，卿士有一于身，家必丧；邦君有一于身，国必亡。臣下不匡，其刑墨，具训于蒙士"（《伊训》），后果不堪设想。于是，《尚书》就提出了"节性"的主张："节性惟日其迈。"（《召诰》）就是说，每天都应该努力向上，克己修习，锤炼性情，不可稍有惰怠。"节性"的方式和途径在《尚书》中有如下几条：第一，继承先祖艰苦创业的传统，敬德修德，律己克诚。"先王顾諟天之明命，以承上下神祇。社稷宗庙，罔不祗肃。天监厥德，用集大命，抚绥万方。"（《太甲上》）"呜呼！厥亦惟我周太王、王季，克自抑畏。文王卑服，即康功田功。徽柔懿恭，怀保小民，惠鲜鳏寡。自朝至于日中昃，不遑暇食，用咸和万民。文王不敢盘于游田，以庶邦惟正之供。文王受命惟中身，厥享国五十年。"（《无逸》）尊崇先祖的传统，用孔子的话来讲就是"慎终"、"追远"，古则久，久则天也。这是一种宗教情怀的表现，它的最终结果是使人的性情与天融为一体。第二，尊崇先王的遗策遗典，努力学习知识，诚心诚意，恪尽职守，就不会出现错误。"明明我祖，万邦之君。有典有则，贻厥子孙。关石和钧，王府则有。荒坠厥绪，覆宗绝祀！"（《五子之歌》）"乃惟由先正旧典时式，民之治乱在兹。"（《君牙》）说得最为透彻的是《说命下》："人求多闻，时惟建事，学于古训乃有获。事不师古，以克永世，匪说攸闻。惟学，逊志务时敏，厥修乃来。允怀于兹，道积于厥躬。惟斅学半，念终始典于学，厥德修罔觉。监于先王成宪，其永无愆。惟说式克钦承，旁招俊乂，列于庶位。"只有通过学习，才能够增长自己的"胆识"，也只有心胸开阔，有胆有识的人，才能够真正地拓展自己的性情领域，提升其宗教性和美学性的境界，从而上承天命，控制自己的自然情欲，养性情之正。第三，在《尚书》中，先秦儒家以"礼"为手段，辅之以刑法的统治思想已经形成，但是，其中心是一个"德"字。《仲虺之诰》中的"仁"已经不是一个肤浅的标签，而是渗透到文章骨髓之中的"仁体"，有一种内在的精神力量："呜呼！惟天生民有欲，无主乃乱，惟天生聪明时乂，有夏昏德，民坠涂炭，天乃锡王勇智，表正万邦，缵禹旧服。兹率厥典，奉若天命。"欲望是人人都天生具有的，因此，统治者的任务就在于有效地控制自己的欲望，以身作则，教化人民正确地宣导情感，非如此，社稷就不可能国泰民安。"有夏昏德"，骄奢淫逸，丧失天命，致使生灵涂炭，民怨沸腾，震动天威："夏王有罪，矫诬上天，以布命于下。帝用不臧，式商受命，用爽厥师。简贤附势，实繁有徒。肇我邦于有夏，若苗之有莠，若粟之有秕。小大战战，罔不惧于非辜。矧予之德，言足听闻。惟王不迩声色，不殖货利。德懋懋官，功懋懋赏。用人惟己，改过不吝。克宽克仁，彰信兆民。乃葛伯仇饷，初征自葛，东征、西夷怨；南征、北狄怨，曰：'奚独后予？'攸徂之民，室家相庆，曰：'徯予后，后来其苏。'民之戴商，厥惟旧哉！佑贤辅德，显忠遂良"，原来，在《仲虺之诰》中，"仁"只是"德"的一个子系统，而"仁"的具体内涵就是宽厚慈爱，体恤民生疾苦，诛伐无道，救民于水火，也就是《康诰》的"保赤子"之心。这对孔子、孟子都毫无疑问产生了深远的影响。①

　　为了吸取"有夏"的失败经验，《仲虺之诰》在理论上找到了从人的性情上永祈天命的法宝："德日新，万邦惟怀；志自满，九族乃离。王懋昭大德，建中于民，以义制事，以礼制心，垂裕后昆。予闻曰：'能自得师者王，谓人莫己若者亡。好问则裕，自用则小。'呜呼！慎厥终，惟其始。殖有礼，覆昏暴。钦崇天道，永保天命。"谦虚谨慎，努

---

　　① 孔子的思想主体是仁。另外，此段文字被《孟子·梁惠王下》引用，孟子从精神上吸收了《尚书》中有关仁政、德政的思想，也是显而易见的。

力向学，诚心修德，以符合社会公共道德的"义"来指导做人的原则，以合符天地精神的"礼"来制约自己的"心"，以身作则，"建中于民"。

"中"的概念，可能是中国上古时代的先哲们受到地理学、政治学的影响和启发后，引进到性情论中来的一个概念。性情的中和之美，在《毕命》中，是一种不刚不柔，既刚且柔的人性状态："不刚不柔，厥德允修。"性情的"不刚不柔"，究其实质，是有效地控制欲望的结果："予小子不明于德，自厎不类。欲败度，纵败礼，以速戾于厥躬。天作孽，犹可违；自作孽，不可逭。既往背师保之训，弗克于厥初，尚赖匡救之德，图惟厥终。"（《太甲中》）欲望如果不控制，就会乱了法纪，乱了纲常，给自己带来无边的罪过。对于统治者本身来讲，修身养性就更为重要："惟敬五刑，以成三德。一人有庆，兆民赖之，其宁惟永。"（《吕刑》）欲不可纵，礼不可败。受命于天，承天侍命，始终追求一种不偏不倚的中道状态，才能最终与天道相合为一。

可贵的是，《尚书》坚持中道的思想并没有仅仅停留在"不刚不柔"之上。

> "夔！命汝典乐，教胄子，直而温，宽而栗，刚而无虐，简而无傲。诗言志，歌永言，声依永，律和声。八音克谐，无相夺伦，神人以和。"夔曰："於！予击石拊石，百兽率舞。"（《尧典》）

> 皋陶曰："都！亦行有九德。亦言其人有德，乃言曰，载采采。"禹曰："何？"皋陶曰："宽而栗，柔而立，愿而恭，乱而敬，扰而毅，直而温，简而廉，刚而塞，强而义。彰厥有常，吉哉！"（《皋陶谟》）

这是一种以阴阳相济、刚柔互补为基础的性情论，正直而温柔，宽厚而坚栗，刚毅而不暴戾，简约而不傲慢，刚柔相间，互惠互补，既是性格上的概括，德性上的要求，也是情感上的提升；但是"八音克谐，无相夺伦"就不仅仅限于阴阳了，而是全面吸收了五行综合性思维方式的思想成果，其本质是要将人喜怒哀乐的自然情感超拔成本性之上的、以道德修养为基础的中和性情。尤其是"神人以和"一句，说明这种刚柔相济，阴阳互补，综合牵制，处中而制的性情，本来就是来自于天，最后又要通过自我的修习、提升，以回应天的"大德"，其本质是天人合一。

应该指出的是，由于中国自古以来就是一个农业国，所以四方、五方的观念之起源是相当早的。《尚书·洪范》中提出的五行思想，也许诚如许多研究者所言，经过了无数人的理论加工[①]，但是，笔者以为，其五行的理论内核是古已有之的。历史学家庞朴先生就说过："殷人已经具有了确确实实的五方观念"，"这种以方位为基础的五的体系，正是五行学说的原始"[②]。所以，与其说思孟学派改编、提升了《洪范》，倒不如说，原始的

---

① 刘起釪先生认为，《洪范》原本是商代的作品，但是从西周到春秋战国，不断有人给它增加新的内容（参见刘起釪：《〈洪范〉成书时代考》，《中国社会科学》1980 年第 3 期）。郭沫若先生又说："《洪范》那篇文章其实是子思氏之儒所作的。"（见《青铜时代·先秦天道观之进展》，人民出版社 1954 年版，第 8 页）

② 庞朴：《阴阳五行探源》，《中国社会科学》1984 年第 3 期。

《洪范》给了思孟学派以启示。

笔者在此要说明的是，《尚书》中的性情论，已经深刻地吸收了阴阳五行综合性思维方式的成果，其中阴阳消长、刚柔相济，彼此牵制、彼此吸收的内在机制，已经为后来的儒家性情论提供了一个理论的范式。

（作者单位：武汉大学中国传统文化研究中心）

中国传统家训养生思想初探

□ 潘晓明

中华文化绵延千年而魅力独具的一个重要原因就是中华民族历来对教育，尤其是家庭教育的重视。在独特的家国文化系统中，家，不仅是个人生存发展的居所，更是道德文化培育传承的教场。上古时期普通百姓父子相传、口耳相授的生产生活实践即是家训最早的雏形。如果说中华文化是先贤留给我们的宝贵遗产，那么家训则是其中最珍贵的部分。我国有文献记录的家训始见于先秦，定型于两汉三国时期，至隋唐发展成熟，宋元明清时期达到鼎盛。以"整齐门内，提斯子孙"为目的的家训在内容上几乎涉及教家、训子的方方面面，其中不乏对子女健康问题的关注，蕴含着丰富的家训养生思想。本文对此略述一二。

一、慈俭和静以致寿，寓养身于修身

《大学》云："自天子以至于庶人，壹是皆以修身为本。"修身，即修养自身的道德品性，努力完善自己。在传统儒家看来，修身是为人的根本，是齐家、治国、平天下的基础，在深受儒家文化影响的传统家训中，修身更被视为有益养生和延年益寿的重要手段。如张英所云："昔人论致寿之道有四，曰慈、曰俭、曰和、曰静。"[1] 慈、俭、和、静四种道德修养品德在传统家训中被视为通往延年益寿的康庄大道。

慈即仁爱。儒家提出"仁者寿"、"大德必得其寿"，认为修道以仁能获长寿，是因为"故仁人之所以多寿者，外无贪而清净，心和平而不失中正，取天地之美以养其身，是且多治"[2]。传统家训在谈及养生时也多有此类论述。如张英说："人能慈心一物，不为一切害人之事，即一言有损于人，亦不轻发，推之戒杀生以惜物命，慎翦伐以养天和，无论冥报不爽，即胸中一段吉祥恺悌之气，自然灾诊不干，而可以长龄矣。"[3] 意即有仁爱之心

---

① 张英：《聪训斋语》，郭齐家、李茂旭主编：《中国传世家训经典》第四卷，人民日报出版社2009 年版，第 1540 页。

② 董仲舒：《春秋繁露》，中华书局 2012 年版。

③ 张英：《聪训斋语》，郭齐家、李茂旭主编：《中国传世家训经典》第四卷，人民日报出版社2009 年版，第 1540 页。

的人，不会轻易做害人之事，不会轻易说损人之语，不会杀生并爱惜一切人和事，对人对事都一团和气，自然心胸开阔平和，易于长寿。李世民告诫皇属要具有仁爱之心，"天以寒暑为德，君以仁爱为心"①，认为"仁爱下施，则人不凋敝"②。这些都是传统家训发扬儒家思想，重视子女仁爱之心和道德培养的重要表现。

俭即节俭。"俭约不贪，则可以养福，亦可以致寿。"③节俭不贪心是传统家训在道德品质方面对子女的共性要求，认为一个人若能具有节俭和不贪心的品德，不仅可以颐养福气还能够延年益寿，原因在于"人生福享，皆有分数。惜福之人，福尝有余；暴殄之人，易至罄竭"④，还认为节俭是君子应当具有的品德，是立身、保家、传子孙的宝贵品质。"俭者，君子之德。世俗以俭为鄙，非远识也。俭则足用，俭则寡求，俭则可以成家，俭则可以立身，俭则可以传子孙。"⑤ 关于节俭对于养身的意义，张英说得很全面，"俭于饮食，可以养脾胃；俭于嗜欲，可以聚精神；俭于言语，可以养气息非；俭于交游，可以择友寡过；俭于酬错，可以养身息劳；俭于夜坐，可以安神舒体；俭于饮酒，可以清心养德；俭于思虑，可以蠲烦去扰"⑥。可见，节俭不仅指外在行为上不妄求、不挥霍，也包含内在心理上的不贪求、不妄想之意。

和即乐观。"凡人处世，惟当常寻欢喜。欢喜处自有一番吉祥景象。盖喜则动善念，怒则动恶念。"⑦ 康熙告诫子女一个人生活在世间，只应当追求内心的欢欣、愉悦。一旦内心欢喜，就会升起善念，而内心愤怒则会升起恶念，强调了保持良好心态的重要性。张英则说："人常和悦，则心气冲而五脏安"，认为心情愉快能使心气冲淡而五脏安宁，有利健康。家训中强调乐观的同时，也视愤怒为养生的大敌。如陆游《杂兴》中感叹"何由挽得银河水，净洗群生忿欲心"，曾国藩在致沅弟书信中更将易怒多怒视为正在咬手的蝮蛇，要患怒者果断将手臂断去。提到制怒对养生的重要性，他说："一阳初动处，万物始生时。不藏怒焉，不宿怨焉。……以上仁，所以养肝也……若能去忿欲以养体，存倔强以励志，则日进无疆矣"⑧，认为不轻易发怒是有仁心的表现，不仅对肝脏有益，还能让人不断进步。

静即寡欲。"人能清心寡欲，不惟少忘，且病亦少矣"⑨，指出为人做到清心寡欲，做事能顺其自然，有益于保持心态平和，自然少生病。"凡遇一切劳顿、忧惶、喜乐、恐

---

① 李世民：《帝范》，成晓军主编：《帝王家训》，湖北人民出版社1994年版，第65页。
② 李世民：《帝范》，成晓军主编：《帝王家训》，湖北人民出版社1994年版，第65页。
③ 康熙：《庭训格言》，成晓军主编：《帝王家训》，湖北人民出版社1994年版，第263页。
④ 张英：《聪训斋语》，郭齐家、李茂旭主编：《中国传世家训经典》第四卷，人民日报出版社2009年版，第1540页。
⑤ 倪思：《经锄堂杂志》，朱易安主编：《全宋笔记》第六编，大象出版社2013年版。
⑥ 张英：《聪训斋语》，郭齐家、李茂旭主编：《中国传世家训经典》第四卷，人民日报出版社2009年版，第1540页。
⑦ 倪思：《经锄堂杂志》，朱易安主编：《全宋笔记》第六编，大象出版社2013年版。
⑧ 曾国藩：《曾国藩家训》，成晓军主编：《宰相家训》，湖北人民出版社1994年版，第203页。
⑨ 倪思：《经锄堂杂志》，朱易安主编：《全宋笔记》第六编，大象出版社2013年版。

惧之事，外则顺以应之，此心凝然不动，如澄潭，如古井，则一切纷扰自然无所施其害。"①又云"凡人之心志有所专，即是养身之道"②，明确指出做到心专气静也是养身良方。反过来，"欲生于心，不遏则身丧"③、"凡人欲养身，先宜自息欲火"④，人们要想保养自身，就应当先抑制内心的欲望之火。曾国藩在家书中将"每日临一百字，将浮躁处大加收敛。心以收敛而细，气以收敛而静。于字有宜，于身、于家也有宜"的体会告诉子侄，认为敛气静心是保养身体的良方。

可见，传统家训中论及养生之道时，不仅是传授具体的方法来维护肌体健康长寿，更将养生作为一种崇高而难得的人生境界，普遍要求子女在道德品行上下工夫，以高尚的道德修养和良好的性情品格为目标，以此来达到提升生命质量和人生境界的目的。

二、重眠食、尚读书、反酗酒、慎医药

传统家训谈养生时讲究方法，正所谓"凡人修身治性，皆当谨于素日"⑤。一个人修身养性，应从日常生活的一举一动做起。"养生之道，当于食眠二字悉心体验。"重视睡眠和饮食已然成为历代家训作者在养生方面的共识。如，颜之推告诫子女："养生之道，当于食眠二字悉心体验。食即平日饭菜，但食之甘美，即胜于珍药也。眠亦不在多寝，但实得神凝梦甜，即片刻亦足摄生矣。"⑥ 在饮食上张英则认为："脏腑肠胃，常令宽舒有余地，则真气得以流行，而疾病少。"⑦ 反对过多进食"燔炙熬煎，香甘肥腻之物"，认为"最悦口而不宜于肠胃。彼肥腻易于粘滞，积久则腹痛气塞，寒暑偶侵，则疾作矣"。⑧ 对于睡眠，他认为"安寝乃人生最乐"。起居有节，眠食有时，自然神清气爽，益寿延年。曾国藩在寄友人书信中专论："眠所以养阴也，食所以养阳也。养眠贵有一定时刻，而戒其多思；养食亦贵有一定时刻，而戒其过饱"，认为按时就寝、少胡思乱想就能获得好的睡眠进而滋养体内阴气，按时进食、不吃太多，有益于消化吸收进而能滋养阳气。吃饭睡觉虽是小事常事，但对身心健康的影响很大，如果夜晚睡不着，则"常须息心定志，勿妄筹画无益之事及起邪思"⑨。

"读书可以增长道心，为颐养一事也。"⑩ 传统家训重视读书学习，将此视为养生良

① 张英：《聪训斋语》，郭齐家、李茂旭主编：《中国传世家训经典》第四卷，人民日报出版社2009年版，第1540页。

② 康熙：《庭训格言》，成晓军主编：《帝王家训》，湖北人民出版社1994年版，第260页。

③ 李世民：《帝范》，成晓军主编：《帝王家训》，湖北人民出版社1994年版，第63页。

④ 姚舜牧：《药言》，翟博主编：《中国家训经典》，海南出版社2002年版，第578页。

⑤ 康熙：《庭训格言》，成晓军主编：《帝王家训》，湖北人民出版社1994年版，第200页。

⑥ 颜之推著，檀作文译注：《颜氏家训》，中华书局2007年版。

⑦ 张英：《聪训斋语》，郭齐家、李茂旭主编：《中国传世家训经典》第四卷，人民日报出版社2009年版，第1540页。

⑧ 张英：《聪训斋语》，郭齐家、李茂旭主编：《中国传世家训经典》第四卷，人民日报出版社2009年版，第1540页。

⑨ 江端友：《戒子》，翟博主编：《中国家训经典》，海南出版社2002年版，第441页。

⑩ 张英：《聪训斋语》，郭齐家、李茂旭主编：《中国传世家训经典》第四卷，人民日报出版社2009年版，第1540页。

方，认为"学以养心，亦所以养身也。盖杂念不起，则灵府清明，血气平和，疾莫之撄，善端油然而生，是内外相交养也"①。学习可以用来养心，也可以用来养身。专心学习不生杂念，心灵清晰明朗，气血和顺，就不会招来疾病，善意产生，达到内外互相养护。又云"人心至灵至动，不可过劳，亦不可过逸，唯读书可以养之"②、"书卷乃养心第一妙物"③。康熙则认为自古养身之道均可在读书中获得，以此告诫子女要多读圣贤书。"凡人养生之道，无过于圣贤所留之经书。惟朕惟汝等熟习'五经''四书'性理，诚以其中凡存心养性之道，无以不具故也。"④ 曾国藩告诫儿子"体气多病，得名人文集静心读之，亦自足以养病"⑤。南宋江端友则认为"食已无事，经史文典漫读一二篇，皆有益于人，胜别用心也"⑥，提倡饭后无事多读书有益身心。

"夫酒，所以行礼养性命欢乐也，过则为患，不可不慎。"⑦ 古往今来，因酒而致祸的事例很多。古代家训中谈到"饮酒"问题的也不少，但专门讲喝酒这一个内容的家训，则只有三国时期魏国经学家王肃一人。他在《家诫》中专论酒之危害，"夫酒，所以行礼养性命欢乐也，过则为患，不可不慎"，认为喝酒过多，就会带来祸患，发人深省。颜延之《庭诰》有云："酒酌之设，可乐而不可嗜，嗜而非病者希，病而遂眚者几"，劝诫子孙不可沉溺杯中之物，否则会危害健康甚至招来灾祸。康熙要求子孙"断不可耽于酒者，正为伤身乱行，莫此为甚也"⑧，认为酗酒危害极大。

"医药之系于人也大矣。"⑨ 家训中认为求医问药事关人体健康，需要慎重对待。如康熙认为"药性与病相投，则有毒之药亦能救人；若不当，即人参人亦受害。是故用药贵与病相宜也"⑩。陈其德在《养生十八则》里说："大凡摄生之术……何必勤引导、问吐纳、饵芝服术而后延年却病哉？"反对一味进食补药来祛病强身的做法。纪昀《禀仪南叔》云："药以攻伐疾病，调补气血，非所以养生。用药不得法，反足以戕生"⑪，指出用药不当会危害生命，告诫家人要慎重用药。

以上是传统家训在养生方法上的普遍共识，此外不同的家训中还提到适当增减衣物、叩齿、骑射、早起等养生办法。总之这些方法均从日常生活出发，讲究从平实处用功，具有简便易行的特点。

---

① 康熙：《庭训格言》，成晓军主编：《帝王家训》，湖北人民出版社1994年版。
② 张英：《聪训斋语》，郭齐家、李茂旭主编：《中国传世家训经典》第四卷，人民日报出版社2009年版，第1540页。
③ 张英：《聪训斋语》，郭齐家、李茂旭主编：《中国传世家训经典》第四卷，人民日报出版社2009年版，第1540页。
④ 康熙：《庭训格言》，成晓军主编：《帝王家训经典》，湖北人民出版社1994年版，第209页。
⑤ 曾国藩：《曾国藩家训》，成晓军主编：《宰相家训》，湖北人民出版社1994年版，第164页。
⑥ 江端友：《戒子》，翟博主编：《中国家训经典》，海南出版社2002年版，第441页。
⑦ 王肃：《家诫》，翟博主编：《中国家训经典》，海南出版社2002年版第70页。
⑧ 康熙：《庭训格言》，成晓军主编：《帝王家训》，湖北人民出版社1994年版，第251页。
⑨ 倪思：《经锄堂杂志》，朱易安主编：《全宋笔记》第六编，大象出版社2013年版。
⑩ 康熙：《庭训格言》，成晓军主编：《帝王家训》，湖北人民出版社1994年版，第209页。
⑪ 纪昀：《禀仪南叔》，郭齐家、李茂旭主编：《中国传世家训经典》第四卷，人民日报出版社2009年版，第1540页。

三、传统家训养生思想的特点

第一，传统家训的养生思想普遍强调道德和心理因素对健康的影响。现代医学也已证明：一个拥有良好心态和品德高尚的人更容易获得长寿。古代家训则普遍认同"仁爱、节俭、乐观、寡欲"等修养品德是致寿之道，即"昔人论致寿之道有四，曰慈、曰俭、曰和、曰静"。还认为"大凡摄生之术，第一戒色欲，第二除烦恼，第三节饮食，第四慎寒暑，第五均劳逸"①，明确将戒色欲和除烦恼，即保持平和乐观的心态视为养生最重要的两件事，告诫后人："凡人欲养身，先宜自息欲火。"② 又将"勤劳而后憩息"作为君子三乐之一，亦视其为养生长寿之道。曾国藩劝勉子侄"古时圣君贤相，盖无时不以勤劳自励。为一身计，则必操习技艺，磨练筋骨，困知勉，操心危虑，而后可增智慧而长才干勤则寿，逸则亡"③。总之，传统家训中多认为"制怒、读书、乐观、寡欲、勤勉、友善"等心理素质和品德与健康紧密相关，是极具前瞻性和科学性的。

第二，传统家训中的养生思想具有鲜明的儒家特色。一方面，传统家训强调的仁爱、节俭、乐观、寡欲等德行修养内容不仅是致寿之道，同时也是"齐家、治国、平天下"的基础。另一方面，家训创作的目的是希望家业永保，因此家训作者在不厌其烦地劝诫子女养生之道时，则不仅仅是期望子女拥有健康的体魄，还希望他们能具备高尚的道德，进而治平天下，光大门楣。如张英所言："父母之爱子，第一望其康宁，第二冀其成名，第三愿其保家"④，明确养生与成名、保家的密切关系。保养身体以备在现实生活中有所作为是传统家训中论及养生的深层和核心目的。范仲淹告诫晚辈"青春何苦多病，岂不以摄生为意耶？门才起立，宗族未受赐，有文学称，亦未为国家所用，岂肯循常人之情，轻其身汩其志哉！"⑤ 明确指出有抱负的人在没有对国家作出贡献之前，不可以怠慢身体，要注意养生。所以说，传统家训中有关养生的内容，在关注获得身体健康、品德修养的背后，更有对"齐家、治国、平天下"的共同期盼，具有鲜明的儒家色彩。

第三，传统家训中的养生内容多以规劝形式展开。例如道德、军功、文章三皆不朽的曾国藩，因"心血积亏太过"一生体质较弱，他曾在给儿子的信中感叹："余今年已三十，资禀顽钝，精神历损，此后岂复能有所成？"他格外关注子女的身体康健，并结合自己的治疾经验娓娓道来，"余近年学祖父星冈公夜夜洗脚，不轻服药，日见康健，尔与沅叔及诸昆第能学之否？"⑥ 细致入微，真实感人。如告诫儿子纪泽："养生无甚可恃之法，

---

① 陈其德：《养生十八则》，马誉国、马吉照：《父母课（我国传统家庭教育经典译注大全）》，安徽人民出版社 2013 年版。

② 姚舜牧：《药言》，翟博主编：《中国家训经典》，海南出版社 2002 年版，第 578 页。

③ 曾国藩：《曾国藩家训》，成晓军主编：《宰相家训》，湖北人民出版社 1994 年版，第 164 页。

④ 张英：《聪训斋语》，郭齐家、李茂旭主编：《中国传世家训经典》第四卷，人民日报出版社 2009 年版，第 1540 页。

⑤ 范仲淹：《告诸子及弟侄》。

⑥ 曾国藩：《曾国藩家训》，成晓军主编：《宰相家训》，湖北人民出版社 1994 年版，第 369 页。

其确有益者：曰每夜洗脚，曰饭后千步，曰黎明吃白饭一碗不沾点菜，曰射有常时，曰静坐有常时。"① 曾氏对于子弟的养生规劝，言语平实，感情真挚，不带强制性却极具感染力。

（作者单位：湖北中医药大学）

① 曾国藩：《曾国藩家训》，成晓军主编：《宰相家训》，湖北人民出版社 1994 年版，第 371 页。

从季康子形象看早期儒家文献的形成

——出土简帛与传世文献的对比考察

□ 马志亮

季康子，即季孙肥（？—前468年），谥康，① 春秋末期鲁国正卿，季孙氏第八代宗主，也是季孙氏有明确谱系记载的最后一人，② 是屡见文献的重要历史人物。在新出的《上海博物馆藏战国楚竹书（五）》中，有《季庚子问于孔子》一篇，特别提到了季康子和孔子关于治国安民的一番谈话，将其与传世文献对比研究，不难发现：在诸多早期儒学典籍中，季康子形象并非完全相同，最强烈的对比体现在《左传》和《论语》中，一则是务实得民的政客，一则是失礼僭越的庸臣。而上博简文则带有浓厚中间期色彩，似乎透露了：在早期儒家典籍中，季康子形象存在一个演变过程。这或许可以看作早期儒家学派演进的缩影，至少涵盖理论构建和文本加工两方面。下面，我们分传世文献和简帛文献两部分，归纳分析季康子儒学形象的差异及其原因，探讨早期儒家文献的形成经过。

一、传世文献中的季康子形象

在传世文献中，涉及季康子的记载，集中见于《左传》《论语》《孔子家语》中。其中尤以《左传》最为大宗，全面记录了他执政以来的十六件大事，涵盖其整个政治生涯。下面列表展示其生平（见表1）：③

---

① 《孟子注疏·离娄下》孙奭疏引《逸周书·谥法解》："安乐抚民曰康。"此亦可见时人对其评价不低。

② 季孙氏宗子族谱：季成子（季友）—齐仲—季文子（季孙行父）—季武子（季孙宿）……季悼子（季孙纥）……季平子（季孙意如）—季桓子（季孙斯）—季康子（季孙肥）。详见顾栋高：《春秋鲁政下逮表》，《春秋大事表》卷21，中华书局1993年版，第1773页。

③ 为简便计，或参以己言加以解释概括，下仿此。

表1 《左传》所见季康子生平

篇名	事件梗概	备注
哀公三年（前492年）	秋，季孙斯卒，庶子季孙肥即位。既葬，南孺子产嫡子，正常载以告，遂奔卫，康子请退。未几，嫡子遭人暗杀	或即康子使人为之，此或为其早年行事操切之因（为谋求执政合法性，故急需立功立威）
哀公七年	夏，哀公出会吴，吴越礼，强征百牢，鲁人屈服。后又召季康子，康子使子贡代之，以"畏大国也"为托辞	康子委婉抗拒了恃强凌弱的新霸，维护了鲁国姬姓旧贵的身份和地位
哀公七年	吴鲁会后，季康子欲伐邾，众大夫皆反对。秋，伐邾，俘邾子，大肆抄掠。邾茅夷鸿请救于吴，吴子从之	康子不顾众议，执意伐邾，一则为国抗吴，一则为己立威。破邾后纵兵抄掠，一则讨好众大夫，一则执政经验不足
哀公八年	三月，吴伐鲁。"微虎欲宵攻吴王营帐"，拣选三百人以行，季孙恐多杀国士，故止之，"吴子闻之，一夕三迁"，转与鲁盟而还	康子爱士之心初显
哀公八年	初，康子以其妹妻齐侯，然其妹与人私通，康子知后弗敢与。夏，五月，齐伐鲁，取讙及阐，且如吴请师，将以伐鲁。"秋，及齐平。"九月，齐鲁会盟，季姬归齐。"冬，十二月，齐人归讙及阐，季姬嬖故也。"	执政之初，康子处事能力尚稚嫩
哀公十一年	春，齐伐鲁，孟孙、仲孙消极观望。季孙与其宰冉求合谋，智激二子出兵。季孙以其甲七千人为左师。在郎地对决中，右师溃败，冉求、樊迟率领左师奋勇向前，"师获甲首八十，齐人不能师"，齐人遁后，冉求再三请求追击，季孙不许	执政多年，康子终现其担当精神与政治手腕，且能合理把握与大国交手的分寸
哀公十一年	夏，鲁吴联军在艾陵之战中大胜齐军。秋，季孙命修守备，曰："小胜大，祸也，齐至无日矣。"	此役过后，鲁国彻底摆脱齐国的控制。康子大胜之后不忘加固守备，已是合格执政者
哀公十一年	"季孙欲以田赋，使冉有访诸仲尼。"仲尼反对，主张度礼薄敛，但季孙不听	康子为缓解财政困难，终于次年加重赋税，康孔矛盾之始
哀公十二年	春，王正月，用田赋。夏，五月，昭夫人孟子卒。昭公娶于吴，故不书姓。死不赴，故不称夫人。不反哭，故不言葬小君。……季氏不绋，放绖而拜	康子不以小君礼对待，一则昭公婚姻不依旧礼，二则康子为申明其实际统治权而轻视鲁君

篇名	事件梗概	备注
哀公十二年	"冬，十二月，螽。"与历法不合，"季孙问诸仲尼"，仲尼以历法出现偏差作答	康子与仲尼过从甚密，且器重仲尼弟子
哀公十四年	"小邾射以句绎来奔"，求与子路相要誓，季康子使冉有相求，以子路之诺重于大国之盟相劝，子路仍以小邾射为不臣，不与其誓	
哀公二十三年	春，季康子曾外祖母宋景曹卒。季康子使冉有吊，且送葬，曰："敝邑有社稷之事，使肥与有职竟焉，是以不得助执绋，使求从舆人，曰：'以肥之得备弥甥也，有不腆先人之产马，使求荐诸夫人之宰，其可以称旌繁乎！'"	康子并非不知礼，由此更见"哀十二年"事，乃康子特意凌公室之举
哀公二十四年	闰月，公如越，得大子适郢，将妻公，而多与之地。公孙有山使告于季孙。季孙惧，使因大宰嚭而纳赂焉，乃止	康子惧昭公借越夺权，故不惜损害国家利益而破坏鲁越联姻，表现康子的家族局限性。此举令三桓与哀公矛盾趋于表面化，鲁国政治生活的主要矛盾已移向国内
哀公二十五年	六月，公至自越。季康子、孟武伯逆于五梧……公宴于五梧……饮酒不乐，公与大夫始有恶	
哀公二十七年	二月，（鲁越）盟于平阳。三子皆从。康子病之，言及子赣，曰："若在此，吾不及此夫！"	鲁越终盟，康子惧哀公趁势夺权，故有不及子赣之叹。且"三子皆从"，证哀七年之"畏大国也"实乃托辞。未己，康子卒而公降礼，三桓与公室矛盾激化，秋八月哀公即遭逐
哀公二十七年	夏，四月，已亥，季康子卒。公吊焉，降礼	

由表1可知，季康子身兼季孙氏宗主和鲁国"辅贰"，① 正是这种双重身份，造成了他执政行为中的两面性：一方面，他成功遏制了鲁哀公夺回统治权的各种企图，维护了季孙氏的实际统治权，却也在君臣对抗中牺牲了部分国家利益，如哀公二十四年，他贿赂太宰嚭，阻止了吴太子的妻公与地计划；另一方面，在执政二十余年间，他又凭借其纵横捭阖的政治手腕和体国爱士之心，开创了一段鲁国与大国交锋不落下风的辉煌历史。如哀公七年，他先是婉拒新霸吴国的征召，后又力排众议，发兵攻打转投吴国的近邻邾国，破都俘君而归，次年又成功抵挡住了前来问罪的吴军，维护了鲁国地区霸主的尊严和地位。

又如哀公十一年，齐军来犯，他先与家宰冉求合谋，激得二子出兵，又毅然集合其七千私属以为左师，得胜后，又断然否决了冉求乘胜追击的请求，既合理把握了与强邻打交道的分寸，又避免了自身执政资本的损耗，且在当年秋天即"命修守备"，显示了一个合

---

① "辅贰"一词，引自李启谦：《试谈鲁国宗法贵族共和政体》，《齐鲁学刊》1987年第1期，第33~40页；李启谦：《鲁国文化与孔子、三桓》，《东方论坛》1995年第4期，第1~13页。

格执政者的冷静和远见。战事甫毕，季康子又在冉求的劝荐下，适时召回了在外十四载的孔子，尊之为国老，并多有求教，体现了一个优秀政治家应有的胸襟和气度。

纵观《左传》相关记载，至少相较于前期唯唯诺诺，后期欲冒险借越灭三桓却失败出亡的鲁哀公来说，季康子的形象显得高大许多，甚至取代鲁君而成"为尊者讳"的对象。① 如：《左传》虽记载季康子不以小君礼为昭公夫人服丧之事，却也点明了昭公娶于同姓的前提，相反地，倒是在次年详细铺陈其遣使吊唁宋景曹的知礼之事，反衬出季康子的某些僭越行为，当是欲表达蔑视鲁君，才刻意为之的。而对于忝列君位的鲁哀公，除了在字里行间表现其怯懦多妄之外，还明确记载了他"以妾为夫人"② 和吊唁季康子时的"降礼"之举。故相较而言，《左传》中的季康子仍不失为一个精明强干的政治家。

但在《左传》的姊妹篇《国语》中，季康子的地位则显著下降。在《鲁语》中，记录了两段公父文伯之母对季康子的说教：一则谕其要勤政；二则申诫内外朝及寝门之辨。此外，还重申了季康子欲行田赋，故派冉求咨询孔子，遭孔子反对之事。另据王树民、沈长云先生考证，"《鲁语》下多记琐事，甚或抛开史实而专事说教，殆七十子后学所为"③。而《左传》的作者当是以左丘明为首的一批史官，虽其大抵亦皆儒生，但毕竟和七十子后学有所差别。

两相比较，可以认为：《左传》和《国语》的差异是孔门后学和"另一派儒家"④ 的差异，只是这一非孔门儒学力量后继无力，最终与孔门后学合流。另外，就《论语》和《孔子家语》而言，虽皆正宗孔门后学著作，然其对季康子的形象刻画仍然存在些许差异，则反映出：早期孔门内部各派，仅就某些经学人物的品评来看，也是不尽相同的。

在《论语》中，记载孔子与康子的对话，多康子问孔子答的形式，其余尚多针对康子失礼、不德之事进行的孔门师徒对话，季康子成为了引出圣人言论的引子和被抨击的对象（见表2）。

表2　　　　　　　　　　　《论语》所见有关季康子对话

篇名	对话	备注
为政	季康子问："使民敬、忠以劝，如之何？"子曰："临之以庄则敬，孝慈则忠，举善而教不能则劝。"	康子起引出圣人言论的作用

① 阮元校刻：《春秋公羊传注疏·闵公元年》，《十三经注疏》，中华书局1980年版，第2244页。
② 阮元校刻：《春秋左传正义·哀公二十四年》，《十三经注疏》，中华书局1980年版，第2181页。
③ 徐元诰：《国语集解（修订本）》，中华书局2002年版，第4页。
④ 孔子虽被奉为儒家始祖，但早期儒家思想并非完全等同孔子思想。儒家思想乃孔子及其门徒，以殷商宗教文化为基础，广泛吸纳先贤和各国文化精髓的结晶。今人所谓儒家思想实借儒家学派之名，其草创阶段内部尚不统一，则外部不同声音亦未消尽。故历代鲁史汇编之《左传》，虽同属儒家经典，但其思想主张与人物品评，难免与孔门弟子之作有所差异。另外，儒家思想来源的博杂，也应是导致孔子死后儒家不断分裂的重要原因之一。关于儒家思想起源，可参考张华清：《儒家思想问题辨析》，《管子学刊》2013年第1期，第28~33页。

续表

篇名	对话	备注
八佾	季氏旅于泰山。子谓冉有曰："女弗能救与？"对曰："不能。"子曰："呜呼！曾谓泰山不如林放乎？"	康子僭越，旅祭泰山
雍也	季康子问："仲由可使从政也与？"子曰："由也果，于从政乎何有？"曰："赐也可使从政也与？"曰："赐也达，于从政乎何有？"曰："求也可使从政也与？"曰："求也艺，于从政乎何有？"	可视作康子向孔门弟子的求贤信号
乡党	康子馈药，拜而受之。曰："丘未达，不敢尝。"	全书唯一记载康子对孔子有所馈赠之处，然以药为礼，似无旧礼可循，故孔子不尝
先进	季康子问："弟子孰为好学？"孔子对曰："有颜回者好学，不幸短命死矣。今也则亡。"	引子
先进	季氏富于周公，而求也为之聚敛而附益之。子曰："非吾徒也。小子鸣鼓而攻之，可也。"	侧面反映康子喜聚敛财富以自重
颜渊	季康子问政于孔子。孔子对曰："政者，正也。子帅以正，孰敢不正！"	孔子间接批评康子行事不正
颜渊	季康子患盗，问于孔子。孔子对曰："苟子之不欲，虽赏之不窃。"	孔子间接批评康子多欲
颜渊	季康子问政于孔子曰："如杀无道，以就有道，何如？"孔子对曰："子为政，焉用杀？子欲善而民善矣。君子之德风，小人之德草。草上之风，必偃。"	康子欲行杀伐之道，孔子非之，劝其加强自身道德修养
宪问	子言卫灵公之无道也，康子曰："夫如是，奚而不丧？"孔子曰："仲叔圉治宾客，祝鮀治宗庙，王孙贾治军旅。夫如是，奚其丧？"	引子
季氏	季氏将伐颛臾，冉有、季路求见孔子，孔子认为颛臾为鲁之附属，二子身为季氏家臣应加以劝阻，并提出要均贫富、修文德，并指出季氏内部不稳的问题	孔子强烈反对康子为与哀公争权而执意攻打附庸之举

　　相较而言，《孔子家语》的相关内容则更为全面，不但记录了几段季康子请教孔子的对话，还涉及季康子为政和居家时的几件具体事情（见表3）。

表3　　　　　　　　　　　《孔子家语》所见有关季康子对话

篇名	对话	备注
儒行解	孔子在卫，冉求言于季孙曰："国有圣人而不能用……今孔子在卫，卫将用之。已有才而以资邻国，难以言智也，请以重币迎之。"季孙以告哀公，公从之	康子积极筹划迎回孔子

续表

篇名	对话	备注
致思	孔子曰："季孙之赐我粟千钟也，而交益亲，南宫敬叔之乘我车也，而道加行。故道虽贵，必有时而后重，有势而后行，微夫二子之贶财，则丘之道，殆将废矣。"	迎回孔子后，康子对其大力资助，孔子也颇为感激
辩物	季康子问于孔子曰："今周十二月，夏之十月，而犹有螽，何也？"……	康子两次向孔子求教"学术"问题，表明二人过从甚密，治国兴邦之策，康子对孔子也多有咨询
五帝	季康子问于孔子曰："旧闻五帝之名，而不知其实，请问何谓五帝？"……	
正论解	郎地之战，冉求以戈入，故胜齐。季孙问其故，对曰学之孔子。季孙悦，樊迟以告孔子。孔子曰："季孙于是乎可谓悦人之有能矣。"	孔子赞美康子可"悦人之有能"
正论解	孔子将要留在卫国，会季康子问冉求之战，冉求既对之，又曰："夫子播之百姓，质诸鬼神，而无憾，用之则有名。"康子言于哀公，以币迎孔子曰："人之于冉求，信之矣，将大用之。"	季康子以币（财物、礼品）迎回孔子，且欲大用之
正论解	季康子欲以一井田出法赋焉，使访孔子。孔子不对而私于冉有曰："……若欲犯法，则苟行之，又何访焉。"	孔子反对加重税赋，讥讽康子心意已决却仍对己例行问询
正论解	孔子适季孙，季孙之宰谒曰："君使求假于马①，特与之乎？"季孙未言。孔子曰："吾闻之君取于臣谓之取，与于臣谓之赐，臣取于君谓之假，与于君谓之献。"季孙色然悟曰："吾诚未达义。"遂命其宰曰："自今已往，君有取之，一切不得复言'假'也。"	在与孔子的交往过程中，康子能虚心聆听孔子的礼教，并加以改正
曲礼子贡问	孔子适季氏，康子昼居内寝。孔子问其所疾。康子出见之。言终，孔子退，子贡问曰："季孙不疾而问诸疾，礼与？"孔子曰："夫礼，君子不有大故，则不宿于外。非致齐也，非疾也，则不昼处于内，是故夜居外，虽吊之，可也。昼居于内，虽问其疾，可也。"	康子失礼
曲礼子贡问	季桓子丧，康子练而无衰，子游问于孔子曰："既服练，服可以除衰乎？"孔子曰："无衰衣者，不以见宾，何以除焉？"	康子失礼
曲礼子贡问	鲁昭公夫人吴孟子卒，不赴于诸侯，孔子既致仕，而往吊焉，适于季氏，季氏不经，孔子投经而不拜。子游问曰："礼与？"孔子曰："主人未成服，则吊者不经焉，礼也。"	康子失礼
曲礼子夏问	孔子食于季氏，食祭，主人不辞不食，亦不饮而餐，子夏问曰："礼也？"孔子曰："非礼也，从主人也。……主人不以礼，客不敢尽礼，主人尽礼，则客不敢不尽礼也。"	康子失礼

① 原作"田"，王政之据《韩诗外传》《新序》改，详见杨朝明：《孔子家语通解》，齐鲁书社2009年版，第508页。

相较于《论语》中的引子,季康子的地位在《孔子家语》中有显著提高,甚至还提到孔子表扬他的话语,反映出孔门内部对其人物品评,也不可一概而论。

不过,就总体而言,相对于《左传》的"偏袒",《论语》和《孔子家语》还是"直言不讳"地记录了季康子的诸多违礼之事,如《论语·八佾》载其僭越君礼的"旅于泰山"之事,《孔子家语·曲礼子贡问》载其"昼居内寝",父丧期间"练而无衰"和吴孟子卒而不经等三事,《孔子家语·曲礼子夏问》则载其食祭不辞之事。

此外,《论语》中的季康子还显得庸碌无能,如《论语·颜渊》一章之中,接连记载了季康子的三则问政之事,难免给人以季康子治国能力有限之感,而孔子的回答也是不无鄙夷的。首先,孔子劝季康子做出表率,暗示其自身行为不够端正;其次,孔子回答整治盗贼的对策是令康子"不欲",间接批评其对权力和财富的贪婪;最后,季康子欲以刑杀治国,孔子对此强烈反对,令其为善以化民,暗喻因其自身行事不正、治国无方,以致鲁国局势近于失控,这才会动了以杀伐来维持统治的念头。

乍一看,这与《左传》刻画的精明政客形象相比,差异颇大,但仔细爬梳上述史料,也不难发现:《左传》中的股肱之臣,即使在《论语》等孔门后学之作中,也并非骤然滑落为僭礼庸臣的,仍有一条较为清晰的渐变线路可寻:他的形象乃是伴随其与孔子的交往进程而演变的。

孔子与季孙氏的渊源由来已久,据《史记·孔子世家》可知,孔子早年曾为季孙氏史,亲历过季平子联合两家驱逐鲁昭公之役,甚至一度赴齐避难。其"君君,臣臣,父父,子子"的等级礼法观念,概当由此得到强化,故对于季平子的僭越行为反应强烈。①二十年后,主持政治改革的孔子,被季桓子挤走,但鲁国也由此日衰,桓子颇感后悔,遂于临终之际嘱托康子召回孔子。但康子恐用之不终,"为诸侯笑",故暂召冉求为宰。八年后,冉求在郎之战中克齐有功,趁势向康子举荐孔子,终于令康子"以币迎孔子"。

孔子归国后,被尊为国老,季康子对其多有馈赠,《论语·乡党》就有"康子馈药"的记载,《孔子家语·致思》则记录了孔子对康子馈赠的感激话语。

除厚待孔子外,季康子还积极吸纳孔门弟子入仕,见《论语·雍也》载,季康子相继向孔子询问仲由、冉求和端木赐"可使从政与"。此三人皆有独当一面之才,孔子也历来主张学成后,要参政以弘扬仁礼之道,此前,孔门弟子仲由和冉求相继任季孙氏宰,端木赐作为著名外交家的声名也早已远播。此时季康子重提这三位已仕者,无疑是向孔门弟子发出求贤信号,显示了他敢于打破宗法"亲旧"藩篱的用人魄力,② 引领鲁国进行官僚政治改革。而孔子称赞三人,也说明孔子是愿意辅佐季康子重振鲁国的。此后不久,孔门弟子高柴、言偃、卜商、宓不齐、冉雍都陆续在鲁国出任宰官,其中冉雍还接替冉求出任季孙氏宰。③

除此之外,季康子还多次拜谒孔子,求教治国的大政方针和具体政令,甚至包括一些

────────────────

① 孔子谓季氏:八佾舞于庭,是可忍也,孰不可忍也!(《论语·八佾》)三家者,以《雍》彻。子曰:"'相维辟公,天子穆穆。'奚取于三家之堂?"(《论语·八佾》)

② 可参谢乃和:《略论春秋时期鲁国家臣制度》,《东北师范大学学报》2010 年第 4 期,第 53~59页。

③ 李启谦:《孔门弟子研究》,齐鲁书社 1987 年版,第 229~230 页。

"学术"问题。如：《左传·哀公十二年》载，康子就"冬十二月，螽"的问题向孔子求教；《孔子家语·五帝》载，康子问孔子"何为五帝"。

对于康子的求教，孔子都认真耐心地回答，并劝其修身正己，为政以德。从中可以看出，孔子对这位鲁国执政抱有殷切的期盼，复兴古礼的抱负似乎也并非遥不可及。也正因此，孔子才会对其反复强调自身中正仁德的重要性，如表2所引《论语·颜渊》篇季康子问政三则；并在交往中，当面对康子的失礼之处加以批评指正，如《孔子家语·正论解》所载"君使求假于马"之事，而从季孙命其宰"君有取之，一切不得复言'假'也"的回应来看，季康子对于孔子的教导，还是悉心听取的。孔子应该在季康子身上看到了在鲁国率先实现以礼治国、为政以德的希望。

直到后来，季康子出于和鲁哀公难以调和的矛盾，意欲攻打附属的颛臾，这才令孔子忧心忡忡地发出"邦分崩离析，而不能守也；而谋动干戈于邦内。吾恐季孙之忧，不在颛臾，而在萧墙之内也"（《论语·季氏》）的哀叹。孔子哀叹的大概不止是鲁君与三桓的分立和家臣势起的现状，还应当有对季康子不能坚持以礼治国、为政以德的失望，也饱含着意识到自己的政治理想终究难以实现的惆怅。

由上可知，就算是在《论语》和《孔子家语》这样出自孔门后学之手的儒学典籍中，至少在涉及孔子归国前期的记述中，仍可视季康子为开明的政客和虚心的后学，只是伴随着二者立场不同的矛盾渐趋凸显，① 才最终令孔子对其失望，转为对立面。于是，在孔门正统构筑儒家理论体系的过程中，季康子的体国得民之事渐渐不再被提起，其在与孔子及其弟子交往中的角色也被慢慢弱化为陪衬，他的失礼僭越之事则被屡屡提及，这在《礼记》这样的儒学杂编中表现得尤为突出。

在原始结集完成于曾子之徒手中的《曾子问》中，② 季康子成为"丧之二孤"的始作俑者。战国中期的作品《玉藻》，则称其为"朝服之以缟"的第一人。而成篇于战国晚期的《檀弓》，也记录了"季康子之母死，陈褒衣"的违礼之事。

从中可以看出，至少在战国前期以来的主流孔门后学眼中，季康子已然沦为僭越失礼的典型。而随着秦汉大一统专制王朝的建立，尤其是西汉中期以后儒学的大行其道，其反面典型的形象只会愈演愈烈，这就无怪乎上述三条季康子违礼之事在《礼记》的注疏中被郑玄和孔颖达等后代儒者反复征引了。

由上可知，季康子形象在《国语》和《左传》中的差异，反映了孔门后学和"另一派儒家"的差异；而其在《论语》和《孔子家语》中的不同，则反映出早期儒家学派的内部理论纷争。其儒学形象是伴随着儒家内部统一的完成而定型的，僭越庸臣的评价一旦形成定论，那么，之前绝大多数正面描写的材料不可避免地遭到扬弃，并渐渐失传，终于令其形象在《左传》与其他传世儒家文献的对比中，显得差异过于明显。不过，幸赖近年出土文献的不断整理出版，让我们有了更多证据去探究其形象演变过程的中间环节，绅绎出一个虽已退居孔子陪衬地位，但仍旧保有相当儒学话语权的季康子形象。

———————————

① 诸如：最终未听从孔子意见，"以田赋"，加重黎民负担；僭越旅祭泰山；意欲攻打鲁国附属颛臾。

② 《礼记》各篇原始结集年代参见王锷：《〈礼记〉成书考》，中华书局2007年版。

二、出土简帛中的季康子形象

出土文献《上海博物馆藏战国楚竹书（五）·季庚子问于孔子》公布于 2005 年，记录了一番季康子和孔子讨论如何为政治民的谈话，① 简文虽然残缺，但大意尚可疏通。

简文开头，季康子向孔子请教"民务"和"君子之大务"，孔子用"仁之以德"作答。康子听闻后，请求孔子详解，孔子趁机规劝季康子，作为在上的君子，要"玉其言而展其行，敬成其德以临民"，② 如此方得民服，并引用管仲"君子恭则遂，骄则侮，备言多难"的说法来加以佐证。

但拥有多年执政经验的季康子，似乎并不完全赞同孔子的纯仁主张，转述"瓯今"③曾经讲授的"处邦家之术"，即：以强权使民众畏服，不信谗言，拔擢贤良，"大罪则杀之，常罪刑之，小罪罚之"。显然，这是极富强权主义色彩的说法，主张推行仁政的孔子自然不会赞同。于是，孔子在肯定瓯今言论合理性的同时，指出此乃瓯今先祖旧说，暗示这种做法已不符今世。而康子仍要坚持，认为古法可依。所以，孔子又引述鲁国名臣臧文仲的说法，在上的君子若"强、威、严、猛、好刑、好杀"，则会导致"遗、民不导、失众、无亲、不祥、作乱"等一系列不良后果，重新申明治国之道，仍要以勤政爱民为本。

想必此言对康子触动颇大，他不禁疑问："毋乃肥之闻也是差乎？"之后再三请求孔子继续疏导自己。于是孔子因势利导，引述同时代贤臣孟之侧的言论，进一步告诫季康子要勤勉修身，兴德崇礼，方可"邦平民顺"。

与《论语》中的几段季孔对话类似，简文仍以孔子言论为主，但相较而言，简文中的孔子语气显然要温和得多，而季康子的角色地位则有所上升，绝不仅是《论语》中的引子或陪衬而已。作为经验丰富的鲁国执政，季康子自有其治国之道。生逢乱世，他更强调加强刑罚以解燃眉之急，不过，对于孔子推崇的仁德礼教，他仍能虚心聆听，表现出一个合格执政者应有的谦逊。这可与《论语》和《孔子家语》等传世文献互为补苴，构建更为全面的孔子和季康子形象。

简文开篇，孔子提出"仁之以德"的观点，这与对其父桓子阐述的"亲仁"说④如出一辙，反映了孔子治国思想中不变的"仁政"内核，一如既往地要求在上的君子能修己以导民。其中简文"是故，君子玉其言而展其行，敬成其德以临民，民望其道而服焉，此之谓仁之以德"一句，直与《论语·为政》中的"季康子问：'使民敬、忠以劝，如之何？'子曰：'临之以庄则敬，孝慈则忠，举善而教不能则劝。'"的说法别无二致。

不过，相较于传世儒家文献，简文中的孔子形象稍有不同。如他答复季康子欲用严刑峻法治民的主张时，虽先引用臧文仲的言论："君子强则遗，威则民不导，严则失众，猛

---

① 马承源主编：《上海博物馆藏战国楚竹书（五）》，上海古籍出版社 2005 年版，第 193～237页。

② 释文采自白海燕：《〈季庚子问于孔子〉集释》，吉林大学硕士学位论文，2009 年，第 45～47页，下引释文皆用宽式。

③ 此人未见于文献，当为季康子同时代的鲁国史官。

④ 详见马承源主编：《上海博物馆藏战国楚竹书（六）·孔子见季桓子》，上海古籍出版社 2005年版，第 193～237 页。

则亡无亲，好刑则不祥，好杀则作乱"，申明其亲仁的一贯主张，但从其随后所言的"救民以辟，大罪则赦之以刑，常罪则赦之以罚，小则讪之"来看，孔子还是在一定程度上默许了季康子适当运用刑罚以缓解危局的做法，显示了其倡导礼刑相济的崇利尚功一面，而这其实在其早年赞扬子产为政宽猛相济的记载中就可看出端倪。① 此外，孔子的这种转变还应与当时鲁国的险恶社会形势有关。

简文所记的这番对话，当发生在孔子归国后一两年内。此前，鲁国在季康子的带领下，虽然接连抵挡住了吴、齐两强的进攻，在诸侯间的声望空前提高，但是，连年征战也造成了国力的巨大损耗，如今又适逢旱蝗之灾，国家已然陷入困顿。这场灾害在《春秋》中有所体现，如：

> （哀公十二年）冬十有二月，螽。
> （哀公十三年）九月，螽。十有二月，螽。②

蝗虫喜燥，多与旱灾相伴而生。③《上海博物馆藏战国楚竹书（二）·鲁邦大旱》也印证了这场绵延日久的灾害。④ 从鲁哀公仅就旱灾提出"子不为我图之"，而季康子则针对民力困穷、社会动荡的现状，接连提出"民务"和"君子之大务"，以及有关如何用刑罚治民等问题来看：鲁哀公近乎虚君，季康子才是实际的主政者，操劳国事且自有一套治国御民之术。

与其父季桓子的畅谈"仁德"与"二道"⑤ 不同，季康子突出了以法治民的观念，这也反映了十余年来鲁国社会状况恶化的现实。"久暴师则国用不足"⑥，"国不足则资之民"⑦，故有哀公十一年"用田赋"之举⑧，加重赋税以应对危局。随即，鲁国又连遭旱蝗之灾，终致"民贫为盗"了。想来季康子颇为此苦恼，欲以武力围剿盗贼并强化刑罚以威慑黎民，故借欧冶之口接连表达了"君子不可以不强，不强则不立"，"大罪杀之，臧罪刑之，小罪罚之"等强权主张。这在《论语》中也有所体现，如《颜渊》篇的"季

---

① 阮元校刻：《春秋左传正义·昭公二十年》，《十三经注疏》，中华书局1980年版，第2095页。

② 此时旧历沿袭日久，已出现一个月的偏差，实际蝗灾发生时间仍在夏秋。可参张培瑜：《〈春秋〉、〈诗经〉日食和有关问题》，《中国天文学史文集》，科学出版社1984年版，第1~23页。另据《春秋》经文可知，哀公十四年始置闰补齐。

③ 参见陈永林：《蝗虫灾害的特点、成因和生态学治理》，《生物学通报》2000年第7期，第1~5页。

④ 《鲁邦大旱》的叙事时间当在哀公十二年或十三年，可参秦飞：《"鲁哀公问孔子"文献综合研究》，曲阜师范大学硕士学位论文，2011年，第88~94页。

⑤ 即仁人之道与邪民之道，参常佩雨：《上博简孔子言论研究》，郑州大学博士学位论文，2012年，第217页。

⑥ 李零：《孙子兵法·作战》，《〈孙子〉十三篇综合研究》，中华书局2006年版，第13页。

⑦ 徐松：《宋会要辑稿·食货》，大东书局1935年版，第46页。

⑧ 这也可视作季康子打破井田制旧传统的赋税改革，"开始了赋、税合一"，"以拥有私田数量的多寡为标准来加重赋税负担"，以此应对春秋末年战乱频仍的政治局面。分别参见宇文举：《春秋"用田赋"考实》，《江汉论坛》1991年第2期，第58~63页；晁福林：《论"初税亩"》，《文史哲》1999年第6期，第80~86页。

康子患盗，问于孔子"和"季康子问政于孔子曰：'如杀无道，以就有道，何如？'"只是受限于《论语》简短语录体的体例，后人对当时的凶险状况不甚明了，遂仅以季康子为喜好刑杀的庸臣罢了。

简言之，季康子之所以提出要加强刑罚，乃是基于鲁国因持续的旱蝗之灾而导致社会动荡的现实局面。当时的鲁国，恢复社会秩序是当务之急，而以"强、威、严、猛"为主要内容的强权政治，往往可以在这种危难关头起到立竿见影的作用，也无怪乎一向崇礼尚仁的孔子也会对其运用刑罚的主张有所妥协。季康子能根据社会形势的变化及时作出政策调整，显示了他丰富的治国经验。此外，他自称为"从有司之后"，还言辞恳切地请求让孔子疏导自己，也表明了他自身的谦逊品质。故就总体而言，简文中的季康子，形象地位虽不及《左传》，但也绝非《论语》中的陪衬，而是一个足以和孔子分庭抗礼的合格执政者。从这个角度来讲，简文中的季康子形象，可视作从《左传》到《论语》的"中间阶段"。

为探寻这一"中间阶段"的经学意义，我们首先来说明一下《左传》和《论语》的成书时间以及上博简下葬的时代。

据杨伯峻先生考证，"《左传》成书在公元前 403 年魏斯为侯之后，周安王十三年（公元前 389 年）以前"①。

此前，日本学者山下寅次"谓《论语》编纂年代为纪元前 479 年（孔子卒年）至 400 年（子思卒年）之间"，② 此后杨朝明先生根据新出竹简判断，"《论语》成于公元前 428 年至前 400 年的二十多年中"，最终由子思汇辑而成，③ 而黄人二先生甚至大胆推测孔子归国后曾"亲身裁之"。④

上博简的时代据马承源先生所言，"均属战国晚期"，⑤ 此外，他还指出竹简的年代经中科院测定为距今 2257±65 年。⑥

由上可知，《左传》和《论语》皆成书于战国前中期，属于同时代的文化产物，而上博简则是迟至战国晚期的陪葬品。如此看来，前文所谓"中间阶段"，所指绝非时间范畴，那么，这一"中间"又有何所指呢？下面再从其背后的思想层面去界定。

从前文可知，《季庚子问于孔子》乃战国晚期作品，时代晚于《论语》。鉴于简文和《论语》中的季康子形象大相径庭，可以说明：即使在孔门后学中的主流完成儒家的纲领性典籍百余年之后，儒家内部对于季康子的评价仍然不尽相同，而这也正符合孔子殁后，"儒分为八"的历史现实；⑦ 这也说明：从当时的全国范围来看，儒家的内部统一并未完成，至少在楚地仍是如此，孔门后学对于季康子等儒学人物的解构仍在继续。

———————————

① 杨伯峻：《春秋左传注·前言·左传成书年代》，中华书局 1990 年版，第 35~41 页。
② 转引自杨伯峻：《论语译注》，中华书局 1980 年版，第 30 页。
③ 杨朝明：《新出竹书与〈论语〉成书问题再认识》，《中国哲学史》2003 年第 3 期，第 32~39 页。
④ 黄人二：《上博藏简（五）〈君子为礼〉与〈弟子问〉试释——兼论本篇篇名为〈论语弟子问〉与〈论语〉之形成和主要编辑时间》，《中国国家博物馆馆刊》2011 年第 6 期，第 65~80 页。
⑤ 马承源：《上海博物馆藏战国楚竹书（一）·前言》，上海古籍出版社 2001 年版，第 2 页。
⑥ 朱渊清、廖名春主编：《上博馆藏战国楚竹书研究》，上海书店出版社 2002 年版，第 3 页。
⑦ 王先慎撰，钟哲点校：《韩非子集解·显学》，中华书局 1998 年版，第 457 页。

　　而从传世孔门儒学文献——诸如《论语》《孔子家语》和《礼记》——绝少见此类"中间"材料来判断，在孔门内部的正统之争中，支持或至少不贬损季康子的一派最终没能占得一席之地，而这也正是相关文献失传的症结所在。其失传的时间至迟到汉武帝元封年间（前 110—前 105 年）。因为当时孔安国搜求并重新整理官本孔子类材料，从而写定今本《孔子家语》，① 如果这类"中间"材料见在，理应被收入这本集录《论语》之外的孔门言论总集之中。

　　从以上分析可以得出结论：所谓的"中间阶段"，实际是指从崇尚社会变革到尊礼复古的思想中间期。

　　下面再继续探讨一下季康子形象在《左传》和各种传世早期儒家文献中差异形成的原因。

三、季康子形象的演变与早期儒家文献的形成

　　从上节可知，《左传》和《论语》几乎同时成书。那么，同一人物在两书中的巨大形象差异，只能从其编纂者的主旨思想上去寻找答案。

　　《论语》作为儒家的经典权威，编纂者对相关材料的取舍加工，必定是最切合孔子本旨的。晚年孔子格外注重修身尊礼，那么，原始结集至迟完成于公元前 400 年的《论语》，无疑也秉承了这一思想主张。至于迟至汉代，经孔安国至张禹整理写定的今本《论语》，从汉初以来的复兴古礼到成哀之际的儒学独胜局面来看，塑造孔子纯粹崇礼尚仁的形象，也非常符合学术与政治的双重需求。

　　大概也正是出于此种目的，孔子早年称颂子产为政宽猛相济的言论，中年诛杀少正卯的事迹，② 晚年以刑罚催逼民众救火的故事，③ 以及主张适当辅以刑罚的出土简文等有碍孔子纯仁形象的"另类"材料，都为曾子之徒所不取，《论语》中的孔子一任仁德。

　　在编订《论语》的过程中，为了更好地烘托孔子的仁善，对立人物的构建不可或缺。而在孔门正统思想中，张公室、抑权臣的倾向十分明显，所以相对应地，与晚年孔子过从甚密的鲁国执政季康子，连同其父祖，不可避免地要被孔门正统后学塑造成失礼僭越的反面典型。与此不符的材料，当然也不能被编入"取其正实而切事者"的《论语》中了，④其他儒家典籍也多不选取，以致此类材料大多散佚，甚至罕见于带有孔门言论总集性质的《孔子家语》中了，这也就无怪乎后来者不能尽窥季康子全豹。

　　至于出自史官之手的《春秋左氏传》，虽其成书时间稍晚于《论语》，但因其史家实录性质，反而更好地保持了原始素材的切实完整，且成书之时，中原大地已弥漫变法思潮，作为积极求变、善待士人的鲁国执政，季康子自然可以被描述成"社稷之臣"，⑤ 甚

----

　　① 杨朝明：《孔子家语通解》，齐鲁书社 2009 年版，第 6 页。
　　② 司马迁：《史记·孔子世家》，中华书局 2007 年版，第 1917 页。
　　③ 王先慎撰，钟哲点校：《韩非子集解·内储说上·七术》，中华书局 1998 年版，第 226 页。按：此记载有问题，详见下文。
　　④ 孔安国：《孔子家语后序》，转引自杨朝明：《孔子家语通解》，齐鲁书社 2009 年版，第 578 页。
　　⑤ 阮元校刻：《论语注疏·季氏》，《十三经注疏》，中华书局 1980 年版，第 2520 页。

至取代鲁哀公"为尊者讳"的地位了。但伴随着孔门后学的兴盛，《左传》中体国得民的季康子，最终难逃在孔门儒家经典中被塑造为失礼僭越典型的命运。① 譬如首节所言《礼记》中载康子失礼三事，今举其中的"丧之二孤"条详加说明。

此事见载于《礼记·曾子问》：

> 曾子问曰：丧有二孤，庙有二主，礼与？孔子曰：天无二日，土无二王。尝、禘、郊、社，尊无二上，未知其为礼也。昔者齐桓公亟举兵，作伪主以行。及反，藏诸祖庙。庙有二主，自桓公始也。丧之二孤，则昔者卫灵公适鲁，遭季桓子之丧，卫君请吊。哀公辞，不得命。公为主，客入吊。康子立于门右，北面。公揖让，升自东阶，西乡。客升自西阶吊，公拜兴哭，康子拜稽颡于位。有司弗辩也。今之二孤，自季康子之过也。

经文讲：当时有些丧礼中会同时出现两个丧主（孤），有些宗庙中则供奉着两个牌位（主），曾子就此违礼乱象向孔子求教，而孔子回答齐桓公和季康子分别是"二主"和"二孤"的始作俑者。

关于后者，郑玄注曰："邻国之君吊，君为之主，主人拜稽颡，非也，当哭踊而已。"《礼记·丧服小记》又云："诸侯吊于异国之臣，则其君为主。"就是说，邻国国君为本国臣子吊丧，臣子的后代不能和邻国国君抗礼，而应由本国国君摄行丧主之职，代行答拜之礼，此时，原丧主只能行"哭踊"之礼。不过由上述引文可知，鲁哀公已经"拜兴哭"，摄行丧主之职，但季康子仍以丧主自居而擅行"稽颡"大礼，违背了"尊无二上"的原则，而执礼官员碍于季康子的滔天权势，未敢加以辨正，导致这一恶例为时人所效尤。

寥寥数语，季康子的僭越跋扈，鲁哀公的平庸怯懦，执礼官员的胆小附和，都跃然纸上。在这段话中，权臣季康子无疑被塑造成了失礼僭越的反面典型。

此后，唐人孔颖达在修订《五经正义》时，对此恶例进行了详细解释，之后又在《礼记·丧服小记》和《仪礼·既夕礼》中征引此例，季康子的失礼僭越形象被进一步强化，不啻于对其形象进行了官方判定。在这之后的千余年中，此事屡有提及，强化过程仍在继续。

较韩愈时代稍后的陈商，在其上奏的《东都置太庙议》中即援引此例，反对东都太庙设立神主。② 宋儒朱熹在其《资治通鉴纲目》中引用此文，③ 佐证"皇"字乃"尊无二上"之意，其四传弟子——元儒陈澔，在其《礼记集说》中则突出批评有司不能正而致"循袭为常"，同时也指出"变礼之失，由于康子"。④ 明人郝敬在其《谈经》中也引述此事，说明经书记载的抵牾之处。⑤ 至于礼学鼎盛的清代，征引此事者数不胜数，诸如

---

① 即使是《左传》本书，历代儒生也通过其目的性极强的注解，来对季康子形象按照注者的经学主张进行形象再刻画，以满足其正统儒学理论诉求。

② 董诰等编：《全唐文》卷725，中华书局1983年版，第7464~7465页。

③ 朱熹撰，朱杰人、严佐之、刘永翔主编：《朱子全书（第8册）·资治通鉴纲目》卷7，上海古籍出版社2002年版。

④ 陈澔：《礼记集说》，凤凰出版社2010年版，第149页。

⑤ 郝敬：《谈经》第5卷，齐鲁书社1997年版，第6页。

顾炎武、毛奇龄、孙希旦、黄以周等不一而足。

不过值得注意的是：各代儒生对此例的征引，其用途、目的多有差别，这似乎很符合刘晓东先生对于中国诠释性质两分中的"非中介性诠释"的描述，即"诠释者将其所诠文本只当做诱发自己思辨的基点，通过对文本的思辨来阐发个人的理解"①。可以说，这些都属于后代儒生对历史人物形象再刻画和儒家学脉再构建的继续，他们以此来满足新的文化氛围和理论诉求，而这一过程贯穿了中国整个漫长的经学时代。

有了《礼记》经文的指摘，辅以历代儒生的批判性征引，季康子"丧有二孤"始作俑者的恶名，可谓永世难夺。但这段经文就没有任何疑点吗？

首先，"哀"与"康"乃鲁君与季孙肥之谥，二人没于孔子之后，对此二人，孔子不得径有此称，则此段经文决非孔子原话，即如王夫之所言："意者自昔者以下二节，皆记者所引以为证，而非孔子之言也。"②

其次，经文记事本身也有问题。文中"适鲁"者决非卫灵公，郑玄注曰："灵公先桓子以鲁哀公二年夏卒，桓子以三年秋卒，是出公也。"这种张冠李戴的现象，在先秦典籍资料中屡见不鲜，如《孔丛子·记义》载"季桓子以粟千钟饩夫子，夫子受之而不辞"一事，③明显就是季孙氏父子记录倒误。如此一改，就提供了此事在时间上的可能性，但郑玄此说仍有调和经义之嫌。

略审《左传》即知，他国国君来鲁，经文当有记载，如昭公十七年经载"春，小邾子来朝"，"秋，郯子来朝"。两国国君皆仅子爵，而言辞精略的《春秋》经文仍一一记录，且据"丧有二孤"事时间最近的哀公二年，尚有"滕子来朝"的记载，那么次年又怎会失载卫侯的到来？

而且，从当时的情势来看，卫出公也不太可能离开本国。鲁哀公二年夏，卫出公即位，但其逃亡在外的父亲蒯聩却对君位虎视眈眈。当年秋，赵简子即联合郑军欲送蒯聩即位，虽被击退，却也揭开了卫国君位争夺战的序幕。次年春，卫出公又联合齐国，出兵蒯聩所在的戚城。此时的卫国深陷君位争夺战的泥潭，朝不保夕的出公又怎敢贸然出国？事实上，直到哀公十二年，《春秋》才有其与鲁哀公会面的首次记载，即"秋，公会卫侯、宋皇瑗于郧"，且会盟地点仍在卫国境内。而卫出公出国和入鲁的首次记载，则在此次会面的四年之后，"春，王正月，已卯，卫世子蒯聩自戚入于卫。卫侯辄来奔"，失去君位的出公不得不暂投同姓的鲁国。而三个月之后，孔子就去世了。

由此看来，《礼记·曾子问》的这条记载很值得怀疑，是否出自孔门后学故意贬损季康子而杜撰依托亦未可知。但这却正好说明，至迟到春秋末年，至少曾子一系的孔门后学已经开始对季康子的形象加以重构，突出其反面的失礼僭越形象。而从唐以后正统儒生们对此事的引用和评论来看，这一传统做法得以延续。直到清初，才有王夫之开始怀疑此

————————————

① 刘晓东：《谈中国传统文化中的诠释》，《中国诠释学》第1辑，山东人民出版社2003年版，第261页。

② 王夫之著，船山全集编辑委员会编校：《船山全书（第四册）·礼记章句》，岳麓书社1988年版，第472页。

③ 李存山先生用上博简《孔子诗论》与《孔丛子·记义》相关语句比较分析，认为前三卷很可能是先秦遗文，其中记子思、孔子言行部分不伪。则引文当为先秦资料无疑。详见氏著：《〈孔丛子〉中的"孔子诗论"》，《孔子研究》2003年第3期，第8~15页。

事，他认为郑玄指出非卫灵公是正确的，"然抑以为出公辄则又不审，时出公方据国以争，未尝适鲁。盖记者口授传讹，无容强为之说也"①。

而清末疑古大师廖平更径直指出此乃依托，"昔者卫灵公适鲁，遭季桓子之丧。卫君至鲁，经不书，《左传》亦无之，齐桓、季康子皆属依托"②。

这种依托的作法，在先秦典籍中屡见不鲜，例如《韩非子·内储说上七术》载所谓"孔子严令救火"之事：

> 鲁人烧积泽，天北风，火南倚，恐烧国。哀公自将众趋救火者，左右无人，尽逐兽，而火不救。召问仲尼，仲尼曰：逐兽者乐而无罚，救火者苦而无赏，此火之所以不救也。哀公曰：善。仲尼曰：事急，不及以赏救火者；尽赏之，则国不足以赏于人。请徒行罚。乃下令曰：不救火者，比降北之罪；逐兽者，比入禁之罪。令下未遍，而火已救矣。

另据《左传》可知，鲁国大火乃哀公三年事，其时孔子在陈，不得预于此役。这种假托圣人的例子在《韩非子》中尚多见，明显乃韩非为借以宣扬其统御之术，而刻意塑造一法家化的孔子。

那么相对地，孔门正统后学，为了宣扬其尊君崇礼的思想主张，除了塑造并强化孔子纯粹仁德的形象之外，又何尝不会刻意设立并构建反面人物，以收烘托之效呢？而季康子的形象变迁只是一个缩影：他反面形象的人物构建，大抵始于《论语》，终于《礼记》。但是，鉴于季康子的地位和功绩，以及先秦儒家内部的分裂，在对其形象进行解构与再生成的过程中，不可避免地会产生些许"中间阶段"材料，譬如《季庚子问于孔子》，它们虽屡经删削，却犹在某些传世文献中留下了蛛丝马迹。③ 而幸赖出土文献相助，今人得以举一反三，借以串联传世本中的诸多疑点，探究这一早期儒家文献形成过程中的人物形象演变个案，真切地体会那个"儒分为八"的学术时代。

不过，我们还应注意：中国传统的经传之学，或者可以称作中国的经典解释学，本身具有悠久的经世特点。这就决定了，经师们对经文的解释，往往不局限于其本初含义。那么，对某句或某几句经文所作的"传"，自然也不必拘泥于真实情况，往往会参以己见地加以编排。古之学者对此尚有所觉察，今人读此类传注，则更不可径以信史相待。应知经师和儒生们笔下的孔子和季康子等人物形象，更多乃是各自心中投射出的经学模影，其形状受政治学术氛围和个人立场观点的影响而不尽相同，虽经后儒整合，仍不免留下斧凿之痕，遂有后儒的继续调和，正如李承贵先生所言，"中国诠释学具有圆融性、循环型、模糊性"④。隶属于诠释学范畴的经学，自不可与如今严格的历史学相提并论。不过，诸如《季庚子问于孔子》这类的出土早期儒学文献，其内容是否具备较高的历史真实性，也并

---

① 王夫之著，船山全集编辑委员会编校：《船山全书（第四册）·礼记章句》，岳麓书社1988年版，第473页。

② 廖平：《礼记识》，《续修四库全书》（第106册），上海古籍出版社2002年版，第651页。

③ 尤以《孔子家语》最为明显。

④ 李承贵、王金凤：《中国诠释学基本理论之探讨》，《现代哲学》2013年第5期，第87~96页。

不妨碍今人对其思想学术价值的研究探讨。明白这一点，对于今后的出土思想类文献研究是不无裨益的。

综上，通过传世文献和简帛文献的对比考察，我们可以比较清晰地了解到季康子形象在《左传》和《论语》等正统儒家典籍中的巨大差异，这种差异无疑与编撰者的时代背景和思想主张有关。虽然《左传》与《论语》二书的成书年代极为接近，而且早期文献资料又有所缺失，我们迄今尚不能完全厘清其形象演变的具体脉络，但是，据目前所见的简帛文献仍然可以判断，在儒学完成思想整合之前，儒门内部对季康子持有不同认识，其形象乃是伴随着孔门后学正统之争的完成而最终定型的。即使在《论语》成书百余年之后，儒家内部对季康子的评价仍存在着不同声音；对季康子形象的不同理解，也增进了经学内部论争的思辨性和逻辑张力。历代后儒各据其立场，对涉及季康子的经文进行针对性的征引，"将其所诠文本只当作诱发自己思辨的基点，通过对文本的思辨来阐发个人的理解"；换言之，早期儒家文献中季康子形象的歧异，正为这种思辨张力提供了可能性。

(作者单位：武汉大学哲学学院)

哲学思想：传统与现代

老子论"德"的内在意蕴及其现代阐释

□ 张华勇

在老子《道德经》一书中,"道"是其核心概念之一。道作为万物由之而生的本根,始终流行于万物之间。但老子论述"道"的方式并非是悬空着讲,将其脱离现实境况而去言说,事实上老子仍然面向现实生活,从事物自身之中发现道本真的存在痕迹。对于德的论述也正是依于这样的理路来阐释的。老子道德观念的含义主要体现在对"德"一字的表述中。国内学界对老子"德"的解释主要强调其"无为"的一面,将之与儒家的积极入世的态度相对照,由此往往忽视了老子道德理念中所具有的积极含义,特别是老子之"德"所具有的创发性这一意味没有揭露出来,基于此我们有必要在现代的语境中对此作更深入的理解和阐释,凸显其所包含的实践哲学的向度。人们通常认为道家对"道"的论述并不具有现实的意义,或者说无法对实际生活有所言说。然而从老子一书分为《道经》和《德经》来看,老子并非离德而讲道。通行的《老子》文本上下篇分别命名为《道》《德》,而据新近出土的文献发现帛书甲、乙本以及其后的汉简本都是《德》篇在前的,将上篇命名为"德","这首先应当归因于传抄者不断提炼和概括《老子》大意,强化其核心概念"①。道与德的贯通在老子看来也是非常重要的,只是这里的"德"与儒家所强调的"德"有着比较大的区别。后世儒家将"德"限于通过人们日常的行为规范所表现出来的个人品行,这种具有强烈人为性的界定并不真正适合评价处于社会之中的人们的德性,比如说许多行为看起来光明磊落的人背后可能并非如此。离开天的言说,社会很多时候只是成为人们表达各自意见的场所。例如儒家的某些道德律令并不见得就适合人的本性的施展,或者更为确切地说儒家将自家的道德规范上升为天的诉说,首先应该先判别其所述的是否使其远离了天道,而只是在表达一家之言。老子在其时已经敏锐地觉察到了这个问题,现行社会所倡导的"德",是否就是真正适合人们的"德",人们所应追求的"德"是什么?这些都关系到个人的幸福。老子对当时社会所流行的道德价值及评判

---

① 丁四新以早期《老子》文本的演变为据阐释了"德"、"道"篇名的呈现过程以及《老子》文本从"自然分章"到定型的演化过程。从中也可以发现"德"这一观念在《老子》文本变化过程中所占据的重要地位。参见丁四新:《早期〈老子〉文本的演变、成型与定型——以出土简帛本为依据》,《中州学刊》2014年第10期,第103~115页。

抱着怀疑的态度，对于这些问题的思考都源自生活，同时展示了其非常广阔的视野。

一、老子论"德"的背景视域：大道的隐遁与人言的涌现

老子所处的时代一般认为是春秋时期，那时的社会普遍遵从的是周公定制下的礼仪规范。虽然彼时，周朝的势力有所减弱，但其推行的社会规范已经深刻地影响着人们的生活和价值观。诸侯群起，各方势力相互争夺，这只是由各地实力失衡所引发的。[①] 国家层面的剧烈变化并未影响到普通百姓的道德观念。周礼并没有在各路诸侯的兼并战争中瓦解，只是其具体内容有所变化而已。周王朝势力削弱的主因是由周朝自身国力的不足所造成的，周礼的具体内容依然流行于各个诸侯国之中，人们所遵循的道德规范也没有发生大的变动。周礼的施展空间主要是人们的日常生活领域，而一旦这样的土壤形成，政治局势的变化或者国家的更迭对此总是不易撼动的。《礼记·表记》云："夏尚忠，商尚鬼，周尚礼。"这也表明周朝是以礼立国的。李泽厚指出："'德'在周初被提到极高位置，恐怕也与周公当时全面建立规范化的氏族制度有关，'德'逐渐由必须'循行'的习惯法规转义为品格要求。"[②] 周公之所以建立全面详尽的规范制度，主要原因自然是为了维护社会秩序与周朝的主导地位。但由周朝所定下的礼仪是否合适？若周礼能真正合乎人本性，那么周朝自身为何又会面临危机呢，以至于礼坏乐崩呢？老子认为以礼仪规范来定义"德"是有不足的。

老子对"德"的阐述与其主要概念"道"相关联。在老子看来，道并不能为人们所认识，因为道本身处于隐晦不明的状态。老子云："有物混成，先天地生。寂兮寥兮，独立而不改，周行而不殆，可以为天地母。吾不知其名，强字之曰道。"[③]（《老子》二十五章）王弼注云："寂寥，无形体也。无物匹之，故曰'独自'也。返化始终，不失其常，故曰'不改'。"[④] "道"先于万物而存在，同时流行于万物之间。万物由之而生，但道对万物的生长不加干涉。牟子在其《理惑论》中也有类似的表达："道之为物，居家可以事亲，宰国可以治民，独立可以治身。履而行之，重乎天地；废而不用，消而不离。"[⑤] 道没有在天地之外另有其藏身之处，在日用之间也可以见到道的痕迹，只是很多时候人们身处其间而不知。在现实生活中，人们所依循的是周朝的礼仪，而对无法为其所认识的

---

① 陈来在《古代思想文化的世界》中对此有着同样的论述"春秋中期到后期，社会开始发生变化，如果从以上的分析概念来看，春秋后期的社会变动，还不是表现在公、卿、大夫、士、家臣、宰的这种统治结构的破坏上面，而是在谁作卿、谁作大夫，或者谁掌握国、家的权力上面，即表现在既有的更迭制度的破坏。旧的世袭制度逐渐蚀变，渐渐破坏，其破坏的基本制度是'以下反上'，即原来在权力位置序列中下一级的占有者，以不同方法扩大自己的实际权利和占有领域，最后得以取代上一级的位置"，由此可见春秋中后期社会制度的剧烈变化表现在权力的争斗上，而在道德层面并未见显著的变化。可参见陈来：《古代思想文化的世界》，三联书店 2009 年版，第 243~245 页。

② 李泽厚：《中国古代思想史论》，三联书店 2008 年版，第 86 页。

③ 本文对《老子》的引用以王弼本（楼宇烈校释：《老子道德经注校释》，中华书局 2008 年版）为准，以下皆只注明章节。

④ 王弼注，楼宇烈校释：《老子道德经注校释》，中华书局 2008 年版，第 63 页。

⑤ 僧祐撰，刘立夫等译注：《弘明集》，中华书局 2011 年版，第 17 页。

"道"忽视不见。李泽厚在其《中国古代思想史论》中写道:"周公以'制礼作乐'驰名后世……这意义就是将尚在混乱中的'殷礼'作了重大的完备化、系统化、条理化、规范化的整理,这也就使这种'德'获有一整套的'礼'的形式仪范,树立和确定了以血缘宗族为纽带的'祭祀—社会—政治'的组织体制。这就是存'德'于'礼'。"[1] 周礼其实只是人为所制定的,并不一定就与道相符。事实上,周礼的出现意味着大道的隐遁,因其遮蔽了道在万物尤其是在人类社会中的畅通流行,代之以人为的规范条文。这些规范条文是以人的意见代替天的言说,而人的意见很可能就会引起纷争,它所制定的依据往往并非是合理的,或者说合乎大道的。这些对人的行为举止进行规范的框架很难认为就是合乎人自身的本性的,而由于对天道认识的不足,恰恰可能是违背天道的。本杰明·史华兹在其著作《古代中国的思想世界》中谈到周代的思想时指出:"《诗经·大雅·烝民》'天生烝民,有物有则',现在我们已经明白了这样的思想,即天在生育人类的同时,也把在他们彼此之间、他们与鬼神之间的关系之中决定他们行为的秩序样式灌输给了他们,因而,礼仪样式以及其他行为模式的样式支配着人类的秩序。"[2] 在周代,人们已把天理解为是赋予人类社会秩序及礼仪样式的源泉,此时的天不再处于"莫之为而为"[3] 的形态,而是以能够规范社会秩序的鲜明姿态出现。

当大道远离的时候,人言就开始鼎沸。人的言语掩盖了道的痕迹,道的发用流行在此境况下显得更为困难。人们的生活所依据的标准是人所定下的,制定这些规范的理据有可能是经验的总结,也可能是对人的本性的体察,然而它是否就是道流行于万物间的表现呢,这是要深究的。老子云:"失道而后德,失德而后仁,失仁而后义,失义而后礼。"(《老子》三十八章) 人间世所定义的"德"是在道隐遁后才出现的,德本身为人所认可也就意味着道消失在了人们视野之中,在道不见踪影的时代人们才会关注起德。[4] 而作为

---

[1] 李泽厚:《中国古代思想史论》,三联书店 2008 年版,第 87 页。

[2] 本杰明·史华兹:《古代中国的思想世界》,程钢译,江苏人民出版社 2008 年版,第 66 页。

[3] 语出孟子,原文是"莫之为而为者,天也",意思说的正是天是不可测的,人不足以凭自身之认知来规范天的内容。朱熹认为尧舜禹相袭的禅让制是天之所为,也就是出自人的主观意愿的动机并未加以干预。此时的天下是天下人的天下,非一家一姓人的天下。当世袭制出现事实上也就是以人的力量干涉了天的自然运行的机制,个人的欲望和私心也就会掺杂其中,中国的政治格局也就进入了合与分、治与乱的纷争之中。然剥除私欲的干涉而返回到天的自然机制,使人道与天道相契合,这也是朱熹为何强调天理之存在的原因,也是将道统定于自尧舜始的因素之一。天的运行机制其主要一方面是让个体发挥自己的才能,减少外来因素的干预,使个体能够自觉自为,如此一来政治的功用只在于防止外力对个体自身具备的天然因素进行破坏。朱熹对此处"天"的释义,"然此皆非人力所为而自为,非人力所致而自至者。盖以理言之谓之天,自人言之谓之命,其实则一已"。参见朱熹:《四书章句集注》,中华书局 1983 年版,第 309 页。

[4] 汉学家倪德卫似将"道"与"德"的关系比作了柏拉图哲学中的理念和具体事物,他认为每个事物的"德"是不同的,就如同每一事物都有它自身的理念,该事物的"德"使它成为一独特的一物,同时又保留着道的活泼的特性,"它(德)被认为是道在一个特殊事物的'地方化';但它仍保留着道的特性"。柏拉图的理念论中善是最高的理念,每一物有其自己的理念,此处与"道""德"的差别在于理念是主宰事物的,又高于事物,而德是出自事物本身的,由事物去发端。不存在德在主宰物,没有一个脱离了事物的德的存在。由此也可窥见中西思想的差异所在。具体可参见 [美] 倪德卫:《儒家之道——中国哲学之探讨》,周炽成译,江苏人民出版社 2006 年版,第 39~40 页。

德的内涵的仁和义则是当德普遍为人所关注后才可能对其具体内容进行规范。因此，详细的成文的道德规范是后来才为人所接受的。王弼注云："万物虽贵，以无为用，不能舍无以为体也。舍无以为体，则失其为大矣，所谓失道而后德。"① 人们不见道的存在而只是单纯地尊德，遗忘了其大者是本。

所谓"大"，是指道体虽宏大然不易为人所觉察，因为道大而无形，它充盈于万事万物之间又不见其踪影。德是以道为本而出现的，若只尊德那就会无视更为根本的道。韩非子云："道有积而德有功，德者道之功。功有实而实有光，仁者德之光。光有泽而泽有事，义者仁之事也。事有礼而礼有文，礼者义之文也。"② 道是最初的存在，德只是道的一个侧面，仁义是德落实于现实中的具体表现。由道以至德再至仁义，通常看来是人类文明不断进步的表现，人们对于事物本性的了解也越加深入，同时认为以仁义行是文明人举止的象征，由此各种以仁义为名义的规范就出现在各种场所。这些使人成为文明人的道德规范是否就合乎真正的"德"呢？庄子云："道不可致，德不可至。仁可为也，义可亏也，礼相伪也。"③ 仁义的内涵是可以由人而定的，会随着时代的变化而发生改变，而主导这些变化的可能就是那些统治者，他们以人为的规范而干预或者说扰乱人之本性的自然舒展，若那些规范真的能够深入人心，与人的本性相契，那么诸侯可能就不会相互争夺了。使人担心的是将仁义作为人们品德的标准很容易就让人们只顾及现实层面的评判而遗忘了天和道的存在，由此就可能失去人之为人的本性。大道隐遁，人自身的本性也就无法得以真正地彰显。

因此，老子云："夫礼者，忠信之薄，而乱之首。"（《老子》三十八章）老子之所以批判当时的礼，原因之一就是尊礼成为当时诸侯叛乱的借口。人们都认为各自的行为是尊礼的，反之否定他人的行为，批判他人行为的动机。尊礼似乎表现了一个人的忠诚，但礼的设置本身就含有人的意志和目的在其中。王弼云："用不以形，御不以名，故仁义可显，礼敬可彰也。夫载之以大道，镇之以无名，则物无所尚，志无所营。各任其贞事，用其诚，则仁德厚焉，行义正焉，礼敬清焉。"④ 不以名、形的方式有意地表现仁义，真正的仁义自然就能显现出来。让人们依自身的本性去行事，也就是"任其贞事"、"用其诚"，不加以人为的主宰，人们的行为自然就会端正，礼仪也能清明地表现出来。而当存在着外在的意志、有目的地指导人们的所为，就会产生"所尚"和"所营"。同时为尚而尚，为营而营的行为就会随之而来。老子并非主张人们不以仁义行，真正的仁义其实也是道于人间世中的具体表现，所批评的是以人为的方式制定仁义的标准。以一己的意志来制定礼仪，事实上就是扭曲掩盖了天之所为，认为一人所定的规范可以成为天下人的标准，这恰恰是引起人们叛乱的开端，因为这样一个标准显然是不符合每一个人的，更重要的是这可能会成为一些人以此达成一己之目的的借口。大道运行，是以无名的方式引导万物的。它使万物依自身的本性得以生长，万物虽不见大道的作用然身处其中。

---

① 王弼注，楼宇烈校释：《老子道德经注校释》，中华书局 2008 年版，第 94 页。
② 王先慎：《韩非子集解》卷 6《解老篇》，中华书局 1998 年版，第 133 页。
③ 郭庆藩撰：《庄子集释》卷 22《知北游》，中华书局 2004 年版，第 728 页。
④ 王弼注，楼宇烈校释：《老子道德经注校释》，中华书局 2008 年版，第 95 页。

同样，万物也是根据自己的本性去存在才能成为自身。老子云："上德不德，是为有德；下德不失德，是为无德。"（《老子》三十八章）人们通常称之为"德"的并非是上德，因为上德是以"不德"的形态出现的。老子之所以提出对"德"的不同见解，正是看到当时出现的以人言代替天道之言说的倾向，而这一倾向的后果将是道的隐遁及其为人所遮蔽。老子所著上下篇正是要发明道本身，使人们不至于遗忘流行于万物之间的道。当人人都有德的时候就不会意识到失德不失德的问题，个人的品德与才干在这样的环境下不存在着比较，也就不对有德无德的限度进行量化。老子思想的某些方面可以认为是反映了三王之前中华文明的结晶，这也意味着那时的社会还并未凭借着礼来对各种情况进行细致的区别与规定。与那一时代相一致的是社会体制的不断完善，这就必然要对社会的各方面加以规范，包括对人德性的评价，在某一层面上这也意味着要打破人人都有德的局面，如此一来才有高低尊卑之分，社会的秩序才得以建立。国家的建立就是以瓦解人类原始的平等状态为其开端的。

二、德的具体落实：有言之教与无言之教

有言之教指的是以既定成型的各种规范、言语行为教导普通百姓，使得每个受此教导的人融入到一特定时代的社会秩序中，并成为社会中的一员，也就是人们的言行举止由此而合乎那个时代文明人的标准。为使得这样的标准能够落实，在国家层面就有必要建立一套规范来引导百姓的言行，同时影响他们的生活，建立相应的社会制度。周公制礼作乐就是以礼乐来引导规范人们的行为。"礼别异，乐和同"，通过礼将社会的秩序建立起来，乐又能通达每个人的内心，唤起人们内在的共同的情感。由此建立的国家就有了一定的等级秩序，人们所受到的是由上而下的教导。而这样既定的秩序得以维持是要依靠外在的力量的。以人为的方式建立的礼仪其自身可能就不是健全的，因为既定的社会秩序会随着社会各阶层力量的变化而发生改变，与此相应的礼仪规范也就有所变化。这样制定的礼事实上并未通达人心，而是在一定程度上维持着当时的社会秩序。一旦没有一定的力量维持这样的状态，那么改变就会发生。当周王朝的势力不再能够制约各诸侯国，其所制定的礼仪也就不得不发生改变。因此，以一个人的行为举止是否合乎礼仪来评判人们的德行就不再合适了，显然一定的礼仪规范只在一定的时期内才为人所遵循。礼在很大程度上规范了人们的日常生活，使人与人可以相互信赖，但这并非是人之本性的全部内容。人有着自己为自己立法的一面，也就是说人有其自觉性。觉者，觉也，也就是能够自我觉醒。试图以人为所制定的礼仪来培养一个人的品德，也是忽略了其自觉的一面，或者说人是可以自我培养而成为人的。这一方面是道体在人之所在处流行的表现。道赋予人自我觉醒的能力，而这是要人们自己加以体会出来的。老子云："道生之，德畜之，物形之，势成之。"（《老子》五十一章）一个事物要成为其自身其实是很自然的事，当"道"生一物时就赋予其自身之本性，所谓的"势"能够成物，是因物之性已在其中，势在一定的情况下才能产生影响，使物成为自身。王弼云："唯因也，故能无物而不形；唯势也，故能无物而不成。凡物之所以生，功之所以成，皆有所由。有所由焉，则莫不由乎道也。故推而极之，

亦至道也。随其所因，故各有称焉。"① 人成为人，所依乎的是内在于人自身之中的本性，这个性是由道所生。当人生活于合乎其性的环境中时，其性在其中自然舒展，也就能成其自身。这样的生活环境要是为各种礼仪所规定，是否就合乎人的自然成长呢，这是值得怀疑的。有一点是可以肯定的，就是道要能够在此畅通地流行。对物的生长不加干涉，同时提供其合适的环境，物能成的势也就达到了。人们尊礼仪而行正是通过有言之教而习得的。

有言之教的出现也就意味着人之言说的兴起，言说的纷争掩盖了道的诉说。老子云："大音希声，大象无形。"（《老子》四十一章）周朝以礼立国，礼能够规范人们的行为，人们的交流由此而顺畅很多。但人不只是依礼而行就可以称之为人的，人的内心世界是应当和自然相通达的，这样其性才顺畅。自然变化万千，远非一朝的礼仪所能规范引导的。自然的变和规范的固定性之间是不一致的，人之性得自于天，天从来就不曾以一种确定的面貌出现。天无形无象，无声无息，不可把捉，然又流行于万物之间，老子云："其上不皦，其下不昧。绳绳兮不可名，复归于物。是谓无状之状，无物之象，是谓惚恍。"（《老子》一十四章）这里所描述的是大道存于万物之间，而又不为所识知。它的形状是"无状之状"，它存在着，只是其所存在的方式如此之不同，不同于人们通常所认识的事物。它不可见，所能见到的是事物的自然生长。它是"无物之象"，不能以物的象来描述。韩非子云："今道虽不可得闻见，圣人执其见功以处见其形。"② 如韩非子所认为的那样，当圣人化物之处也就是道彰显自身的场域。老子以这样的方式述说道，正是要表明道不同于普通之物，人们要是以认识一个事物的视角去看待道，那么是不会发现道存在的踪迹的。冯振云："凡物皆有上明下暗，道无上下之分，岂有明暗之别？虽绵绵不断，而不可名状。物而不可名状，则亦若无物而已。故谓之无状之状，无象之象，谓其若有若无也。"③ 这也表示那些通常可以理解的礼仪规范与道是不一样的，这些可以确定下来的规范是不足以表达道的含义的。因此周朝以礼仪规范来教导百姓，这就使人们偏离了本真的道，所认识的只是可状可形之物，欲使人们识得道之本身，就当以效法自然的态度去观察道存在的痕迹。

无言之教是以化为主，《说文·人部》云："化，变也。"所谓教化就是指教导百姓于无形之中，凡可以以言语引导的只能起到规范的作用，而要真正改变一个人的根本就要通

---

① 王弼注，楼宇烈校释：《老子道德经注校释》，中华书局 2008 年版，第 137 页。王夫之对此意也有精彩的论述，他认为物的自然生长是感受不到"道"的存在的，万物在不知的或说是混沌的状态中施展自己的才性，其自身在缓慢地形成，袭取的是自身具有的德性。道若说有功用，只是引导万物复归自有的本性，以不显形的方式化成万物。王夫之在其《老子衍》中说道："道既已生矣，而我何生？道既已畜且覆之矣，而我何为？而我何长？邻之人炊其粟以自饱，施施然曰我食之，夫谁信哉？乃彼未尝食于我，而未尝不食于此也。我唯灼然而知之，顺而袭之，天下不相而德我，我姑不得已而德之。物者形矣，势者成矣。虽灼知之，不名言；虽顺袭之，不易置；虽德我者不相知，终古而信；亦可因万物之不相知也，而谓之玄德矣。"参见王夫之：《船山全书》（第十三册），岳麓书社 2010 年版，第 48~49 页。

② 王先慎：《韩非子集解》卷 6《解老篇》，中华书局 1998 年版，第 148 页。

③ 冯振：《老子通证》，华东师范大学出版社 2012 年版，第 25 页。

过无言的教化。段玉裁云:"教化当作化。从人倒,人而倒,变之意。天变地化,阳变阴化。"① 把人倒过来,也就是意味着这种变化是内外兼顾,具有根本性的。若只是从礼仪规范来教导人们,所改变的只是外在的举止言行,而人的内在并未由此变得通透。天变以及地化是不遵循一个既定的规范的,往往是潜移默化的,例如秋去冬来经常是在不经意间就发生了。化虽然也是由外在对事物加以引导,但其目的是使事物返求自身本有之性,而非盲目遵循外在的规范。这种返求诸己的目的正是教化所追求的。由此可见,无言之教重在教人自觉,自己去求索。阴阳的变化是自发进行的,并且是依自身具有的本性而发生变化的。老子反对有言之教的一个原因就是它会树立一个权威来代替每一事物各自的思考,老子所说的:"不言之教,无为之益,天下希及之"(《老子》四十三章),正是要强调不言、无为的益处是让事物理顺自身的根本所在,不被外在所发生的事迷惑,如此教化才能真正起到应有的作用。②

有言之教是以礼仪规范来引导人们的行为,人们只能依照这样的规范去行事,而不考虑自身的真切想法。人们内在的真实感受事实上为其所掩盖,外在的规范不见得对每个人都是合适的。无言之教是对每一事物的发展不加以干涉,不是以外在的规范规定其发展的路径,而是试图让其自身通过认识自己内在的本性而自然成长。要让事物认识到自身之性是需要外在引导的,道正是以自身无言的方式引导事物通达到属于自己的道路上。当道体畅通流行的时候,事物没有受到外在的干涉和扭曲,自然就能寻得自身的本性。道自身无形无象,因此不会影响到事物的发展,事物就在这样的环境中得以依自己的本性生长。老子云:"道常无名。朴虽小,天下莫能臣。侯王若能守之,万物将自宾。"(《老子》三十二章)道不对万物加以干涉,因此是"朴"的。王弼云:"不以物累其真,不以欲害其神,则物自宾而道自得也。"③ 道之为朴,万物就能自己成长为自己。事物之所以不能自宾,是因外在的力量总是试图对此加以规范和主宰。《文子·上仁篇》中也说道:"古者,修道德即正天下;修仁义即正一国;修礼智即正一乡。德厚者大,德薄者小。故位不以雄武立,不以坚强胜,不以贪竞得。立在天下推己,胜在天下自服,得在天下与之,不在于自取。故雌牝即立,柔弱即胜,仁义即得,不争莫能与之争。故道之在于天下也,譬犹江海也。"④ 万物自然生长而不见道的功劳,不加干涉正是道的所为。万物成为自身所依的是自己的本性,只有当自己的本性并未受到扭曲时,每一物自身的面貌才能呈现出来。

① 段玉裁:《说文解字注》,浙江古籍出版社 2006 年版,第 384 页。
② 牟宗三认为无与有是道的两个面向,道家之所以将无视为根本是因为一旦有出现,随之而来的就是一种缴向性,也就是使无落实为在一种特定的方向上。牟宗三说:"无是本,无又要随时起缴向的作用。平常所谓深藏不露就代表无的状态,但不能永远深藏不露,总有露的地方才是缴向性,道家如此讲有,所以很微妙","道家这一套出自中国的文化生命,发自春秋战国的文化背景",牟宗三也持道家的发源之处是为应对当时礼乐无法维持现状而进行的反思。参见牟宗三:《中国哲学十九讲》,吉林出版社 2010 年版,第 87~88 页。
③ 王弼注,楼宇烈校释:《老子道德经注校释》,中华书局 2008 年版,第 81 页。
④ 王利器撰:《文子疏义》卷 10《上仁篇》,中华书局 2000 年版,第 453 页。

三、德的实践路径：引发创造者的创造性

老子没有否认"德"在人们生活中所起的作用，只是他所推崇的"德"是"无有"，是其所说的"玄德"。玄德也就是道的德性。道是不可闻不可见的，其德就不同于后世儒者所强调的仁义礼智。玄德是不对善恶美丑进行分辨的，凡是有相对待的事物也就同时存在其对立的一面。后世儒者强调仁义礼智，导人向善，这在老子看来也就意味着社会中存在着不仁不义不礼不智，事实上两者是相伴而生的。有一者也就有另一者，因此教导百姓改恶迁善并不能从根本上解决社会中的不仁不义的现象。"道德法律，其为物虽殊，其为既有恶之后，乃教人去之，而使之从事于所谓善，则一也。然则既有道德法律，其社会即非纯善之社会矣。"① 仁义的凸显是与不仁不义并生的，当这个社会不再提及仁义，那么不仁不义也就消失了。这也正是老子要强调玄德之"玄"的原因。玄包含着相对待的两个方面，不对此加以区别分辨，有与无就不再对立。"无有"也就是在这一层面上得以阐明的。"无有"层面的德可认为是由无言之教所养成的，使百姓在"日用而不知"的状态下自然生活，同时又可以受到教化的渲染。当善恶不为人们所认识的时候也就是善与恶不再存于社会之中的状况。天道流行于其中而百姓并不知，然这仍是要教化的，只是这样的教化不再以礼仪规范来教导人们，而是让人们自觉地寻得自身原有的善良本性。人们若专注于外在的善恶美丑，其自身处于对此对待分别之中自然就不能内视自身已有的善良本性。"无有"还是要人们导向自身之本性的无言之教的，没有这样的教化人们就不知向何处寻得善良本性。

而在"无无"的层面，德也就呈现为天之德性，如《诗经·大雅·文王》所云："上天之载，无声无臭。"此时的德是道鼓荡于万物之间的痕迹。万物生长，雨水滋润着，然雨水只是自行其是地由上降至下，由天空而至大地。阳光给予其温暖，然太阳只是自行其是地发光发热，依其本性而为。道在其中而又似乎不在其中，不见其踪影而又见其存在的痕迹。此时的"德"是不用引导的，其自身就与天地相合，老子云："天之道，利而不害；圣人之道，为而不争。"（《老子》八十一章）天之道，是让万物自然生长而不妨害，只是利于其内在的本性如实地呈现出来，不因道的存在而受到扭曲和遮蔽。当"有"成为一种遮蔽的时候，无无就意味着去蔽。那些有言之教事实上以一种成形的方式遮蔽、掩盖着事物自有的本性，而无言之教是法道，试图以道的形态引导事物走上属于自己的道路。无无则是回到道本身，更多的是以否定的方式回归到道的原始样态。"不害"、"不争"正是去蔽的方式，将作为约束、限制在一定的范围内，而非盲目干涉，如此每一事物自身的本性自然就得以澄明。

由此处可以看出的是，老子所谓的"天之道"的含义从一个侧面上来说也可以是指对可能主宰万物生长的权力的限制。对权力的限制是每个人、每一物得以是其所是地成为自身的前提，以权力的相互制约来限权，如此来理顺权力的缘由，不使其越出自身的范围，试图从权力内部出发对自身加以限制其效果并不明显，原因在于权力的拥有者理性并非是全面的，他所接受的是一家之言，而对于道的认识远不是全面的。正因其自身认识上

---

① 吕思勉：《先秦学术概论》，岳麓书社 2010 年版，第 32 页。

的狭隘，以及形成的偏见就使其不足以合宜合理地运用权力。对此的弥补就是通过以他者的视角出发，同时也运用权力而形成相互制约，如此尽可能地减少因一己的偏见而带来的不足。每一物的德实际上就是一物的性与命，物之德性得以充分地展现出来。这里的展现并非通常意义上的"明"，也就是鲜明地表现在物之生命的生长延续之间隙，在人而言就是言行举止之间。真正的明是处于不明之境地中，昏暗混沌的状态中。老子用"昧"来道说这样的境况，老子云："明道若昧。"（《老子》四十一章）昧就是无法清晰地看出一个人的德性，因为真正有德的人恰恰不通过在公众面前表现德行来述说自己良好的品性。有德之人在内明了天德，并由此充实自己的内心世界，在外则不显露通透之德性。内饱满而外若昧，这也就是虽是人貌而天性畅达于内的状态。范应元云："道之明者微妙幽玄，故如昏昧。"① 林希逸云："明道若昧，惟昧则明。"② 道是以昧的方式表达出来的。

老子之所以提倡昧，是因为以彰显在外的德行来评判一个人的品性，其标准非但不明确而且容易产生为德行而去为的现象。所谓的标准更多时候是依据当时的礼仪规范及风俗而定，这个原本就包含着很多人的因素在内。人的成分多而天的成分少，越是去符合这样的评判标准，那么只能是陷于人的社会之中，而对天的觉察也就越远。对天而言是无所谓标准的，天只是为万物提供了其性与命得以生发的场所，促使物之生长而不加以规定。在此过程中天也是昧的，天隐藏自身而使物无知无觉。另外，存在着外在的标准就往往引起纷争，人们为求名而一味趋向这样的标准，只是在外在的言行上符合这样的标准，其内在之修为可能就与之相差甚远。因此表现于外的德行非但不能真正体现一个人的修养，还可能引发人的品德的异化。国家权力的行使就存在着增强这种外在化标准的倾向，其中掺杂着更多的人为的因素，其所树立的标准可能只是适合这一地方、这一国度，而由此所引发人们的竞相追求只能使人远离了天。权力也就以此方式干预了人之成为自身的过程。将权力的作用限制在一定的范围中，人们才能返回自身本有之性，使人们的作为发乎内而形乎外，由此接近天的德性。

道流行天地，营造有利于事物成长的环境，好比长于土壤上的草木离不开作为其存在背景的广阔的大地，这也是一种为的方式，只是在其存在历程中不易为其意识到而已。（这也是庄子所说的"相濡以沫不如相忘于江湖"的意蕴所在。）当道无法通畅流行于天地之间时，人们才不断地对此加以讨论。大自然以这样的方式使万物成长，事物得以充分地发展，物的生成及发展恰恰也是大自然成为其自身的过程。自然是由生养于其间的每一物所构成的，只有当物顺其性而成长为自身时，自然才显露出其真实的面貌。也就是说道的呈现与物成为自身是一道的，是一同到来的。当物无法成其自身，道也就不能出现。道就在万物之中，在其生生不已的成为自身的过程中呈现自身的面貌。道的通畅是由物成为自身来体现的，道不可见，可见的是郁郁葱葱成长起来的物。在这一层面上，化的对象没有了，作为无言之教的"无有"消失了，隐遁在了道与物一同到来的场域中。"无无"，也就是道与物共存的境遇由此展现。此时物之性得以正，物之德与道之德相交融，如此也就达到了至德。

这里所说的"无无"指向的是老子文本内含着的"德"的最高层次，所谓的至德就

———————————

① 范应云：《老子道德经古本集注》，华东师范大学出版社2010年版，第75页。
② 林希逸：《老子鬳斋口义》，华东师范大学出版社2010年版，第46页。

是要成为那样一个人,他所做的是引发每个个体所独具的创造性,并促使其从事创新性的活动。社会中的个体原本就具备着自足的创造力,只是并未被引导出来而已。很多时候因为环境的干扰人们无法认识到自身的才能,老子所崇尚的有德的圣人能够善于营造个体自由发展的环境,比如他所提倡的"小国寡民"的国家形态,其意思是在于提供一个相对宽松的活动空间可使"民"有足够的闲暇认识自己。事实上,圣人不离百姓,就是身在其中,一个脱离百姓生活的人怎么可能认识到人们真实的存在样态呢?体察人们的日常生活才有可能构建起利于引导每个人找到自身长处的机制。这也是老子所认为的良好的政治生态的关键所在。一个有德的人就能了解自身之所长,并且能充分地实现其所具备的才能。这是有德者的根本含义,至于通常的道德品质在老子看来是属于第二层的意思的。

四 、 结 语

老子之"德"的含义在上述所论的三个层次上得以展开,他所提出的"无言之教"针对的是"有言之教"的局限。当"德"只是停留于遵循外在人为的规范而为人所理解时,这样的"德"就不具有活力,甚至可以制定一个不合乎人之本性的道德标准来要求人们的行为及道德操守,其具体的形态就是为老子所批判的只重形式而不具内容的各种礼仪、礼节。而"无言之教"正是要摆脱、超越外在制定的礼仪规范,由此使得人们自发地遵从自身的自然本性,自己栽培自己的德性。如此可以避免人们道德观念的形成受到外在因素的有意干扰或者扭曲。道的德性,也就是至德,所要达到的是引发每个个体本身所具有的创造性。"引发"的本意就是为个体营造一个宽松的、适合其自身自然成长的境域,道之作为"引发者"并不表现为一个主宰万物的外在力量,而是当每一个体各是其是、各适其性的时候,道之德性就已然流行于天地之间,化成万物了。在道看来每一个体自身就是一创造者,而且能自发地施展他的才智,只要其本性可以顺畅地得以舒展开来。因此至德的含义也就是每一存在者如实地呈现自身的面貌,其德性也就得以充实于内在事实上,个体的德性是可以依靠自身的力量来培养的。老子之"道"的意味可下落到"德"这一层面展示其具体的内涵,由此"道"有了与万物相交融的落实处,而"德"所上达的形上层面也有"有"、"无有"、"无无"这几个层次,由此"道"与"德"两者在一定程度上形成了双向的互通。老子之"德"的意蕴中所包含着的强调个体的独立性、创造性由此得以体现。老子对"德"的阐发的创新之处正在于凸显了个体自足的创造性,将每个人视为具有独特创新性的创造者,这也是现代社会所推崇的观念。可见老子的思想对于建构合理的现代社会有着巨大的启示。

(作者单位:武汉大学哲学学院)

孟子义利观及其社会经济伦理诠释*

□ 张宏海

在现代社会中，随着经济的飞速增长，刺激经济增长的文化、宗教因素也日益成为人们关注的重点所在。人们逐渐相信，一种宗教、哲学及其相应的伦理道德必定会对社会的经济产生某种潜移默化的影响。孟子思想中的义利之辨对于中国传统乃至现代东亚的社会经济模式都产生了深远的影响。随着东亚地区经济的增长，特别是亚洲四小龙的崛起，不少儒学学者与经济学家也逐渐认识到儒学伦理在经济生活中所起到的积极作用。儒学对于经济问题的关注主要体现在对于义利关系的探讨中。历来孟子义利之说被称为是儒者第一义，义利之辨也是古往今来的一大辩题。本文立足于《孟子》文本，分别从义利之辨、儒墨之别等多重角度系统而详实地解读孟子的义利之辨，通过劳心劳力者之分指出孟子思想中所蕴含的原始而朴素的经济学思想。文章密切结合现代社会的当下处境，结合对于韦伯命题的分析和解读，指出孟子的义利思想对市场经济生活的理论价值和启迪意义。

一、义利之思：先秦儒学智慧之大成

虽先秦时期没有形成独立学科的经济之学，但是作为经世之学，先秦儒学对于经济问题也进行了较多的讨论。从孔子开始，先秦儒学就开始了义利的思考，从其"君子喻于义，小人喻于利"（《论语·里仁》）、"君子谋道不谋食，君子忧道不忧贫"（《论语·卫灵公》）、"放于利而行，多怨"（《论语·里仁》）等思想中，我们可以发现重义轻利的思想源头。孟子继承了孔子的义利观，且与孔子相比，孟子更加注重义利之辨。因此，对于义利关系的分析和解读，是把握孟子经济思想的关键所在。黄俊杰先生从思想史的角度指出了孟子义利之辨的重要意义。他指出："孔子将'义'与'君子'结合，赋'义'以德性之涵义。孟子出而'义'乃进而成为人之'四端'之一，取得内在涵义、社会涵义及宇宙论含义。"① 同时，他认为，与墨家、道家、法家之义相比较，墨家、道家和法

* 本书为贵州省孔学堂 2015 年度重大招标研究项目"当代道德观构建与传统美德转化研究"（课题批准号：kxtzd201503）阶段性研究成果。

① 黄俊杰：《孟学思想史论》（卷一）第五章，台湾东大图书公司 1991 年版。

家论"义"均得其一偏，唯有孟子能够借着"义"的内在含义、社会含义以及宇宙含义建立起一种动态的统一体。

在孟子生活的战国时代，仁义之道不明，人心陷溺于利益之争，人欲横流，争夺竞逐。所以，在《孟子》一书的一开篇，便以孟子与梁惠王的故事引出了著名的"义利之辨"。梁惠王一见到孟子，便直接问道："将有以利吾国乎？"孟子回答道："王何必曰利？亦有仁义而已矣。"梁惠王所谓的"利"，指的是富国强兵、扩张疆土之类的"利"。从整个对话的内容来看，梁惠王复仇心切，急于实现霸业。然而孟子却从反面揭示了这种"利"的弊端。他指出，如果只是追求这种私人利益的满足，而没有首先遵守仁义的原则的话，势必造成"上下交征利而国危矣"的社会混乱。自古以来，历代解经家都对这段文字十分关注。司马迁在《史记·孟子荀卿列传》中感叹道："'嗟乎！利诚乱之源也。夫子罕言利，常防其源也。故曰：'放于利而行，多怨'。"太史公认为此章主要指出利是社会混乱之源。而朱熹在《孟子集注》中则用天理人欲的思想来解释义利关系。他说道："仁义根于人心之固有，天理之公也。利心生于物我之相形，人欲之私也。循天理，则不求利而自无不利；殉人欲，则求利未得而害已随之。"① 朱熹认为义乃是天理，利则是人欲，按照他的观点，应该存天理灭人欲。以上两位解经家的共同之处在于，都指出利与义的相互对立以及利对义的危害性，认为不应该讲利、怀利，而应该去利、去欲，只应该讲义。但是，如果综合、平衡地来考察孟子的思想，便可以知道，孟子在此并非是说绝对不可以言利，怀利，因为孟子并非反对民众福祉的公利。他此处的"利"，不是一种广泛意义上的利，而是特指像梁惠王那样利欲熏心、穷兵黩武、富国强兵的私利。孟子通过揭示"后义而先利"的社会危害，反对那种以利害关系为目的导向的功利主义，正如梁启超先生所言："孟子所以大声疾呼以言利不可者，并非专指一件具体的牟利之事，乃是言人类行为不可以利为动机。"② 这在孟子与墨家的争论中体现得更为明晰。

孟子并非主张弃绝功利，绝不言利。孟子义利观的内容比较丰富，就道德观与价值选择而言，孟子主张先义后利，认为义具有绝对的优先权。但就具体的社会生活而言，孟子也并非不讲私利，并且，无论对君、对民，还是对士人，孟子都肯定了他们对于利益的正当需求。对于君而言，孟子对于君主个人生活中的好货、好色、好乐本身并没有多少微词，他只是要求他们不能只是贪图个人的声色享受，而忽视了人民的温饱问题。孟子曰："君不行仁政而富之，皆弃于孔子者也。"（《孟子·离娄上》）他指出，如果君主不实行仁政，而手下的人对其不但不加以规劝反而帮助他聚敛财富的话，都会遭到孔子的唾弃。他认为要实现仁政、王道就应该与民同乐，爱民、保民、养民，保证人民基本的物质生活和必要的礼乐教化。正如萧公权先生所言："盖美食安居，人所共悦。必强人主以土阶茅茨，既反人情，必不能用。若君上能行推恩之术，则举国腾欢，可臻仁政之极致。"③ 对于士人而言，孟子虽然指出士应该"尚志"，以追求仁义、道义为最高指南，但是，孟子也并非认为士人就是苦行僧，正如孟子指责陈仲子"居於陵，三日不食，耳无闻，目无见"之廉（《孟子·滕文公下》）一样，他认为士人应该有与之道德身份匹配的生活方式。

---

① 朱熹：《四书章句集注》，中华书局 2011 年版，第 188 页。
② 梁启超：《先秦政治思想史》第六章，中华书局 1986 年版。
③ 萧公权：《中国政治思想史》（上册），商务印书馆 2011 年版，第 31~32、92~93 页。

如前所言，在当时是一个士人崛起的时代，士人在当时得到各国君主特别的礼遇，他们衣食无忧、专论事政，并且以君王师的地位自居。孟子自己本人就拥有"后车数十乘，从者数百人，以传食于诸侯"（《孟子·滕文公下》）的强大阵容。当彭更指出他这样的排场"不以泰乎"的时候，孟子说道："非其道，则一箪食不可受于人；如其道，则舜受尧之天下，不以为泰，子以为泰乎？"他认为，士人以道义为最高原则，如果不能按照道义而行，即使接受一箪食也是受之有愧，而如果能够坚持道义的原则，那么，即使像舜从尧那里接受天子之位，都当之无愧。他从"通功易事"的角度指出，士人虽然是"不耕而食"的劳心者，但不是"素餐"者，他们严守古圣贤哲的礼法道义，是古代文化的传承者和发扬者，他们拥有"入则孝，出则悌，守先王之道，以待后之学者"的社会职能，他们美好的道德品行对于整个社会有着重要的感化作用，正如孟子所指出的那样："君子居是国也，其君用之，则安富贵尊荣；其弟子从之，则孝悌忠信。"（《孟子·尽心上》）因此，士人理应如梓匠轮舆等劳力者那样得到当得的报酬。孟子最为关注的是社会的整体之利，或者说人民的生活福利。孟子的仁政、王道重在强调，君王要想国泰民安、政治太平，就必须首先保证人民生命、安全等基本生活权利，使人民暖衣足食、安居乐业，如此才能为民父母。他认为广大民众是"无恒产则无恒心"，不能以士人的标准来要求民众，必须首先保证人民拥有一定的生产资料，所以"制民之产"（《孟子·梁惠王上》）对于政治而言是头等重要的大事。他指出"圣人治天下，使有菽粟如水火"（《孟子·尽心上》）。正所谓"仓廪实而知礼节，衣食足而知荣辱"，只有在满足其基本的生活需要的基础上，人民才能有尊严地生活，并且进而追求更高的仁义、礼治的道德标准。

二、儒墨义利观之异同：以义制利与以利制义

孟子所言的利虽肯定了人们对于利欲的正当追求和适当享用，但并非墨家所提倡的功利主义。在孟子与墨家关于义利问题的争辩中，我们可以看到孟子反对的正是这种以利为目的导向的一种功利主义，竭力维护儒学自孔子以来的道德原则。《孟子·告子下》篇记载的关于孟子与宋牼的对话便深刻地揭示了儒墨之间在义利上面的分歧。面对秦楚构兵的战争局势，宋牼欲以利劝说楚秦二王，试图通过说明战争对于双方的不利后果而劝秦楚二王停止战争。孟子对宋牼说道："先生之志则大矣，先生之号则不可。"他认为宋牼能够在战乱之际，劝说君王罢兵息民，有着宏大的志向，但是，他这种以利作为理由的劝说却是不恰当的提法。孟子进一步指出，即使能够以利说服秦楚之王罢三军之师，然而这种以利为导向的思想也将会导致严重的危害。他说道："为人臣者怀利以事其君，为人子者怀利以事其父，为人弟者怀利以事其兄。是君臣、父子、兄弟终去仁义，怀利以相接，然而不亡者，未之有也。"在孟子看来，如果按照这种功利主义继续推演下去的话，将会使君臣、父子、兄弟等人际关系全部围绕着利益、功利来对待，正如《墨子·亲士》所言："故虽有贤君，不爱无功之臣；虽有慈父，不爱无益之子。"因为这种利益导向的原则会使人与人之间的关系都变得功利化、世俗化，这样势必会造成对于仁义道德的忽视，如果是这样的话，那么，一定会导致国破家亡的不堪后果。因此他反其道而行，重新提出他仁政、王道的政治主张，认为应该以仁义来劝说秦楚之王，这样的话就会形成"为人臣者怀仁义以事其君，为人子者怀仁义以事其父，为人弟者怀仁义以事其兄，是君臣、父子、

兄弟去利，怀仁义以相接也"的社会局面，使君臣、父子、兄弟等人际关系等能够抛弃功利主义，形成以仁义为价值取向的关系网络，如果能够这样的话，实现仁政、王道的政治理想就指日可待了。

　　孟子认为，王霸之别就在于此，霸道以利为主，只是假借仁义之道达成其称霸天下的目的。而王道却以义为主，以践行仁义作为政治的最高指南，所以霸者只能维持一时之际，而唯有仁者才能无敌于天下。在此我们可以看出孟子在义利之辨中所表现出的道德动机论的价值导向，他认为，真正的道德应该是为了仁义而行仁义，为了行善而行善，而不能掺杂其他功利性的目的，否则，仁义就不成其为仁义，道德就不成其为道德了。正如孟子所言："由仁义行，非行仁义也。"（《孟子·离娄下》）不能将仁义视为一种外在的规范，不能将仁义当作工具，而是将仁义作为从内心深处所发出的道德命令，自觉、自发地去行仁义。正如史华慈先生所指出的那样，孟子意在指出，"只有在预设了将'仁义'作为目的本身，并依照仁义而行动的反映人类本质的能力之后，才能取得优良的社会后果"①。孟子之所以针锋相对地批判墨家，关键也在于此。因为，虽然墨家也重视义，认为"万事莫贵于义"（《墨子·贵义》），也以兼爱为主旨反对个人主义的私利，而提出普遍范围内的公利，甚至为了整体的公共利益甘愿"摩顶放踵"。虽然如此，墨家的这种义、兼爱的原则主要还是站在功利主义的立场提出来的，认为"夫爱人者，人必从而爱之；利人者，人必从而利之"（《墨子·兼爱中》）、"若事上不利天，中不利鬼，下不利人，三不利而无所利，是谓天贼"（《墨子·天志下》）。也就是说，对于墨家而言，"义，利也"（《墨子·墨经上》），义，只是一种天下之公利，而不是道德本身。"义，天下之大器也。"（《墨子·公孟》）墨家认为，兼相爱只是手段，而交相利才是目的，也即是说，利是目标，而义是工具。正因墨家对于功利主义的强调成为孟子攻击的要害所在。因为在孟子看来，无论墨家所言的兼爱有多么高尚，但是如果将价值聚焦在功利主义的原则上，就会造成对于仁义本身的一种伤害，使道德成为功利主义的一种附庸。而孟子自己所提出的仁义原则，则既照顾到社会整体的利益，同时也保证了仁义的绝对性和优先性。

　　从儒墨两家关于义利关系的辩说中，可以看出，二者虽然均坚持义利之别，反对私利，维持公利。但是，二者的区别之处在于：儒家坚持仁义至上的原则，坚持以义制利，视利为道德的附属品，而墨家则坚持功利主义的原则，坚持以利制义，视道德为利的工具；儒家是动机论者，而墨家则是效果论者；儒家是道德的理想主义，而墨家则是功利的现实主义。当然，从道德、义理以及教化的角度，我们可以说儒家之说优于墨家，但是墨家的功利主义的思想也并非百无是处。因为，墨家对于利的强调，对于儒家道义原则的抽象性以及对于利的轻视无疑也有着重要的补充作用，因为，就具体的现实生活而言，利欲、需求与道德也有着密切的关系，有时候也能对道德起到某种激发、促进的作用。在义利之辨中，孟子强调义相对于利而来的优先性。孟子曰："生，亦我所欲也；义，亦我所欲也，二者不可得兼，舍生而取义者也。生亦我所欲，所欲有甚于生者，故不为苟得也；死亦我所恶，所恶有甚于死者，故患有所不辟也。"（《孟子·告子上》）面临生与死、义与利的相互冲突，虽然欲生恶死、趋利避害是人之常情，但是因为心中存有道德良知，所

①　本杰明·史华慈：《古代中国的思想世界》，程钢译，江苏人民出版社 2003 年版，第 276 页。

以有德性的人能够超越世俗的利害关系，而追求仁义之德。倘若人没有这种道德良心，则会不顾仁义之道而追求偷生免死的生存哲学，这种选择正是君子和小人或者人与禽兽的区别之处，只有遵循道德的原则才能避免利欲对于道义的沉溺。孟子引用《诗经》中"既醉以酒，既饱以德"指出，"饱乎仁义也，所以不愿人之膏粱之味也；令闻广誉施于身，所以不愿人之文绣也"（《孟子·告子上》）。他认为，仁义比肥肉细米更能满足人的精神需要，名声比绣花衣裳更能体现人的价值尊严。在仁义与利欲面前，应该首先选择仁义的满足。因为，义高于利，仁义之德是人之为人的价值所在，因此，人应该以仁义的道德作为生命的追求，而不应该停留在感性的利欲方面，更不能为了利益的追求而歪曲道义，只有这样，才能维护人的道德尊严，提升生命境界，只有这样才能保持本心而不丧失。

　　特别是对于有德性的士人、君子而言，仁义应该是其根本的道德标准。这种善性是君子的本质之性，是君子作为天民从神圣的天道而禀受的一种道德本性。在孟子看来，士人虽然并非排斥必要的物质需求，但是，作为天民，他们应该超越于一切外在的物质利益，超拔于一切境遇中的富贵、威武、贫贱，坚持以仁为天下之广居，以义为天下之正位，而不能像公孙衍、张仪之徒那样，一味地追求荣华富贵而不顾仁义的道德原则。孟子在《离娄下》篇中巧设齐人乞食于祭的比喻，辞锋犀利地针砭时弊。他说道："由君子观之，则人之所以求富贵利达者，其妻妾不羞也，而不相泣者，几希矣。"他认为在君子看来，那种为追求富贵利达而不择手段的人，与齐人的餍足之道一样不知廉耻。孟子自己也是这样一个坚持道义为至上原则的士人。面对弟子陈臻关于受金是与非的两难问题，孟子回答道："皆是也。皆适于义也。"（《孟子·公孙丑下》）他坚持通权达变的原则，或者接受宋王、薛王的馈金或者拒绝齐王的馈金，都是基于道义的原则，而不是无原则的接受或者拒绝。也正因为这种道义的原则，所以，孟子不愿接受齐宣王"授孟子室，养弟子以万钟"的优惠待遇，而毅然选择致为臣而归。孟子说道："如使予欲富，辞十万而受万，是为欲富乎？"（《孟子·公孙丑下》）如果他果真为求富的话，为什么辞去前日在齐为卿时的十万之禄而接受现在万钟之馈呢？可见，孟子并非为了财富利益本身而出仕，如果不能出仕以行义的话，宁愿舍弃这种财富本身。正如孟子所言："经德不回，非以干禄也。"（《孟子·尽心下》）君子、士人是为了道德而道德，而不是为了俸禄等利益本身。他说道："万钟则不辨礼义而受之。万钟于我何加焉？为宫室之美、妻妾之奉、所识穷乏者得我与？乡为身死而不受，今为宫室之美为之；乡为身死而不受，今为妻妾之奉为之；乡为身死而不受，今为所识穷乏者得我而为之，是亦不可以已乎？此之谓失其本心。"（《孟子·告子上》）他认为万钟之利如果不能辨析是否合乎礼义而接受的话，那么，这种万钟之利对于他而言并无所增益。不能为了"宫室之美"、"妻妾之奉"、"所识穷乏者得我"而接受不义之利。如果不合乎礼义的话，应该宁死而不受，而不能为了这三种身之物而接受，否则的话，就是失去了本有的善心。

　　从孟子的义利之辨中，也可以看出，孟子一方面强调义利之别，肯定义对于利的优先性，主张以义制利，反对以利害义。特别以仁义之德作为士人、君子的首要德性。另一面，孟子也肯定了在义的前提下，适度地讲利、求利，并且认为二者之间也可以在一定条件下相互转化。因为如果能够推己及人，从私利扩大到公利的话，利益本身就是仁政、王道的重要因素。孟子的义利之辨对于塑造君子人格、提升道德修养、追求生命本真有着重要的启示作用，但是不可否认的是，孟子在义利之辨中，为了凸显仁义之德，也不免片面地扩大了义的价值和贬抑了利的作用,并造成了义利之间的紧张趋势。孟子曰:"大人者,言不必信,行不必果,惟义所在。"(《孟子·离娄下》)他认为,有德之人应该以仁义之道为超越追求,甚至可以为了遵守仁义可以不信守承诺、不顾忌后果,这无疑过分夸大了仁义的原则,使仁义超越于诚信等美德之上,并造成了仁义的价值原则与仁义所导致的行为结果的一种分离。如果说在孔孟之前,义利并非一对互不相容的、相互对立的观念,而是认为义以生利、义为利本的话,那么,在孔孟之后,随着儒学对于道德价值的过分凸显,无形中造成了义利之间距离的扩大。特别是在孟子这里,尤为如此。孟子以阳货为例指出:"为富不仁矣,为仁不富矣"(《孟子·滕文公上》),从而在财富与仁义之间形成了强烈的张力。在孟子看来,义利是划分圣人、君子与小人的重要标志,他说道:"鸡鸣而起,孳孳为善者,舜之徒也。鸡鸣而起,孳孳为利者,跖之徒也。欲知舜与跖之分,无他,利与善之间也。"(《孟子·尽心上》)他认为,舜与跖之间的区别,就在于前者所追求的是仁义之善,而后者所追求的则是物质利欲,正是利与善决定了二者的根本差异。因此,孟子据此指出了"养心莫善于寡欲"(《孟子·尽心下》)的观点,他认为,若要存养心中的仁义之善端,少私寡欲是必要的。因为"其为人也寡欲,虽有不存焉者,寡矣;其为人也多欲,虽有存焉者,寡矣"(《孟子·尽心下》)。如果人的欲望不多,善性即使有所丧失,也不会太多,反之,如果人的欲望很多,性善即使有所存留,也是很少的。他试图以这种寡欲的方式限制欲望的无限膨胀,从而达到养心的道德操练。在此,孟子的寡欲,虽然不是禁欲主义的,但也不是去欲主义的。[1] 虽然孟子的仁义之善与物质之利之间并非如有的学者所指出的那样是"相互对立、不可协调的"[2],但是基于孟子这种对于仁义的过分强调以及对于义利之分的片面夸大,也从某种程度上造成了对于功利意识和消费意识的过分抑制,并深刻地影响着传统经济的保守与内敛性格。

三、劳心劳力,应是社会分工之别

孟子的劳心劳力之说是其经济关系的另一个重要方面。在《孟子·滕文公上》篇中,记载了孟子与农家的陈相与许行等人之间关于劳心劳力的争论。农家认为,社会之所以出现问题和产生矛盾,在于社会分工的不公,他们主张"贤者与民并耕而食,饔飧而治"的思想,并且他们也是身体力行地去践行这种理想。陈相据此认为,滕文公等君主有仓廪府库,却不能与民并耕而食,所以是厉民以自养,不能称之为贤君。孟子却层层设问,引出了大人之事与小人之事、劳心者与劳力者的分别。孟子曰:"有大人之事,有小人之事。且一人之身,而百工之所为备。如必自为而后用之,是率天下而路也。故曰:或劳心,或劳力;劳心者治人,劳力者治于人;治于人者食人,治人者食于人:天下之通义也。"(《孟子·滕文公上》)孟子在此指出了两种人,一是劳心者,一是劳力者。与之相应的是两种社会分工,劳心者的社会职能是统治人,他们有权力靠劳力者养活,而劳力者的社会职能则是被人统治,他们有义务去养活劳心者。他引用尧舜禹等圣王的故事指出,大人之事主要在于"教以人伦",使人脱离禽兽的低级趣味,而实现社会范围内"父子有

---

① 杨泽波:《孟子性善论研究》(修订版),中国人民大学出版社 2010 年版。

② 魏义霞:《七子视界:先秦哲学研究》,中国社会科学出版社 2005 年版,第 297 页。

亲，君臣有义，夫妇有别，长幼有序，朋友有信"的道德教化，他们如此用心地治理天下，哪里有时间去操心农业之事呢？有关农业等劳力之事交给小人去做就好了。孟子据此指出，这种劳心劳力之说是通行于天下的共同原则。孟子试图通过尧舜禹的故事为其劳心劳力之说寻找历史的依据，这种做法无可厚非，但是这却不是历史的现实。因为，尧舜禹所处的氏族社会通用的是一种原始的社会共有制形式，全体氏族成员一起劳动，并没有明确的劳心劳力之分，这种区分可以说是后来才逐渐形成的。

同时，很多学者也从政治学的角度指责孟子的"劳心劳力说"是支持一种剥削有理的理论。胡治洪先生对此有着专门的评说，他认为，继殷周之后，在孟子生活的战国时代，劳心劳力者之间的社会分工已经趋于定型，并且稳固地存在于社会生活之中，因此在当时的社会背景下，孟子的劳心劳力之说是对普遍社会现象的概括，并且能够反映出当时社会生活的本质，具有一定的现实意义与合理性。他指出，孟子的劳心劳力之说并非支持劳心者对于劳力者的剥削，因为，孟子对于劳心者所从事的大人之事也提出了诸如爱民、保民、仁政等道德要求。他总结孟子的这种理论的主旨在于："统治者（劳心者）以'治'换取被统治者（劳力者）的'食'，被统治者（劳力者）则以'食'换取统治者（劳心者）的'治'"。① 暂且不管孟子劳心劳力说的政治内涵，单就孟子劳心劳力者在经济上的意义而言，他的这种关于劳动分工的理由确如胡治洪先生所言，具有一定的现实性与合理性。因为，从历史的角度来看，社会分工是文明进步的标志，是生产力发展的必然结果。正如希腊哲学中所言："哲学起源于好奇和闲暇"，只有在社会产品出现剩余的社会条件下，才产生了劳心者与劳力者之间的不同分工，继而才出现了专门从事哲学思考的哲人、士人，以及不劳而获的统治阶层。当然，另一方面，如卢梭所指出的那样，这种分工也不可避免地导致了私有制以及剥削现象的产生。无疑，孟子将这种现象予以了美化。孟子指出："物之不齐，物之情也"（《孟子·滕文公上》），许行等农家所认为的劳心者与劳力者之间完全平等的做法将会造成社会秩序的紊乱。他运用市场上的原则指出，如果按照许行的整齐划一的观点，将会造成布帛无论长短价格都是一样的，麻缕丝絮无论轻重价格都是一样，五谷无论多寡价格都是一样的，鞋子无论大小价格都是一样的。这样的价格均一的现象无疑是荒谬的，不合于市场原则的。正如西方圣贤亚里士多德对于平等的划分那样，他认为，平等有两类，一类为其数平等，另一类是比值平等。前者的意义是个人所得到的相同事物在数目和容量上与他人所得者相等；而后者的意义是根据个人的真价值，按比例分配与之相衡称的事物。② 因此，在社会生活中，不能将劳心者与劳力者完全化约为一。在《孟子·滕文公下》篇中，孟子在与彭更的对话中更为明确地提出了通功易事的市场原则。孟子曰："子不通功易事，以羡补不足，则农有余粟，女有余布；子如通之，则梓匠轮舆皆得食于子。"他认为，在商品市场中，应该通功易事，彼此交换，人人才能各得其所需，否则的话便会导致如"农有余粟，女有余布"那样的产品剩余。他的这种通功易事、产品交换以及剩余产品等理论表现了古人原始而朴素的经济学思维。但同时，孟子这种通功易事的思想更多地看到了工商业发展对于农业发展的有利的一面，但关于工商业发展对于农业发展的不利的一面缺少足够的考虑，对于如何处理商品经济的

① 胡治洪：《论孟子的"劳心劳力说"》，《河南大学学报》（哲学社会科学版）1986 年（增刊）。

② 亚里士多德：《政治学》，吴寿彭译，商务印书馆 1983 年版，第 234 页。

发展与农业经济的稳定缺少可行的操作办法。① 但是他的这种经济思想主要是从属于其道德学说、政治学说的思想，而不是一个独立的领域。他借用这种通功易事的原则主要是为了指出，君王、士人等劳心者有权利按照其所从事的大人之事、劳心之事而从劳力者那里得到相应的物质报酬。但是劳心劳力说作为一种学说还是不可避免地存在着盲点，因为它难以在劳心者与劳力者之间形成一种相互制衡关系或监督机制。详言之，它不能够说明劳心者以何种功劳才能从劳力者那里获得相当的物质报酬。同时，这种劳心劳力者之说也无形中产生了古代社会中对于劳心之事、大人之事的过分推崇，以及对于劳力之事，小人之事的过度歧视，并且也从某种程度上为劳心者奴役、掠夺劳力者的政治特权提供了理论支持，但在现代社会经济生活中，这只是社会分工的区别。

四、韦伯命题，孰是孰非

关于韦伯对于儒学的几个重要命题，基于孟子的义利之说，本文也在此进行分析与辨析。首先，韦伯对儒学中"君子不器"一语颇有微词，他认为，"君子不器"，这就是说，君子适应世界的独善其身的过程，始终是终极目标，而不是实现任何事务性目的的手段。他借此指出，儒教伦理的这个核心命题反对专业化，反对近代的专业科层和专业训练，尤其是反对为营利而进行的经济训练。② 他认为这种君子不器的思想不同于理想国中的社会分工，与清教徒的理念也是水火不容的。当然，当儒学说"君子不器"的时候，当然指的是君子人格的多面性与丰富性，因为儒学认为，比起单纯掌握一种技术性的技能而言，全面发展的人格是一种更为高级、更为尊贵的人格。但是，从提出的目的与主旨而言，这种"君子不器"主要是从道德修养以及人格塑造角度提出的，正如李景林先生所言："'不器'，即《子罕》中所谓'博学而无所成名'，谓非专主于一技以成其名。因此，不器，是说君子之为君子，不能归结为知识技能。"③ 而韦伯却将之移植到经济学的领域而加以批判，这当然是对于儒学的一种"过度诠释"。从孟子的思想中，可以看出孟子并非反对专业分工，相反，他从道德、政治学的意义上肯定了专业分工的划分。在孟子与齐宣王的对话中，他通过工师之于大木以及玉人之于璞玉的比喻指出，只有经过专业训练的人才能够在该领域中有所成就，只有工师才能很好地使用大木，也只有玉人才能恰当地雕琢璞玉。既然如此，那么，为什么在治理国家方面，君王不能任用对于政治治理有着专业素质的贤德之士呢？他说道："夫人幼而学之，壮而欲行之。王曰'姑舍女所学而从我'，则何如？"（《孟子·梁惠王下》）圣贤从小就开始学习出仕治世之道，满有治国之志，富有安邦之能，然而当他出仕将要实现这种政治理想的时候，君主却让其抛弃所学而随从自己的嗜好，这样的做法怎么能够治理好国家呢？在孟子看来，圣贤的人格本来高尚而自然，如果屈从于君主的意志而委曲求全的话，就像是大木受到砍伐或者璞玉遭到雕琢那

---

① 周建波：《关于孟子"迂远而阔于事情"的经济学解释》，臧克和、顾彬、舒忠主编：《孟子研究新视野》，华龄出版社 2013 年版。

② 韦伯：《儒教与道教》，王容芬译，商务印书馆 1995 年版，第 298 页。

③ 李景林：《教养的本原：哲学突破期的儒家心性论》，北京师范大学出版社 2009 年版，第 93 页。

样，使其人格尊严受到伤害。在此也可以看出古代君臣之间的紧张关系，贤者希望人君能够实施其道德的政治理念，而人君却常常不能任用贤者，或者想要贤者顺从于他的私欲，这是君臣不相遇的难题所在。由此可见，孟子不但不反对专业分工，反而支持学有所专、业有所成，并提倡权能分治的思想。当然，他的这种专业分工主要还是基于其仁政、王道的政治理念，而不是专门针对经济学的分工而言。

韦伯对于儒学的另一个重要命题在于，他认为，客观化、理性化的形式对于经济的实现具有十分重要的意义，但是与基督新教的伦理相比，中国太过于注重人情。他指出："中国对宗族制约的维系和政治、经济的组织形式完全系于个人关系的性质"，"客观化的人事关系至上论的限制倾向于把个人始终同种族同胞及与他有类似宗族关系的同胞绑在一起，同'人'而不是同事务性的任务（物）绑在一起"。① 可以说，这在某种意义上指出了儒家在经济发展中的要害，因为商品经济的发展的确应该超越于血缘、亲情关系的局限，而需要一种普遍理性的法律和契约的形式以保障经济的正常运作。但是，我们也不能强求古人，拿今天的标准去衡量昨天，因为，这种理性的法律与契约形式是随着市场经济的发展而产生的，即使在西方它也是在近代之后才逐渐明朗起来的。但是，从另一方面而言，儒学关系中的宗族纽带、血缘和亲情关系也可以对于经济的发展提供一种温情，并可以为经济的运作单位提供一种凝聚力和向心力。在亚洲四小龙的崛起中，这种人情的因素尤为突出。可以说，韦伯对于儒学伦理的批判很大程度上是基于他将之与新教伦理的一种对比，或者说，他主要关心的问题在于，为何中国没有在近代出现资本主义？他认为，一定的经济发展模式与宗教伦理之间有着某种内在的关联，据此，他主要想表达的一种观点是，新教伦理对于资本主义的产生起到了积极的促进作用，而儒学伦理却由于其内在的弊端难以产生资本主义。余英时先生对此有专著《儒家伦理与商人精神》进行了详细的分析和解读。他认为"我们如果必须答复韦伯关于中国为什么没有出现资本主义的问题，我们也许可以说：其原因并不在中国缺乏'入世苦行'的伦理，而是在于中国的政治和法律还没有经历过'理性化的过程'"②。在此书中，他以明清商人为例，指出了儒家的伦理和教养对于他们商业活动的影响。他认为，儒学中虽然也有理性主义或者入世苦行的宗教伦理，但是，之所以未能产生出资本主义精神的关键原因在于，没有将这种理性和入世苦行深入到政治与法律的领域之中，因为缺少可靠的法律支持，所以造成了官僚国家对于经济发展的阻碍。余英时先生对于韦伯问题的解释可谓不乏精彩之处。除此之外，也应该看到，中国古代经济发展中所遇到的种种阻碍或者所产生的诸多问题，某种程度上也是由于中国古代农耕文明的经济形态下，商品经济的发展较为滞后、缓慢造成的，同时，这也是由于儒学的发展演变过程中过度关注道德的内圣之学而忽视了外在功利之学的结果。

五、结语：义利平衡，现代社会经济伦理之道

通过对孟子义利关系的经济学解读，可以看出，孟子对社会经济关系的贡献集中体现在义利之辨中，他既强调了义利之别，以及义相对于利的优先性和绝对性，同时也在坚持

① 韦伯：《儒教与道教》，王容芬译，商务印书馆1995年版，第289、293~294页。
② 余英时：《儒家伦理与商人精神》，广西师范大学出版社2004年版，第223~224页。

仁义的基础上，肯定了人们对于利的适当追求。但是，在与墨家功利主义的争辩中，孟子为了凸显义的作用，无形中片面扩大了义的价值，并且造成了对于仁义的过分强调以及对于功利主义和消费意识的不当抑制。孟子思想中的劳心劳力者之说所蕴含的通功易事、产品交换等思想体现了朴素的经济学思想，但是，他的这种思想倾向无疑也深刻地影响了古代社会经济的内敛性格。正因为它将社会的注意力朝向了道德的修养以及生命的操练，而不是朝向经济的扩张以及商业的发展。它所型塑的是一种读书为荣、出仕为贵的社会风尚，"万般皆下品，唯有读书高"，从完善道德人格的立场出发，读书和出仕成为知识分子的首要追求，凡是不与读书、官职相互联系的财富追求都会受到不同程度的质疑和限制。人们对于仁义道德的追求可以光明正大、堂而皇之，而对于功利的欲求却往往躲躲闪闪、羞于人前。正如韦伯一针见血指出的那样："中国人对经济的态度，也同在任何别的伦理中一样，是一个消费问题，而不是生产问题。"① 因此，从汉以降，后人继续追随这种重义轻利的传统，并往往将义利对举，视利为祸害之源。造成了后代以董仲舒的"正其道不谋其利"以及宋明理学的"存天理灭人欲"为代表的义利思想，直到实学派的兴起，利欲才得到了应有的重视。这当然不是孟子本人的问题，或者儒学本身的偏见，而是受到古代农耕文明这种自给自足的生产方式的影响所造成的必然结果。可以说，就道德伦理以及政治哲学而言，重义轻利无可非议，因为，仁义是人的首先德性，政治之学亦需要道德作为根基。但是从现实的经济发展而言，重义轻利则有着明显的疏漏之处。因为，对于利的需求往往也可以成为促进经济增长的一大动力因素，并且，个人对于利的追求从某种角度也可以形成对于整个社会公益的一种推动。正如戴震所言："有欲而后有为，有为而归于至当不可易之谓理；无欲无为又焉有理?"（《孟子字义疏证》） 人在某种利欲的需求下才能够获得行为的动力，否则，只讲道义而不讲公义，便会使道义落入疏阔之谈。因此，贺麟先生在《论假私济公》一文中，吸收了西方现代伦理思想的精髓，对儒家传统的义利思想进行了批判和反省。他认为，利己主义拥有两种好处，它一方面肯定了自我意识，承认了自我利己的权利，另一方面也否定了古代空洞的无私的高压，确定了个人应有的权利和幸福，使利己主义者通过遵循理性，在实现自我的过程中服务社会，从事于合内合外、超人我的公共事业。他说道："我们并不唱高调，主张根本消灭自私，而且相当承认利己的权利。我们由假公济私说起，一直到超私归公，假私济公是天道，但亦未始不可加以人为的努力。超私归公是修养达到的境界，但亦未始不可以说是理性的法则，宇宙的大道。"② 可以说，贺麟先生对于义利关系的重新定义是对于儒学义利观的一种积极的修正和调整。

义利之辨是儒家人文精神的突出体现，也是儒学道德情操的充分表达。这种义利观是对于人性善恶的深刻洞悉，也是对于人类多重需求的理论探索。在一个市场经济的现代社会中，面对物欲横流的时风流俗，义利之辨对于今天我们的经济生活仍有其积极的理论价值和启迪意义，有助于社会主义市场经济体制的平稳发展以及现代经济社会职业伦理的型塑。"利者义之和"，"义者利之本"，我们在经济生活中应该实现义利两个方面的平衡与协调。一方面，我们应继承和发扬孔孟儒学的以义制利的道义精神，反对唯利是图的功利

---

① 韦伯：《儒教与道教》，王容芬译，商务印书馆 1995 年版，第 209 页。
② 贺麟：《文化与人生》，商务印书馆 2002 年版，第 69~70 页。

主义和拜金主义，不以物质财富本身为满足，而应追求崇高而美善的道德人格；另一方面，我们也应该充分肯定自我拥有追求幸福的权利，批判那种片面强调道义至上而忽视利益需求的唯道德主义，能够实现市场经济社会"君子爱财，取之以道"，并在此基础上致力于社会的普遍福利和公益，从而实现公利与私利、物质文明与精神文明的相互平衡。

（作者单位：清华大学科学技术与社会研究中心）

王夫之礼学思想与忠孝观

□　陈冠伟

　　王夫之是明清之际的大思想家，世称船山先生。其一生著述颇丰，岳麓书社20世纪80—90年代出版了《船山全书》，涉及经史子集各部。王夫之的哲学思想素来得到学术界的重视，其礼学思想是船山学说的重要组成部分。王夫之对礼学思想的践行在时局剧变的明末清初具有代表性，反映了以传统忠孝观为信仰的一类思潮。

一、王夫之礼学思想浅探

　　王夫之诸多著述当中，研究礼学理论的专著仅一种，即《礼记章句》，全书凡四十九卷，衷然巨册。《礼记章句》多先引小戴辑《礼记》原文，再加以解说，反映了王夫之的宗法思想、故土情结、祭祀思想、实践观等。《礼记章句》以外的文字如《永历实录》《姜斋文集》《姜斋诗集》《船山诗文拾遗》等也与礼学相关，但比较零散。下文拟对王夫之《礼记章句》等著述所涉礼学重大问题稍作研究。

（一）宗法礼制思想

　　宗法源于社会实际生活，对古代社会安定有着相当重要的作用。王夫之《礼记章句·丧服小记》对宗法礼制涉及的"正服"、"旁服"、"大宗"、"小宗"都有考虑。

　　　　亲亲以三为五，以五为九，上杀、下杀、旁杀而亲毕矣。
　　　　"亲亲"，谓合族制服之道。"三"者，祖一也，父二也，己身之等为兄弟，三也。"为五"者，由祖而有从父之属，由兄弟而有从子之属也。"五"者，曾祖四也，高祖五也。"为九"者，由曾祖而有从祖之属，由高祖而有族曾祖之属，正服五，旁服四也。自己而下为子为孙，皆己所自出，不待亲而固亲，且子孙更无旁属，统于一身，是以不与数焉。"杀"者，减渐轻也。"上杀"，由父而上至于高祖，递降也。"下杀"，由从子而下至于从孙，递降也。"旁杀"，一从、再从、三从为族，递降也。此小宗之法，五世而迁，过此则为族人，大宗收之，非己所得亲，故曰"毕矣"。①

---

　　①　王夫之：《船山全书》第4册《礼记章句·丧服小记》，岳麓书社1991年版，第791~792页。

《丧服小记》是为解说《仪礼·丧服》而作的，是讲宗法与丧服制度的。"合族"之族即宗族，"制服"之服即丧服。"合族制服之道"，是团结、教育宗族全体成员的大事，是讲究并维护宗法礼制的理论原则。质言之，其本身就是宗法。若把视野扩大，"合族制服之道"，族也可以指中华民族，"合族制服之道"可说是把中华民族紧密团结起来的纲领。

王夫之结合实际的社会生活，把"亲亲以三为五，以五为九，上杀、下杀、旁杀而亲毕矣"句中的三、五、九与上杀、下杀、旁杀都落到实处，并有自己独到的理解。人们在理解"以三为五，以五为九"时或以"自己"为出发点，由己而上、下各一代，即"三"；由己而上、下各两代，则是"五"；由己而上、下各四代，则是"九"。自己之上为父、祖、曾祖、高祖，自己之下为子、孙、曾孙、玄孙。而在《礼记章句·丧服小记》中，王夫之认为子孙辈统于自己一身，无需另加考虑；因此三、五、九都是指自己而上的，并且充分考虑旁属，"正服五，旁服四"。可以看出，王夫之"亲亲"的范畴与前一种理解的展开方向不同，长辈的位置被更多地考虑，这是船山礼学整体思想倾向的一处细微体现。

《礼记章句·丧服小记》还对另一个宗族宗法重大问题作了解释，即"祖"、"宗"如何确立。

> 别子为祖，继别为宗，继祢者为小宗。有五世而迁之宗，其继高祖者也。是故祖迁于上，宗易于下。尊祖故敬宗，敬宗所以尊祖祢也。
>
> "别子"者，世子之母弟也；世子无母弟，则庶弟之长者亦为"别子"。天子统天位之尊，世子承国储之重，族人不得而宗之，于是立其母弟之长者为一宗之祖，若周公之于周是已。其嫡长子又承诸侯之封为诸侯之祖，其庶子之次长者则继别子，而以世相嗣为宗子，以统一姓之族属，虽天子亦受统焉，于其家则天子讲家人之序。《诗》所谓"在宗载考"也。此所谓"大宗"也。"继祢"者，谓虽为大宗，而又统其五世之属籍以为一宗，及虽非大宗而冢子自承其祢，因以分支之始统五世之族属而为一宗。至于五世之外，则各以其继祢后者别为一宗，故五世而宗分，不与先为宗者相为宗矣。此"小宗"也……以其承祖而统族，则必敬宗。敬其宗子者，以著其德厚流光之盛，故所以"尊祖"。兼言"祢"者，祢庙立则嫡长子异于众子而预为五世之宗主也。①

王夫之于此结合周代宗法，来解释祖宗之确立。"别子为祖，继别为宗，继祢者为小宗"，"五世而宗分"，这是一般情况。王夫之随后又对天子、诸侯、大夫所遵循的宗法进一步解释，"滕谓鲁为宗国，以周公为周之大宗之祖也。若鲁三家以桓公为祖，叔胗、仲婴齐之后以僖公为祖，庙乱于上，宗乱于下，皆僭天子而非礼矣。盖唯禘其远祖者则立大宗，禘不迁而宗不易，既立大宗而又立小宗，抑如有百世不祧之祖而又有五世则迁之庙，庙迁于上，小宗易于下，尊祖敬宗而等杀立焉，其义本一"。两段话对"大宗""小宗"等范畴作了相似的解读，而尤其值得注意的一个相同观点是：天子位尊而不得宗之。天子

---

① 王夫之：《船山全书》第 4 册《礼记章句·丧服小记》，岳麓书社 1991 年版，第 793~794 页。

因地位尊贵，在宗法礼制体系里也神圣化了。实际上，这只是船山礼学思想中天子多方位神圣化的体现之一。

（二）故土情结中的礼制

船山礼学思想强调忠君爱国：

> 国君去其国，止之曰："奈何去社稷也！"大夫，曰："奈何去宗庙也！"士，曰："奈何去坟墓也！"
>
> "去"，违也。"大夫"、"士"，谓去其宗国而出奔者。国君则其臣谏止之，大夫、士则僚友留之，皆以大义相匡救。①

国君即诸侯。这里是说，当国君想抛弃自己的国土而不顾的时候，他的臣民应该劝阻他说："怎么能离开自己的祖国呢？"当大夫要离开祖国出奔之时，他的僚友应该挽留他说："怎么能抛开先祖的宗庙呢？"当士人想离开祖国出奔之时，他的朋友也该挽留说："为何抛弃祖宗坟墓所在的故土呢？"王夫之的解说虽不长，但显然是持肯定态度的。抛弃故土是严重的违礼之举，于国于祖宗都是大不敬。无论是国君，还是大夫、士人皆应热爱故国故乡，若非迫不得已，是不应该长期离别故土的。因"礼不下庶人"，这里庶人未纳入考量。

即使如此，依然有并非庶人、抛弃故土却合乎礼义的存在。王夫之在《礼记章句·曲礼下》进一步说明：

> 国君死社稷。
>
> 国亡与亡也。盖国君之社稷受之天子，承之先君先世，以元德显功受帝王之命而修其先祀，国以外则皆非其所有矣。不能有其土则不能修其祀；神明之胄，浸且降为编氓，而祖宗功德自我绝矣，是以有死而无去，国君之义然也。故《记》言"国君死社稷"，而不言天子，其义明矣。李纲徇都人怀土之私情，挟天子为孤注，一时浮竞之士翕然贤之，邪说相师，胁四海九州之共主，仅殉一都会之邑，而天下沦胥。邪说窃经义而不详，其为害亦憯矣！后之谋国者不幸而当其变，其尚明辨于此哉！②

王夫之以为"国君死社稷"即"国亡与亡"之意，诚然。但他随后讲到封建社会所谓国君与国土与天子的关系，说"不言天子，其义明矣"。这里把天子放在常礼之外，不必受"死社稷"约束，而国君即诸侯则有责任为国家献身。参考前一段引文可知，国君、大夫、士都有不同责任，无故离开故国故乡都是违礼的，唯独"天子"无责任，因为天子等同天下，最重要的是保存自身安全。所以王夫之之痛责李纲，虽然李纲在北宋末年保卫都城之战中发挥了巨大作用，但却"挟天子为孤注"，使天子未能及时脱身，导致靖康之耻二帝蒙尘。在王夫之看来，李纲对北宋灭亡负有重大责任，可谓罪人。王夫之的说法或

---

① 王夫之：《船山全书》第 4 册《礼记章句·曲礼下》，岳麓书社 1991 年版，第 104~105 页。
② 王夫之：《船山全书》第 4 册《礼记章句·曲礼下》，岳麓书社 1991 年版，第 105 页。

失公正，其间逻辑性亦有待斟酌。但我们从其观点可以看出，在王夫之的礼学体系中，天子确实处在特殊的神圣位置，一切礼制归根到底还是为天子服务。而天子的绝对神圣化，是将忠君思想贯彻到极致的必要步骤。

（三）祭祀思想

小戴辑《礼记·祭统》与王夫之《礼记章句·祭统》对祭祀思想与忠孝思想的相似之处作了解读：

> 凡治人之道，莫急于礼。礼有五经，莫重于祭。夫祭者，非物自外至者也，自中出生于心也。心怵而奉之以礼，是故唯贤者能尽祭之义……忠臣以事其君，孝子以事其亲，其本一也。上则顺于鬼神，外则顺于君长，内则以孝于亲，如此之谓备。
>
> "治人之道"，刑政之属。"急"，先也。"经"，常也，纲也。"五"者，吉、凶、军、宾、嘉。祭以合幽明，亲本始，故尤重焉……"物"，事也。"至"，犹生也。"怵"，感而动也。"奉"，持行也。贤者果有不忘亲之实，乃能以心行礼，而非徒虚设其仪也……"本一"者，爱敬同原于至性也……①

这里《礼记章句·祭统》与郑注孔疏相较，独到之处在于对祭之本的解说。祭之本就是祭何从而出。祭祀是通过礼仪表达心情的方式，而忠孝也是要通过身体力行表达自己的真实心情。二者反映的感情内容虽不尽相同，《礼记·祭统》却在此基础上提出了祭祀与忠孝"其本一也"的论断，而王夫之作了合乎人情物理的解说。王夫之肯定并论证了祭祀思想与忠孝思想的相似之处，谓"'本一'者，爱敬同原于至性也"。所谓至性，应该就是文中所说的"不忘亲之实"，"以心行礼"。王夫之的忠孝观，于此可窥一二。

（四）礼学实践观

王夫之对于自己的修身正心、格物致知、出处大节、忠于君国、孝于父母，要求都十分严格。尤其值得注意的是，强调实际行动。据小戴辑《礼记·大学》与王夫之《礼记章句》相关的解说：

> 大学之道，在明明德，在亲民，在止于至善……古之欲明明德于天下者，先治其国；欲治其国者，先齐其家；欲齐其家者，先修其身；欲修其身者，先正其心；欲正其心者，先诚其意；欲诚其意者，先致其知；致知在格物。
>
> "明其明德"，非必欲其如君子之明，革其旧染之污而近性矣。如实言之则曰"新"，而浅深异致，性无二理，则亦可曰"明德"。审此益知"亲"之必当作"新"。身以行言，志为行之主。实其心之所欲正者，存发如一，始终不妄，毋令所志为虚。心于意而发用……识其情实，乃识其善恶，分别义类之觉体也。异端则谤识为妄，而以无物之空明为知，此际辨之不可不严。"尽"者，尽其理。事物者，身之所必应，天下之所待治于我，必知明而后处当者。理之极处，所谓天则；复礼者，复

---

① 王夫之：《船山全书》第4册《礼记章句·祭统》，岳麓书社1991年版，第1145~1146页。

此也。①

在王夫之作解说之前,《礼记章句》还录有朱熹的相关注释,譬如此处所录出现的"明其明德",即自朱子之注《大学》而来;所谓"亲"之必当作"新",亦朱子之说而非王夫之之发明。虽然《礼记章句》在此表示赞同朱子之说,实则未必是《大学》原意,但无论朱注之是非,王夫之的解读自有精到之处。"身以行言",王夫之于此强调实际行动的重要性,谓"必知明而后处当",驳斥"异端"的"无物之空明"。"复礼者,复此也",复礼毕竟不可以空洞无物而应该落到实处。礼学需要践行,而王夫之最为推崇的实践方式之一即恪守忠孝。

(五)《传家十四戒》的教育思想

王夫之的礼学思想主要在《礼记章句》,但在其他著述中也有一些体现,如收录在《船山诗文拾遗》中的《传家十四戒》,是王夫之晚年对儿女的教导:

> 勿作赘壻。勿以子女出继异姓及为僧道。勿嫁女受财(或丧子嫁妇尤不可受一丝)。勿听巫术人改葬。勿作吏胥。勿与胥隶为婚姻。勿为讼者作证佐。勿为人作呈诉及作歇保。勿为乡团之魁。勿作屠人厨人及鬻酒食。勿挟火枪弩网猎禽兽。勿习拳勇咒术。勿作师巫及鼓吹人。勿立坛祀山魈跳神。
>
> 能士者士,其次医,次则农工商贾各惟其力与其时。吾不敢望复古人之风矩,但得似启、祯间稍有耻者足矣。凡此所戒,皆吾祖、父所深鄙者。若饮博狂荡,自是不幸而生此败类,无如之何;然其由来皆自不守此戒,丧其恻隐羞恶之心始……
>
> 丙寅季夏姜斋老人书授长子敔。(坠失此纸,如捐吾骸骼。)②

该文标题为"传家十四戒",与末了一句联系起来读,可知其意为王夫之丙寅年(康熙二十五年,1686年)写在纸上,交给大儿子敔,告诫后人不可以做的十四件事。《说文》:"戒,警也。从廾戈,持戈以戒不虞。"③与隋颜之推《颜氏家训》性质相似,是前辈留给家族后人的嘱咐。"坠失此纸,如捐吾骸骼",可见王夫之对此家训的重视。

该文意在说明不可以做的十四件事:第一,入赘之婿(倒插门的女婿)不要做;第二,不要让儿女为异姓之后(包括当和尚道士);第三,靠嫁女发财的事不可为(死了儿子,把儿媳嫁出去,尤其不可以从中获得"一丝"财物);第四,不要听玩弄邪门歪道妖术的人胡说,随意改葬先人或其他人;第五,不要做办小事的小官吏;第六,不要与办小事的小官吏结为婚姻;第七,不要为在法庭上打官司的人充当证人;第八,为打官司的人作辩护和提供方便的事不可做;第九,不要做乡团的领头人;第十,不要做屠夫、伙夫以及卖酒食的人;第十一,不要带火枪弓箭网猎禽兽;第十二,不要学习拳勇和咒术;第十

---

① 王夫之:《船山全书》第4册《礼记章句·大学》,岳麓书社1991年版,第1471~1472页。

② 王夫之:《船山全书》第15册《船山诗文拾遗·传家十四戒》,岳麓书社1995年版,第922~923页。

③ 段玉裁:《说文解字注》,上海古籍出版社1981年版,第104页。

三，不要做巫师以及吹鼓手；第十四，不要设祭坛祭祀山魈跳神。总而言之，就是提醒后人不走歪门邪道，而应该学光明正大的学术，做光明正大的事，当朝廷设立的正式的官。

《传家十四戒》的观点涵括婚姻观、祭祀观，甚而扩大到法制观、礼义观、教育观，等等。如用今人的眼光来看，显然有一部分已经过时，或不具有普适性。但诸如"若饮博狂荡，自是不幸而生此败类，无如之何"等观点，总是有道理的。游手好闲，不肯作为，不敢担当，无论在哪个时代都是有违礼义的。"勿立坛祀山魈跳神"句也不是要反对祭祀一切神灵，很多文献可以证明王夫之不但相信神灵而且熟谙祭祀之礼。

值得注意的还有"凡此所戒，皆吾祖、父所深鄙者"句，可见王夫之《传家十四戒》的内容，很大程度上是总结了祖、父的观点。王夫之不仅用心领略了先人的观点，还将之总结并传承下去。这也是孝的践行之一。

二、王夫之的礼学实践：忠孝

王夫之礼学思想的一大基础是忠孝观，而且是至忠至孝。《礼记章句》与其他诗文中体现的礼学思想，很多以忠孝为本。而王夫之的忠孝不仅停留在著述上，还体现于生平诸多事迹当中。

《清史稿》对王夫之的记载较为简略，而王之春《船山公年谱》、刘毓崧《王船山先生年谱》、邓显鹤《沅湘耆旧集·船山先生王夫之》及王夫之的儿子王敔的《大行府君行述》等文献记载较详。据《清史稿》王夫之本传：

> 王夫之字而农，衡阳人。与兄介之同举明崇祯壬午乡试……张献忠陷衡州，夫之匿南岳，贼执其父以为质，夫之自引刀遍刺肢体，舁往易父……明王驻桂林，大学士瞿式耜荐之，授行人……明亡，益自韬晦。归衡阳之石船山，筑土室曰观生居，晨夕杜门，学者称船山先生……康熙十八年，吴三桂僭号于衡州，有以《劝进表》相属者，夫之曰："亡国遗臣，所欠一死耳，今安用此不祥之人哉！"遂逃入深山，作《袯襫赋》以示意。三桂平，大吏闻而嘉之，嘱郡守馈粟帛，请见；夫之以疾辞。未几，卒，葬大乐山之高节里，自题墓碣曰："明遗臣王某之墓"。①

崇祯十六年（1643年）癸未，张献忠领导的农民起义军打下衡州，很多绅士被迫投降。王夫之的父亲被俘，不愿投降，就想自杀了结生命。此时，"夫之自引刀遍刺肢体"，请人抬着自己送往张献忠部以换回父亲。这件事向世人表现了王夫之对朱明王朝和父亲大人的忠孝。王夫之为父以身犯险，体现了他的孝；又因为不愿与张献忠领导的农民军合作而把自己弄得遍体鳞伤，体现了他的忠。

据《大行府君行述》记载："甲申五月，闻北都之变，数日不食。作《悲愤》一百韵。"② 甲申指崇祯十七年（1644年），"北都之变"指李自成指挥的农民军攻入北京。王

---

① 赵尔巽编：《清史稿》卷480《儒林列传一·王夫之传》，中华书局1977年版，第13106~13107页。

② 王敔：《大行府君行述》，王夫之：《船山全书》第16册，岳麓书社1996年版，第71页。

夫之听到这一消息，几日不吃不喝，写了长诗《悲愤》。又一次表现他对朱明王朝的忠诚。

不与明末农民军合作，不与清王朝合作，是王夫之一贯的政治态度。明末清初之际持类似态度的士大夫学人为数不少，王夫之是其中的代表人物。清人入关后，推行压迫汉族的政策，强令广大汉人去发，所到之处宣布"留头不留发，留发不留头"。王夫之于是作《惜余鬘赋》，表示对当时清朝统治者的抗议：

> 皇天不植余于丘堍兮，托根荄以成质。听灵露之倾凋兮，随樵苏而萧瑟。庚不被羽虿于余躬兮，翙风跋行于中野。翦以为卫之白兮，剃以为施之赭。顾文身之蜑族兮，睨雕题之裔土。欲导余而往孳兮，余遭回而不顾。相朔漠之与日南兮，匪邛心之所留。东不嬉夫榑桑之炎烈兮，西旋驭于不周。睇土中而宛诣兮，曰轩与舜之所治。象穹天而表崇隆兮，总玄冀之崔嵬。仰歆夫皇则之嘉兮，内恭承于所生。夫何狂飙暴冻之沓至兮，余九龄而既婴。晋弱年而修度兮，谁锡余以西阶之旨醴？念嘉会之莫觏兮，耿湒湒而出涕……畴捐弃之可忍兮，怀余誓以惟谨。羌不随夫落叶兮，逐夕风而飘陨……就巫咸以释愁兮，古之人其不余稽。涕承辅而猖狂兮，我行野而孰谋？即败叶之猥老兮，把余袖而载犹……①

《孝经·开宗明义章》言："子曰：夫孝，德之本也……身体发肤，受之父母，不敢毁伤，孝之始也……"邢疏："身谓躬也，体谓四支也，发谓毛发，肤谓皮肤。《礼运》曰：'四体既正，肤革充盈。'《诗》曰：'鬒发如云。'此则身体发肤之谓也。言为人子者常须戒慎，战战兢兢，恐致毁伤，此行孝之始也……"② 头发对当时汉民族而言，是关系到"孝之始也"的大事，然而清朝统治者居然下令全部汉人必须按照他们的要求去发蓄辫以示臣服，无怪乎王夫之要作该赋表示自己对鬘发的感情。据《惜余鬘赋》之后的说明，谓该赋作于"辛未伏日"，"时年七十有三"，即康熙三十年（1691 年）。此时距王夫之之卒（康熙三十一年，1692 年）已经不远，可见王夫之一生不改忠孝。

《清史稿》本传谓王夫之"自题墓碣曰'明遗臣王某之墓'"，王敔所撰《大行府君行述》谓王夫之"自题铭旌曰'亡国孤臣船山王氏之枢'"③。两相比较，知其文字稍有不同。但无论哪一种说法，都表示了王夫之对朱明王朝至死不渝的忠诚。《船山全书·姜斋文集补遗》收录王夫之《自题墓石》云：

> 有明遗臣行人王夫之字而农葬于此，其左则继配襄阳郑氏之所祔也。自为铭曰：
> 抱刘越石之孤愤而命无从致，希张横渠之正学而力不能企。幸全归于兹丘，固衔恤以永世。
> 戊申纪元后三百 十有 年 月 日。④

---

① 王夫之：《船山全书》第 15 册《姜斋文集补遗·惜余鬘赋》，岳麓书社 1995 年版，第 242~247 页。

② 《十三经注疏·孝经注疏》，中华书局 1980 年版，第 2545 页。

③ 王敔：《大行府君行述》，王夫之：《船山全书》第 16 册，岳麓书社 1996 年版，第 76 页。

④ 王夫之：《船山全书》第 15 册《姜斋文集补遗·自题墓石》，岳麓书社 1995 年版，第 227~228 页。

这与《清史稿》本传所记的"自题墓碣"、王敔撰《大行府君行述》所谓"自题铭旌"基本相同。"明遗臣"三字首先点明了自己的志向。刘越石就是东晋刘琨（字越石），为当时幽州刺史鲜卑段匹磾缢杀。① 张横渠即张载，《宋史》本传："载学古力行，为关中士人宗师，世称为横渠先生，著书号《正蒙》。"② 在王夫之心目中，刘越石与张载是可以肯定的正面人物。

岳麓书社 1995 年版《自题墓石》引 1942 年《王船山先生墨宝四种》编者康和声之注文："此铭以数语括生平志学之大，非先生自言不及此，铭歉则尤所以示不忘故国而申《春秋》纪元大义也。盖戊申纪元为明太祖洪武元年，自洪武元年至崇祯十七年甲申庄烈帝殉国燕京，实只二百七十七年，至永历十五年辛丑桂王殁于缅甸，明室全亡，亦实只二百九十四年。此曰'戊申纪元后三百'，于'百'字'十有'字下及年月日之间均空格者，盖己巳九月书授敉时为清康熙二十八年，即戊申纪元后之三百二十二年；时先生年已七十有一，预拟此稿，以俟考终卜葬之期填为三百几十有几年某月某日，明示以明纪年不用清朔也。桂王既殁，年无所系，故用戊申纪元也。《春秋》每岁必书'春王'，先生家传麟经，正即此义。"注者康和声感叹道："吁！其义大矣！""岂非忠孝大节，鬼神呵护，终不可湮没哉！"③

元末明初有杨廉夫铁崖先生，入明后生活过两年，自称前朝"老妇"，至死也不肯自承已为明人。因宋代理学家宣扬妇人须"从一而终"，杨廉夫不肯从明，亦以为当从元以终而不当更事新朝。而王夫之较杨廉夫有过之无不及，他秉持忠孝之节，克己复礼，数十年如一日。其时清王室驾临中国已经四十余年，近半个世纪，可是王夫之仍然坚持不用清王朝的朔历，"明示以明纪年不用清朔也"，这是因为他始终视清王室统治者满族贵族为外族，表现了对民族、对明王朝极致的忠诚。在《自题墓石》的附言里，王夫之还向儿子王攽、王敔作交代："墓石可不作，徇汝兄弟为之。止此，不可增损一字……背此者自昧其心。"④ 足可见《自题墓石》乃字斟句酌而成，"戊申纪元"数言确有寓意。

三、王夫之忠孝礼义观之成因

中华礼义之邦从古到今重视忠孝传统。王夫之不但自己以忠孝礼义为思想原则，还以之启示后人。其极忠极孝之形成主要缘由大致有三：一是古代学人普遍接受的书本和学堂传统礼义思想教育，在此不多作论述；二是时局剧变的外部环境刺激，前文已有论及；三是家族榜样的巨大感染力，同样值得我们重视。

王夫之的好几代先人都是在中华民族忠孝礼义传统观念的指导下走过来的，他们的忠孝言行对王夫之的礼义观影响深刻，这在王夫之的文字中亦有佐证。如收录在《姜斋文

---

① 《晋书》卷 62，中华书局 1974 年版，第 1679~1690 页。

② 《宋史》卷 427，中华书局 1977 年版，第 12724 页。

③ 王夫之：《船山全书》第 15 册《姜斋文集补遗·自题墓石》，岳麓书社 1995 年版，第 227~228 页。

④ 王夫之：《船山全书》第 15 册《姜斋文集补遗·自题墓石》，岳麓书社 1995 年版，第 228~229 页。

集》的《显考武夷府君行状》（简称《行状》）：

> 先君子讳朝聘……学者称武夷先生……少峰公中年遭暴疾，素刚果，厌人呴姁，虽自知不起，而不欲以环绕悲号处生死，屏人独坐。既不获侍左右，则匿壁间私候，泣血不敢发声。迨及卒，抱持抢地，勺水不入口者三日，毁瘠骨立，成羸疾，迨者董不瘳。范太君有寒欬疾，按摩承涕唾，三十年如一日。永诀后，奉唾盂涎血，拥之而泣者数年……范太君之没也，先君子方授徒衡山。病革，报者至，薄暮借一马驰归……且哭且驰，马忽惊迅追风，三鼓已抵家。迨及属纩，尽力以营大事，一如少峰公。称贷既广，竭力以偿，凡十年未尝一饱食一暖衣也。至孝为通国所称，不以一事一行表异，故亦无从详识……
>
> 先君子少从乡大儒伍学父先生定相受业，先生授徒殆百人，先君子为领袖……及铨法大坏，非幸不得，谢病投组，耻循捷径，遽返林泉，则申命不孝兄弟曰："吾不能辱己以邀一命报父母，汝兄弟若徼半绾，必不可使我受封，重吾不孝。若违命相縻，陷亲之罪，汝无逭于两间也。"呜呼！天崩海涸，介之以青衫终老，夫之襄创从王而不逮覃恩之期，以此仰酬吾父之言，亦有自然凑泊，与吾父赫赫明明之遗志相吻合者乎！……①

从上面摘录的《行状》之文，可以看到船山之父王朝聘先生侍奉父母的大孝形象，亦可以领会王朝聘"耻循捷径"图封受命的精神。《行状》谓王朝聘"以真知实践为学"，"至孝为通国所称"，始终没有想到要当局给他荣誉，不准儿子利用任何机会为他申请一个称号，这实际上也反映了王朝聘对事业对朝廷的忠诚。"襄创从王"，也体现了王夫之的品格，本来有机会为先父从南明王朝讨个封赏，但或许正因为传承了先父的精神，终究没有这样做。这里有必要说明：上面的摘录省去了原文的许多文字，因而王朝聘之前的几代人（包括少峰公）的思想表现，王朝聘的卓异事迹，不见于摘录，但已足以表明船山之父王朝聘的政治立场与忠孝礼义。《显考武夷府君行状》临末还对王朝聘的生卒之年及家属作了交代，说明了行状之作的缘起。总之，王朝聘在王氏宗族的传统思想发展史上占有重要的地位，对王夫之影响至深。

再如《显妣谭太孺人行状》：

> 呜呼！吾父如油云在天，而吾母承之以数甘雨。然而伊蒿伊蔚，终为枯槁，则不孝兄弟之负吾母，尤甚于负吾父也……虽然，懿则昭垂在宗族姻党者，人不忍忘，固不以为蒿为蔚者之弗克负荷而掩令德，姑衔恤以略述焉。凡太孺人之事舅姑也，不孝兄弟俱不及见……但家徒壁立，时先君子勤素业，慎交游，薄田不给饘粥，而慎终之厚，倍蓰素封，称贷繁猥，一皆酬偿。斥衣襫，销簪珥，固不待言，抑数米指薪，甘

---

① 王夫之：《船山全书》第15册《姜斋文集·显考武夷府君行状》，岳麓书社1995年版，第109～115页。

茶如饴，以成先君子之孝，又不俟有缕言之者而后知矣……①

这里录出的只是原文的小部分。可以看到，王夫之父母在世时家境贫寒，"家徒壁立……薄田不给饘粥"。其实，《显考武夷府君行状》已经论及王夫之父母过去的生活，"凡十年未尝一饱食一暖衣也"②，生活贫苦可见一斑。《诗·小雅·蓼莪》："蓼蓼者莪，匪莪伊蒿。哀哀父母，生我劬劳。蓼蓼者莪，匪莪伊蔚。哀哀父母，生我劳瘁。"③ 王夫之这篇行状所用"伊蒿伊蔚""为蒿为蔚"的典故，显然出自此处。《显妣谭太孺人行状》中显妣的形象是吃苦耐劳，勤俭持家，"以成先君子之孝"，也成就了儿媳妇之孝，成就了家庭主妇的慈善之德、慈母之爱。王夫之在此自责"不孝"，显然对其母感念至深，其忠孝礼义观受母亲影响可想而知。

除了为父母写的纪念文章，王夫之还为其他先辈写过表示怀念的文字。如《牧石先生暨吴太恭人合祔墓表》：

> 惟我仲父牧石先生，讳廷聘，字蔚仲，我祖考少峰公之仲子，先考武夷公长弟也。配吴太恭人，以伯兄玉之继绝，袭右职，遇覃恩，例得受赠。先生孝自天丰，文因道胜……于童年小有过失，少峰公责谴门外，永夕下钥，时当除夕，风雪凄迷；先考私从隙道掖令归寝；先生引咎自责，必遵庭命。翼日元旦，少峰公方启扉焚香，先生怡颜长跽。少峰公且喜且泣，称其允为道器。逮及耆年，省茔酹酒，涕泗横流，拜伏不起，则夫之所亲见也……吴太恭人与先妣谭太孺人，孝睦壹志，等于同生。由是称孝友者，以寒门为华族之箴填……非不肖夫之所敢侈一词也……④

这篇短文是王夫之为"仲父"及其夫人"吴太恭人"合祔而作的墓表。王廷聘是船山之父王朝聘的大弟弟，吴太恭人与王夫之之母谭太孺人"孝睦壹志，等于同生"，其间关系之亲密可知。该文并未记载动人心魄之大事，而于小事之中彰显王廷聘及其夫人的为人。譬如，王廷聘"童年小有过失"，其父少峰公当时加以惩罚，其兄（王夫之之父）私加关照，可是王廷聘"引咎自责，必遵庭命"，宁肯接受惩罚；到老年每次为父母扫墓，没有对前人的埋怨，在已经作古的老父墓前"涕泗横流，拜伏不起"。

对前辈亲人的描述，有些是王夫之亲见的事实，因此他可以毫不夸张地勾画出前辈亲人忠诚孝友的形象。这些前辈亲人的光辉形象和感人事迹深刻影响了王夫之的思想品格，对其忠孝礼义观的塑造起了重要作用，进而影响了整个船山礼学思想体系。

王夫之礼学思想内容宽泛，其中很多建立在忠孝之基础上。王夫之一生坚守对故主故国的绝对忠诚与对父母的纯孝，这种至忠至孝成为其礼学思想最重要的践行方式之一。若

---

① 王夫之：《船山全书》第 15 册《姜斋文集·显妣谭太孺人行状》，岳麓书社 1995 年版，第 115~118 页。

② 王夫之：《船山全书》第 15 册《姜斋诗集·五十自定稿·哭欧阳三弟叔敬沉湘》，岳麓书社 1995 年版，第 110 页。

③ 《十三经注疏·毛诗正义》，中华书局 1980 年版，第 459 页。

④ 王夫之：《船山全书》第 15 册《姜斋文集·牧石先生暨吴太恭人合祔墓表》，岳麓书社 1995 年版，第 124~126 页。

以今人的眼光来看,固然不能赞同其礼学思想的全部,但闪光点总归较多。王夫之的著述反映了撰著者对中华民族传统学术、传统礼义道德的继承与发扬。分析王夫之忠孝礼义观之成因,必须综合考虑中华传统文化教育、明末清初时代因素和王氏宗族生活习惯的影响。

(作者单位:中南大学法学院、文学与新闻传播学院)

道·学·政——张君劢比较哲学的三个方向[*]

□ 肖 雄

　　张君劢（1887—1969年），20世纪中国著名的思想家，现代新儒家的代表人物之一，一生追求宪政与民主建国，因为在《中华民国宪法》的起草和创制中的关键作用而被尊为"中华民国宪法之父"。纵观张君劢先生的学思历程，其前半生关注的主要是宪政，后半段则主要是传统儒学，但是，晚年[①]的张君劢哲学其实非常讲究道德与知识的并重，这从他回归与推崇康德这一点可以看出来。张君劢对康德的推崇让我们想到现代新儒家的另一位代表人物牟宗三，后者更是以康德哲学来诠释儒家而称著。张、牟两位均推崇康德哲学殆非偶然，因为康德哲学仁智双彰而道德优先的主张与儒家不谋而合。牟先生曾概括现代新儒家的使命是道统、学统、政统三统并建，具体即道德宗教及文制、知识及其基本精神与特性、民主政治及其基本精神与价值三个部门之疏导与反省。[②] 张君劢先生致力于宪政思想研究，反省其背后的哲学基础，同时，注重道德与知识并重，从主体方面反省其先验根据，这即是一道学政三统并建的立场，并且是在比较哲学的视野中进行的，或者说道、学、政是其比较哲学的三个方向。关于张先生的比较哲学，王呈祥曾有一文探讨，[③]不过他忽略了政治哲学这个方向，从而亦未能点出张君劢比较哲学是一道学政三统并建的立场。本文则希望梳理与平议张先生比较哲学的方法论，以及他在比较哲学视野下所从事的道学政三个方面的哲学工作及其关联，他所构建的哲学系统及其对未来世界哲学的愿景。

---

　　* 本文为教育部人文社会科学重点研究基地重大项目"现当代新儒学思潮研究"（项目批准号：13JJD720014）的成果之一，并受到武汉大学博士生自主科研项目"比较哲学视野中的陆象山哲学研究"（项目编号：2013113010204）的资助。

　　① 据江日新的考察，早在科玄论战时，张君劢就已有道德与知识二者并重的想法，他对"科学性"有相当深刻的理解，并对本国科学的发展有长远的规划（江日新：《儒家思想与现代世界："民族复兴之学术基础"的寻求——张君劢的科学概念与研究政策》，陈明、朱汉民主编：《原道》第七辑，贵州人民出版社2002年版）。

　　② 牟宗三：《道德的理想主义》，《牟宗三先生全集》9，台湾联经出版事业有限公司2003年版，第196~197页。

　　③ 王呈祥：《论张君劢的中西哲学比较研究》，《湖北社会科学》2012年第8期。

一、比较哲学的方法论

"比较哲学"是不同的哲学文化交流时必经的早期阶段，就本土经验而言，如佛教来华，中国学者以道家有无之说"格义"佛家空色之说，再如近现代以来的以西方哲学术语"格义"、"逆格义"或"反向格义"中国哲学。① 张君劢先生深谙传统哲学，并且勤于引进西方哲学，而其对待中西哲学传统，则尽量保持一个客观平情的态度，并能够同中见异，异中见同。他一方面反对独立于世界一般哲学之外来研究中国哲学的做法，② 另一方面又主张根据自己的需要来融通中西方哲学，以形成一种新的多元局面，所谓"自力更生中之多形结构"。③

我们说，"中国哲学"最初是以"逆格义"的方式建立的，如谢无量、胡适之与冯友兰的"中国哲学史"，然而张君劢先生批判他们"以西律中"、削足适履，所以张先生特别注意区分中西哲学的特质："第一，吾国哲学家意在于求善，其所祈向者为一种价值论。……西方哲人所致力者为求真，为认识论。……第二，吾国哲人富于理性，少谈信仰。……因此养成吾国学者之传统，或重义理或事考证。……然在吾国哲学理论背后，亦有一种信念，如孔子云'朝闻道，夕死可矣。'……可名之曰理性的信念（rational conviction）"④。这是张先生对中西哲学的大分判，同时，他认为儒家并非宗教，因为"所谓宗教之要素，不外乎四：（一）信仰……（二）主宰，耶教以上帝为世界惟一之造物主……（三）仪式……（四）来生……此四者，求之于孔子教义中，可谓无一而具"⑤。但是，我们比较下他与当代新儒家其他学者如牟宗三先生的看法，⑥ 即可知，张先生的看法有可商量处，这不在其对儒家的特质之判断，即"理性的信念"，而在其对宗教的界定，即其以基督教与佛教为范例的定义。毋庸讳言，注意差异是建构"中国哲学"与比较哲学的前提，但比较之所以能发生则需要有共同点，张先生认为"虽然东西哲学之间的鸿沟似乎很大，却也有某些共同的特质。哲学终究是期图对人生和宇宙的了悟。因此，途径上容有不同，目的却是一样的"⑦。下面我们将展示张君劢比较哲学的具体面貌。

① 袁保新：《知识与智能——百年来西学东渐对中国哲学的冲击与影响》，《世界哲学》2002 年增刊。林安梧：《对于船山哲学几个问题之深层反思——从劳思光对船山哲学的误解说起》，《船山学刊》2003 年第 4 期。刘笑敢：《"反向格义"与中国哲学的困境——以老子之道德诠释为例》，《南京大学学报》2006 年第 2 期。
② 张君劢：《中国专制君主政制之评议》，台湾弘文馆出版社 1986 年版，第 9 页。
③ 张君劢：《自序》，《儒家哲学之复兴》，中国人民大学出版社 2006 年版。
④ 张君劢：《中华民族精神——气节》，《儒家哲学之复兴》，中国人民大学出版社 2006 年版，第 168、169 页。
⑤ 张君劢：《义理学十讲纲要》，中国人民大学出版社 2006 年版，第 8 页。
⑥ 牟宗三说儒家是"道德的宗教"与"内信内仰"[牟宗三：《心体与性体》（一），《牟宗三先生全集》5，台湾联经出版事业有限公司 2003 年版，第 6~8 页]。
⑦ 张君劢：《新儒学思想史》，中国人民大学出版社 2006 年版，第 12 页。

二、比较哲学视野中的广义认识论

张君劢先生的比较哲学可以追溯到其 1923 年的"科玄论战"。科玄论战，起初只是西方哲学内部的分工而已，后来对应于本土传统学问则是汉宋之争。张先生说："然吾确认三重网罗实为人类前途莫大之危险，而尤觉内生活修养之说不可不竭力提倡，于是汉学宋学之得失问题以起。……同为理学之中，而又有朱子、陆、王子分。窃尝考之学术史上之公案，其与此相类者，莫若欧洲哲学史上经验派理性派，或曰惟心派惟物派之争。"① 如此，科玄论战就有了比较哲学的意义，而道德与知识的关系问题则成为焦点所在。在本文看来，这也是一场包含道德与知识的"广义认识论"之争。

在后来的思想发展中，张先生认为中西哲学"都追求永恒真理，无论是伦理方面或理论知识方面——这种永恒真理在感官上是无法发现的，只有从思想或心灵中才可发现"②。为此他引康德与孟子为证："现代哲学中康德氏两大著作，其《实行（践）理性》中之道德论与《纯粹理性》中之超验综合说，一则名之曰断言命令，一则出于心之自动。康氏此项学说使吾人恍然于西方现代哲学虽以近代所发明之科学知识为背景，然其基础初不外乎儒家所谓'心之所同然'之义理。唯'心之所同然'实现于理论方面，乃有康氏之十二范畴，唯'心之所同然'实现于是非善恶之判断，乃有康氏所谓良心。"③ 在张先生看来，孟子虽然没有认识论，但是他在道德上的先验主义立场必定会让他支持康德在认识论中的先验主义。

当然，两种哲学传统中也都有理性主义与经验主义之争："现代欧洲哲学以认识为主题……然认识论中之两派，一曰理性派，二曰经验派，此两派一以理性为主，与孟子所谓人心之同然同，一以五官感觉为主，与荀子所谓五官当薄之言接近。"④ 经过比决衡量，张君劢先生本人，在广义认识论上，亦持一种先验主义的立场，并以"唯实的唯心主义"名其哲学系统。他认为：理性派长于数学、逻辑与道德学，而经验派则善于自然科学，此两派不可互斥而当互取，孟荀传统亦然。内在德性则以阳明为是，外在物理则以朱子为是。在这样的分判之下，张君劢先生明确表达其哲学系统"是为唯实的唯心主义。我之系统中，以万物之有为前提，而其论心之所以认识与万物之所以建立，则以心之综合与精神之运行为归宿"。并说"我知我之思想自有一根骨干，而以唯心论为本，兼采唯实论之长"⑤。张汝伦评论说："张君劢的实在论不是建立在主客体二分基础上的西方近代实在

---

① 张君劢：《再论人生观与科学并答丁在君》，《科学与人生观》（一），辽宁教育出版社 1998 年版，第 103、104 页。

② 张君劢：《新儒学思想史》，中国人民大学出版社 2006 年版，第 18 页。

③ 张君劢：《儒家哲学在历史中之变迁》，《儒家哲学之复兴》，中国人民大学出版社 2006 年版，第 15 页。

④ 张君劢：《儒家哲学在历史中之变迁》，《儒家哲学之复兴》，中国人民大学出版社 2006 年版，第 2 页。

⑤ 张君劢：《新儒家哲学之基本范畴》，《儒家哲学之复兴》，中国人民大学出版社 2006 年版，第 93~99 页。

论，而是融合了古代中国和古代希腊万物一体思想的实在论。"① 这个判断比较公允。

三、比较哲学视野中的道德哲学

就道德哲学而言，在张先生看来，儒家伦理讲求义利之辨、排除私欲，与康德伦理学最近，而且对于康德伦理学的三项表达公式，即绝对命令（categorical imperative）之为普遍法则、人是目的本身与自律自主，皆触及了。② 对这两个传统之互诠，牟宗三先生有更加周密的论述，可以视为对张先生的诠释之认同、论证与发展。同时张先生还能注意到孟子与康德伦理学的同中之异："然一则求诸一心而自收同然之效，一则一人之所行期于成为自然公例。一为直接性，一为间接性；一为主观责任心，一为客观公例性。"③ 又云"说明道德生活的方式有两种：康德的形式主义以及中国人所谓四端观念。康德的方法是从形式立场看这个问题，而中国人的发现则出于人生的主要事实"④。张先生基本上准确地把握到了康德伦理学与儒家异同的几大要点，避免了削足适履的粗暴解释。

张君劢先生服膺康德，不但是因为其伦理学与儒家相近，其先验主义立场与孟子及理学家接近，亦因其道德与知识并举而道德优先的立场，与儒家一致。"康德的哲学体系是基于两本书的：……知识是一回事，道德又是一回事。我们知道，康德方法和儒家一样，因为康德认为道德与科学知识同等重要。我们不认为科学教我们唯一的真理；我们认为，为使人类不因科学之故而牺牲，而要使知识服务人类，则知识必须合乎道德的标准。这就是儒家从整体来衡量知识与生命的方法；这就是新儒家思想的主要方向。"⑤ 我们既不可因道德而忽视知识，更不可因知识而忽视道德。因为前者，促使张先生从倭伊铿、柏格森回到康德；因为后者，张先生反省两次世界大战而回到康德："然自两次大战以还，欧美人深知徒恃知识之不足以造福，或且促成世界末日，于是起而讨论科学之社会的任务。伸言之，知识之用，应归于利人而非害人，则道德之价值之重要，重为世界所认识矣。……康氏二者并重，与儒家之仁智兼顾，佛教悲智双修之途辙，正相吻合"⑥。张先生这一大分判并不误。

与其仁智双彰的立场相应，张先生主张调和朱子与阳明："然我以为天下之理，有关于外物者，有关于内心者。其关于内心者，自然如阳明所谓'心即理也。……'反是者如徐爱所问，温凊定省之类……此皆属于物理，属于智识，即程朱所谓即物穷理之工，不

① 张汝伦：《张君劢与哲学》，《杭州师范大学学报》2013 年第 6 期，第 4 页。
② 张君劢：《义理学十讲纲要》，中国人民大学出版社 2006 年版，第 164 页；张君劢：《新儒学思想史》，中国人民大学出版社 2006 年版，第 146、123 页。
③ 张君劢：《儒家伦理学之复兴》，《儒家哲学之复兴》，中国人民大学出版社 2006 年版，第 114 页。
④ 张君劢：《新儒学思想史》，中国人民大学出版社 2006 年版，第 146 页。
⑤ 张君劢：《中国现代化与儒家思想复兴》，《儒家哲学之复兴》，中国人民大学出版社 2006 年版，第 73~84 页。
⑥ 张君劢：《义理学十讲纲要》，中国人民大学出版社 2006 年版，第 154 页。

可少也"①。但是，朱子外求之理并非科学知识，这是很明显的，而阳明虽然主要是向内求理，但并非不知见闻之知，反倒是朱子未能明确区分两者，而阳明能明确区分，并且不偏废见闻之知，只是主张要有个主次关系。当然，这里不是要批评张先生的仁智双彰立场，而是质疑其对朱子与阳明的解释。与这一误解相应，张先生用心良苦地为我们勾勒出了宋明理学暗而不彰的广义认识论线索，此即从程伊川到朱子、王船山的内外双管齐下的方法。② 事实上，张横渠、陆象山与王阳明皆有明确区分良知与见闻之知，而且比朱子更明确，张先生虽然在道德上持陆王立场，而在道德与知识的关系上却没有相应地持陆王立场，这让人怀疑他是否真的理解了双方。

四、比较哲学视野中的政治哲学

关于中西政治哲学之比较研究，张先生说："东西政治思想之异同，可以一语别之：曰东方无国家团体观念而西方有国家团体观念是矣。惟以团体观念为本，然后知国家之为一体，其全体之表示曰总意（general will），全团体号令所自出曰主权，更有政权活动之方式曰政体，与夫本于团体目的之施为曰行政；反之，其无团体观念者，但知有国中之各种因素，如所谓土地、人民、政治，所谓君君臣臣、父父子子是矣。东方唯无团体观念故，故数千年来儒道法墨各家政治思想之内容，不外二点：曰治术，所以治民之方术也；曰行政、兵刑、铨选、赋税之条例而已。"并说："一民族之中，其本体曰国家，其活动曰政治，因政治之目而有所施设，是曰行政。秦以后之中国，但有行政制度之讨论，无所谓政治，更无所谓国家。"③ 张先生此一对中国传统政治哲学的判断，着眼于国家团体这一根本观念，虽然未免缺乏对西方政治的中国式反思，但无疑是中肯的。后来牟宗三先生言传统中国"但有治道而无政道"，即可追溯至此。④ 此外，张先生亦批评中国传统政治没有强大的法治传统，儒家重视道德而忽视了法治，徒让法家驰骋于其中。⑤ 可以说，张君劢的比较政治哲学是从批判中国传统政治开始的。

不过，虽然传统政治哲学没有国家团体概念与法治传统，但这并不是说儒家思想与西方近代民主宪政思想没有可沟通之处。就"人权"而言，张先生说，"所谓人权的意义，

① 张君劢：《儒家伦理学之复兴》，《儒家哲学之复兴》，中国人民大学出版社 2006 年版，第 119 页。

② 张君劢：《新儒学思想史》，中国人民大学出版社 2006 年版，第 150~151、434 页。

③ 张君劢：《东西政治思想之比较》，《民族复兴之学术基础》，中国人民大学出版社 2006 年版，第 115、119 页。

④ 牟宗三有"中国以往只有治道而无政道"的说法，并有对应的"只有吏治，而无政治"的说法（牟宗三：《政道与治道》，《牟宗三先生全集》10，台湾联经出版事业有限公司 2003 年版，第 1 页）。牟宗三坦承："君劢先生尝谓予言，中国以前只有吏治，而无政治。此语对吾影响甚深。"（牟宗三：《中国数十年来的政治意识——寿张君劢先生七十大庆》，《生命的学问》，台湾三民书局 2013 年版，第 51 页）又说："弟复与张君劢先生常来往。他常说中国只有吏治而无政治，中国是一'天下'观念，文化单位，而不是一国家单位。……西方近代之所以为近代之内容，除科学外，属于客观实践方面的，弟大都自黑氏与张君劢先生处渐得其了悟。"（牟宗三：《关于历史哲学——酬答唐君毅先生》，《历史哲学》附录，《牟宗三先生全集》9，台湾联经出版事业有限公司 2003 年版，第 458~459 页）

⑤ 张君劢：《新儒家政治哲学》，《儒家哲学之复兴》，中国人民大学出版社 2006 年版，第 135 页。

在哲学上看即是康德所谓拿人当目的，不拿人当手段、工具，也就是说人类有其独立的人格，政府应待其人民为有人格之人民，不待之如奴隶"①。这是人权的伦理意义，是康德式的"法权"。康德认为，"定言令式"如果不涉及其动机、存心，那它就是"法权"。②这可以说是从道德到人权的演绎。前面已经说到，儒家与康德伦理学最近，由此，我们亦可推断，在哲学上，儒家也可以像康德那样，证成人权的合法性，即可以有儒家式的人权论。康德关于道德与法权关系的思考为我们厘清两者关系提供一个很好的视角。③可惜张先生未能注意到这一点。当然，这也是传统儒家未能注意而应该向康德学习的地方。

关于对人权、民主、法治的支持，张先生认为儒家有许多具体证据："良以儒家学说，（一）尊重人民，（二）限制君权，此二者与民宪国家之保护人权也，议会也，责任内阁也，地方自治也，固无一而非同条共贯者矣。此所以儒家学说与民主精神之勾通，谓为本讲演注意之所在可也。"④并列举《孟子》和《明夷待访录》文本中与现代民主宪政精神相似的证据五种：即革命权利、重视民意、民选、言论自由、天下为公。⑤张先生甚至还注意到了儒家传统对西方启蒙思想、人权学说的影响。⑥这方面的研究，现在已经很多了，在此不再赘叙。

综论传统儒家政治哲学的得失，张先生说："黄宗羲为孟子信徒，当然认为政治的主要目标应是维护人格尊严及公众福利。……可是，黄氏并未如欧洲卢骚及洛克之所为，建立任何方式的民主或代议政治理论。……人性尊严的观念是儒家基本原则，也是黄宗羲哲学的基本原则，他从这个观念出发，展开了对人权、良心自由、言论自由、法律之前人人平等的观念。……如果给予适当环境的话，黄宗羲虽为儒者，也可能成为共和理性的最早倡导者。"⑦正因为张先生对传统政治之两面看得较为清楚，所以他晚年批判钱穆先生美化中国传统政治，忽视"权力"这一政治哲学中的根本概念，从而不能正视"君主专制"问题。⑧此可见张先生视野之广，现代性意识之强，对于中西政治哲学传统用力之深与研究态度之客观。总之，张君劢先生基本上已经自觉到，传统儒家在价值方面是认同人权、民主宪政的，而在制度实践的客观形式方面尚未得到发展，或者说，儒家有"民有"、"民享"而无"民治"。

在实践的层面，张先生还将比较政治哲学引向了道德与知识，在三者之间建立起了初步的联系。张先生重视孟子"徒善不足以为政，徒法不足以自行"（《孟子·离娄上》）

① 张君劢：《民主政治的哲学基础》，《中西印哲学文集》（上），台湾学生书局1981年版，第247页。
② 康德：《道德形而上学体系》，李秋零主编：《康德著作全集》第六卷，中国人民大学出版社2007年版，第237~239页。
③ 李明辉注意到康德这一观点对儒家从伦理学到法权进行创造性转化的启示，并将之概括为"不即不离"的关系（李明辉：《儒家视野下的政治思想》，北京大学出版社2005年版，第38~43页）。
④ 张君劢：《义理学十讲纲要》，中国人民大学出版社2006年版，第54页。
⑤ 张君劢：《新儒家政治哲学》，《儒家哲学之复兴》，中国人民大学出版社2006年版，第144~147页。
⑥ 张君劢：《新儒家政治哲学》，《儒家哲学之复兴》，中国人民大学出版社2006年版，第140页。
⑦ 张君劢：《新儒学思想史》，中国人民大学出版社2006年版，第413页。
⑧ 张君劢：《中国专制君主政制之评议》，台湾弘文馆出版社1986年版，第4~10、18页。

的说法与黑格尔的国家一体观及宪法宪政之自发性："宪法之保障，在于民族之总精神，即民族能自知自觉此宪法之必要者，则宪法乃能推行，可知宪法之为物，非若机器之可以一朝采办，实与民族之知识与道德，有不可离之关系矣"①。在国家的创制过程中，不能离开国民的道德与知识方面的主体品质，尤其是社会精英的操守。张君劢先生强调后者对整个民族精神的塑造作用，对宪政民主的独特作用。"一个个的政治家的善良操守，构成其集体的道德——或曰国家道德。"② 在他看来，这种宪政追求超越了我们日常生活的利害计较，能够担当此种建制的使命者必定其自身先有超越的追求方可。"此政治上之衣食住，靠争衣争食争住来解决它呢，还是大家放松一步，先将上台下台规条解决一下，而全国衣食自在其中呢？……总之，将争执问题，暂且搁下，而先定今后互相信守之法，此则政治上之唯一办法。而此种办法，决不能望之于争鸡虫得失之人，而端赖乎特立独行之人。……何也？说到衣食住，就要打算盘，而政治决不是打算盘的人所担任的。所以我主张政法上的问题，要超脱衣食住以上去解决它，这就是我的政法上的唯心主义。"③ 像对人权、法律、正义等价值的追求，的确超出我们的现实利益。张先生这种"政法上的唯心主义"不但是德国政治哲学的体现，也是我国政治文化中重视"人"的传统的延续。

结　　语

在比较哲学的视野里，中国哲学固然需要学习西方哲学，学习其概念、逻辑的清晰方法，而这亦未否认西方哲学也有向中国哲学学习的必要。张先生认为，西方哲学过分重视知识，人活在被抽象化的世界里，而存在主义（existentialism）的思潮即是此种传统的反动。④ 然而存在主义虽然意识到了这种不足，但是又转向了另一个极端，不信理性，"吾人鉴于存在主义中所表示西欧人之彷徨无措，而益觉中国哲学之可贵"。此即"吾国儒家哲学以人生为目的，尤注重于知识与道德之并行不悖"⑤。张君劢先生的道统与学统之并建，是在比较哲学的现代学术背景下所反省出的，是最终之结论，是给未来的中国与世界开出的药方。何信全在评论张先生的仁智双彰观时，指出，其与哈贝马斯（Jürgen Habermas）的回归启蒙理性之普遍运用观有很大类似性，而得出，张先生的思想具有治现代性弊病的意义的结论。⑥ 当然，也应该承认张先生没能像后来的牟宗三先生那样专心哲学，建立自己的精密的认识论，对良知与认知的转化关系亦语焉不详。张先生也承认，自己的

---

① 张君劢：《黑格尔之哲学系统及其国家哲学历史哲学》，《民族复兴之学术基础》，中国人民大学出版社 2006 年版，第 158 页。

② 张君劢：《政制与法制》，清华大学出版社 2008 年版，第 24 页。

③ 张君劢：《中华民国民主宪法十讲》，《宪政之道》，清华大学出版社 2006 年版，第 340 页。

④ 张君劢：《现代世界的纷乱与儒家哲学的价值》，《儒家哲学之复兴》，中国人民大学出版社 2006 年版，第 28 页。

⑤ 张君劢：《儒家哲学在历史中之变迁》，《儒家哲学之复兴》，中国人民大学出版社 2006 年版，第 17~18 页。

⑥ 何信全：《张君劢的新儒学启蒙计画：一个现代 VS. 后现代视角》，《台湾东亚文明研究学刊》2011 年第 1 期。

哲学工作是断断续续的,不及唐君毅、牟宗三与谢幼伟长期不断的专心工作。① 关于比较政治哲学,张先生对于传统政治哲学的评析的确比较公允,为未来的中国学者指出了方向,这从牟宗三先生的继承工作即可以略窥一二。而其在道德意识与现代政治及其创建之间建立的关联,更是成为当代新儒家的公分母。

（作者单位：武汉大学哲学学院）

---

① 张君劢：《评梁任公清代学术概论中关于欧洲文艺复兴、宋明理学与戴东原哲学三点》,《中西印哲学文集》（下）,台湾学生书局 1981 年版,第 829 页。

论唐君毅的意义世界*

□ 邵 明

在一百多年的中国近现代社会历史中，由于西方文明的强势进入，中国传统儒家思想饱受冲击，一度被视为社会进步的障碍或旧时代的残余而频遭批判，要么就只是被当作早期历史中的一种文化现象而受到考古学式的对待。但是儒学作为华夏文明的核心理念似乎并不那么容易真的就此消亡，毕竟它体现了华夏民族数千年生活历程的精神凝练，其深厚的文化底蕴承载了这片广袤土地上无数子民的思想创造和理想追求。其价值意义无论如何都不能轻易忽视。

当然，这并不意味着传统儒家理论要被推崇到近乎至高无上的地位，如有人对待先秦儒学或宋明理学的态度那样。恰恰相反，儒学本身应该是一个不断创造的过程，是一个理论上不断重构的、动态的精神理念地展现，是一种如花蕾般不断绽放的、审美式的生命体验。而现代新儒学可以说正是这种精神展现和生命体验过程中的一环、一个部分或一个阶段，是儒学在当今时代进行理论重构和思想创新的一个内在过程。

这一理论重构当然不是主观随意的，而是相应于现代社会的现实生活，也相应于理论发展的内在逻辑，特别是相应于西方文明的批判性观照。作为现代新儒家主要代表的唐君毅（1909—1978 年）、牟宗三（1909—1995 年）、冯友兰（1895—1990 年）和贺麟（1902—1991 年）等，可以说都在儒学的现代重构上作出了可贵的尝试。这里根据唐君毅的思想所勾勒出的一种意义理论，没有拘泥于传统儒学的具体观念或经典诠释，而完全以当代哲学语言阐述出一种儒家式的对人与自然及其关系的解释框架，权作抛砖引玉，以期进一步深入剖解儒学所隐含的丰富的内在价值。

一、成己成物：意义世界的生成和开显

唐君毅著述宏富，涉及问题广泛。不过从 20 世纪 40 年代的《道德自我之建立》直到 70 年代他去世前的《生命存在与心灵境界》，可以说都是围绕着由心灵超越而生成的意义世界而言的：一方面，在人的经验历程中，心灵的自觉反思导致意义世界的生成；另

* 本文为国家社科基金西部项目"道德实践的动力机制问题研究"（项目号：14XZX019）阶段性研究成果。

一方面,此意义世界又随着人在现实之中的历史发展而得以不断开显和澄明。①

他的这一意义世界应该说是在融通中、西方哲学思想的基础上而构筑的,力求"致广大而尽精微,极高明而道中庸"。尽管唐君毅一直强调了心灵本体的贯通作用,但是心灵是作为意义之源从而生成一个内涵无限丰富的意义世界,才被视为本体或具有实在性的。因而以意义理论概括他的思想似乎更为恰当。这一意义理论把人类文明的成就视为人类经验的历史结果,是在人们日常的"当下一念"中出现的自觉反思的一个无限的经验历程,并且向着未来或未知的领域永远开放。"当下一念"具有内在的逻辑结构,即在人的自觉反思中对象化活动的出现意味着意义的生成,表明心灵的超越性能力或意志的自由。"反观体证"的传统方法也说明人的理性空间与自然对象之间可以构成认识论的关系,而不仅仅只是神秘性的直觉。"当下一念"的对象化活动还进一步导致价值、自由和责任的产生,同时也是理性、语言和知识的根源。② 而且,意义生成的经验性并不是单纯的自然因果过程,而需要意识主体作出努力不断克服或破除现实历程中各种可能的限制或约束,以使"对象化"活动持续发生,从而自我、他人或自然万物才能不断呈现其无限丰富的意义。意识主体的这种"道德努力"是一种积极向上的心灵倾向,构成人本有的生存处境,是人作为意义赋予者的生命表现或存在形式。"道德努力"作为人的生存方式,既表明人的命运是艰难的,又表明人的本性是在不断自我选择中得以完善的,且是一个包含着历史而又无限开放的永恒历程。③ 在这一历程中所形成的人的本性即是唐君毅所称的道德人格。道德人格是在与人的自然属性和心灵的超越能力之间的关系中得到规定的。④ 这使人们相互之间、与万物和周围环境之间共处于一个内在关联的意义世界之中,形成各种不同的意境。人如果希望达到高远的意境,就需要不断提高心灵的意义赋予能力,包括价值规范、理性认知、情感审美或信仰体验能力等,以扩大、充实或丰富自己的意义空间。⑤

意义世界可以用意境来加以了别。意境可以有无限多样,也可以用不同的方式来形容或刻画。意境的高低、幽明或隐显等系于心灵的意义赋予能力的强弱。这需要人们在经验历程中不断作出道德努力以成就和完善道德人格,不断超越于内在或外在的对象,不断破除和克服现实的限制以获得自身的内涵和生命力。因此意义世界的扩展所能遇到的真正的障碍不是来自外在的自然事物,因为那不会实质性地构成对自我完善的限制,而只有自己或自己的同类,即只有当人们的赋予意义能力受到削弱之时,渗透力降低,穿透力不足,或相互形成压制时,其意义空间才会逐渐趋于萎缩或扭曲。⑥

在唐君毅的意义世界中,人与人、人与物可以相互感通,交相辉映,在"尽性立命"或"尽心知性知天"的过程中"成己成物"。这表明人们自我的心灵生命得到了丰满和充实,获得了真实的意义,从而可以"参天地、赞化育",进入到儒家理想的"天下归仁"

---

① 唐君毅:《生命存在与心灵境界》,中国社会科学出版社 2006 年版,第 11 页。

② 邵明:《论唐君毅的"当下一念"》,《四川大学学报》(哲学社会科学版) 2013 年第 1 期。

③ 邵明:《论唐君毅的"道德努力"》,《湖湘论坛》2013 年第 1 期。

④ 唐君毅:《道德自我之建立》,广西师范大学出版社 2005 年版,第 146~148 页。

⑤ 唐君毅:《生命存在与心灵境界》,中国社会科学出版社 2006 年版,第 579 页。

⑥ 唐君毅:《生命存在与心灵境界》,中国社会科学出版社 2006 年版,第 645~649 页。

的人文世界中。①

尽管如此，我们始终不能忘记广大而高明的意境都是从人们日常生活的"当下一念"开始生发而出的。基于现实的经验世界，不离人们的日用伦常，这是唐君毅，也是传统儒家的本质性特征。人作为意义赋予者正是在现实生活中才得以实现，并成为可能的。脱离开现实的经验过程，也就没有了任何真实的心灵感通和超越性活动的发生。意义无从赋予，意义空间也就不会出现。

根源于"当下一念"中自觉反思的经验发生，意义空间的基本特征是趋向于无限地扩展。这既由于经验历程的无限性，也由于意义生成之后，各种意义赋予能力是可以在不断超越的活动中自我完善的。就像心灵的价值规范、理性认知、审美情感或宗教体验等意义赋予能力，出现于"当下一念"的发生之中，却成就于经验过程的持续和意义空间的丰富之中。正是心灵的这些能力把价值规范、概念语言、审美情感或宗教信仰等意义不断投射于感通内容之上，而形成了千姿百态的意义空间或千差万别的各种意境，也就是构成了人们对自我、社会和自然万物的理解和解释。同时，人们又是在这种理解和解释下，与自我、社会和自然万物产生了这样或那样的关系，即以这样或那样的方式与之"相遇"或"打交道"。这个经验过程不会有完结的那一刻，也不会被局限在一个封闭的空间之中，而永远处于开放的历程当中，其"往古来今"和"四方上下"都是没有边界的，面向未来和未知的一切。

这意味着意义空间的无限扩展或意境的无限高远，其内在性动力就在于心灵的超越性活动。没有超越性行为的不断发生，意义空间将可能只出现于"当下一念"的一次或数次之时，只是偶然的状况，其意境就不可能扩展和高远。只有在经验的持续中一念不断反转，即自觉反思的不断发生和超越，意义空间才有可能形成一个无限充实和丰富的良性趋势。这就要求人们不断努力，不被自身惰性所限制，而能始终超越之，即"克己"、"求仁"与"尽心知性"。人的这种心灵努力，就是所谓"道德"这一概念所指向的意义，表明心灵自觉反思是一种积极的、正面的倾向，可以赋予人以真实的生命内涵，使人的意义空间无限扩展或意境无限高远。

在"当下一念"之中由心灵的努力所形成的意义空间，就正是人们身处这个世界的方式，也可以说正是人本身的生存形式。② 在这种生存方式中，人们以其自由的意志，赋予一切事物以价值意义，并规范着自己本能的冲动和欲望，克制习惯的惰性，承担着自己行为的责任，还以符号概念语言构筑着世界的合理化结构，又不断进行审视或欣赏，对自我道德人格的完善和意义空间的丰富加以肯定、赞扬或鼓励，反之，则加以否定、谴责或惩罚。③

因此，如果我们要衡量人们的行为或心灵生命活动的意义，或作出一个基本的评价，就要看其是拥有自由还是受到了压制。这是判断其是否处于健康状态的根本性标准或原则。④ 一方面，一个拥有自由的人或其心灵生命可以通过自觉反思或超越感通而不断增强

---

① 唐君毅：《生命存在与心灵境界》，中国社会科学出版社 2006 年版，第 515~518 页。

② 唐君毅：《道德自我之建立》，广西师范大学出版社 2005 年版，第 118 页。

③ 唐君毅：《生命存在与心灵境界》，中国社会科学出版社 2006 年版，第 501 页。

④ 唐君毅：《生命存在与心灵境界》，中国社会科学出版社 2006 年版，第 490 页。

自己的意义赋予能力，从而能够赋予更多的事物以更多的价值或意义，并有效地规范自己本能的冲动和欲望、更有力地克制自己习惯性的惰性和为自己的行为承担更多更大的责任，其所理解或把握的世界结构也将更为合理，因为其能够不断进行恰当的审视或判断。因此具有自由的人或其心灵生命是完整的和健康的，是一个不断在自我完善着的道德人格，其意义空间也趋向于不断丰富和澄明。相反，另一方面，一个处于压制之下的人或其心灵生命如果没有自由，意义赋予能力也将不断被削弱或降低，从而无法赋予尽可能多的事物以价值内涵，不能有效地规范自己本能的冲动和欲望、克制习惯的惰性和承担着自己行为的责任，由其所构筑的世界结构可能也是扭曲不合理的，更缺乏进行正当审视或审美判断的能力。这样的人及其心灵不可能具有完整而健康的道德人格，其意义空间也将逐渐萎缩或晦暗不明。

当然，人或其心灵生命的这两种状况也可以随着经验生活的持续而不断发生变化，并非始终处于一种状况当中而不能自拔。只要一念反转，即可破除各种现实的限制，使自己的心灵生命由被动的压制状态，转变为主动的自由状态。只不过这种转变是否能够经常、持续地出现，则与现实的情境条件或心灵生命的超越能力的强弱有着内在的关联。只有不断自觉反思，不断作出道德努力的人，才能持续增强自己的心灵超越能力或意义赋予能力，也就能使自己的心灵生命处于自由的境况，从而可以使自己的意义空间不断开显以达到无限丰富广大的意境，有如海天辽阔之愿望，悠久无疆之生命心灵。①

二、天德流行：意义世界的指向和开拓

唐君毅的意义世界最终趋向一个天德流行的理想意境，尽管这并非一个现实化的确定形态，但是却给出了意义世界的价值导向。

一般而言，心灵生命的无限向上超升可以达到一个能够观照至上完美的绝对者或上帝的境地。对绝对者的这种向往无疑可以增强人们的意义赋予能力，是拓展和丰富意义空间的有效途径。但是，这一"境地"由于可能被视为人所能达到的终极境界而难免成为"绝境"，从而造成对人的心灵的某种"绝对限制"。② 只有心灵能够不断"破执"，才可以"空"掉这一切绝对者而重新趋向澄明。在唐君毅看来，只有贯通本末，以使天人不隔，才可得到圆满的生命存在的真实内涵。而这只有在天德流行或尽性立命的境界中，即在人德之成就中，同时能够见到天德的流行贯通之时，才有可能实现。③

生命存在要顺其自然，随着现实世界一同次第展开，在此经验历程中通贯反思现象世界和自我的一切，而能够做到内与外没有隔阂，主观与客观消融为一，又可超乎其上，破除拘执的对立，见到真实的生命流行，于现实世界中即可获得超拔的意境。这正是传统儒家的精神，只是被唐君毅以当代的理解加以重新的阐释。可是，这样的高远境界究竟是怎么做到的，却并不容易分说清楚，也不容易使一般人透悟明白。

要准确地理解儒家的精神，就必须理解儒家的现世性特征，即对现实世界要有所肯

---

① 唐君毅：《生命存在与心灵境界》，中国社会科学出版社 2006 年版，第 523 页。
② 唐君毅：《人文精神之重建》，广西师范大学出版社 2005 年版，第 34 页。
③ 唐君毅：《生命存在与心灵境界》，中国社会科学出版社 2006 年版，第 658~660 页。

定，同时还要理解儒家是在此现实世界的基础上追求超越性的境界提升的。这两点使儒家与其他宗教或哲学理论有了本质性的差别。例如，儒家不会认为人的生命仅仅是一种单纯的自然现象，没有什么特别的意义，从而否定任何超自然的精神或境界存在。儒家也不会把这一世界看作唯一的或最好的世界，是神的唯一创造物，因此神可以对自然万物和人类有着完全宰制的力量，掌握着他们存在或幻灭的命运。儒家确实视人为万物之灵，可是却并非认为自然万物都是为了人而存在的，把人看作高居于万物之上的主宰者，可以对自然万物任意加以主宰控制以为其所用。儒家也不认为现实世界本身就是痛苦和罪恶的根源，务必要破除净尽。唐君毅把儒家对现实世界的态度进行了如下概括：

> 儒家之思想，要在对于人当下之生命存在，与其当前所在之世界之原始的正面之价值意义，有一真实肯定，即顺此真实肯定，以立教成德，而化除人之生命存在中之限制与封闭，而消除一切执障与罪恶所自起之根，亦消化人之种种烦恼苦痛之原。①

这句话是唐君毅对儒家精神的根本特征的一个经典表述，是他在与西方思想和中国传统中的佛、道等各种观念的对比之下所作出的，显露出一种既切实平淡，又高远广阔的意境，值得我们仔细体会。

他这一表述以两个不同的层次阐明了儒家思想的基本理论特征：

第一个层次，在日常生活的历史经验中，人们对自我、他人或社会，以至于对自然万物和整个世界，都应该有一个积极、正面的基本倾向、看法或态度；

第二个层次，因此，凡是有助于形成积极的、正面的基本倾向、看法或态度的观念和行为，都应该受到人们的肯定、赞扬甚至奖励；反之，凡是有损于形成积极、正面的基本倾向、看法或态度的观念和行为，都应该受到人们的否定、谴责甚至惩罚。

如果我们以意义理论来重新加以诠释的话，那么，这两点可以表述为：

第一，人的意义空间一旦打开，应该加以不断地扩大或丰富；

第二，凡是有助于意义空间的扩大或丰富的观念和行为，都应该受到人们的肯定、赞扬甚至奖励；反之，凡是使意义空间受到压制或扭曲的观念和行为，都应该受到人们的否定、谴责甚至惩罚。

这两种表述虽然方式不同，可是其意义几乎是一样的，只是后者的含义更为抽象和广泛一些。

儒家思想的根本性特征经过唐君毅的阐释，可以发现，儒家所坚持的基本原则，只是对人的经验生活的一个基本倾向，即积极的、正面的观念和行为。而这一基本倾向，即可称之为是善的或道德的，这正是"积极、正面的"修饰词语所包含的意义。除了这一基本态度，似乎没有什么其他观念或原则，对儒家而言是不能"因革损益"的了。这也就是说，在人的经验生活中，人的自我、他人或社会，以至于自然万物或整个世界，由于人的"道德努力"而倾向于一个不断完善、开放的历史过程。但是这一过程不会是简单、直线式或决定论式的，而是一个复杂、曲折或非决定论式的；至于对这一历程的具体描述，可以是多样的。而且，所谓"积极、正面的"这一概念的具体含义，也可以是多样

---

① 唐君毅：《生命存在与心灵境界》，中国社会科学出版社 2006 年版，第 488 页。

的，而不是确定不变的，是随着经验的历程而变化的。

由此，儒家的这种基本精神就为人们的观念和行为奠定了一个基本的规范，即提供了一个基本的衡量善恶的标准。这一标准首先不是彻底相对主义的，而有着基本的价值倾向。其次这一标准的具体含义又与具体的历史情境有着"因革损益"的共变关系，而非僵化固执的。或者说，只要人们的观念或行为符合这一基本倾向的精神，那么，就具体的社会规范而言都可以得到融通，否则，在不同的具体情境下，固执的教条反而会构成对意义空间的压制或扭曲，无论其曾经有过多么积极的意义。

对现实世界或人生历程的这种肯定性倾向，是儒家始终坚持的原则。在佛教来看，我执和法执是一切罪恶之源，因此务必要加以破除。但是，在唐君毅看来，即使我执和法执确实产生了无数负面的效果，可是这只能表明"执"的错误，却不能证明"执者"和"所执者"本身就是罪恶的根源。例如所谓"执"往往是由对语言概念的滥用或迷执所导致的，对语言概念的一般性使用也有容易造成迷执的可能，但是，语言概念本身却并不必然蕴含"执"的出现。同样，语言概念所应用的对象本身也不必然蕴含着人们对其的迷执或虚妄的判断。"执"的根源还在于人们心灵自我的封闭和限制，或者在于心灵不能破除其所遇到的各种现实的障碍。当心灵处于一种被限制状态之时，其所作出的判断就往往存在着不恰当之处，难免导致虚妄或荒诞。而这与心灵生命的存在、语言概念或经验世界本身都没有必然的关系。尤其是生命现象，在中国的儒家或道家来看，都是无尽的相续过程，是由隐而显，或由显而隐的生化历程。在生命的动静、屈伸、出入、阴阳隐显或刚柔之间，似乎没有什么特别可"执"之物。对它的分说类别，也是在人的自觉之后的举动，在帮助人们理解所感觉对象之上，总是有其之功。只要保持自己心灵的清明洁净和空阔，人们当能体悟到生命之所以为生命，是"不常有其所有，而能无之，又不常无其所有，而能有之"，即不会"执其所有"，也不会"止其所无"，没有一定"执"。人们也因此可以理解到生命总是在对所受到限制的永恒超越中，成就那种"生生不已"的精神。①

那种不断超越自己而不陷溺于原有的成就或原有的状态，不拘泥于已感觉到的一切对象的趋势或精神，就包含于生命本身的历程之中，或者说，就是生命本身的真实含义。这种源自生命的生发向上的趋势或力量，在儒家看来，就是"善"这一概念所蕴含的本意，就是"善"所指称的对象。这一趋势或"善"也可称之为"道"、"仁"、"理"或"性"等，尤其是当它通过现实的生命形式或现实社会体现出来的时候。正是因为有了这样的趋势或"善"的内在体现，现实生命或现实社会本身就具有了自我超越的动力和倾向，能够在原有成就或原有状态的基础上，完善和更新自己，不断获得新的生命内涵和意义。这样的生命内涵和意义也由此被视为一种积极、正面的价值，即符合"善"的价值。

人的生命存在和现实社会在不断自我完善的经验历程中，会受到各种现实的限制，自己也会有本能的惰性。如果不能超越于此，不能破除这些障碍，那么，人的生命存在和现实社会都会出现压抑或扭曲的可能，不能得到顺畅的发展，心灵的意义空间也将随之萎缩或变形，从而产生种种痛苦或罪恶的现象。

这样，唐君毅基于儒家的精神倾向对人自身、现实社会和自然万物的解释，因此就与佛教或西方宗教的解释有了一个本质性的差异，即不会像他们那样把罪恶虚妄或死亡痛苦

---

① 唐君毅:《生命存在与心灵境界》，中国社会科学出版社 2006 年版，第 498 页。

看作生命存在和现实世界的根本性特征，因而极力要摆脱现实的缠绕，以出世为第一要义，而是相反，从生命存在和现实生活中看到积极、正面的倾向，看到"善"才是其第一要义，而把罪恶虚妄或死亡痛苦作为心灵生命的超越对象，并在这种超越活动中获得自身的真实内涵和意义。因此，儒家是不会鼓动人们出世的，而只会引导人们在现实世界中培养一种超拔的"浩然之气"或意义赋予的能力，以正面应对或积极克制罪恶虚妄和死亡痛苦的心灵力量，实质性地扩大和丰富其意义空间，逐渐达到高远的意境。

尽管如此，要始终保持对现实生活的积极态度并不容易。这其中人与人之间的"同情共感"是至关重要的。而对"同情共感"的强调，正是儒家的一个特识，是儒家关于人际伦理的"仁"的基本内涵。因为心灵的境界贯通，或意义空间的无限拓展，都离不开与"他心"相互之间的"感通"或和谐共振。①一方面，单单心灵自我的发散，可能会导致唯我主义的倾向，即视天下唯我独大，以为没有其他可与自我平等相待的对象存在，唯有自我的心灵才具有真实的意义，其他一切都是可欲的对象，可超越和控制的对象，可视为"非人"的对象。这个时候自我的意义赋予能力得不到强化，意义空间反而趋向封闭甚至扭曲，自我意识逐渐有空洞和虚妄的倾向。这都是唯我主义的恶果，是心灵始终不能与他人同情共感所导致的。但是在另一方面，当自我的心灵感受到"他心"的真实存在，是与自己完全一样的意义赋予者，并且是自己所无法控制的，也不能被"非人"化，如果这时自我的心灵由此感觉到自己的"无能"或"无力"，从而产生自卑心理，导致自我意识的卑贱感和压抑感，就将同样会使意义空间萎缩、封闭或扭曲，同样会使自己的意义赋予能力受到摧残和打击而不容易恢复。这也是自我的心灵不能与他人相互之间产生同情共感所导致的结果。

"我"与"他人"都是一样的存在，都具有一样的心灵和真实的生命存在，这意味着双方都是无限的意义赋予者，都有自己的意义空间，都具有独立的自由意志，因而是不能被完全否定、压制或非人化的。在这种情形下，双方通过对对方的承认、肯定和尊重，或者对对方的帮助、支持和赞扬，可以获得心灵之间的平等对待和相互的感通。在此基础之上，双方相互之间不再是对立的敌我关系，不再是相互的否定、压制或非人化的关系，而可以成为双方相互之间的支持和助力，从而帮助对方增强其意义赋予能力，拓展其意义空间，相互超越以达于更高更广阔的意境。

因而，自我与他人之间，或者"我心"与"他心"之间的这种同情共感的相互关系，对意义空间的充实和丰富具有本质的作用。因为只有在心灵之间才会出现实质性的否定、压制和非人化，而在心灵与其他"非我"的事物之间是不会产生真正的对抗的，如果能够出现，那么这一对象可能就只是一个"心灵"或意义赋予者，而不会是没有心灵的生命存在。即使是在"万物有灵"的情形下，绝大多数事物也是灵觉不明的意义赋予者，可能尚处于晦暗的无明之中，而不能够实质性地起到对一个真实的心灵生命的存在进行否定、压制和非人化的作用。起码，在那些具有心灵生命的存在之间，才会出现这一很可能会导致危害或灾难的对立情况，即实质性地使心灵受到压抑和封闭而可能逐渐趋向枯萎，甚至不再能得到恢复。这是由心灵生命组成的人类社会中，所可能出现的对人的心灵而言最为致命的危险，需要人们时刻保持警惕。也正是在这一基础上，人与人之间的关系成为

———————————

① 唐君毅：《生命存在与心灵境界》，中国社会科学出版社 2006 年版，第 361~365 页。

对心灵生命和现实社会的健康发展具有根本性影响的因素。因此,儒家对"仁"的强调,对"忠恕"或"诚"的重视,都有着远见洞识,表明早期儒家甚至在先秦时期,就已经看到了自我与他人之间,或者"我心"与"他心"之间的这种同情共感的相互关系,对意义空间的充实和丰富具有本质的作用和影响。尤其是儒家所赞颂的那种"圣贤"之德,就正是因为这样的"圣贤"在日常生活中随时可以感受其他人格心灵的"善"意,而又能够爱之敬之,并帮助其"自成其德",使"他人"成为独立自主的道德人格之体,而不是越俎代庖,伤害到"他人"的独立人格,变成对"他人"的意义空间的压抑或贬损。如果此时"他人"也能够理解到"圣贤"的"善"意,而回报以德,就可以形成一个心灵之间的"交相互映"的道德人格世界。扩而广之,"推己及人",使四海古今的人们以德相报相结,贞定此德性世界且能保其万古常存,那么,一个"天下归仁"的天德流行之境就是可以期待的了。①

传统儒家从人的自然生命和宇宙中自然万物的变化流行里面都看到了那样一种积极、正面的倾向,而不仅仅是一种纯粹自然、无意义、闭合式的机械因果作用或简单的循环往复。其中的"生生不息"、"乾健不已"都蕴含着向上的生命力量和精神指向。即使是人的自然生物性本能、冲动或欲望,也并不被直接视为罪恶或谵妄的根源,而同样具有正面的价值和积极的意义。只是这些自然的生物性本能、冲动或欲望如果不适当地泛滥不加约束(破除其限制),或者受到不适当地压抑而扭曲,则可能导致负面的结果或影响。

根据唐君毅的观念,人是具有心灵生命的存在者。② 在现实的经验生活中,一旦人的意义空间被打开,则其行为活动大多不会是单纯的自然生物的本能行为,而具有了某些超越性的意涵。这意味着人们不应再仅仅以自然生物的本能机制来解释人的行为活动,而需要考虑心灵的作用和影响,需要考虑精神性的意义空间的内在趋向。而这一理论模式,恰恰是儒家所始终强调的,即对人们的日常自然生物本能行为,都赋予了精神性的意义,视为人自身不断自我完善的不可缺少的部分,而不会妨碍心灵的贯通或意义空间的无限超拔,反而正是这一贯通或超拔的自然性动力。

人是世界中的人,当然有其自然的根源。因此,传统儒家的"万物一体"观念并不仅仅只是象征性的说法,而具有着实质性的意义。这就是说,无论人的心灵生命具有什么样的特性或某些神秘的本质,都不可能与自然万物之间形成绝对隔离的关系,而是必然地处于相联相通的"同情共感"关系之中。只是与各种不同的自然事物之间,究竟处于何种"同情共感"之中,即以何种方式相联相通,那是可以讨论的。但是,这不影响其相互之间本质上的一体关系。所以所谓的天德流行于人的生命存在和现实社会,都有着实在的含义。

在"天人合一"的基础之上,在人们的现实经验生活中,在"当下一念"发生之后,人成为一个意义赋予者,并赋予出价值、责任和规范,语言、概念和认知,以及审美、情感和判断等意义空间,这看似心灵全然不同于自然事物的独特作用,可是,这并不意味着心灵生命与自然万物之间会出现一个不可沟通的"鸿沟",而是仍然会处于"同情共感"的相互支持之中。

---

① 唐君毅:《生命存在与心灵境界》,中国社会科学出版社 2006 年版,第 371~373 页。

② 唐君毅:《生命存在与心灵境界》,中国社会科学出版社 2006 年版,第 1 页。

　　心灵生命的独特性就是说，虽然心灵生命有着自然的根源，甚至自然的形而上的根源，可是，这一形而上的根源却并不构成对心灵生命的限制，或者"决定"心灵生命的意义赋予的自由能力，或者"决定"其意义空间的未来发展，或者"决定"其独特的人格特性，等等。

　　心灵生命的存在与其形而上根源有着内在的关联，是不难理解的。这确实是心灵生命存在之所以出现的某种原因。但是，这个"原因"却并不能"决定"心灵生命的现实本质，或者其自身独特的意义。在唐君毅看来，心灵生命存在作为一种现实的"有"，乃是由"破空"或"无无"（第一个"无"字作动词）而来，即作为赤裸裸的生命，有其纯洁的本性，是对"空"或"无"的一种克服，以"自成其有"。而此"有"已经完全不同于其原有的形而上的根源之中的那一个"有"了，或者说，已经是对其形而上的"有"的一次超越，可称"妙有"。①

　　正是这一"超越"或"自成其有"的趋向，被唐君毅视为传统所说的"理"或"道"。依据于这样的"理"或"道"，心灵生命存在虽然有其根源并获得了现实性，但是又能够自我完善，形成自己的独特人格或意义空间，具有自己独特的本性。在唐君毅眼里，比较起心灵生命的形而上根源来，或比较起现实的存在物来，这一"理"或"道"才是最重要的，也就是心灵的"超越"活动或"自成其有"的行为倾向，才是意义的根本发源之处。②

　　人的生存是此"理"或"道"的现实化体现，即心灵的超越性活动或"自成其有"行为本身。因为，在这一现实化的经验过程中，心灵就是在不断破除各种现实限制的历程中，完善着自我道德人格或本性的。如果说心灵的超越性活动对心灵生命的存在而言，是根本性的内涵，那么，这些现实限制的存在，同样也是心灵生命存在的必然性构成部分，是不可缺乏的。否则，将无所谓心灵的超越性活动，也就是无所谓心灵生命存在自己的"自成其有"，或无所谓自我的完善化历程了。可见"超越"与"限制"这两个概念具有着互为正反的含义。超越活动的出现就意味着限制的存在，而限制的出现也意味着超越性活动将要发生。只要有超越活动，就表明一定是对某一限制的超越。③

　　可是，是否所有的限制都能够被心灵生命所超越呢？这是不容易给予肯定性回答的问题，因为没有人相信人能够超越所有的限制。这些限制可能源自于自然的世界，也可能源自于人的自我本性当中。现实的生活似乎表明，人总是被束缚于有限的能力之中。这就是"人是有限的"这一常识观念的来由。

　　要想对"人是否能够超越所有的限制？"这一问题给出一个恰当的回答，首先要注意不能掉入这一问题本身所隐含的一个陷阱，那就是，如果给予这一问题以肯定的回答，就似乎是在说人是万能的。我们要知道，这两个说法之间并非等值。也就是说，"没有什么限制不能被心灵生命所克服"这一观点，并不等同于说："人是万能的。"人的确不是万能的，例如，人不是上帝，不是神佛，不具有全知全能全善的永恒本性，甚至连很多简单的能力也没有，都不如某些普通的动物，等等。可是，我们仍然可以说，面对所遇到的各

---

① 唐君毅：《生命存在与心灵境界》，中国社会科学出版社 2006 年版，第 454 页。
② 唐君毅：《生命存在与心灵境界》，中国社会科学出版社 2006 年版，第 509 页。
③ 唐君毅：《生命存在与心灵境界》，中国社会科学出版社 2006 年版，第 512 页。

种现实的限制，人都能够予以克服或超越，都能够使之转变为对自己的客观支持，帮助增强自己的意义赋予能力，开拓自己的意义空间，从而使自己的心灵达到一个无限高远的境界。例如，在某些具体的行为能力上，当人们意识到自己有所欠缺，且为此形成了一种希望的时候，那么，这样的能力就不会永远成为人们的障碍，某一天总是能够达到的。像全知（知识）、全能（能力）、全善（至善）或永恒（永生）等这些人们历来所期待的理想，就是通过现实的理想和追求，而逐渐化为人自身的本性的一部分，以之完善自己的。因此，从人类的文明发展历程中我们可以看到，人类正是在以这些方面的内容构筑着自己的本质或形象，成就着自己。而这一"成己成物"的历史过程无疑还将延续至无限的未来。①

根据儒家的观念，人是世界中的人，与自然万物连为一体，相谐而生。而大化流行，万物化生，意味着自然世界同样蕴含积极、正面的力量或趋势。这也是在我们心灵生命的本性之中所见到的。因此，我们从自然世界中，是不可能找出什么现实的限制能够对人形成致命束缚的。那些以为人类受到自然的绝对限制的观念，不过是一些暂时的"无明"而已，是把心灵所要超越的各种现实的限制视为实质性的，而没有看到心灵超越活动的意义。

尽管如此，心灵生命对各种现实限制的超越并非是一蹴而就或一帆风顺的，而是充满了复杂、具体的变化。因为人的心灵生命并非一成不变，或总是成熟完美的，而有着一个不断自我完善的过程。面对这些陷溺或执著，人就需要能够做到"尽性立命"，即充分发扬心灵的超越本性，而保持并不断完善自己独立的道德人格，以成就真实、内涵丰富的自我。②"尽性立命"是中国传统儒家实践智慧的核心观念，历来讨论十分充分。这一修身立本的功夫法则强调人的天性之中本有此超越性的能力，是"理"或"道"在心灵生命上的体现，只要尽情发挥，充分地加以实现于日常生活之中，即可成就自己，也成就了万物的本性或天理天道。然而这一法则也强调了"成己成物"的过程是要不断面临各种现实的限制的，需要心灵的持续努力才能加以破除，从而在这种破除限制的经验历程中完善自己，获得自我的真实意义。③ 这也是一个自我的意义赋予能力不断增强的过程，并在经验生活中使意义空间不断扩展和充实，以达于无限高明广大的意境。如果能够明了心灵生命的这一历史命运，人们就不会止步于那些限制面前，不会局限于仅仅承认人的有限性以致不得不依赖于对神佛上帝的信仰，而是总能攀升而上，达至"尽性立命"的"天德流行"之境。

三、尽性立命：唐君毅意义理论旨要

根据上述讨论，我们可以总结出唐君毅意义理论的几个基本特征：

第一，它并非传统意义上的本体论，而有着经验性根源，但却具有本体论的奠基作用。唐君毅意义理论不是传统柏拉图式的形而上学，而是把意义归结于经验的发生，是经

---

① 唐君毅：《生命存在与心灵境界》，中国社会科学出版社 2006 年版，第 656~659 页。
② 唐君毅：《道德自我之建立》，广西师范大学出版社 2005 年版，第 149 页。
③ 唐君毅：《生命存在与心灵境界》，中国社会科学出版社 2006 年版，第 375 页。

验中的自觉反思的人所赋予的，是在现实的经验历程中持续发生的结果，面向着过去、现在和未来以及可能的未知领域无限开放。但是这一意义理论可以构成人与自然及其关系的背景性框架，即构成人或人类本有的生存方式和自然世界本有的存在方式。

第二，它所提供的认识论关系是可理解的。唐君毅的意义世界由人的所有经验对象构成，既包括现实的经验对象，也包括可能的经验对象；既包括人的主体自我，也包括物理客体及其相互间的各种关系。这意味着自我、他人和自然世界的一切都是意义空间内在本质的构成部分，而不会相互处于某种绝对隔离的状态之中。

第三，它展示了世界无限可能的呈现方式。意义空间的不同呈现以"意境"为其了别方式；由于现实的限制有无限多样，因此破除的方式也有无限多样和多种层次，这导致意境也同样有无限多样和多种层次，没有限制。

第四，它为现实世界提供了一种本质描述。意义空间或者呈现不断萎缩和闭塞，或者呈现不断丰富和扩大的趋势；意义空间是趋向萎缩还是丰富决定于经验中的人是否能够持续地破除所遇到的各种现实的限制。而经验过程事实上的持续发生意味着人不断努力的真实状况，表明意义空间呈现出不断丰富或扩大的积极倾向。这种积极向上的正面倾向，可以称之为"道德的"或"善的"，相反的倾向则可称之为"恶的"。

第五，它为人或社会的观念和行为提供了基本的规范原则。唐君毅的意义理论表明，现实经验中的人应该作出自己的道德努力，即不断反观自觉以破除各种现实的限制，避免自己的意义空间出现贫乏和萎缩，而能够不断丰富和扩大，寻求高远的境界。这与"趋吉避凶"的生物学解释或"趋善避恶"的传统伦理解释尽管不同，却可以兼容。

第六，它为社会的基本善或正义观提供了实质性内容，即一个正当的社会应该有助于帮助人们丰富和扩大其意义空间，特别是为所有人提供恰当的教育环境。根据唐君毅的意义理论，人不会生来就知道如何提高其心灵的意义赋予能力，如何破除限制以扩大和丰富其意义空间。这是一种经验性的习得，即只能在现实经验历程中逐渐学习掌握，或从他人和社会环境中习得，或从自己的实践过程中不断领悟。所以一个社会应该为每一个人提供尽可能好的教育机会，以使其尽可能提高其意义赋予能力，"尽性立命"，达到尽可能广大高明的意境。换言之，一个社会如果能够有助于意义空间的扩大和丰富，则可以被视为是"正义的"或"好的"社会；反之，则缺乏正当性或者甚至是一个"坏的"社会。

这里对唐君毅意义理论的探讨还远不够充分，其理论内涵也尚未得到完整的呈现。只希望这一讨论能够为儒学的理论重构奉献出更为丰富的精神内涵和深刻的生命体验。

（作者单位：四川思想家研究中心）

古史新探

由中外"胁生"神话的演变看人类社会的进步*

□ 陈　娴　程涛平

一、由《天问》裂石生启的神话说起

屈原的《天问》，是一部奇书。冯友兰说："《天问》一篇，则更对于一切人神之传说，皆加质问；对于宇宙之所以发生，日月之所以运行，亦提出问题。"① 可以说，《天问》对天上地下，历史地理和人事，无所不问。其中，涉及夏代开国之君启出生之事，尤其问得奇怪：

> 启棘宾商（帝），《九辩》《九歌》。何勤子屠母，而死分竟地。②

屈原问的是启将天帝最好的礼乐《九辩》《九歌》请到人间，祭奠母亲，③ 为何大禹对于自己的妻子非常残忍，为了要儿子竟然导致其母化为石头碎片，散落满地？对此，历来注家的解释五花八门，都是就事论事，难以深究。

其实，屈原此问，涉及上古著名人物出生的神话。所言母亲因生子而化为石头，较为古朴而原始。汉代以后，有关启出生的记载，神话的色彩渐退，生活的气息渐浓。不再是母亲化为石头，石头裂开生下儿子，而说儿子是从其母的胁下出生的：

　　(1)《吴越春秋》："鲧娶于有莘氏之女，名曰女嬉，年壮未孳。嬉于砥山得薏苡

---

　　* 本文是北京市青年英才计划（项目编号：YETP0584），北京交通大学"红果园双百计划"（项目编号：151172522）的阶段性研究成果。

　　① 冯友兰：《楚国哲学史·代序》，湖北教育出版社 1995 年版，第 1 页。
　　② 屈原：《天问》，洪兴祖：《楚辞补注》，中华书局 1983 年版，第 98 页。
　　③ 袁珂于《山海经校注》中指出："据近人研究，商乃帝之形伪。'启棘宾商'者，即'启巫宾帝'也。"（上海古籍出版社 1980 年版，第 414 页）

而吞之，意若为人所感，因而妊孕，剖胁而产高密，家于西羌，地曰石纽。"①

（2）《淮南子·修务训》："禹生于石，契生于卵。"高诱注："禹母修己感而生禹，拆胸而生。契母……吞燕卵而生契，愊背而生。"②

（3）《春秋繁露·三代改制质文》："禹生发于背……契先发于胸。"③

（4）《论衡·奇怪》："说者又曰：禹、契高逆生，闿母背而生。后稷顺生，不坼不副。"④

（5）《宋符瑞志》："修己背剖而生禹于石纽。"⑤

6. 《帝王世纪》："伯禹夏后氏，姒姓也。父鲧，妻修己见流星贯昴，梦接意感，又吞神珠薏苡，胸拆而生禹于石坳。"⑥

这些记载，反映人类早年妇女生子经常发生难产的现象，将母亲生子化为石头，改为"胁生"，较为符合人类繁衍后代的常理，体现了时代的进步。无独有偶，在近年发现的《清华简》中，有一篇《楚居》，也记载了楚族先民同样有"胁生"的传说，印证了中国有关生子难产的古老神话。

《清华简·楚居》是战国时期的楚人作品，其反映楚国先祖早期筚路蓝缕的艰难历程，弥足珍贵。其中，也有一段关于楚族妇女难产的记载：

穴酓迟徙于京宗，爰得妣隹（列），逆流载水，厥状聂耳，乃妻之，生侸叔，丽季。⑦

而妣隹（列）在"生侸叔，丽季"的过程中，出现了惊天动地的大事件：

丽不纵行，溃自胁出。妣隹（列）宾于天，巫并赅（该）其胁以楚，抵今日楚人。⑧

这是说丽季出生时难产，最后从其母妣隹（列）的肋骨间隔处出生，妣隹（列）的肋骨可能因此折断，导致一时断了气，而"嫔于天"。神奇的是，随后出现了巫并用荆条捆住妣隹（列）的伤口，妣隹（列）大概也因此复活。穴酓（鬻熊）的后人由此对名为"楚"的荆条感到非常神奇，顶礼膜拜，从此称自己民族为"楚人"。

《楚居》的这段文字不见于其他任何传世文献，因而尤显珍贵。这对于我们了解古代巫术宗教信仰，以及楚族的文化源流，具有十分重要的意义。

---

① 马骕：《绎史》，中华书局 2002 年版，第 125 页。
② 陈广忠等译注：《淮南子译注》，吉林文史出版社 1990 年版，第 923 页。
③ 曾振宇、傅永聚注：《春秋繁露新注》，商务印书馆 2010 年版，第 149 页。
④ 王充：《论衡》，上海人民出版社 1974 年版，第 50 页。
⑤ 马骕：《绎史》，中华书局 2002 年版，第 126 页。
⑥ 马骕：《绎史》，中华书局 2002 年版，第 126 页。
⑦ 《清华大学藏战国竹简（壹）》，下册，中西书局 2010 年版，第 181 页。
⑧ 《清华大学藏战国竹简（壹）》，下册，中西书局 2010 年版，第 127 页。

"胁生"神话是楚族的传统。据传世文献可知,丽季的祖辈季连即为"胁生":

(1)《大戴礼记·帝系》:颛顼娶于滕氏,滕氏奔之子,谓之女禄氏,产老童。老童娶于竭水氏,竭水氏之子,谓之高纲氏,产重黎及吴回。吴回氏产陆终。陆终氏娶于鬼方氏,鬼方氏之妹,谓之女隤氏,产六子,孕而不粥(育)。三年,启其左胁,六人出焉。①

(2)《世本·帝系篇》:陆终娶于鬼方氏之妹,谓之女隤,是生六子,孕三年,启其左肋,三人出焉;破其右肋,三人出焉。②

(3)《史记·楚世家》:吴回生陆终。陆终产子六人,坼剖而产焉。其长一曰昆吾。……六曰季连,芈姓,楚其后也。③

上述文献记载,尤其是《史记·楚世家》将"胁生"直接写成"坼剖而产",表明文献记载由"胁生"演变为"坼剖"。所谓"坼剖",应当就是今日"剖腹产"。古代先民生存环境极其恶劣,寿命一般很短,生育更是艰难,一旦遇上难产,存活下来便是奇迹,如果实行简单手术使得母子生还,那更是不可思议,当然被奉为神话。屈原的《天问》与《清华简·楚居》关于"胁生"记载的一致性,表明两者大致是同时期的作品。

二、中国"胁生"故事与印度胁生神话

胁生故事,在印度神话中亦有体现。

《古代印度神话》介绍④,与古代印度神话紧密相关的古代印度典籍,大致包括四类,即:"吠陀"典籍、叙事诗及《往世书》、佛教典籍、耆那教典籍。"吠陀"意为"知识",即高级的宗教性的知识。所谓"吠陀"典籍包含诗歌、颂神之歌、民间歌谣、英雄传说、格言、警语以及种种哲学和学术性诠释等,分为若干级类:"吠陀"四本集,即《梨俱吠陀》《阿闼婆吠陀》《夜柔吠陀》《娑摩吠陀》;《梵书》;《森林书》和《奥义书》等。"吠陀"典籍异常丰富、繁复,其形成经历了漫长的岁月和众多的阶段,始于公元前2000年代末,至公元前1000年代中。《梨俱吠陀》形成于公元前1000年代前,为印欧语诸民族最古老的典籍之一,溯源于印欧共同体时期的古老神话,反映了雅利安人进入印度以前之社会状况、自然环境和思想意识。《梨俱吠陀》有1028首诗歌,大部分诗歌为颂神之歌、祷词,旨在求得诸神的眷顾和恩赐。

《梨俱吠陀》以很大篇幅赞颂众神之王因陀罗。因陀罗被赋予创世的职能,创造天宇、太阳、朝霞,使太阳得以牢固(太阳被视为因陀罗之一目),驱赶太阳行于天宇;因陀罗为战斗之神,手执金刚杵、乘车作战。曾为争夺太阳,与恶魔弗栗多相搏,在太阳的帮助下,征服敌对者,使江河奔流不息,处于其制驭之下;因陀罗又是雨神和丰饶之神,

① 王聘珍:《大戴礼记解诂》,中华书局1983年版,第127页。
② 周渭卿点校:《世本》,齐鲁书社2010年版,第3页。
③ 《二十五史·史记》,上海古籍出版社1986年版,第203页。
④ 魏庆征编:《古代印度神话》,山西人民出版社1994年版,第2~3页。

可带来繁盛、长寿、富足、人畜两旺。因陀罗的神力与印欧语诸民族神话中的宙斯颇为相似。

《梨俱吠陀》记叙因陀罗为天神与地母所生，其孕育和降生，在两神相并而存之时，由其母胁部而生。并谓因陀罗生时，其母化为牝牛（Grsti），破其母胁而生（《梨俱吠陀》之四·一八·一）。落地即为一勇者（《梨俱吠陀》之三·五·一·八）。而能跳舞，天地为之震动（《梨俱吠陀》之四·一七·二）。① 丁山先生指出："因陀罗在拜火教视为恶神，在印度则以为雷霆之神。雷霆之威，发自云端，破胁而生，即象征雷霆破云而发声光之状，此胁生故事所由来也。"②

印度"成书于佛教成立之后"的另一典籍《长阿含·大本经》记载了又一个"胁生"故事：

> 佛告诸比丘，毗婆尸菩萨（Ui-passin）从兜率天，降神母胎，从右胁入，正念不乱，当于尔时，地为震动。当其生时，从右胁出，地为震动。
>
> 毗婆尸菩萨，当其生时，从右胁出，专念不乱。从右胁出，堕地行七步，无人扶持。③

印度毗婆尸菩萨胁生故事，与楚祖季连和妣隗胁生的故事，极其相似。

丁山先生发表评论，认为"《长阿含经》初由云雷神话而人格化之为毗婆尸菩萨胁生，楚人继演而为昆吾、季连亦胁生"。"《梨俱吠陀》但言因陀罗破胁而生，未尝别左右也。《长阿含经》因印度习惯左上右下，故谓毗婆尸生于右胁，右胁，犹言下胁矣。楚人尚左，故《帝系》变言'女隤氏启左胁，产六子'"，"吾敢谓吴雷（回）胁生，必因陀罗胁生神话传说之变相；此荆楚传说胁生故事，可溯源于印度者也"。④ 丁山先生的看法很有道理。楚国的"胁生"神话，有可能源于印度。

三、中国"胁生"神话与《旧约·创世记》

《天问》《楚居》以及后代学者关于"胁生"的记载，涉及中国历史不少著名人物，是中华民族在艰难困苦中顽强繁衍生息的写照。除印度有类似神话外，有趣的是，在犹太族同样有"胁生"的神话。

犹太民族作为人类社会大家庭中最优秀的成员之一，时至今日，对人类文明发展所作出的巨大贡献，早已得到世界的广泛认可和尊崇。众所周知，历史上以犹太人为主体所创造出的希伯来宗教文化同古代希腊文化一起，成为塑造现代西方文明最重要的两大源泉。将中国的神话同希伯来宗教文化的代表《旧约·创世记》联系起来阅读，看中外历史的若干共性之处，无疑是有益的。

---

① 详高译：《印度哲学宗教史》，丁山：《古代神话与民族》，商务印书馆2005年版，第347页。
② 丁山：《古代神话与民族》，商务印书馆2005年版，第348页。
③ 丁山：《古代神话与民族》，商务印书馆2005年版，第348页。
④ 丁山：《古代神话与民族》，商务印书馆2005年版，第348页。

《旧约·创世记》第二章：

> 上主天主说："人单独不好，我要给他造个与他相称的助手。"……上主天主遂使人熟睡，当他睡着了，就取出了他的一条肋骨，再用肉补满原处。然后上主天主就用那由人取来的肋骨，形成了一个女人，引她到人前。人遂说："这才真是我的亲骨肉，她应称为'女人'，因为是由男人取出的。"为此人应离开自己的父母，依附自己的妻子，二人成为一体。当时男女二人都赤身露体，并不害羞。①

《旧约·创世记》第三章：

> 亚当给自己的妻子起名叫厄娃（夏娃）。②

夏娃由丈夫的肋骨造成，这实际上是西方特色的"胁生"神话。中国文化特点是讲究父子相传，西方文化特点是注重夫妻相处。同样是男性生子神话，中国有鲧剖腹而生大禹，随后出现的是父子关系，西方有亚当以肋骨造夏娃，随后出现的是夫妻关系。但一个人的出生，无论男女，都可能"胁生"，严重难产还必须取下肋骨，古今中外，似为通例。《旧约·创世记》所述的神话是希伯来民族历史的写照，其亚当肋骨变夏娃的故事，与《天问》中启之母化石生子的故事同样神秘而原始。从中，不难看出中西文化的某些共同之处。

苏雪林在《天问正简》中认为屈原的《天问》与《旧约·创世记》之间，有着密切的关系：

> 《天问》关于《旧约·创世记》引用得最为完全。
>
> 《旧约·创世记》仅言上帝用土造亚当为人类之元祖，没有为帝之说。但世界第一人类，照例要为人王。中国伏羲、颛顼；西亚旦缪子；埃及奥赛里士；印度阎摩摩纽；希腊凯克洛甫士等皆然。则《旧约·创世记》的亚当传到中国，自然要被立为帝了。
>
> 一般旧注家对"女娲有体，孰制匠之?"二语都说。女娲人首蛇身，一日七十变化，其身体甚为怪异，故屈原有此疑问。但《创世记》里的夏娃不过是个普通女人，并无异象，亦不擅变化，《天问》现在所论者是《创世记》的夏娃，不是神话里的女娲，当然不及人首蛇身，七十变化之事。笔者认为此二语实指夏娃乃丈夫肋骨所造而言，回教《古兰经》亦言阿丹妻好娃乃其夫肋骨所造。屈原不过以疑问式的句法，说出这一事实而已。他问："女娲的身体是怎样制造的?"自己俨然在那里回答道："不是听说是从她丈夫肋骨造成吗?"③

---

① 香港思高圣经学会释译本《圣经》，1992 年，第 17 页。
② 香港思高圣经学会释译本《圣经》，1992 年，第 17 页。
③ 苏雪林：《天问正简》，武汉大学出版社 2007 年版，第 135~140 页。

苏雪林将《天问》与《旧约·创世记》从不同角度紧密联系起来，非常深刻，给人以莫大启迪。她把中国、西亚、埃及、印度、希腊历史上具有人王地位的人，与《旧约·创世记》中的亚当进行类比，认为亚当在屈原心目中的地位一定会非常高。她还进一步将中国的女娲和《创世记》中的夏娃进行类比，认为女娲尽管自身本事很大，实际上还是相当于夏娃，也是由丈夫的肋骨变成的，中外的创世神话实质上是一样的。

四、由"胁生"到"不死"、"宾于天"

中国的"胁生"神话，通常的结果是死而复生，母子平安。继而再演变成"不死"神话。《天问》里的启之母，是变成开裂的石头，散落一地，儿子出生的代价是母亲惨死，不合常理，故屈原认为残忍，进行质问。这也是其他文献记著名人物多为"胁生"的原因。《清华简·楚居》中妣隶（列）先是"宾于天"，似乎是死了。但下文接着说"巫并赅其胁以楚"，巫并用称为"楚"的荆条，"赅其胁"，即捆住肋骨，妣隶（列）由于巫并的妙手回春重新复活了。于是，"胁生"的结果是有惊无险，母亲死而复生，母子均平安。

死而复生，是《楚居》中精彩的一笔。在《天问》中，屈原问过类似的问题：

化为黄熊，巫何活焉？[1]

屈原质问，为何鲧被杀后，死而复活，变成黄熊，巫是怎样使鲧死而复活的？

鲧的死而复活，与《楚居》中的妣隶（列）死而复生，异曲同工。这种死而复生的现象，在《山海经》《淮南子》中亦有记载：

《山海经·大荒西经》：有鱼偏枯，名曰鱼妇。颛顼死即复苏。风道北来，天乃大水泉，蛇乃化为鱼，是为鱼妇，颛顼死即复苏。[2]
《淮南子·地形训》：后稷垄在建木西，其人死、复苏其半。[3]

由死而复生，很容易导致追求不死。《天问》中数处涉及有"不死"的传说：

延年不死，寿何所指？
何所不死，长人何守？[4]

屈原对"不死"发出疑问，证实先民确有"不死"之观念。

在《山海经》中，"不死"记载所在多有：

① 屈原：《天问》，洪兴祖：《楚辞补注》，中华书局 1983 年版，第 100 页。
② 《山海经校注》，上海古籍出版社 1980 年版，第 416 页。
③ 陈广忠：《淮南子译注》，吉林文史出版社 1990 年版，第 206 页。
④ 屈原：《天问》，洪兴祖：《楚辞补注》，中华书局 1983 年版，第 205 页。

《山海经·海内西经》：开明东有巫彭、巫抵、巫阳、巫履、巫凡、巫相，夹窫窳之尸，皆操不死之药以距之。

《山海经·海内经》：流沙之东，黑水之间，有山名曰不死之山。

《山海经·大荒南经》：有不死之国，阿姓，甘水是食。

《山海经·海外南经》：不死之民，在交胫国东，其人黑色，寿不死。

《山海经·大荒西经》：大荒之中，有山名曰大荒之山，日月所入，有人焉，三面，是颛顼之子。三面一臂。三面之人不死。

《山海经·海内西经》：昆仑渊深三百仞，开明兽身大类虎而九首，皆人面，东向立昆仑上……开明北有视肉、珠树、文玉树、玗琪树、不死树。①

归纳古书所载不死者还有：龙伯氏、阿姓国、三面人、毗骞王、无臂、三蛮、白民、祁沦、频斯、轩辕、驩兜、移池诸国。

中国的"不死"传说，与《旧约·创世记》第二章中的"生命树"遥相呼应：

上主天主在伊甸东部种植了一个乐园，就将他形成的人安置在里面。上主天主使地面生出好看好吃的果树；生命树和知善恶树在乐园中央。有一条河由伊甸流出灌溉乐园……上主天主将人安置在伊甸的乐园，叫他耕种，看守乐园。②

中国《山海经·海内西经》中的"不死树"，在《旧约·创世记》中就是"生命树"。这是比"知善恶树"更重要的一种树。

《创世记》中的不死树要人看守，证明西方也有追求不死的观念。

《旧约·创世记》第三章记载上帝见亚当夫妻吃了智慧果能区别善恶，唯恐不停地吃下去会长生不死，乃将两人赶出乐园：

上主天主为亚当和他的妻子做了件皮衣，给他们穿上，然后上主天主说："看，人已相似我们中的一个，知道了善恶；如今不要让他伸手再摘取生命树上的果子，吃了活到永远。"上主天主遂把他赶出伊甸乐园，叫他耕种他所由出的土地。天主将亚当逐出了以后，就在伊甸乐园的东面，派了"革鲁宾"和刀光四射的火剑，防守到生命树去的路。③

上帝命令革鲁宾把守在园的东边，并将一把能发光焰的剑，防守住通向生命树的道路。革鲁宾有四翅或六翅，西亚石刻尚刻带翅天神守神异之果树。我国汉代画像砖武梁祠石刻也有带翅天神守果树图，这些，当与《旧约·创世记》有关。故屈原问："何所不死，长人

---

① 袁珂：《山海经校注》，上海古籍出版社 1980 年版，第 298~299 页。

② 香港思高圣经学会释译本《圣经》，1992 年，第 16 页。

③ 香港思高圣经学会释译本《圣经》，1992 年，第 17 页。

何守?"明白无误地是针对《创世记》把守伊甸园发问的。由此,苏雪林指出:"古人想象中之天使身体每甚长大,屈原《天问》当系根据外国传入之图画而作,画中革鲁宾殆甚欣长,故屈原呼为'长人'。"①

《天问》中有"启棘宾商",《清华简·楚居》有"妣隘宾于天",其中的"宾"或"宾于天",耐人寻味。

"宾于天"的含义之一:灵魂升天。

《天问》中的"启棘宾商",宋洪兴祖《楚辞补注》解释:"棘,陈也。宾,列也。"②仍觉过于简略,有些费解。《山海经·大荒西经》有夏启献嫔于天的神话,可帮助理解:

> 西南海之外,赤水之南,流沙之西,有人珥两青蛇,乘两龙,名日夏后开(启)。开(启)上三嫔于天,得《九辩》与《九歌》以下。此天穆之野,高二千仞,开(启)焉得始歌《九招》。③

启的母亲化为石头死了,为超度死者,启举行了祭奠仪式。仪式必须有礼乐,启握蛇乘龙上天,在二千仞高的天上求得名曲《九辩》和《九歌》,在祭奠仪式上使用。由此可见,祭奠仪式极其隆重。

《清华简·楚居》说"妣隘(列)宾于天",也应该理解为穴酓见妻子已"溃",肚皮已经裂开,急得团团转。他唯一能够做的,只能是祷告上天保佑,在判断妣隘(列)已死之后,又举行祭奠仪式,祈求妣隘(列)灵魂不死。正在此时,戏剧性的一幕发生了,有当地土著巫并出现,用荆条包扎伤口,救下母子。穴酓一方面感谢巫并,另一方面更觉得是举行的祭奠仪式起了作用。可见,《楚居》的"宾于天",同"启棘宾商"一样,实际是为死者举行的祈求灵魂不死的仪式。

"宾于天"的含义之二:巫的作用不可或缺。

在原始巫术观念支配下的神话传说里,巫不仅能陟降天庭,沟通神灵,而且有神奇的医术,能使人起死回生。《楚居》中之巫并,即上引《山海经》之"巫彭、巫抵"之类,《天问》之"巫何活焉"之"巫"。《楚居》中的巫并,神通广大,既是通天的使者,又能动手术,"赇其胁以楚",实在不简单。丽季在妣隘(列)的肋骨间出生,已是十分神奇之事,巫并在举行仪式的过程中,一面行使巫术,一面用荆条"赇其胁",捆住伤者胸部,使母子复活,更是神奇之至。芈族从此称自己为"楚人",其间隐含了深厚的宗教文化意义。

由屈原的《天问》到《清华简·楚居》,"胁生"、"不死"、"宾于天"一脉相承,充分体现了人类早年灵魂不死的宗教观念。

----

① 苏雪林:《天问正简》,武汉大学出版社 2007 年版,第 142 页。

② 洪兴祖:《楚辞补注》,中华书局 1983 年版,第 98 页。

③ 袁珂按:开即启也。汉人避景帝(刘启)讳改,见《山海经校注》,上海古籍出版社 1980 年版,第 414 页。

五、由母到父的"胁生"神话体现的时代进步

在印度和中国的"胁生"神话中，生育子女的，都是母亲。印度神话中，地母化作牛，胁间生出大神因陀罗。毗婆尸菩萨亦由母亲胁间生出。中国神话中，女隤胁生楚祖季连，姁娥胁生熊丽，生育者全为女性母亲。而在《旧约·创世记》中，丈夫亚当取肋骨造就女性夏娃，生育者却为男性父亲。中国还有一则神话，大禹也是从父亲鲧的腹中生出。

父亲生子神话，咋一听令人不可思议。其实，这种怪诞神话的背后，隐藏着人类社会由母权制社会向父权制社会发展的巨大进步。

从母权制到父权制，是"人类所经过的最激进的革命之一"，"母权制的被推翻，乃是女性的具有世界历史意义的失败"。① 此后，人类社会形态、风俗习惯等，都发生了重大变化。

生育问题是原始社会的头等大事。人类自身的生产是决定社会存在和发展的主要因素。恩格斯在《〈家庭、私有制和国家的起源〉第一版序言》中指出："一定历史时代和一定地区内的人们生活于其下的社会制度，受着两种生产的制约：一方面受劳动的发展阶段的制约，另一方面受家庭的发展阶段的制约。劳动愈不发展，劳动产品的数量、从而社会的财富愈受限制，社会制度就愈在较大程度上受血族关系的支配。"② 恩格斯的话表明，在原始氏族社会，由于生产力水平低下，其所依存的重心在于人类自身的生产，即所谓"受血族关系的支配"。所以，生育权问题就成了氏族社会中族权、世系等一系列问题的基础。"哪个在生育胤裔方面起作用，哪个就对被视为头等大事的种嗣繁衍上作出贡献，他就应该理所当然地掌权。"③

在母系社会，人们只知其母，不知其父。不了解男女交合而怀孕产子的秘密，认为生儿育女只是妇女们特有的功能，母亲们便被视作神物而地位显赫，男子则处于辅助服从的地位。后来，妇女生育的秘密大白于天下，于是，在东方，为了母权制的长治久安，为了维护其生育的神圣功能，她们便创造了"图腾感生"的神话，宣扬其之所以能生育，并不是男女交合所致，而是由于氏族图腾神相感应的缘故。这在当时实在是一个巧妙的骗局。这一方面可以借助本氏族的图腾神以庄重妇女的地位，另一方面又可排除男子参与生育这一事实。而在男方，为了争夺生育权，不仅要否定怀孕是妇女的功能，而且要证明分娩养育孩子是男人的事。于是，在人类社会发展史上，在"图腾感生说"差不多同时或稍后，出现了一种在文明人看来极为可笑的现象——产翁制习俗。

《中国风俗词典》"产翁作褥"条：

> 产翁坐褥，亦称"男子坐褥"。妻子生产后由丈夫上床坐褥。产翁坐褥为古代

---

① 恩格斯：《家庭、私有制和国家的起源》，《马克思恩格斯选集》第4卷，人民出版社1972年版，第52页。

② 恩格斯：《家庭、私有制和国家的起源》，《马克思恩格斯选集》第4卷，人民出版社1972年版，第2页。

③ 龚维英：《原始崇拜纲要》，中国民间文艺出版社1989年版，第2页。

越、僚、傣、苗、仡佬等族的一种生育风俗，流行于我国南部、西南部地区。起源甚早，始于父权制确立之际。其形式为妻子分娩后，由丈夫按产妇模样穿戴上床坐褥，接受饮食等方面的特殊照顾，不事生产劳动，足不出户地在产房居住一个月才能出门；而产妇却像平时一样照样下地耕作劳动，服侍产翁（丈夫），喂养乳婴。①

"产翁制"习俗，是世界各地在经历母系社会向父系社会过渡阶段所共有的现象。在中国，除了《天问》"伯鲧腹禹"和《山海经》中的"丈夫国"外，还有很多例证。《太平广记》卷四八三引《南楚新闻》："南方有僚（仡仡）妇，生子便起，其夫卧床褥，饮食皆如乳妇。……越俗，其妻或诞子，经三日，便澡身于溪河。返，具糜以饷婿。婿拥衾抱雏，坐于寝榻，称为'产翁。'"又李宗昉《黔记》："郎慈苗，在威宁州属，其俗更异。女人产子，必夫守房，不逾门户，弥月乃出。产妇则出入耕作，措饮食以供夫乳儿外，日无暇刻。"另外，宋范成大《桂海虞衡志》、周去非《岭外代答》等书，谈到僚人风俗时，也有同样记载。宋元以后，云南傣族和贵州仡佬族仍行此俗。这些，当是远古产翁习俗的遗存。《旧约·创世记》中丈夫亚当用自己的肋骨造出女人，同样是远古产翁习俗的曲折表现。

"产翁"习俗，直接冲击了妇女生育的权威，连带发生一系列连锁反应，其中最主要是影响了子女的世系归属。正如恩格斯所说："在共产制家庭经济中，全体或大多数妇女都属于同一氏族，而男子则属于不同的氏族。"②这在中国的传说时代体现得尤为明显。

《国语·晋语四》载：

> 黄帝之子二十五人，其同姓者二人而已。唯青阳与夷鼓皆为己姓。青阳，方雷氏之甥也。夷鼓，彤鱼氏之甥也。其同生而异姓者，四母之子别为十二姓。凡黄帝之子二十五宗，其得姓者十四人为十二姓：姬、酉、祁、己、滕、箴、任、荀、僖、姞、儇、依是也。③

又据《国语·郑语》：

> 祝融亦能昭显天地之光明，以生柔嘉材者也，其后八姓，于周未有侯伯。佐制物于前代者，昆吾为夏伯矣，大彭、豕韦为商伯矣。当周未有。己姓昆吾、苏、顾、温、董，董姓鬷夷、豢龙，则夏灭之矣。彭姓彭祖、豕韦、诸稽，则商灭之矣。秃姓舟人，则周灭之矣。妘姓邬、邻、路、偪阳，曹姓邹、莒，皆为采卫，或在王室，或在夷、狄，莫之数也。而又无令闻，必不兴矣。斟姓无后。融之兴者，其在芈姓乎？④

---

① 《中国风俗词典》，上海辞书出版社 1990 年版，第 210 页。

② 恩格斯：《家庭、私有制和国家的起源》，《马克思恩格斯选集》第 4 卷，人民出版社 1972 年版，第 44 页。

③ 《国语》，上海古籍出版社 1978 年版，第 356 页。

④ 《国语》，上海古籍出版社 1978 年版，第 511 页。

《国语·郑语》分别记载了黄帝的儿子们有十二姓，祝融众多的儿子有八个姓，出现这么多的姓，是因为他们的儿子不能留在本氏族内随从父姓，而必须嫁到别的氏族，去跟从尚在别的氏族母亲的姓。这一习俗在母系社会一概如此。所以尧舜时代虽已处于母系社会的晚期，但亦仍从母姓。《史记·五帝本纪》索隐引皇甫谧云："尧初生时，其母在三阿之南，寄于伊长儒之家，故从母所居为姓也。""舜母生舜于姚墟，因姓姚氏。"这说明除了子从母姓外，还说明姓与出生地点有关系。

《旧约·创世记》中亚当肋骨成夏娃和中国鲧腹生禹的神话，就是男性父亲夺取生育权的体现，为建立父权制跨出了关键的一步，使世系逐渐由母系转为父系。

屈原在《天问》发出这样的疑问：

> 禹之力献功，降省下四方。焉得彼涂山女，而通之于台桑？闵妃匹合，厥身是继。胡为嗜不同味，而快鼌饱？①

意思是禹向天帝献功，取得了神意庇佑，然后下降民间寻找配偶，为什么他要在象征其本姓的姒（台）桑之地与涂山氏匹合，又为什么禹的爱好与众不同，他不像一般人那样无厌足地贪图男女之欢，而仅仅满足于一时的快乐呢？

屈原此问，很有玄机。原来大禹选择姒桑之地与涂山氏通婚，所考虑的并非贪图一时的情欲，而是为了使父族后继有人。屈原在这里是指出：禹为了儿子继承自己的姒姓，特意选择在象征其本姓的姒（台）桑之地与妻子发生关系，以便使儿子可以以出生地为姓，而随父亲姓姒。闻一多一针见血地指出：台桑，"男女野合之所也，台即古'邰'字，台桑当即邰桑，然古字'台'与'以'同，是台（邰）姒宜亦同字，盖以为地名则作台（邰），以为姓则作姒耳。禹姒姓，台桑盖又即姒桑"②。

《旧约·创世记》中的亚当，以自己的肋骨造就了夏娃，夏娃就必须从属于亚当，于是，亚当夏娃的所有后代，都属于父系社会，这比起只知有母的母系社会，当然是人类社会的进步。

（作者单位：北京交通大学语言与传播学院、武汉文史馆）

---

① 洪兴祖：《楚辞补注》，中华书局1983年版，第97页。
② 闻一多：《天问疏证》，三联书店1980年版，第47页。

流动中的病方：战国秦汉时期病方的流传与命名

□ 杨 勇

近几十年来，出土了大量有关战国秦汉时期的方技类文献，其中有不少病方。过去对这些病方的研究，多集中在字词考释与相关药物的研究上，极少注意到病方的来源、流传、命名及其内在联系。本文拟以出土文献与传世文献为基础，从战国秦汉时期病方的流动性以及国家医政的角度出发，梳理病方流传的方式和脉络，辨析相关病方名称与性质，进而揭示病方之间的内在联系，错漏之处，敬请指正。

一、禁方与民间传抄

战国秦汉时期，方技、术数大多以秘密的方式进行传授，由此而渐渐形成了禁方的传统。《史记·扁鹊仓公列传》载，长桑君传授扁鹊方书时说："我有禁方，年老，欲传与公，公毋泄。"扁鹊敬诺，长桑君授其药后，"乃悉取其禁方书尽与扁鹊"。仓公淳于意也自称从公乘阳庆处获得"禁方"。今本《史记》所收之三家《注》，并未对"禁方"之意提出解释。20世纪以来，有一些学者陆续对禁方进行了探讨。从目前所能见到的材料来看，最早对禁方进行探讨的当属清人徐大椿。他在《医学源流论·禁方论》中提出，禁方有两种，一种出自"隐士、仙、佛、鬼神"等奇人，神秘难测，遇之也难；另一种为奇巧之方，必须虔敬对待，毋得犯禁。① 因此徐氏认为，禁方有奇、秘、难得、禁忌等特点，其传承较为神秘，人必须虔诚敬慎之，否则将失去效验。徐氏注意从方书传承的角度来讨论禁方，但没有注重禁方语义的历史变迁，也有将禁方神秘化之嫌。陈邦贤认为"以咒术禁止，叫做禁方，又称越方"②。李建民曾就这一说法提出质疑，认为将禁方等同于"越方"不妥，"以咒术禁止"的内容太模糊。③ 陈直、杨士孝则认为禁方即秘方，

---

① 徐大椿：《医学源流论》卷上《禁方论》，曹炳章等编：《中国医学大成》第45本，上海科学技术出版社1990年版，第34~35页。

② 陈邦贤：《中国医学史》，团结出版社2006年版，第22页。

③ 李建民：《中国古代"禁方"考论》，《生命史学：从医疗看中国历史》，台湾三民书局2005年版，第158页。

但秘方具体何指，其并未明言。① 李建民则从医方传授的角度指出，禁方或为验方。同时他也认为，禁方之禁，与战国秦汉时期医术传承中的神秘仪式有关。其论述忽略了禁方作为一个特定的术语所具有的含义。② 但上述意见均注重从医方传授的角度来解释禁方的内涵是值得充分肯定的。

虽然传世文献中没有关于禁方的确切含义，但出土文献则为讨论禁方的内容、性质、命名、书写形态、传承方式等提供极为珍贵的材料。近几十年出土的战国秦汉时期的医学文献中，有部分病方上书有"禁"、"不禁"、"禁不传"等文字，③ 这些病方每每言及病方的内容、使用效验、是否外传等问题。从内容来看这些病方均指向医者授受过程中的禁方。

东汉武威医简中，有 10 个病方与禁方相关。这些病方，多在注明该病方的疗效时，明确禁止病方外传。如书于简 52 与简 53 上的"治金疮止痛方"，末尾有"良甚，勿传也"之语；书于简 62~67 上的"治千金膏药方"中反复出现"良，勿传也"，"此方禁"，"此膏药大良，勿得传"等文字；书于 82 号木牍背面的"建威耿将军方"在末尾也明确书有"良，禁，千金不传也"等文字。从前后文义看，此处的禁，非指禁忌，而是禁止外传之意。

其中书于简 55 与简 56 上的病方，值得专门讨论。该病方云：

> 治□□□□□溃，医不能治，禁方其不愈（愈）者：半夏、白敛、勺药、细辛、（简 55）乌喙……凡九物，皆并治合，其分各等，合和。（简 56）④

该病方的开头部分整理者作"治□□□□□溃医不能治禁方其不愈（愈）者"，没有加以标点；山田庆儿、张延昌均断句为"治□□□□□溃医不能治禁方：其不愈（愈）者"，⑤ 这样断句可能是考虑到了病方常以"治某方"为开头的缘故，但这样断句于文义并不通顺，"医不能治禁方"与后文"其不愈者"之间如用冒号断开于文义则殊难理解。按照病方的书写习惯，病方开头部分当为病方之名，但此方较为特殊，在开头并没有说病方名，而是说患者患有某病，已经溃烂（甚或脓出），众医束手，禁方也无疗效的情况下，接下来应该用什么药方治疗的问题。所以，该病方的开头部分应该断句为"治□□□□□溃，医不能治，禁方其不愈（愈）者"，实际上是在讲，当上述三种情况发

---

① 陈直：《武威旱滩坡汉墓出土医药方汇考》，《文史考古论丛》，天津古籍出版社 1988 年版，第 320 页。杨士孝：《二十六史医家传记新注》，辽宁大学出版社 1986 年版，第 2 页。

② 李建民在文末附有廖育群的评论，廖育群也认为，禁方是一个具有特定内涵的术语，不能仅仅着眼于从"禁"的角度去分析。他认为禁方可能指正统、正宗之医学。见李建民：《中国古代"禁方"考论》，《生命史学：从医疗看中国历史》，台湾三民书局 2005 年版，第 149~195 页。

③ 禁还有禁忌之意。李建民已经正确地指出，有些含有"禁"、"不禁"字样的病方，讲的是服药宜忌，与本文所论之禁方无关。这在出土病方中颇为常见。可看李建民：《中国古代"禁方"考论》，《生命史学：从医疗看中国历史》，台湾三民书局 2005 年版，第 158 页。

④ 甘肃省博物馆等编：《武威汉代医简》，文物出版社 1975 年版，第 9 页。

⑤ 山田庆儿主编：《新发现中国科学史资料的研究·译注篇》，京都大学人文科学研究所，1985 年，第 383 页。张延昌等：《武威汉代医简注解》，中医古籍出版社 2006 年版，第 125 页。

生的时候，可以用后面所记载的药方进行治疗。需要注意的是，该病方特别提到了"禁方"一词，这是出土文献中首次明确提到禁方的例子。故而，禁方作为一种特定类型的病方，在战国秦汉时期是实际存在而且流传着的。

结合简文内容来看，这些标有"禁"、"不传"等文字的病方即是传世文献中所指之禁方。通过对出土文献的观察，我们知道这样的病方数量很少，他们只占当时病方中很小的比例。这些病方之所以"不传"或"禁"，首先就在于这些病方良好的治疗效果。病方要成为禁方，首先必须是验方，出于对验方的保护，而不轻易示人，才是禁方之"禁"的真实含义。所以对这类病方，慎授乃至密授都是合乎情理之事。

再回过头来检视《史记·扁鹊仓公列传》中的禁方，我们发现仓公所受之禁方也是验方。在阳庆传授禁方之前，仓公本身亦有不少药方，但这些医方多不验。接受禁方后，他在实践的过程中对禁方进行了检验，其结果是"验之，有验"，"有验，精良"。[1] 通过仓公的实践我们得知，那些被称为禁方的病方首先是有效的，亦即验方。所以构成禁方的两大要素是十分明确的：其一，须为验方；其二，禁不外传。合而言之，禁不外传之验方即为禁方，这类病方当然只能在关系极为亲近的两人之间私下授受，与传授过程中的秘仪与口诀并无关系。[2]

病方在传授过程中所形成的禁方传统始于何时，已无从稽考。而禁方何时通过其书写形态来表明其自身的身份，却有迹可循。在扁鹊、仓公从长桑君、阳庆处获得禁方时，禁方之名可能并未通过书写形态予以体现，而是通过师父之口，告诉弟子他所传授的这些病方就是禁方。在书写形态中，通过加入病方的疗效与禁止外传的文字，以表明禁方的文本身份，可能源自病方的传抄习惯。

2012年成都老官山汉墓出土了大批医药简牍，新近公布的发掘简报披露了其梗概及少量释文，其中一个病方与禁方有关。

> 五十七。治血暴发者：屑土瓜二枚，蒙菌、圭（桂）各一，取一篇，温美酒半升。莫（暮）勿食，旦饮之，日一，五日已。禁。[3]

根据发掘简报，该方属于《六十病方》之一，编号为五十七。在该方末尾，书有"禁"字，从文义上看，并不属于服药禁忌，而应属于"勿传"之意。但该病方并没有指出其实际效用，可能是受书写时的文例所限，对于病方的拥有或使用者而言，他应当十分清楚某方的效验，对于验方则书以"禁"、"不传"等，非验方则不书。实际上，武威医简中，部分书有"禁"、"不传"的病方，也并没有同时书有"验"、"良"等描述性病方实际效用的文字。因此，对于禁方而言，在书写形态上，并不要求一定注出该病方的实际效用，

---

① 司马迁：《史记》卷105《扁鹊仓公列传第四十五》。

② 李建民也注意到了武威汉简中与禁方有关的十个病方，但他认为这些有"禁"或"不传"的病方性质优于他方的关键原因在于传授仪式以及"冶合"过程中的师授口诀。见李建民：《中国古代"禁方"考论》，《生命史学：从医疗看中国历史》，台湾三民书局2005年版，第174~178页。

③ 成都文物考古研究所、荆州文物保护中心：《成都市回天镇老官山汉墓》，《考古》2014年第7期，第64页。

但"禁"、"不传"等警示性文字则是必不可少的。质言之，禁方已经暗含了该病方是有效验的，在书写形态上可以不必表现出来。这是目前所能见到的最早从书写形态上注明该病方属于禁方的实例。

在马王堆汉墓医书《天下至道谈》篇之前，尚有 11 支简，简文所涉及的内容皆与巫术相关，整理者将之命名为《杂禁方》。① 在后世医书中，与之类似的文献的确被冠以"禁"之名称。如孙思邈《千金翼方》载有《禁经》二十二篇，② 涉及用禁咒术疗病，多与巫术有关。整理者以之命名，或许是受后世医籍的启发。很显然，这类巫术文献到唐代已经被视为禁术或禁法，这涉及"禁"含义的变迁。③ 上文已经指出，战国秦汉时期的禁方有着特定的内涵与适用范围。用《杂禁方》来指称这些巫术类文献，似有未当。还需要说明的是，在出土材料中，尚有大量类似的巫术文献，这些文献在出土时往往与其他文献相伴生，情况比较复杂，但都可归入"禁术"之列。孙思邈在辑录《禁经》时说：

> ……此书也，人间皆有，而其文零叠，不成卷轴。纵然令有者，不过三章两章。既不专精，探其至绩，终为难备。……不有所辑，恐将零落。④

足见在唐代，禁术类文献仍在民间广泛传播，呈现出零散和重复性的特点，孙思邈只是将之搜集、整理、分类，纂成卷轴而已。其以《禁经》命名，单列全书之中，已经将之作为一类独立的文献加以处理。令人惊奇的是，孙思邈所述的这种文献的流传特点亦能与战国秦汉出土文献中这类文献的分布特点相吻合。秦汉时期这类文献，尽管较为零散，而又常与其他文献相伴生而出土，也可归入"禁术"一类，单独加以处理。

除了师徒授受外，个人间的私相传抄也是战国秦汉时期病方流动的重要形式。东汉的王充曾注意到了病方在民间被广泛传抄的现象。《论衡》有云：

> 今方板（技）之书，在竹帛，无主名所从生出，见者忽然，不卸（御）服也。如题曰"甲甲某子之方"，若言"已验尝试"，人争刻写，以为珍秘。⑤

在王充所生活的时代，他仍然能看到大量无主名的药方在坊间流传，但是时人对这些药方的效能并不清楚，不敢贸然服用。而对那些有明确方题，或者书有药方效能的病方，则趋之若鹜，争相刻写，视若珍宝，甚至秘不示人。⑥ 王充所描述的这一现象，也能在出土材料中找到相应的证据。出土病方中，也有部分病方还保存有作方者的名字，如北大汉简医

---

① 马王堆汉墓帛书整理小组编：《马王堆汉墓帛书（肆）》，文物出版社 1985 年版，第 159 页。

② 孙思邈撰，鲁兆麟等点校：《千金翼方》，辽宁科学技术出版社 1997 年版，第 285~303 页。

③ 李建民已经对禁在隋唐时期含义的变迁作了很好的研究。

④ 孙思邈撰，鲁兆麟等点校：《千金翼方》卷 29《禁经上》，辽宁科学技术出版社 1997 年版，第 285 页。

⑤ 王充撰，黄晖校释：《论衡校释》卷 20《须颂第六十》，中华书局 1990 年版，第 855~856 页。

⑥ 李建民认为，这种带有方题的病方，是一种诈伪之术。笔者以为，这种可能性当然不能排除。但这种诈伪之术，能增强人们对病方效验的信心，有利于病方的流动。见李建民：《中国古代"禁方"考纪》，《生命史学：从医疗看中国历史》，台湾三民书局 2005 年版，第 174~178 页。

方中，编号为 2780 的简，末尾书有"秦氏方"三字，整理者还指出，在这部分医药简中还存有"泠游方"、"翁壹方"等方题；① 在武威汉简医方中，编号为 83 的木牍末尾也书有"公孙君方"四字。② 这些可能就是战国秦汉时期的名医留下来的验方，他们以不同的方式被后人传抄、收藏或者辑录。像这种带有方题的病方，在出土病方中显然只是一少部分，他们得以被后人记录下来，是十分难得的。这种私人间的公开传抄、刻写是在师徒秘传之外，病方在民间传播的另一种重要方式。

二、经方与"王官之一守"

《汉书·艺文志》云："方技者，皆生生之具，王官之一守也。"③ 医属方技，又为王官之一守，国家手中掌握着大量的病方。东周以降，随着周室衰微，王官之学下替民间，医术的授受也多在民间进行。但进入秦汉的大统一时代之后，国家仍能凭借其有效的医政体系汇聚并调配大量的医疗资源。

秦中央设太医令，以司医政。郡县一级，有无医官，于史无征。但根据出土材料，秦县级基层政权，当有医疗机构之设置。④ 新近公布的里耶秦简里有为数不少的病方，这些病方曾和秦迁陵县档案一同被丢弃。从《里耶秦简（壹）》公布的材料来看，病方主要集中在第八层。⑤ 有些病方前书有该病方的编号，如编号为 8-1057 号木牍上的病方前书有编号"九十八"。⑥ 这表明，里耶秦简病方不但数量庞大，而且经过系统的整理。马王堆《五十二病方》按病列方，或一病数方，就目前情况而论，里耶秦简病方也可能是采用了病名下列病方的抄写体例。更为难得的是，里耶秦简病方有些能与马王堆《五十二病方》对读。这批病方为迁陵县的医疗机构所有，也就是说，里耶秦简病方可能是以一种政府文书或档案形式而呈现出来的。那么，迁陵县政府的这些经过整理且数量庞大的病方从何而来呢？我们认为，这些病方应是通过秦朝医政系统下发下来的，而并非医者之私属。

如果上述结论只是一种推测的话，那么汉代则已有了政府通过医政体系下发病方到基层的可信记录。在居延汉简中记载有中央将病方下发到地方，供地方使用之实例。

> 永光四年闰月丙子朔，乙酉，大医令遂，丞褒，下少府中常方。⑦

简文记载的是西汉永光四年，政府通过中央的太医令、丞，将少府中部分病方下发到基层，供郡县使用的事情。此简出自汉之西北边陲，从简文来看，是对中央颁发病方之事的追述。这条材料中还有一点值得注意的是，这些病方是通过太医令、丞之手下发到地方

---

① 北京大学出土文献研究所：《北京大学藏西汉竹书概说》，《文物》2011 年第 6 期，第 49~55 页

② 甘肃省博物馆等编：《武威汉代医简》，文物出版社 1975 年版，第 14 页。

③ 班固：《汉书》卷 30《艺文志》，中华书局 1964 年版，第 1780 页。

④ 实际上，里耶秦简中有关于迁陵县医丞的简文，惜资料尚未公布，暂不能引用，殊为憾事。

⑤ 湖南省文物考古研究所：《里耶秦简（壹）》，文物出版社 2012 年版。

⑥ 陈伟：《里耶秦简校释（第一卷）》，武汉大学出版社 2012 年版，第 270 页。

⑦ 谢桂华、李均明、朱国炤：《居延汉简释文合校》，文物出版社 1987 年版，第 28 页。

的，而病方的归属者则是少府，说明少府有掌管皇家医方之责。① 据《汉书·百官公卿表》记载，汉代太常、少府下均设有太医令、丞。② 太医令、丞既是奉常的属官，同时又是少府的属官。沈钦韩认为这是班固的疏漏所致，他在《汉书疏证》中说："太医令、丞，太常已有之，疑此官先属太常，后属少府，班失刊正。"③ 显然，他认为太医令、丞是先后隶属于太常与少府。而安作璋、熊铁基《秦汉官制史稿》则认为"太常之太医，主治百官之病，少府之太医主治宫廷之病"④。实际上是认为太常与少府各有太医令、丞，但两者有着不同的执掌。从上引居延汉简这条材料来看，太医令遂和太医丞褒，似为少府之属官，其执掌也超越了专为宫廷治病之范畴，而肩负国家医政之责。

除了下发医方至基层，汉代政府还通过地方进献病方的形式，对优质的医疗资源进行调配。1972 年在甘肃武威出土了部分病方，共计 92 枚简牍。发掘简报根据墓室形状、随葬品及墓中所出钱币的特征，初步推测武威医简出土于东汉早期的墓葬，大约在光武或稍后的明、章帝时期，成书当在公元 1 世纪左右。⑤ 在武威汉代医简中，编号为 84 的木牍正面书有"白水侯所奏治男子有七疾方"；编号为 85 的木牍正面也书有"治东海、白水侯所奏方，治男子有七疾及七伤"的病方。⑥ 陈直认为，简文中"白"当为"中"字之误，中水侯即东汉初年之李忠，卒于建武二年。该方主治男子七疾，由中水侯李忠上奏给朝廷。85 号木牍中的"东海"当为东汉初之东海王刘疆，该病方是由东海王刘疆和中水侯李忠共同上奏给朝廷之病方。⑦ 此外，在 84 号木牍的背面，还载有"建威耿将军方"，⑧ 该方字迹模糊，仅有部分可识，从内容上看也属于治男子疾病之方。陈直指出此耿将军即为东汉初之建威将军耿弇，此方亦系耿弇上奏朝廷之物。⑨ 虽然我们无法确知将这些病方上奏朝廷者的真实身份，但地方向朝廷上奏病方确是不争之事实，与西汉时期郡国向朝廷献书如出一辙。这种献方行为，所涉地域颇广，应该不仅仅是某一地区地方政府的一种偶然行为，可能在东汉初有过全国范围内的献方活动，当然也不能排除这是一种国家医事制度的可能。

秦汉政府利用国家权力，实现了病方在纵向和横向上的流动，在国家层面进行了卓有成效的医疗资源的调配。从出土材料来看，当时应有相当大数量的病方被掌握在国家手中。这些在国家与地方手中的病方，在政府层面形成了其自身的流传统序与相应的指称。

---

① 以前我们只知道，皇家书籍藏于兰台，由兰台令史司其职，但其究竟由谁管辖并不清楚。从这条简文得之，当时的医书应由少府管理，其他类书籍可能也是如此。兰台令史当亦受少府节制。

② 班固：《汉书》卷 19《百官公卿表》，中华书局 1964 年版，第 726、731 页。

③ 沈钦韩：《汉书疏证》，上海古籍出版社 2006 年版，第 134 页。

④ 安作璋、熊铁基：《秦汉官制史稿》，齐鲁书社 2007 年版，第 184 页。

⑤ 甘肃省博物馆等：《武威旱滩坡汉墓发掘简报——出土大批医药简牍》，《文物》1973 年第 12期，第 21 页。

⑥ 甘肃省博物馆等编：《武威汉代医简》，文物出版社 1975 年版，第 14～15 页。

⑦ 陈直：《武威旱滩坡汉墓出土医药方汇考》，《文史考古论丛》，天津古籍出版社 1988 年版，第300～301 页。

⑧ 甘肃省博物馆等编：《武威汉代医简》，文物出版社 1975 年版，第 15 页。

⑨ 陈直：《武威旱滩坡汉墓出土医药方汇考》，《文史考古论丛》，天津古籍出版社 1988 年版，第300 页。

西汉永光四年通过太医令、丞所下之方出自少府,这些病方又被称为常方,何谓常方?从文义上看,常方可能是指少府所藏医方中常用或使用频率较高的医方,亦可能为少府常备之方,尚不能确定常方是否全为验方。从简文记述来看,这批少府之常方确实下发至居延地区。换而言之,居延汉简中当存有出自少府之医方,遗憾的是这些病方残缺厉害,又无明确标识,已无法确认其对应关系。常方又从何而来呢?我们知道,常方藏于少府,少府司理宫廷内务,也掌管着皇家典籍。少府所藏之病方,不外乎如下几种:其一,郡国进献;其二,宫廷内因病累积之病方,亦即宫廷之医案;其三,前朝遗留。这些病方与当时民间流传的病方当存在着重叠,尤其是郡国所进献以及朝廷所下发的那部分病方,与民间流传之病方的契合程度就更高。

西汉时期,政府将自身所掌握的病方进行了一次大的集结与整理。史载,西汉末年,在校订秘府书籍时,也由侍医李柱国对当时内府所藏之医书进行了校订。经他校订后,再由刘歆加以编纂。此次校订整理后的这批病方被冠以经方之名,《汉书·艺文志》载有经方十一家。传世医书中并没有关于经方的明确记载,所以《汉书·艺文志》中经方的内涵,一直未有定论。如廖育群、李建民认为,经方即是经验之方。① 张舜徽认为经方为常用之验方,《汉志》中所记载的十一家经方大抵为古昔名医裒集各种验方而成。② 李零认为,古代的"方"往往与"经"相附,经方即为附经之方。③《汉书·艺文志》只说刘向校订秘府之书时,由侍医李柱国校订医籍,亦即这些医籍早已藏于秘府,至于秘府中的这些医籍从何而来,史无明文。经方与常方皆出自少府,而永光四年朝廷下常方到郡县,是在李柱国整理医方之前。我们认为,西汉末年的这次校订病方,常方当然应该被包括在内,这里的常方可能即是后来经方的一部分。当然,常方并不能完全等同于经方,但两者之间有交叉和重叠的部分,是完全可能的。简而言之,永光四年朝廷所下之方当有部分医方本是属于后来之经方。至于经方是不是有效验之方,则无明确证据。经方之名是西汉校订医书后的产物,其名称当来源于刘歆或李柱国。此次校订医书之后,首次出现了医经与经方之名,虽然李零认为经方为附经之方,但李建民已经指出经方在方技之学是独立的一支,且数量庞大,不太可能是附医经之方。④ 不过医经与经方应是两个相关的概念,在《汉志》之前,医学典籍本无"经"之概念,医经与经方概念的出现,当是刘向校书时以医籍比附儒家经典之结果。所以,《汉志》中的经方当指经典之方或医方之正宗。

常方与经方是着眼于病方在政府内的流传统序,在政府体系内流传的病方与在医者、个人等民间流传的病方,多有重叠。如从已经公布的材料来看,里耶秦简病方与马王堆《五十二病方》已有3个病方可以对读,未来随着更多材料的公布,可以对读的病方可能更多。另外,郡、国将名医验方上献中央,而中央也会将这些病方以适当的形式下发郡、国,病方在中央与地方乃至私人之间进行着双向流动。如上面所举的"白水侯所奏治男

---

① 廖育群:《东汉时期医学发展之研究》,《传统文化与现代化》1994年第3期,第76页;李建民:《中国古代禁方考论》,《生命史学:从医疗看中国历史》,台湾三民书局2005年版,第179页。

② 张舜徽:《汉书艺文志通释》,湖北教育出版社1990年版,第294页。

③ 李零:《中国方术考(修订本)》,东方出版社2001年版,第23页。

④ 李建民:《中国古代禁方考论》,《生命史学:从医疗看中国历史》,台湾三民书局2005年版,第179页。

子有七疾方"、"治东海、白水侯所奏方，治男子有七疾及七伤"等方显系地方上奏中央之病方，但这些病方最终又何以出现在私人墓葬之中。其流转过程，非常值得关注。显然这部分病方经由地方进献后，又由中央政府颁发给郡、县使用，否则这些病方也不会出现在该墓主的墓葬之中。这些病方借由国家权力的跨地域性流转，也是一个病方由秘密走向公开之过程。汉代政府，已经在打破这种医术相对封闭的传承习惯上，作出了令人惊叹的努力。但国家的这种努力最终还需倚赖掌握医技之人去实施，这部分人极有可能将国家已经公布的病方据为私有，甚或禁而不传，以自矜其技。上文所举的"建威耿将军方"，原本不属于该墓墓主，而是建威耿将军上奏朝廷，而又由朝廷颁发地方之验方。而在该方的末尾书有"良，禁，千金不传也"，显然，有人已经将其视为私物，列入禁方之列。该方可能原本便出自私人之手，由于治病有验，被上奏朝廷，在政府体系内流转之后，该方最终又落入私人之手，成为"千金不传"之禁方。政府与民间在病方上重叠现象的存在，正是源于病方在民间与国家间的双向流动。

三、结　语

医者、医方与药物，构成了古代医疗资源的完整链条。作为医疗资源的特殊载体，医方显得尤其重要。对个人而言，其能自救而旁及亲友，是保命全形，亲行孝悌的不二法门。对医者而言，粗工能借之安身立命；上工则能以之起死回生，仁济众生。对国家而言，掌握医方的重要性更是不言而喻，医方的刊布与颁发，是国家实施仁政的有效手段。故而历代以来，病方都是个人、医者、国家极力搜求的对象，他们也正是推动病方流转的主要力量。

但是医者才是医疗资源的核心，也是医方的直接创作者和拥有者。秦汉政府借由国家权力，将病方从相对封闭、狭小的医者群体手中，汇聚到国家医政体系之内，在政府统序内进行传播。同时由国家掌握的部分病方，也会经由各种形式再次进入私人领域，在民间流传。由此形成了病方在国家与民间的双向流动。正是基于这样的认识，本文从医政及病方流动的角度分析出土病方的来源与传承，兼及国家与民间流传统序内病方的名实问题，得出了如下结论。

第一，战国秦汉时期，病方主要有医者私相授受、地方进献、国家颁发、民间传抄四种主要形式。

第二，病方在以国家、医者、个人为主体的流转中，逐渐形成了国家与民间两大流传统序。在政府的流传体系内形成了常方、经方等名称，在民间则形成了禁方之名。常方与经方都是国家借用行政力量凝聚的医疗资源，从病方造作的角度而言，他们都与民间流传的病方有着千丝万缕的联系。

第三，国家利用医政体系搜集和下发病方，推动了病方在全国范围内的跨地域流动，但这些病方或来自私人，或进入私人收藏，由此实现了病方在政府与民间的双向流动。

第四，病方在国家与民间的双向流动，经方与禁方、常方之间存在重叠的根源。出土文献中有禁方存在的实例，常方与经方可能也以不同的形式混杂于出土病方之中。在国家与民间统序内流传的病方，虽然名称有异，但有部分可能是实同名异。

秦汉时期，国家、民间均有大量处于流动中的病方，这些病方均以病统方，与后世以症统方极不一样。这些病方所反映的诊病方式与医学发展的实际情形究竟如何？尤其是政府和个人手中所握有的病方，它们在当时的医疗实践中是如何被使用的，质言之，这些病方是否像巫方那样可由病者本人或者其亲友进行操作，即按病寻方，再照方配药，而不必有医者之参与？我们期望有更多新材料，能揭示当时医疗实践的实际状况。

（作者单位：武汉大学历史学院）

宋代杨岐派禅师丛林管理思想初探
—— 以《禅林宝训》的记载为中心

□ 孙劲松

　　杨岐方会（992—约1049年）开创临济宗的重要分支杨岐派，他有得法弟子十二人，其中以白云守端最为杰出，方会晚年曾以"临济正脉"付白云守端，守端的弟子之中以五祖法演禅师最为著名，有"中兴临济"之美誉，法演的弟子中以佛果克勤（圆悟克勤）、佛鉴慧勤、佛眼清远在当时影响最大，把临济宗推向了全盛，使得杨岐派在中华大地气势如虹，后世论及禅宗，多以杨岐派为临济正脉。本文主要梳理《禅林宝训》记载的杨岐派再传弟子五祖法演，三传弟子圆悟克勤、佛鉴慧勤、佛眼清远及部分四传、五传弟子的丛林管理思想。

一、住持需有智有德

（一）率身临众要以智慧

　　佛照德光禅师（1120—1203年），为大慧宗杲门下弟子，为杨岐派第五代传人。佛照德光禅师认为，作为统理大众的住持要有佛法中的明心开悟的根本智慧，"率身临众，要以智；遣妄除情，须先觉。背觉合尘，则心蒙蔽矣。智愚不分，则事紊乱矣"①。住持要有根本智慧，明白真心本来清净，世间一切有为法都是真心所显现的影像，都如梦幻泡影，生灭无常，不可也不必要执著。住持有了根本的智慧，时刻以根本智反观觉照世间万法的虚妄本质，就不会有自私自利的心，就不会被"色身香味触法六尘"、世间万象所迷惑和蒙蔽，管理寺院的一切举措都会围绕着如何让众生觉悟这个主旨进行，做事就会有条不紊。佛照德光禅师还指出，众生的烦恼习气很重，管理寺院、度化众生不能期望一蹴而就，佛照德光禅师对尤侍郎说："圣贤之意，含缓而理明，优游而事显。所用之事，不期

――――――――――

　　① 大慧宗杲、竹庵士圭集，净善重集：《禅林宝训》卷4，《大正新修大藏经》第48册，中华电子佛典协会（CBETA）网络版，第1036页下。下文引用本书仅注书名、页数。

以速成，而许以持久；不许以必进，而许以庶几。用是推圣贤之意，故能亘万世而持之无过失者乃尔。"① 圣贤教化人贵在于含缓之中让人明白道理；所做之事不可期望速成，只希望能耐心持久；不期望突飞猛进，只期望日有寸进；不期望其必然有所成就，只要有进步的可能性就够了。用这样的智慧与耐心去处理问题，就不会有大的过失。

（二）感化众人要以德行

圆悟克勤（1063—1135 年），又称佛果克勤，五祖法演弟子，杨岐派第三代传人。圆悟克勤曾回忆其师五祖法演禅师的观点，"先师言作长老，有道德感人者，有势力服人者。犹如鸾凤之飞，百禽爱之；虎狼之行，百兽畏之。其感服则一，其品类固霄壤矣"②。作为寺院中的住持、长老，有以道德去感化别人的，也有用势力去压制人的。用道德感化人如同鸾凤飞鸣，百鸟爱其高雅，乐而从之；用势力制服人犹如虎狼出行，百兽畏其凶恶，不敢擅动。这两种方法都可以让别人顺从，但其品格却有霄壤之别。

作为优秀的寺院管理者，道德高雅、全心全意利益众生是其根本。圆悟克勤禅师曾对其弟子此庵景元禅师说："凡称长老之职，助宣佛化。常思以利济为心，行之而无矜，则所者广，所济者众。然一有矜己逞能之心，则侥幸之念起，而不肖之心生矣。"③ 凡是承担长老（住持）职务的人，其职责是就是助佛宣化，因此要时时怀有利人济世之心，不可以有矜高自负的念头，这样他所教化的众生范围广大、数量众多。如一旦有逞能显摆之心，接着就会有侥幸和不良的念头生起，也就不是合格的住持、长老了。圆悟克勤还对他的学生虎丘绍龙禅师说："欲理丛林，而不务得人之情，则丛林不可理。务得人之情，而不勤于接下，则人情不可得。务勤接下，而不辩贤不肖，则下不可接。务辩贤不肖，而恶言其过，悦顺其己，则贤不肖不可辩。惟贤达之士，不恶言过，不悦顺己，唯道是从。所以得人情而丛林理矣。"④ 如果不得人情民心，丛林怎么能治理好呢？要想得民心人情，必须殷勤教育帮助学人。如果不愿意教育帮助学人，人情必不可得。在教育帮助学人的同时，还须能辨别贤德之人与不肖之徒；如果不能分辨贤愚，也就无法接引后学。寺院管理者要有闻过则喜的雅量，如果有人指出自己的过错就讨厌，见到顺从迎合自己的人就喜欢，那么就分辨不出贤德与不肖之人了。贤明之人既不会厌恶别人说自己的过失，也不会喜欢他人曲意奉承，一概惟公理是从，所以能得民心人情，而寺院可以治理得整齐有序。

（三）不苟利养不畏权贵

大慧宗杲（1089—1163 年），字昙晦，号妙喜，为圆悟克勤之弟子，杨岐派第四代传人。南宋侍郎尤延之居士曾对拙庵德光禅师说："昔妙喜中兴临济之道，于凋零之秋。而性尚谦虚，未尝驰骋见理。平生不趋权势，不苟利养。尝曰：万事不可侥像为，不可奢态持。盖有利于时而便于物者，有其过而无其功者。若纵其奢侈，则不济矣。"⑤ 宗杲禅师

---

① 《禅林宝训》卷 4，《大正新修大藏经》第 48 册，第 1037 页。
② 《禅林宝训》卷 2，《大正新修大藏经》第 48 册，第 1024 页。
③ 《禅林宝训》卷 2，《大正新修大藏经》第 48 册，第 1025 页。
④ 《禅林宝训》卷 2，《大正新修大藏经》第 48 册，第 1025 页。
⑤ 《禅林宝训》卷 4，《大正新修大藏经》第 48 册，第 1037 页。

于佛法凋零之际中兴临济宗的法脉，功德无量，但他的秉性谦虚，从来不夸耀自己，也从不趋炎附势，不贪求钱财与名声。宗杲禅师曾指出，管理寺院的目的是为了众人增进道德、明了生命的本质，不是为了眼前的名闻利养，做任何事情都要计虑长远，考虑其是否对众人改过迁善、自觉觉他有真实的利益。不可从眼前的利益出发，以放逸享乐的心态去做事，整天围绕寺院的财、利、名声作文章。因为有利于眼前的事情是不利于长远的，不利于佛教事业的，如果放任寺院管理者奢侈放逸，那么寺院就会衰落，由此可见宗杲禅师的道德、智慧与气量。南宋丞相张浚（紫岩居士）曾赞叹大慧宗杲禅师"平生以道德节义勇敢为先。可亲不可疏，可近不可迫，可杀不可辱。居处不淫，饮食不溽。临生死祸患视之如无。正所谓干将镆铘，难与争锋，但虞伤阙耳"①。这段话是借用了《礼记》赞叹儒者的话，《礼记·儒行》云："儒有可亲而不可劫也，可近而不可迫也，可杀而不可辱也。其居处不淫，其饮食不溽。"② 张浚认为，大慧宗杲平生以道德节义存心，处事以勇决果敢。与人相交以道义而不会因利害关系而疏远；求学者可以与他亲近但强权者不可压他就范，宁可被杀不可受辱。居处清简，饮食简单，对生死祸患也不当一回事。他如同古时的干将、镆铘的宝剑，没有谁能与之争锋，但也难免遭到一些艰难险阻。

宗杲禅师认为担任住持的人应该以德为先，德才兼备。他指出："古人先择道德，次推才学，而进当时，苟非良器，置身于人前者，见闻多薄之。由是衲子，自思砥砺名节而立。"③ 古人在选择寺院住持的时候，首先从道德方面考察，其次再看他的才华，如果不是德才兼备的良材美器，把他放在管理众人的位置上，就会被大家轻薄鄙视。因此有志于弘扬佛法、教化众生的学者必须努力提高自己的品德才学，建立高尚的操守名节。宗杲禅师还指出："诸方举长老，须举守道而恬退者。举之则志节愈坚，所至不破坏常住，成就丛林，亦主法者救今日之弊也。且诈佞狡猾之徒，不知羞耻，自能谄奉势位，结托于权贵之门，又何须举。"④ 禅宗丛林中要推举住持，必须推荐有道德而又恬淡不争的人。这样的人出来管理大众，则志向节操必将更加坚定，不会损害集体利益，全心全意办好寺院。这也是主法者通过择贤任能来挽救时弊的一种做法。若是欺诈谗佞的狡猾之徒当上住持，只会去巴结权贵，这种人又何必推荐呢。而了解一个人德行的主要途径之一便是"公论"，大慧宗杲禅师对宋朝郡王赵令衿（号超然居士）说过一段话："天下惟公论不可废。纵抑之不行，其如公论何。所以丛林举一有道之士，闻见必欣然称贺。或举一不谛当者，众人必戚然嗟叹。其实无他，以公论行与不行也。呜呼！用此可以卜丛林之盛衰矣。"⑤ 一个住持是有道德还是没有道德，要听周围群众的公论，天下唯独公论不可废置，纵然有人想强行抑制也是不可能的。丛林中举出一位有道德的住持，周围的人都会欣然称贺。若举一位品行不端的人，周围的人必然失望嗟叹。所以只要听公论就知道住持人选是否恰当，就可以预知丛林的盛衰。

① 《禅林宝训》卷 4,《大正新修大藏经》第 48 册，第 1037 页。

② 孙希旦：《礼记集解》下册，中华书局 1989 年版，第 1403 页。

③ 《禅林宝训》卷 3,《大正新修大藏经》第 48 册，第 1032 页。

④ 《禅林宝训》卷 3,《大正新修大藏经》第 48 册，第 1031~1032 页。

⑤ 《禅林宝训》卷 3,《大正新修大藏经》第 48 册，第 1032 页。

二、长老应廉洁简朴

(一) 杨岐灯盏明千古

佛教寺院之中有一个很有名的对联 "杨岐灯盏明千古，宝寿生姜辣万年"。而上联就是讲杨岐方会禅师的廉洁故事。杨岐方会在石霜楚圆禅师门下做监院。夜间看经书自己另买灯油，不用公家的灯油，但还是有人提醒他把灯挂在寺庙的灯下，寺庙的灯油便时时滴进其自己的油灯里，这样也沾了公家的光，不算彻底的清廉，杨岐方会马上把自己的油灯挪到了寺庙的油灯的上面。宝寿生姜也是禅宗史上一个著名的案例。北宋瑞州洞山自宝禅师，亦称宝寿，是黄梅五祖寺方丈戒禅师的弟子。为人严谨，师戒命他为掌管仓库的库司。有一次师戒禅师因病令侍者往库房取生姜煎药，自宝禅师不但不给，而且还对训斥侍者不该私索公物。侍者回来向方丈师戒禅师禀告，戒禅师便取钱令侍者向库房买。后来筠州洞山缺住持，郡守委托师戒禅师推举有德之人，师戒禅师说：本寺卖生姜汉可以住得。于是，郡守就请自宝禅师任洞山住持。杨岐灯盏和宝寿生姜的故事，都生动地描述了古代禅师的廉洁精神。

水庵师一曾在佛智端裕、雪峰慧照禅师座下参学，是杨岐派第五代传人，他年轻时就豪爽洒脱，有远大之志，气节高尚、不事浮华、不拘小节、虚怀若谷、惟义是从。祸害临头也镇静自若。一生在四个地方住持八处丛林，无不兢兢业业，以行道教化为己任。淳熙五年（1178 年）他退居西湖净慈寺，临行前写了一首诗偈："六年洒扫皇都寺，瓦砾翻成释梵宫。今日宫成归去也，杖头八面起清风"①，表达了其清廉高洁之心，后来他到了嘉兴秀水县天宁寺，不久就在那里示疾坐化。

(二) 翻忆古人树下居

杨岐派第二代传人五祖法演禅师一直主张简朴。根据《禅林宝训》的记载，他曾回忆师祖方会禅师刚当杨岐山寺院的住持时，只有几间破房屋，时值腊月寒冬，雪粒飘落满床，僧众中有人愿意负责募化，修造殿堂僧舍。杨崎方会禅师阻止说：你们难道没有听佛经说，此时正当减劫，人的福报寿命越来越少。世事本无常，或时高山崩裂为峡谷，或时沧海变桑田，怎么可能什么事都称心如意？大家出家是为了学道，如今道业无成，转眼间已四五十岁了，哪还有闲工夫去化缘修建房屋呢。第二天，师祖上堂对大众开示说："杨岐乍住屋壁疏，满床尽撒雪珍珠。缩却项，暗嗟吁，翻忆古人树下居。"② 意谓：我们现在所住的房屋虽然漏雨，但多少还能遮挡一点风雪，古印度的出家人最初根本没有房屋，只是树下一宿，是不是更加辛苦呢？

五祖法演的弟子佛鉴慧勤曾回忆说："先师节俭，一钵囊鞋袋，百缀千补，犹不忍弃置。尝曰：此二物相从出关，仅五十年矣。讵肯中道弃之。有泉南悟上座，送褐布缀，自言得之海外。冬服则温，夏服则凉。先师曰：老僧寒有柴炭纸衾，热有松风水石，蓄此奚

① 《禅林宝训》卷 4，《大正新修大藏经》第 48 册，第 1035 页。
② 《禅林宝训》卷 1，《大正新修大藏经》第 48 册，第 1018 页。

为？终却之"①，指出法演和尚非常节俭，他的钵囊和鞋袋百缀千补还舍不得扔掉。他说：这两件东西随我出关五十多年，不忍心中途丢弃，有一天泉南悟上座送给法演禅师一领珍贵的褐布缀，他说这件衣服是从海外得来的，冬暖夏凉。但法演禅师却说：老僧冬天有柴炭取暖，有被御寒；夏天可以到松下乘凉风，水边去暑，留着这东西有什么用。所以始终不肯接受。

大慧宗杲禅师也指出："节俭放下，乃修身之基，入道之要。历观古人，鲜有不节俭放下者。年来衲子游荆楚买毛褥，过浙右求纺丝，得不愧古人乎？"② 节俭、放下是品德修养的基础，也是学佛入道的关键。古来圣贤都具有如此德行。但宗杲禅师说指出他那个时代的许多出家人，专门要收集荆楚之地产的优质毛毯，专门到盛产丝绸的苏杭一带买纺丝。这样的奢侈之人比起古人不觉得惭愧吗？

雪堂道行禅师，是佛眼清远的法嗣，与大慧宗杲同为临济杨岐派第四代传人，他生于富贵之家，父亲是佛教徒，号"见独居士"，他父亲曾告诫说："中无主不立，外不正不行。此语宜终身践之，圣贤事业备矣。"③ 心中没有树立起正确的道德观人就没法立足于社会，没有端正无私的态度就不要在外交往行事，这两句话若能终身奉行，则具备了成就圣贤事业的基础。道行禅师一直把这段话放在心上，在家修身，出家学道，乃至于担任住持、领众修行，都以这两句格言作为准则。所以，雪堂道行禅师虽出生在一个富贵的家庭，但他从没有骄奢倨傲的心态，平时生活俭朴，品格清雅，不喜珍奇之物。他在担任乌巨山住持的时候，有一位僧人要送给他一面铁镜，雪堂禅师说：溪中的流水清澈，我的毛发都可以清楚地照见，留着铁镜有什么用呢？因此而坚拒不受馈赠。在日常生活中，雪堂道行禅师仁慈厚道，尽心帮助他人。尊崇贤德，敬重才子。平日说话谨慎持重，戏谑粗俗的话从不出口。待人慈祥和蔼而没有孤傲的神色，从来没有暴怒之气。对于方丈职位的去就毫不留恋，持身极为清廉。他曾经说："古人学道，于外物淡然，无所嗜好。以至忘势位，去声色，似不勉而能。今之学者，做尽伎俩，终不奈何。其故何哉？志不坚，事不一，把作匹似间耳。"④ 古人学道，对于身外之物看得极为淡然，没有任何嗜好，因此能忘却势位，远离声色犬马，这些作为都是自然而然的，不必勉强就能如此。反观现在的一些人用尽各种手段，也摆脱不了声色势位的诱惑，其原因主要是立志不坚，心中牵挂的俗事太多，反而把学道修行当作无关紧要的事。而立志学道，最关键的就是志向坚定、努力精进。

道颜禅师（1094—1164 年），号万庵（卍庵），受圆悟克勤之启发，于大慧宗杲处开悟。万庵道颜和尚天性仁慈忠厚，所住持的寺院，生活极为节俭，基本不给僧众打牙祭、改善伙食。总是以"小参、普说"等讲课当作供养大众的牙祭，有的僧人对此有些看法。万庵道颜禅师回答说："朝飱膏粱，暮厌粗粝，人之常情。汝等既念生死事大，而相求于寂寞之滨，当思道业未办，去圣时遥，讵可朝夕事贪饕耶。"⑤ 他认为，普通人早晨吃了

① 《禅林宝训》卷 2，《大正新修大藏经》第 48 册，第 1025 页。
② 《禅林宝训》卷 3，《大正新修大藏经》第 48 册，第 1032 页。
③ 《禅林宝训》卷 3，《大正新修大藏经》第 48 册，第 1028 页。
④ 《禅林宝训》卷 3，《大正新修大藏经》第 48 册，第 1029 页。
⑤ 《禅林宝训》卷 3，《大正新修大藏经》第 48 册，第 1034 页。

美味，晚间便厌恶粗食，这是人之常情。可是大家身为出家人，来到这寂寞的山林，立志解决生死轮回的根本问题，我当然应该以"法"来供养你们的慧命，你们也应该认真学习，早日悟道，不能贪图口腹之欲。

三、德惠二者要兼行

（一）住持大柄 在惠与德

法演禅师（1024—1104 年）举扬禅宗杨岐一派宗风，开创了唐以后禅宗最为活跃的一个新时期。法演禅师在写给其弟子佛眼清远禅师的一封信上说："住持大柄，在惠与德，二者兼行，废一不可。惠而罔德，则人不敬；德而罔惠，则人不怀。苟知惠之可怀，加其德以相济，则所敷之惠，适足以安上下，诱四来。苟知德之可敬，加其惠以相资，则所持之德适足以绍先觉，导愚迷。故善住持者，养德以行惠，宣惠以持德。德而能养则不屈，惠而能行则有恩。由是德与惠相蓄，惠与德互行，如此则德不用修，而敬同佛祖，惠不劳费，而怀如父母，斯则湖海有志于道者，孰不来归。住持将传道德兴教化，不明斯要，而莫之得也。"① 住持丛林最根本的办法，在于恩惠与道德并行，缺一不可。倘若只知道对下属施恩惠而自己不修德行，人们表面上感激你，但内心不会尊敬你。如果自己德行很好而不施恩惠于人，那么人们虽然敬佩你，但不会感念你。作为一个寺院管理者，如果能明白施惠使人感念，再以修德相辅相成、互相兼济，那么所施与他人的恩惠，就足可以安抚人心，诱导四方信众前来学习佛法。换言之，如果知道修德能受人敬重，再辅之以施恩惠，德与惠互助，那么所修之德就足以使佛法兴隆，广度愚迷众生。所以善于做住持的人，一定要懂得德惠兼行的道理。让德行包含在恩惠之中，达到德惠一体的境界，德不必刻意去修，人们也敬之如佛。恩惠既然由德性中发出，即便恩惠微薄，人们也会感念如父母。诚能如此，那么天下有志于学道的人，有谁不来归从呢？身为寺院的管理者如果对惠与德这二者兼行的道理不明白，那就很难行得通了。

五祖法演禅师还指出："古人乐闻己过，喜于为善，长于包荒，厚以隐恶，谦以交友，勤以济众，不以得丧二其心。所以光明硕大，照映今昔矣。"② 这句话也是强调管理者要德惠兼行，"包荒"是《周易泰卦》中出现的一个词汇，指领导者要度量宽宏、有包容荒秽的气度。法演禅师说，古德乐闻己过，喜做善事，能以宽宏的度量去包容接纳他人的错误，能以敦厚之心不宣扬揭露他人缺点，待人交友谦恭有礼，勤勤恳恳地度化帮助他人，从来不以个人得失改变志向，他们光辉伟大的形象能够光耀古今。《宝训》中还有一段记录，"演祖见衲子有节义而可立者，室中峻拒，不假辞色。察其偏邪谄佞，所为猥屑，不可教者，愈加爱重。人皆莫测。呜呼！盖祖之取舍，必有道乎"③。法演禅师对于出家人中品行端方可以造就者，总是非常严厉，不以笑脸相待。但如果他发现有些初学佛法的人言语心思偏邪、行为卑鄙、难以教化，对这些人反而和蔼可亲，爱惜有加。很多人

---

① 《禅林宝训》卷1，《大正新修大藏经》第48册，第1019页。
② 《禅林宝训》卷1，《大正新修大藏经》第48册，第1019页。
③ 《禅林宝训》卷1，《大正新修大藏经》第48册，第1019页。

都无法测度法演禅师为何如此？其实，这个道理很简单，《论语》中说，"君子怀德，小人怀惠"，对于习气毛病较多的初学者，要让他对佛、法、僧三宝生起欢喜之心，要行之以惠，让其通过感念禅师的恩惠，进而对学习禅法、佛法生信心；对于信心已经树立起来的人，禅师主要"示之以德"，对这些弟子要高标准、严要求，首先断除其我执、我见，进而帮其寻觅证悟之机缘。

（二）以德行惠 安养老病

高庵善悟禅师（1074—1131 年），先后求学于佛鉴惠勤与佛眼清远禅师，杨岐派四传弟子。其为人表里如一，一动一静皆合乎礼法，有肃然之气，出家学道的人都对他非常信服。高庵善悟非常重视老病僧人的安养工作。他曾作《劝安老病僧文》："贫道尝阅藏教，谛审佛意，不许比丘坐受无功之食。生懒惰心，起吾我见。每至晨朝，佛及弟子持钵乞食，不择贵贱，心无高下。使得福者，一切均溥。后所称常住者，本为老病比丘，不能行乞者设，非少壮之徒可得而食。逮佛灭后，正法世中，亦复如是。像季以来，中国禅林，不废乞食，但推能者为之。所得利养，聚为招提，以安广众，遂辍逐日行乞之规也。今闻数刹住持，不识因果，不安老僧，背戾佛旨，削弱法门。苟不住院，老将安归。更不返思常住财物，本为谁置？当推何心，以合佛心？当推何行？以合佛行。昔佛在日，或不赴请，留身精舍，遍巡僧房，看视老病，一一致问，一一办置。仍劝请诸比丘递相恭敬，随顺方便，去其嗔嫌。此调御师统理大众之楷模也。今之当代，恣用常住，资给口体，结托权贵，仍隔绝老者病者。众僧之物掩为己有，佛心佛行，浑无一也。悲夫悲夫！古德云：老僧乃山门之标榜也。今之禅林，百僧之中，无一老者。老而不纳，益知寿考之无补，反不如夭死。愿今当代，各遵佛语，绍隆祖位，安抚老病。常住有无，随宜供给。无使愚昧专权灭裂，致招来世短促之报，切宜加察。"① 高庵善悟指出，佛陀原不许少壮比丘坐享无功之食，以免生懒惰心，增长我执我见，规定每天早晨亲自持钵入城乞食，对于施主不择贵贱，意欲使一切人都能平等获得布施僧人的福德。后来建立"寺院、常住"制度，是为老病比丘及不能外出行乞者所设，并不是让年轻体壮的比丘安住而食。佛陀灭度后数百年的正法时期一直都是这样的。到了像法、末法时期，中国禅宗丛林虽然没有废除乞食制度，但形式已改变，而是推举有才能的人充当化主，把化缘所得的财物聚积到寺院，以便广纳僧众，因此中止了比丘每天行乞的规矩。高庵在文中表示，有些寺院的住持居然不肯收留老病僧人，这明显违背了佛祖创立"常住寺院"的本意。试问如果老病僧人不可住寺，那么自己将来老了，准备到什么地方去呢？更不回过来想一想，常住所积集的财物原来就是为安置老病之人的？作为住持应该存怎么样的心念才能契合佛陀的悲心与行愿？当年佛陀住世的时候，佛陀有时不外出赴施主之请，自己留在寺院精舍中，便到各僧房看望老病比丘，一一慰问，亲自帮他们做各种事，并劝勉诸比丘应该互相关怀，要照顾老病比丘，不可对老病者怀嗔怒厌嫌的心理。佛陀的这些言行都是统率僧众最好的榜样。反观现今的住持，往往恣意滥用寺院的财物供给自己享受，或取寺院的财物去结交权贵，而对待老病比丘却要赶出山门，把原是僧众共有的财物据为己有，真是可悲可怜啊。古德曾说：老僧乃是佛门典范。而今禅林住众中出家人老了，寺院中既不肯收留，老僧不到百分

---

① 《禅林宝训》卷 2，《大正新修大藏经》第 48 册，第 1027 页。

之一，想到老无所靠，活到高寿反而不如夭折，真是令人感叹！但愿当今寺院中的住持，能够尊崇佛的教诫，既为发扬佛教，也为尽自己的本位，应当安抚老病僧人，力所能及地提供给他们生活所需。千万不可以怀着愚昧的心理，专权弄势不顾老病僧人，致使来世招感短命夭寿的果报！据《禅林宝训》记载，高庵善悟禅师对安置老病僧人一事身体力行，在他住持云居山时，每当听到有僧人患病移住专供重病号居住的延寿堂就去问候，有时还亲自为病人煎药煮饭，喂病人吃东西时自己先尝尝是否太烫。天气稍寒他就询问衣服是不是单薄，如果在热天他就观察病人的气色问会不会觉得太热。如果僧人不幸去世，不问亡僧是否有遗留财物，寺院都出资按照有关礼仪制度给他料理后事。有时一些管理人员以其他理由推辞，高庵禅师就呵斥："当年百丈祖师正是为了怜悯老病的僧人才建立常住寺院，难道你将来就不病不死吗？"这些言行体现出高庵善悟的慈悲心肠，他的德行感人至深，后来高庵善悟禅师不再担任云居山住持，准备前往天台山，有五十多名衲僧追随他，那些没有随同一起去的僧人都流着眼泪与他辞别。

四、禁恶止邪需规矩

（一）先圣法度应务守

禅宗丛林一向重视制度建设，《百丈清规》虽然各代都有所革新，但核心体系还是一以贯之的。五祖法演禅师认为，作为一个寺院管理者，应当在德惠兼行的基础上，依照规章制度办事，但是当时有些住持却以自己的个人好恶作为衡量事情好坏的标准，搞乱了寺庙的管理体系。"今诸方不务守先圣法度，好恶偏情，多以己是革物，使后辈当何取法。"① 这些丛林中住持不守古训，对长期形成的典章法度置若罔闻，以个人好恶代替规矩，以人治代替法治，如此纵情恣意，给后辈做了坏的榜样，是不会有好结果的。

佛眼清远禅师曾对其弟子高庵善悟说："《百丈清规》大概标正检routing，轨物齐众，乃因时以制后人之情。夫人之情犹水也，规矩礼法为堤防，堤防不固，必致奔突。人之情不制则肆乱，故去情息妄，禁恶止邪，不可一时亡规矩。然则规矩礼法，岂能仅防人之情，兹亦助入道之阶墀也。规矩之立，昭然如日月，望之者不迷；扩乎如大道，行之者不惑。先圣建立虽殊，归源无异。近代丛林，有力役规矩者，有死守规矩者，有蔑视规矩者，斯皆背道失礼，纵情逐恶而致然。曾不念先圣救末法之弊，禁放逸之情，塞嗜欲之端，绝邪僻之路，故所以建立也。"② 百丈怀海禅师建立《清规》，是为了要彰显正路、杜绝邪行，使众人依法行事、整齐有序，以纠正、调制后学者错误的情识欲望。因为人的情识欲望犹如流水，规矩礼法就好比是堤岸，堤岸如果筑得不坚固，洪水就会到处迸流。人的情识欲望如不加以抑制势必任性妄为。所以去迷情、息妄想、禁恶念、止邪行，不可一时一刻没有规矩。规矩礼法不仅能防止人的情识欲望，也是助人入道的阶梯。规矩的建立，如日月当空，使人们看清事物而不迷惑；又如铺就一条大道，使行路的人不会迷失方向。先贤制定的戒律清规，在内容上虽然有些不尽相同，但目的都是一致的。然而近代丛林中，有人

① 《禅林宝训》卷 1，《大正新修大藏经》第 48 册，第 1018 页。
② 《禅林宝训》卷 2，《大正新修大藏经》第 48 册，第 1026 页。

任意更改规矩，也有人死守规矩而不知变通，还有人不遵守礼法轻视规矩，这都是那些违背正道、放纵私欲的人的作为。他们不曾想先贤制定《清规》正是为了防止出现这些问题。

（二）礼法适合治初机

佛智端裕（？—1150 年），是圆悟克勤的弟子，杨岐派四传弟子。他认为对于道德素养有待提升的初学僧人，礼法非常重要。佛智端裕禅师云："骏马之奔逸，而不敢肆足者，衔辔之御也。小人之强横，不敢纵情者，刑法之制也。意识之流浪，不敢攀缘者，觉照之力也。呜呼！学者无觉照，犹骏马无衔辔，小人无刑法，将何以绝贪欲，治妄想乎。"① 骏马脚力强劲而不敢肆足奔驰，是因为受驾驭者用衔铁和缰绳所控制。小人强横而不敢为所欲为，是因为惧怕刑罚制裁。人的意识如同波浪翻滚，而修行人能安定下来不攀世缘，是靠觉照的功夫。倘若修行者没有觉照的功夫，就如同骏马没有衔辔，小人没有刑罚，就难以断绝贪欲妄想，所以礼法之治非常重要。佛智端裕禅师主持西禅寺的时候，要求僧众一定要威仪整肃，衣着整齐，全寺井然有序。但他有一个弟子水庵师一禅师淡泊节俭，衣服破旧不整，但在众僧中怡然自得，总是无忧无虑的样子。佛智禅师曾批评他衣衫邋遢，水庵禅师回答说：我并不是不喜欢好衣服，只是太贫，买不起，不能跟大伙儿凑凑热闹。佛智禅师听了一笑而过，此后也不再提起。由此可见，礼法、刑罚对德行有待提升的人很重要，但是对于德行较好、天然淳朴之人，礼法并非首要。佛智端裕后来曾强调道德、言行是教化的根本，仁义、礼法是教化的枝末，对于德性尚未确立的初学者，需要由礼法仁义上达道德言行，对于德行淳朴的上根弟子倒是没有必要那么拘泥死守。

（三）执行制度需魄力

圆悟克勤指出，住持要管理好一个寺院，除了有道德以外还需要能力、魄力。其弟子瞎堂慧远禅师回忆说："昔静南堂传东山之道，颖悟幽奥，深切著明。逮应世住持，所至不振。圆悟先师归蜀，同范和尚访之大随，见静率略。凡百弛废。先师终不问。回至中路，范曰：静与公为同参道友，无一言启迪之何也？先师曰：应世临众，要在法令为先。法令之行，在其智能，能与不能，以其素分，岂可教也。范颔之。"② "静南堂"是南堂元静禅师，四川阆州人，曾从五祖法演禅师参学并承其法嗣。后于四川彭州大随山开创南堂，故世称南堂元静，历任成都昭觉寺，及能仁、大随诸寺住持。南堂元静禅师传承五祖法演禅师的道法，能领悟其幽深奥妙的宗旨，深切而著明。但其到四川彭州当了住持以后，却办事草率，丛林规条尽皆弛废，圆悟克勤回四川时，与觉范和尚一齐去拜访他，看到其管理混乱的局面，一句话也没说。回程中觉范和尚问：你与元静禅师是同参道友，为什么不开导他？克勤禅师回答说：作为住持领众行道，须以法令为先，而法令的施行在于住持的见识、能力与魄力，这些是天分，像元静禅师虽然对佛法的悟性很高，但他缺乏执行法度的天分与魄力，这是没有办法教的。由此可知，一个好住持，在有德行的基础上，还要有魄力、有执行力。

---

① 《禅林宝训》卷 4，《大正新修大藏经》第 48 册，第 1034 页。
② 《禅林宝训》卷 4，《大正新修大藏经》第 48 册，第 1038 页。

五、安众财才需兼具

（一）管理丛林　必资左右

大慧宗杲禅师指出："夫丛林之广，四海之众，非一人所能独知，必资左右耳目思虑，乃能尽其义理，善其人情。苟或尊居自重，谨细务，忽大体，贤者不知，不肖者不察，事之非不改，事或是不从，率意狂为，无所忌惮，此诚祸害之基，安得不惧。或左右果无可咨询者，犹宜取法于先圣，岂可如严城坚兵无自而入耶？此殆非所谓纳百川而成大海也。"① 寺院人多事繁，非一人所能遍知，必须集思广益，才能把事情处理得周密稳妥，让上下政通人和。假如住持居尊自傲，抓细碎小事而忽略任贤纳谏这个最根本的管理原则，不知僧众之贤愚。自己犯错不改，别人之善言不听，肆意妄为，无所忌惮，这是滋生祸害的根源。如果身边确实没有可咨询的人，则应该查阅先贤处理类似问题的案例加以借鉴，要有海纳百川的心胸，不可故步自封。如果能知人善任，把合适的人放到各类"知事（执事）"的岗位上，那么住持就可以垂拱而治了。宗杲禅师写信给山堂道震禅师云："古德住持不亲常住，一切悉付知事掌管。近代主者，自恃才力有余，事无大小，皆归方丈。而知事徒有其虚名耳。嗟乎！苟以一身之资，固欲把揽一院之事，使小人不蒙蔽，纪纲不紊乱，而合至公之论，不亦难乎。"② 古时候设置寺院住持一职，主要是把合适的人放到合适的岗位上，不必亲自办理寺院所有事务，每件事都有相应的"执事"按照丛林规则办理。而有一些住持自恃才力有余，凡事都要归方丈掌管，执事徒有虚名。仅凭一人之力总揽一寺事务，还指望不受小人蒙蔽，纪纲不紊乱，公论之中还有美誉，这是不可能的。

五祖法演师祖曾说：我有了圆悟克勤的辅助，如鱼得水，如鸟有翅。南宋的丞相张浚（紫岩居士）听到后曾赞叹，像他们这样息息相通的师徒，实在是难得一见，无人能够离间他们。水庵师一禅师评价说："紫岩居士可谓知言矣。比见诸方尊宿，怀心术以御衲子，衲子挟势利以事尊宿。主宾交利，上下欺侮，安得法门之兴，丛林之盛乎。"③ 紫岩居士的评价是知人之言，近来见诸方长老总是用权谋之术来治理僧人，而僧人也只是因势、利才奉事长老。使得主宾之间仅仅依靠"利"来联系，上下之间互相欺骗，如此局面，如何能使法门振兴，丛林昌盛呢？杨岐派五传弟子佛照德光禅师非常赞赏与他同时代的另一位住持野庵祖璇禅师，他说："野庵住持，通人情之始终，明丛林之大体。尝谓予言，为一方主者，须择有志行衲子，相与毗赞，犹发之有梳，面之有鉴，则利病好丑不可得而隐矣。如慈明得杨岐，马祖得百丈，以水投水，莫之逆也。"④ 野庵祖璇禅师曾对佛照德光禅师说，作为一方的住持，要以仁爱之心来培养人才，要选择志力广大、道行精进的僧人作为助手，共同弘扬禅法，如能得贤人辅佐，如同头发有梳子梳理，脸面有镜子可

---

① 《禅林宝训》卷 3，《大正新修大藏经》第 48 册，第 1031 页。
② 《禅林宝训》卷 3，《大正新修大藏经》第 48 册，第 1033 页。
③ 《禅林宝训》卷 4，《大正新修大藏经》第 48 册，第 1035 页。
④ 《禅林宝训》卷 4，《大正新修大藏经》第 48 册，第 1037 页。

照，利病好丑都可以看得清楚。就像当年慈明禅师得杨岐方会禅师的辅弼，马祖道一得到百丈怀海的辅佐，他们师徒之间心心相印，意气相投，犹如以水投水，绝对不会互相违逆。

（二）知人之难　圣哲所病

五祖法演在给其弟子克勤禅师的一封信中说："利生传道，务在得人。而知人之难，圣哲所病。听其言而未保其行，求其行而恐遗其才。自非素与交游，备详本末，探其志行，观其器能，然后守道藏用者，可得而知。沽名饰貌者，不容其伪。纵其潜密，亦见渊源。夫观探详听之理，固非一朝一夕之所能。所以南岳让见大鉴之后，犹执事十五秋；马祖见让之时，亦相从十余载。是知先圣授受之际，固非浅薄所敢传持。如一器水，传于一器，始堪克绍洪规。如当家种草。此其观探详听之理明验也。岂容巧言令色，便僻谄媚而充选者哉。"① 在这段话之中，"大鉴"指六祖惠能禅师，唐宪宗曾赐谥号为"大鉴禅师"。"南岳让"指慧能的弟子南岳怀让禅师，"马祖"就是马祖道一禅师。法演禅师在写给圆悟克勤禅师的信上说：利生传道，务在得人。而知人并不容易，即使是圣人哲士，在知人这一方面也有遗憾。为什么呢？有时听他所说的话句句在理，但很难确定他能否言行一致。如果只选德行好的人，又担心遗失有专才的人。所以，必须要在平日跟他密切往来，了解他的为人，探讨他的志向，考察他的德行和器量、能力，然后判断此人是不是能够守道存德的人，或者是一个善于韬光晦迹的人。如果是一个沽名钓誉的人也隐藏不住，即使他能隐藏得很深，也可以窥探出他的底细，识破其面目。然而，要做到观、探、详、听这四点，不是在短时间内所能掌握的。所以当时南岳怀让参见六祖慧能禅师，得法之后六祖还让怀让禅师在身边待了十五年。以后马祖道一禅师拜见怀让禅师，得法之后也侍候怀让禅师十多年。是知先圣授受之际，不是随便就传付与一个德行不够的人。老师有宽广的胸量，学生也必须有相应的胸量，就像老师有一盆水要传给学生，学生必须要有一样大的盆子，才能滴水不漏，这样的学生才能绍隆佛种、光大法门。又如农家种田，必须要选肥田良种，播种下去才会有好的收成。能够如此仔细地培养人、使用人，就不会出错误了。

（三）安僧办道　钱谷为先

住持也不能仅仅关注用人问题，钱粮财务也很重要。《禅林宝训》记载了一段谈话："子韶问妙喜，方今住持何先？妙喜曰：安著禅和子，不过钱谷而已。时万庵在座，以谓不然。计常住所得，善能撙节浮费，用之有道，钱谷不胜数矣，何足为虑。然当今住持，惟得抱道衲子为先。假使住持有智谋能储十年之粮，座下无抱道衲子，先圣所谓坐消信施，仰愧龙天，何补住持。子韶曰：首座所言极当。妙喜回顾万庵曰：一个个都似你。万庵休去。"② 子韶居士问宗杲禅师：作为寺院住持的首要问题是什么？宗杲禅师说：要安顿好僧众，最要紧的是钱和粮。当时万庵道颜禅师在座，不以为然，认为如果分管财务、田庄的人员运用得当，钱粮问题不用担心。住持最要紧的问题是培养有信仰、有道德的人

① 《禅林宝训》卷1，《大正新修大藏经》第48册，第1018~1019页。
② 《禅林宝训》卷3，《大正新修大藏经》第48册，第1032页。

才。子韶认为万庵禅师的话有道理，但宗杲禅师指出：僧人的器识、德行有所不同，不可能每个人都有如万庵那样的品德，对于普通僧众而言，保证有稳定的钱粮收入和公平、公正、公开的支出，是安顿寺院的第一步。这个问题如果没有处理好，使用人才、培养人才都谈不上。

六、谋事需要细思量

（一）事无巨细 悉要究心

自从马祖建丛林、百丈立清规之后，禅宗寺院为了自养，逐渐置办了一些田产，有些田地自耕自种，有些则租给贫民耕种，设立庄主、监收等职位来收取田租。法演禅师晚年辞去安徽舒州海会寺住持之职务，来到湖北黄梅东山五祖寺任住持。安徽舒州太平山的兴国禅院交给其弟子佛鉴慧勤禅师住持，龙门山的龙门寺交给其弟子佛眼清远禅师住持。过了一段时间，佛鉴慧勤禅师和佛眼清远禅师两人特地前往黄梅东山拜见。法演禅师便吩咐备一些茶汤水果，召集寺内执事于晚上开茶话会。"祖问佛鉴，舒州熟否？对曰：熟。祖曰：太平熟否？对曰：熟。祖曰：诸庄共收稻多少？佛鉴筹虑间。祖正色厉声曰：汝滥为一寺之主，事无巨细，悉要究心。常住岁计，一众所系。汝犹罔知。其他细务，不言可见。山门执事，知因识果，若师翁辅慈明师祖乎？汝不思常住物重如山乎？盖演祖寻常机辩峻捷。佛鉴既执弟子礼，应对含缓，乃至如是。古人云：师严然后所学之道尊。故东山门下，子孙多贤德而超迈者，诚源远而流长也。"[1] 法演禅师在晚上的茶话会上问佛鉴慧勤禅师："舒州的稻谷成熟了吗？"佛鉴回答说："熟。"法演禅师又问："太平的稻谷也成熟了吗？"佛鉴答说："也成熟了。"法演禅师再问："你估计各田庄收的稻谷共有多少？"佛鉴一时说不出，心中慢慢盘算。法演禅师便斥责他："你枉为一寺之主，作为住持，寺中大小事情都要了然于心。寺院的粮食收成关系着全寺人员一年的生活，这么关键的事都不知，其余的寺院管理细节可想而知。当年杨岐方会禅师（法演禅师的师祖）在慈明楚圆禅师座下任监院的时候，每件事情都管理得公私分明、严谨有序，丝毫不错乱因果。所谓寺院的财务重如须弥之山，你连每年产多少稻谷都搞不清楚，如果财务出现问题，该如何承担得了因果规律？耿龙学曾评价说：法演禅师平常与人谈话高屋建瓴、直指要害，佛鉴禅师既是法演禅师的弟子，又对师父怀着敬畏尊重的心，答话时候略加思考，就被师父痛下针砭。正如《礼记·学记》中所说："师严然后道尊，道尊然后人知敬学。"所以东山五祖法演禅师门下的贤才辈出、源远流长。可能是佛鉴慧勤禅师在经过教育后，纠正了自己的不足，注重了细节管理。五祖法演禅师又和他强调，"住持之要，临众贵在丰盈，处己务从简约。其余细碎，悉勿关心"[2]。法演禅师对佛鉴禅师说，作为住持对僧众生活开支等要大方、大度；对于自己则务必一切从简，其他细琐的小事不必操心。这似乎与前面所说的"事无巨细，悉要究心"有些矛盾。实际上这正是法演禅师教育的高妙之处，在佛鉴慧勤禅师对于细节关注不够的时候，师父强调注重细节，在佛鉴慧勤禅师关注细节

---

① 《禅林宝训》卷1，《大正新修大藏经》第48册，第1019页。
② 《禅林宝训》卷1，《大正新修大藏经》第48册，第1019页。

管理之后，又告诉他不要拘泥细碎，要严以律己、宽以待人，以此总览全局、纲举目张。

（二）慎行于初　谨终如始

佛眼清远（1067—1120 年）是杨岐派三传弟子，曾住持过三个寺院，都非常兴盛。他管理寺院的关键原则就是"举措施为先须筹虑"，不可率尔行事。清远禅师云："林下人发言用事，举措施为，先须筹虑，然后行之，勿仓卒暴用。或自不能予决，应须咨询耆旧，博问先贤，以广见闻。补其未能，烛其未晓。岂可虚作气势，专逞贡高，自彰其丑。苟一行失之于前，则百善不可得而掩于后矣。"① 作为出家人，发言行事乃至实施管理寺院的举措，一定要仔细谋划、深思熟虑，然后实施，不可仓促行事。有些事情自己无法决断，应该多向寺中年长有德之人请教，以增长见闻补己之短。切忌虚张声势、自我标榜、一意孤行。如果一个人因草率冒失做错了一件事，以后做一百件好事也难以改变别人对你的看法了。《禅林宝训》记载，"灵源惟清和尚住舒州太平。每见佛眼临众周密，不甚失事。因问其要。佛眼曰：用事宁失于宽，勿失于急。宁失于略，勿失于详。急则不可救，详则无所容。当持之于中道，待之以含缓，庶几为临众行事之法也"②。灵源惟清和尚住在舒州太平寺时，常见佛眼清远禅师管理寺院，各种事情都处理得周到细密，很少发生失误，就向他请教。佛眼禅师告诉他说：做事宁可失之于宽缓，不可失之于急迫；宁可失之于简略，不可失之于详细。因为事情若急促推进，有失误就无法补救；做事情若每个细节都较真就难以容谅他人。管理者应当掌握"中道"的原则，做事缓和稳重一些，这是管理大众、处理事务的基本法则。

圆悟克勤也曾云："住持以众智为智，众心为心。恒恐一物不尽其情，一事不得其理。孜孜访纳，惟善是求。当问理之是非，讵论事之大小。若理之是，虽靡费大，而作之何伤。若事之非，虽用度小，而除之何害。盖小者大之渐，微者著之萌，故贤者慎初，圣人存戒。涓涓不遏，终变桑田，炎炎靡除，卒燎原野。流煽既盛，祸灾已成，虽欲救之，固无及矣。古云：不矜细行，终累大德，此之谓也。"③ 圆悟克勤禅师认为，作为寺院住持应该集众人的智慧为自己的智慧，以公众的心意为自己的心意，常担忧自己是否有事情做得不合情理。时时访贤纳谏，惟善是求。凡所要做的事，不论事之大小，但问是否合乎公理。如果事情合理，即使费用巨大也要放手去做。如果事情与理不合，虽然花费很小也不能去做。因为小的可以逐渐形成大的，隐微的也可能发展成为明显的，贤明的人总是慎行于初、防微杜渐。如涓涓细流不加止遏就会演变成洪水淹没桑田。星星之火不及时扑灭终成燎原之势。

作为寺院的管理者，不仅仅要慎行于初，还要有始有终。圆悟克勤曾和他的弟子大慧宗杲禅师说："大凡举措，当谨终始。故善作者必善成，善始者必善终。谨终如始，则无败事。古云，惜乎衣未成，而转为裳，行百里之半于九十。斯皆叹有始而无终也。故曰：靡不有初，鲜克有终。"④ 实施每一个管理寺院的举措，都要慎始慎终，善于开创局面的

① 《禅林宝训》卷 2，《大正新修大藏经》第 48 册，第 1026 页。
② 《禅林宝训》卷 2，《大正新修大藏经》第 48 册，第 1023 页。
③ 《禅林宝训》卷 2，《大正新修大藏经》第 48 册，第 1025 页。
④ 《禅林宝训》卷 2，《大正新修大藏经》第 48 册，第 1025 页。

人必然要善于收获好的成果，善始者必善终，能够自始至终保持谨慎，才不至于失败。古人说：上衣刚做一半却改做裤子，一百里的行程已走九十里却又放弃，这都是慨叹那些有始无终、半途而废的人。《诗经》上说：起初都能好好去做，但能坚持到最后却很少。

（三）分清缓急 留有余地

雪堂道行是佛眼清远的法嗣，杨岐派四传弟子。他曾指出作为一个寺院的住持，有很多事情，管理者要分清楚事情的轻重缓急，有条不紊地加以处理。雪堂道行禅师曾对其弟子且庵守仁禅师说："执事须权重轻，发言要先思虑，务合中道，勿使偏颇，若仓卒暴用，鲜克有济。就使得成，而终不能万全。予在众中，备见利病，惟有德者，以宽服人，常愿后来有志力者，审而行之，方为美利。"① 作为住持，做事情一定要权衡轻重，发表意见之前也要深思熟虑，务使言行中肯，不可偏颇。如果仓促行事，很难顺利成功；就算侥幸成功也难免会留后患。道行禅师曾经详备观察过许多人成败的原因，得出结论，只有德行高尚的人以宽缓之道、宏大之气使人心悦诚服。因此道行禅师期望其弟子宽厚处事，谨言慎行，以此获得完美的结局。雪堂道行还引用灵源惟清禅师的一段话，谈论做事情的取舍之道："古人有言，譬为土木偶人相似。为木偶人，耳鼻先欲大，口目先欲小。人或非之。耳鼻大可以小，口目小可以大。为土偶人，耳鼻先欲小，口目先欲大。人或非之。耳鼻小可以大，口目大可以小。夫此言虽小，可以喻大矣。学者临事取舍，不厌三思，可以为忠厚之人也。"② 有人用泥土塑人像，有的人用木材雕刻人像。用木雕时，耳朵、鼻梁先要留大一些，嘴巴、眼睛的孔窍先要做小一些，因为这样会留有余地，耳朵、鼻梁大可以逐渐削小，嘴巴和眼睛的孔窍小可以逐渐凿大。而用泥土塑人像则正好相反，耳、鼻的部位先要小，嘴巴、眼睛先要大。因为耳、鼻若嫌小，可以用泥土逐渐培大。嘴巴和眼睛的孔窍要是嫌大，可以增加泥土使它变小。这些日常小事却蕴含大道理，学者在个人修养以及管理寺院之中，面临取舍的时候，应该根据具体情况，分清轻重缓急，凡事留有余地，这样才可以成为忠厚的人。

七、防患革弊需兼顾

（一）君子思患而预防

《周易》作为中国传统文化的核心经典，强调防患于未然的思想，"凡事预则立，不预则废"，"君子思患而预防之"，"君子做事谋始"，"臣弑其君、子弑其父，非一朝一夕之故，其所由来者渐也，由辨之不早辩也"。这些名句都来源于《周易》。水庵师一禅师也引用《周易》的话语来阐释管理应防患于未然的思想。"易言，君子思患而预防之。是故古之人，思生死大患，防之以道，遂能经大传远。今之人谓求道迂阔，不若求利之切当。由是竞习浮华，计较毫末，希目前之事，怀苟且之计。所以莫肯为周岁之规者，况生死之虑乎。所以学者日鄙。丛林日废，纲纪日坠，以至陵夷颠沛，殆不可救。嗟乎！可不

---

① 《禅林宝训》卷3，《大正新修大藏经》第48册，第1029页。
② 《禅林宝训》卷3，《大正新修大藏经》第48册，第1029页。

鉴哉。"①《易经》既济卦说，君子做事要考虑其弊端而加以预防。所以古人思考"生死"是人之大患，以佛教的觉悟之道法可以预防和解决生死之患，所以他们的教化思想可以流传久远。然而现今的人目光短浅，认为解决生死之道太遥远，不如求财求利更为现实，于是纷纷追名逐利，计较眼前的利益得失，让他们以一年为期限来看稍微长远的利益都不愿意，又怎么会以百年生死乃至生生世世的长远眼光来谋划呢？所以现在学者见识越来越鄙陋，寺院的礼法越来越弛废，制度也形同虚设，寺院越来越衰败，有志之士应该反省。水庵还曾以月堂道昌禅师的管理风格来阐述防微杜渐的重要性。月堂道昌无论住持哪个寺院，都不派人出外化缘，不登门拜访达官贵人，每年根据寺院经济状况量入为出，寺中有人见寺院生活困难，自愿出外募缘，但都被月堂禅师阻止。僧人们质问水庵师一禅师："佛戒比丘，持钵以资身命，师何拒之弗容？"月堂回答说："我佛在日则可。恐今日为之，必有好利者而至于自鬻矣。"② 佛在世时当然可以，但时代不同了，现在如果仍出门化缘，恐怕有一些好利之徒中饱私囊，浪费信众的捐献，以至将来必招地域的恶报。水庵师一禅师赞叹月堂道昌禅师"防微杜渐、深切著明，称实之言，今犹在耳"③。

（二）革弊需待问题现

对于可能出现的问题的苗头，要采取预防原则，将其消除在萌芽未现之时，对于已经存在的弊端，则应当在问题充分暴露以后加以革除。

佛陀"因事制戒"的原则就是等到事情的弊端产生后，让僧众、信众确实看到错误造成的后果，再制定严格的戒律，让大家共同遵守。例如，释迦牟尼传法早期，并没有酒戒，直到一位阿罗汉莎伽陀喝醉了酒，露出丑态，释迦牟尼才因事制定不饮酒的戒律。根据《佛说优婆塞五戒相经》的记载，佛陀的弟子莎伽陀经过努力修行，证得了阿罗汉果，并具备了神通之力。古印度的支提国贤主城有一条叫做庵婆罗提陀的恶龙，为害一方，破毁所有谷物使农民没有收成。长老莎伽陀以神通之力把这条毒龙降服了，他的名声广为流传，所到之处大家都准备食物供养。有一个贫穷的女人邀请长老去她家里接受供养，长老吃了这家人所做的酥油乳糜，女主人认为长老吃了这些酥油乳糜会发寒，就取出无色透明的酒拿给莎伽陀，长老没看就喝了，喝完之后为女人宣讲佛法，然后离开。回寺的路上酒力发作，倒在地上，僧服、滤水囊、钵、禅杖、油囊、草鞋、针筒散落一地，佛看到这个状况之后，就令阿难召集僧众前来，问这些僧众："'曾见闻有龙名庵婆罗提陀，匈暴恶害，先无有人到其住处，象马牛羊驴骡骒驼，无能到者，乃至诸鸟无啖过上，秋谷熟时破灭诸谷，善男子莎伽陀，能折伏令善，今诸人及鸟兽，得到泉上。'是时众中，有见者言：'见，世尊！'闻者言：'闻，世尊！'佛语比丘：'于汝意云何，此善男子莎伽陀，今能折伏虾蟆不？'答言：'不能，世尊！'佛言：'圣人饮酒尚如是失，何况俗凡夫如是过罪，若过是罪皆由饮酒故，从今日若言我是佛弟子者，不得饮酒，乃至小草头一滴。亦不

---

① 《禅林宝训》卷 4，《大正新修大藏经》第 48 册，第 1034 页。
② 《禅林宝训》卷 4，《大正新修大藏经》第 48 册，第 1035 页。
③ 《禅林宝训》卷 4，《大正新修大藏经》第 48 册，第 1035 页。

得饮.'"① 佛陀教导弟子对比莎伽陀饮酒前后的状态，不饮酒时可以降服毒龙，饮酒以后连癞蛤蟆也不能降服，由此制定"酒戒"。

佛鉴慧勤禅师也继承了佛陀"因事制戒"的思想，他曾对弟子龙牙智才禅师说："欲革前人之弊，不可亟去。须因事而革之，使小人不疑，则庶无怨恨。予尝言：住持有三诀，见事，能行，果断。三者缺一，则见事不明，终为小人忽慢，住持不振矣。"② 新任住持想要革除前任留下来的积弊，不能马上就推出改革方案，应该等待一个具体的错误事实出现，再处理个案的基础上议定制度，从体制上革除这个弊端，这样才不会使小人产生疑惑。如果具体问题没有出现就推出改革措施，往往会被小人误解为新官上任为树立自己威信而随便烧的三把火。佛鉴慧勤禅师还总结了做住持的三个方法。第一，能洞见事情发生的前因后果；第二，明白事情的前因后果之后，能制定并实行正确的处理方案；第三，实施正确的方案，必然会触及一些旧的体制和利益阻碍，对此要果断推进，不可优柔寡断。这三法中若缺一法，都是见事不分明，其革新的举措就会被小人怠慢阻挠，使住持之道不能振兴。

结　　语

本文从智德双运、廉洁简朴、施惠僧众、执行法度、才财兼具、谨终谨始、防患革弊这几个层面，总结了两宋时期杨岐派数代禅师的管理思想，这些基本的管理原则不仅可以为现代寺院管理所继承、借鉴，也对世俗社会的各类组织管理有启迪意义。

（作者单位：武汉大学国学院）

---

① 求那跋陀罗译：《佛说优婆塞五戒相经》，《大正新修大藏经》第 24 册，中华电子佛典协会（CBETA）网络版，第 944 页。

② 《禅林宝训》卷 2，《大正新修大藏经》第 48 册，第 1025 页。

明崇祯经筵日讲初探

□ 谢贵安

　　经筵日讲是中国传统社会皇帝的教育制度，至明朝又有新的发展，形成了比较完整的体系。从太祖时的实践，到正统间的正式建立，一直延续到崇祯末期。虽中有停辍，但总体上延续不绝。关于明朝经筵日讲的研究，目前有不少成果，对整个明代的经筵日讲制度进行探讨的代表性成果，为胡吉勋的《明代宫廷制度史》第九章《教育仪制》①、张英聘的《试论明代的经筵制度》② 和宋秉仁的《明代的经筵日讲》③，但都对崇祯朝着墨不多。对明代历朝经筵日讲作专题研究的成果也有不少，如太祖、世宗、穆宗、神宗、熹宗诸朝的经筵日讲均有探讨④，但迄今未见对崇祯朝经筵日讲进行专题研究的论著发表。本文试作初探。

一、崇祯经筵日讲过程

　　崇祯帝（思宗）于天启七年八月继位，不久就有人提出开经筵的主张。天启七年十月三日，工科都给事中郭兴治言五事："开经筵、勤召对、慎起居、补考选、课职业。"帝是之。⑤ 是月九日，开始为日讲作准备，补翰林院侍读徐时泰、检讨雷跃龙、李若琳为

---

① 赵中男等：《明代宫廷典制史》，紫禁城出版社 2010 年版，第 394~450 页。

② 张英聘：《试论明代的经筵制度》，《明史研究》第 5 辑，黄山书社 1997 年版。

③ 宋秉仁：《明代的经筵日讲》，《史耘》1996 年第 2 期。

④ 朱鸿林：《明太祖的经史讲论情形》，《中国文化研究所学报》2005 年第 45 期，第 141~172 页；朱鸿林：《嘉靖皇帝与其经筵讲官的互动》，Chapter in David Robinson, ed., Culture, Courtiers, and Competition: The Ming Court (1368-1644). Cambridge, Mass: Harvard University Asia Center, 2008, pp. 186-230；朱鸿林：《高拱与明穆宗的经筵讲读初探》，《中国史研究》2009 年第 1 期；朱子彦：《明万历朝经筵制度述论》，《社会科学战线》2007 年第 2 期；陈时龙：《天启皇帝日讲考实》，《故宫学刊》2013 年第 2 辑。

⑤ 《明□宗□皇帝实录》卷二，天启七年十月丙申。案：《崇祯长编》卷二（下），载：天启七年十月戊戌（五日），"工科都给事中郭兴言疏陈五事：开经筵、勤召对、慎起居、补考选、课职业。从之"。较前迟了二日。且前者为郭兴治，后者称郭兴。《明史》作"郭兴治"是，当从之。

日讲官。同时大学士黄立极等"请开经筵",帝命经筵"俟明春;日讲即十六日始"。①
另一处记载更为详细:"大学士黄立极等请开经筵及日讲。帝谕以经筵俟明春,日讲命于
本月十六日举行。"② 但两处记载都证明,崇祯帝的日讲是从天启七年十月十六日开始的。
是月十一日,辅臣黄立极等人"又进日讲诸款"。思宗"旨优答之"。③ 所谓进日讲诸款,
就是进呈了拟定的举行日讲时要执行的仪注。

天启七年十月十六日,崇祯帝"始日讲,御文华殿。礼部□侍郎孟绍虞、王祚远、
□中允孔贞运、翰林院侍讲徐时泰、检讨雷跃龙、李若琳儤直。是日讲《大学》《尧典》
各首节、《帝鉴图说》一则。上退御便殿,召阁臣、讲官,示以御书。故事:日讲官,一
直讲、一直读;[读]五次,御随读,始讲。是日,免进读。越三日,免讲《帝鉴图说》,
改《祖训》《通鉴》"④。这是思宗初开日讲,因此成为记载的焦点之一。《崇祯长编》也
有记载:"己酉,御文华殿日讲。讲臣讲《大学》及《尧典》首节与《帝鉴图说》一则。
越三日,命以《祖训》《通鉴》易《图说》。"⑤ 所述较前为略。三天后,思宗继续参加日
讲。十九日"壬戌,上御日讲,毕,召阁臣入便殿"⑥。至十一月八日,思宗"以深冬风
寒暂停日讲"⑦。据万历朝的规定,秋讲至十月二日结束,显然崇祯日讲听到十一月八日,
算是超过常规了。

崇祯元年正月十二日"甲戌,帝御文华殿讲读",讲毕,令阁臣、部院大臣与讲官上
言时事。⑧ 二月二日,礼部尚书孟绍虞遵谕条上八事,首条就是"收讲筵之实益",帝报
可。⑨

可以肯定的是,崇祯帝初御经筵的日期是二月二十一日。二月十日,为了即将举行的
经筵大典,任命太师英国公张惟贤、大学士施凤来为知经筵官,大学士张瑞图、李国
[木普]、来宗道、杨景辰为同知经筵官,礼部尚书侍郎等官温体仁、王祚远、何如宠、
吴宗达、黄士俊、成基命、曾楚卿、萧命官、姜逢元、叶灿、孔贞运、陈具庆、张士范、
徐时泰、倪元璐、李若琳为讲读官,编修江鼎镇、谢德溥、张四知、倪嘉善、黄锦、王锡
衮、张维机、王建极为展书官。⑩ 正式举行仪式前一日,为初开经筵特地举行了祭告仪

<hr>

① 《明□宗□皇帝实录》卷二,天启七年十月壬寅。案:据《崇祯长编》卷二(下)载,天启七
年十月甲辰(十一日),"辅臣黄立极等题补侍读徐时泰、检讨雷跃龙、李若琳充日讲官"。任命的日期
似较前文晚了二日。晚明官史无载,私史所载比较纷乱。

② 《崇祯长编》卷二(下),天启七年十月辛丑。案:辛丑为八日,较前记载迟了一日。记载纷乱
是晚明文献的基本特征。

③ 《崇祯长编》卷二(下),天启七年十月甲辰。

④ 《明□宗□皇帝实录》卷二,天启七年十月己酉;谈迁:《国榷》卷八八,天启七年十月己酉,
中华书局1958年版,第5393页。

⑤ 《崇祯长编》卷二(下),天启七年十月己酉。

⑥ 《明□宗□皇帝实录》卷二,天启七年十月壬戌;《崇祯长编》卷二(下),天启七年十月壬
戌。

⑦ 《崇祯长编》卷三,天启七年十一月辛未。

⑧ 《崇祯长编》卷五,崇祯元年正月甲戌。

⑨ 《崇祯长编》卷六,崇祯元年二月甲午。

⑩ 《崇祯长编》卷六,崇祯元年二月壬寅。

式。崇祯元年二月二十日"壬子，以举行经筵，告于列圣帝后、孝纯皇后及熹宗几筵"①。次日，便正式举行了经筵大典。二十一日"癸丑，帝御经筵。讲《大学》《尧典》各一章，赐知经筵官张维贤、施凤来及讲官温体仁等宴，并金币有差"②。对此，《崇祯实录》也有相似的记载：二十一日，思宗"始御经筵，赐讲官宴及金帛"③。需要辨析的是，《崇祯实录》此前还曾记载正月十九日"癸未，始御经筵"④，究竟是十九日始御经筵，还是二十一日，笔者认为当为二月二十一日为是。因为前朝的经筵初开都在二月，绝无正月初开的例子，正月只开日讲。且前引《崇祯长编》的史事甚明，二十日祭告，二十一日开经筵。正月十九日"始御经筵"的记载，应是晚明史事编纂仓促，误植于彼所致。另据《国榷》记载："癸丑，始御经筵。英国公张惟贤、大学士施凤来知经筵，大学士张瑞图等同知经筵，翰林院侍读学士温体仕等十六人直讲读，编修倪嘉善等展书。是日，讲《大学》《尧典》各一章。赐宴及金币。"⑤ 可为之证。由思宗于二十一日开经筵可知，崇祯朝的经筵日期有时候与以往不同，以前多为逢二举行，但思宗时则有单日举行的例子。崇祯的春讲至五月六日截止。五月六日，"以盛暑暂免讲读"⑥。

按以往的规定，春讲从二月十二日始，迄五月二日止，秋讲从八月十二日始，迄十月二日止。崇祯元年八月的秋讲，则始于八月六日。八月六日"甲午，帝御讲筵"⑦。与前朝相比，崇祯朝的春讲延长了四天，而秋讲提前了六天时间。九月九日，礼部右侍郎徐光启陈上讲筵事宜，"请日读《宝训》三条，及另辑《会典》"。思宗下旨"以《宝训》不必注解，有疑义特加剖析。《会典》不须另辑"⑧。

崇祯二年二月十二日"戊戌，帝御经筵"⑨。这个时间是合乎此前春讲起始规定的。看来是及时作了调整。至本月十五日，"辛丑，帝御讲筵开讲"⑩。这里的讲筵开讲，应该指是日讲。本年春讲何时结束，未见记载。但这年秋讲的起始，基本上合乎万历所定的规矩。崇祯二年八月一日"癸丑朔，帝御经筵，开讲后即每日讲读"⑪。虽然不是八月十二日开经筵，但也只不过提前了十一天。而其结束，则完全合乎以前的规定：十月二日"癸丑，停经筵"⑫。由于向万历所定的制度靠拢，又引起了一些大臣的担忧，以为思宗不像以前那样勤学了。十月二十六日，四译馆太常寺少卿吕维祺上疏指责"皇上初何尝不讲筵日御，近闻始多传免，进讲渐稀，皇上岂以为君德成就无关启沃乎？此微之当防者"。思宗报闻。

———————————

① 《崇祯长编》卷六，崇祯元年二月壬子。
② 《崇祯长编》卷六，崇祯元年二月癸丑。
③ 《崇祯实录》卷一，崇祯元年二月癸（巳）[丑]。案：本月无癸巳，故应为癸丑。
④ 《崇祯实录》卷一，崇祯元年正月癸未。
⑤ 谈迁：《国榷》卷八九，崇祯元年二月癸丑，中华书局1958年版，第5422页。
⑥ 《崇祯长编》卷九，崇祯元年五月丙寅。
⑦ 《崇祯长编》卷一二，崇祯元年八月甲午。
⑧ 《崇祯长编》卷一三，崇祯元年九月丙寅。
⑨ 《崇祯长编》卷一八，崇祯二年二月戊戌。
⑩ 《崇祯长编》卷一八，崇祯二年二月辛丑。
⑪ 《崇祯长编》卷二五，崇祯二年八月癸丑。
⑫ 《崇祯长编》卷二七，崇祯二年十月癸丑。

　　到了崇祯三年正月一日，大学士韩爌等"以旧例正月上旬日讲，请择吉开讲一日，事平举行"，获得思宗的同意。① 然至正月三十日，大学士李标等"请以二月十一日举经筵"，但"帝命暂免"。② 怠学之心已现。一般的日讲都是正月即开，但本年至三月十日"始开日讲"③。至秋讲之期，工科给事中顾光祖于八月七日上言："难得者时，保时者几，察几者学。谨叩心沥胆，条奏六事"，首先就是"缉圣学"，指出："《书》曰'王人求多闻，时惟建事，学于古训，乃有获'。言人君睿智特达，虽由天纵，而启迪开导，必资学问。今经筵大典，辅臣业请举行。臣愿皇上精选词臣数员，使之分直进讲。上有疑则必问，下有见则必陈，用以开发义理而启沃圣心。又于退讲清燕之时，以所讲经书慎思明辨，何者为修身正心，何者为治国平天下之道。朝夕紬绎，措之躬行，则缉熙光明，而帝王心学可考之而不谬矣。"他还指责思宗"今经筵虽举，率拘常例。皇上之听讲也不终日，曾无反覆问辨之功。儒臣之进讲也有成规，尚乏从容启沃之益"。他建议"经筵之外，莫若于退朝之暇，时御便殿，召进辅臣。或讲学论道，上下古今一切军国之事，悉谋议而审行之"④。可能由于李标等人的劝谏，思宗恢复了秋讲。至是年十月二日"丁未，天寒，命暂止经筵"⑤。这正是秋讲截止的日期，思宗一天也不想多讲。而日讲也在不久后停止：十月二十七日，"冬寒，暂停日讲"。⑥ 万历初的日讲，可以一直延续到十二月。

　　崇祯四年正月十二日，"丙戌，始开日讲"⑦。但到了五月四日，"诏是日以后，暂免日讲"⑧。本年春讲经筵始开不详，但应该停于五月二日⑨。本年秋讲开始于几月几日，亦未见记载，但可以肯定的是，九月中已经开始日讲了。九月二十日，"以日讲官礼部侍郎罗喻义所进讲章，冗泛剿袭，不听辅臣驳正，反凌紊阁规。下部议处"⑩。两天后，罗喻义上奏辨解。⑪ 让人意想不到的是，思宗竟在秋讲期后，始开经筵。十月二日"壬寅，礼部请以是日开经筵。从之"⑫。十月二日，一般是秋讲结束的日期，而崇祯帝则同意礼部的建议，在此日开办经筵。这可能与当时的时局危机有关，让刚有怠学苗头的崇祯不得不以非常的态度，与大臣们共历经筵，讨论危局。不过日讲稍后便停辍了。十月二十九日，"大学士周延儒请自（二）〔三〕十后暂免日讲"。皇帝"报可"。⑬

　　崇祯五年，照例开了春季经筵，结束的日期例是五月二日。四月三十日，礼部疏请"经筵应照去年五月初二日例暂停"。帝"报可"。⑭

---

① 《崇祯长编》卷三〇，崇祯三年正月辛巳。
② 《崇祯长编》卷三〇，崇祯三年正月庚戌。
③ 《崇祯长编》卷三二，崇祯三年三月庚寅。
④ 《崇祯长编》卷三七，崇祯三年八月甲寅。
⑤ 《崇祯长编》卷三九，崇祯三年十月丁未。
⑥ 《崇祯长编》卷三九，崇祯三年十月壬申。
⑦ 《崇祯长编》卷四二，崇祯四年辛未正月丙戌。
⑧ 《崇祯长编》卷四六，崇祯四年五月丁丑。
⑨ 《崇祯长编》卷五八，崇祯五年四月丁酉。
⑩ 《崇祯长编》卷五〇，崇祯四年九月辛卯。
⑪ 《崇祯长编》卷五〇，崇祯四年九月癸巳。
⑫ 《崇祯长编》卷五一，崇祯四年辛未十月壬寅。
⑬ 《崇祯长编》卷五一，崇祯四年十月己巳。
⑭ 《崇祯长编》卷五八，崇祯五年四月丁酉。

此后，思宗的经筵日讲与危亡的时局紧紧联系在一起。皇帝对经筵日讲的需要超过以往，甚至连日经筵，并要求讲官直言不讳。崇祯七年三月五日，"上御文华殿日讲"①。闰八月十一日，"上御文华殿日讲"②。九月十二日，日讲官、少詹事文震孟请告退。不允。③ 十月十三日，"上连日御经筵，遇雪不辍"，还告谕讲官尚书韩日缵、姜逢元、侍郎陈子壮、少詹事文震孟、谕德姜曰广、倪元璐、修撰刘若宰"言毋忌讳"。④ 此事在《罪惟录》中也有记载：七年冬，"御经筵，遇雪，不辍"⑤。然而，不时传来天灾人祸的坏消息打乱了经筵日讲的正常秩序。崇祯八年正月，"地震皇陵，上免经筵，素服避殿。已而中外多故，专任召对，上严，多所诘责"⑥。二月十二日，"上传免经筵。时凤阳失事报至"⑦。九年二月十二日，"经筵届期，诸臣俱候于文华门外而大雪不止。至午后，上不出，传免"⑧。

崇祯十一年二月十二日，"御经筵"⑨。四月十二日，"御经筵毕，召六部诸臣"，与杨嗣昌有交集。⑩ 三月，黄道周在经筵中见有丧在身的杨嗣昌穿"吉服应召"⑪，这其实是思宗重用杨嗣昌的表现。是年七月一日，命服丧的杨嗣昌在日讲、召见时可"如常服随班"⑫。十四日，思宗召文武大臣和黄道周于平台，还谈到自己的体会："朕自御经筵后，略知学问无所为而为之谓之天理，有所为而为之谓之人欲。"⑬

越往后，思宗经筵和日讲的环境越动乱纷呈。讲学很难在一张安静的书桌上进行了。崇祯十四年正月三日，李自成破永宁，杀万安王朱采轻。十日"丙戌，御经筵"⑭。但是十五日"辛丑，李自成陷河南，杀福王常洵及前南京兵部尚书吕维祺"。可以说，崇祯帝虽然参加经筵和日讲，但已无法安心地学习经典，一门心思扑在与阁臣和讲官们讨论糟糕的时事上面。七月十二日"丙戌，上御经筵。念锦州事，问兵部近日何无边报？"并说"兵未离险，朕甚忧之"⑮。虽然时局纷乱，但思宗仍然坚持进行经筵日讲。崇祯十五年二月十日，"庚戌，御经筵"⑯。这是最后一次见载史籍的经筵活动，但思宗并未放弃经筵日讲制度。直到崇祯十七年二月九日，还在"以范景文、邱瑜为经筵讲官"⑰。二月二

① 《崇祯实录》卷七，崇祯七年三月辛卯。
② 《崇祯实录》卷七，崇祯七年闰八月甲午。
③ 《崇祯实录》卷七，崇祯七年九月乙丑。
④ 《崇祯实录》卷七，崇祯七年十月丙申。
⑤ 查继佐：《罪惟录》志卷一七《经筵总论》，四部丛刊三编景手稿本。
⑥ 查继佐：《罪惟录》志卷一七《经筵总论》，四部丛刊三编景手稿本。
⑦ 《崇祯实录》卷八，崇祯八年二月癸巳。
⑧ 杨士聪：《玉堂荟记》卷上，商务印书馆1950年版，第23页。
⑨ 《崇祯实录》卷一一，崇祯十一年二月丙午。
⑩ 《崇祯实录》卷一一，崇祯十一年四月乙巳。
⑪ 黄道周：《黄石斋先生文集》卷二《论杨嗣昌疏》，清康熙五十三年刻本。
⑫ 《崇祯实录》卷一一，崇祯十一年七月壬戌。
⑬ 《崇祯实录》卷一一，崇祯十一年七月（己）[乙]亥。
⑭ 《崇祯实录》卷一四，崇祯十四年春正月丙戌。
⑮ 《崇祯实录》卷一四，崇祯十四年七月丙戌。
⑯ 《崇祯实录》卷一五，崇祯十五年二月庚戌。
⑰ 《崇祯长编》（痛史本）卷二，崇祯十七年二月戊辰。

十六日，思宗还让"户部尚书倪元璐解任，仍归詹事府，专日讲"。① 这离三月十九日明朝灭亡、崇祯自缢只有二十一天的时间了。

二、崇祯经筵日讲内容

明代皇帝的经筵日讲有其固有的制度，在内容上都有相应的规定。但具体到每一个皇帝，所学的内容都有取舍，以及因速度快慢所带来的差异。

思宗所学的内容，虽然不外"四书"、"五经"和史书，但实际上学习了哪些，仍然是一个问题。思宗是从"四书"中的《大学》和"五经"中的《尚书》开始的，这与其他皇帝的经筵日讲顺序没有不同。天启七年（1627年）十月十六日，崇祯帝最开始进行日讲时，"日讲《大学》、《尧典》各首节、《帝鉴图说》一则"。但思宗觉得自己年龄已不再幼小，因此"免讲《帝鉴图说》，改《祖训》《通鉴》"②。当时学习的内容，一是"四书"中的《大学》的首章，一是"五经"中《尚书·尧典》的首章，以上两种是晨讲的内容；而午讲则教授《帝鉴图说》，后改为《皇明祖训》和《资治通鉴（节要）》。

此后，基本上是按照上面的顺序，往下讲授。崇祯元年二月二十一日举行经筵仪式时"讲《大学》《尧典》各一章"③。何吾驺在崇祯初"晋左春坊，充经筵讲官。尝进讲（《大学》）'畜马乘二'节，至'无如之何'句，吾驺正色起奏"，思宗"嘉叹之"。④这是讲授《大学》的记载。

崇祯三年（1630年）五月十三日，日讲官、左谕德文震孟上了一份奏疏，透露出当时经筵日讲，"四书"已讲到《论语·八佾》，"五经"则讲到《尚书》的《甘誓》和《五子之歌》。疏中称自己"每当进讲之日"，便根据时事的需要，引用《八佾》中的经典句子："见边兵不戒，圣心焦劳，综核事功，须挈纲领，刑法虽峻，猜疑渐生，于事未有所济，故于（《论语·八佾》）《君使臣以礼》章，劝皇上培养士气，推心感人，而辨贤奸，筹用舍，尤惓惓焉；见命将出师，莫有定算，功罪未审，赏罚未明，令敌据遵、永十有余旬，瞬息长夏，又将秋高，彼时时可来，我着着无备，梦如乱丝，绝少成绪，故于（《论语·八佾》）《管仲器小》章，引管子言'兵主不足畏'，则战难胜也，德必当其位，功必当其禄，能必当其官，信小人者失士也；见群小合谋，必欲借边才以翻逆案，虽圣意持之甚坚，而奸党图之愈急，故于（《论语·八佾》）《子语鲁太师乐》章，愿皇上剖晰是非，分别邪正，而曰一音杂而众音皆乱，一小人进而众君子皆废，盖天下容有无才误事之君子，而必无怀忠报国之小人，今以附逆无耻惨杀名贤之吕纯如，且藉奥援而思辨雪，消长剥复之关，甚可畏也"。与"四书"同时讲授的是"五经"，当时"五经"讲授的还是《尚书》，已学到了《甘誓》和《五子之歌》。文震孟继续指出："又见吏部尚书王永光身为六卿之长，独蒙皇上眷注，而假窃威福，倒置用舍，簸弄朝权，擅行私臆，故

---

① 《崇祯实录》卷一七，崇祯十七年二月乙酉。
② 《明□宗□皇帝实录》卷二，天启七年十月己酉；谈迁：《国榷》卷八八，天启七年十月己酉，中华书局 1958 年，第 5393 页。
③ 《崇祯长编》卷六，崇祯元年二月癸丑。
④ 陈澧：《（光绪）香山县志》卷一三《列传·何吾驺》，清光绪刻本。

于（《尚书》）《甘誓》章言：战胜攻取，非独左右之恭命，尤在六卿之得人，而曰用舍不淆于仓卒，则国是定而王灵畅，威福不假于信任，则神气振而敌忾扬，大抵皆为用人之人发也；又见永光无事不专而济之以狠，发念必欺而饰之以朴，机深计巧，投无不中，人皆知卢杞之奸邪，而咸畏林甫之岸谷，故以年例大典而变乱祖制，以考选公典而摈斥清才，举朝震恐，莫敢讼言，臣下雷同，非国之福，故于（《尚书》）《五子之歌》章言：识精明则环而伺者无所售其欺，心纯一则巧于中者无所技其隙，臣知皇上天纵聪明，必洞烛其情，不为所借，然为此语者，则忧治危明之极思耳。"①

文震孟前疏其实包含了很多次进讲《论语》时的情形。其中讲《论语》"君使臣以礼"一节，实际上起到了效用。此事另有记载称，刚毅严正的文震孟，在进讲《论语》"君使臣以礼"一节时"反复规讽"，为蒙冤下狱的大臣鸣不平。帝受感动，讲筵才结束"即降旨"，将大臣乔允升和胡世赏释放出狱。②

到了崇祯三年八月，"五经"已讲到《尚书·说命篇》。工科给事中顾光祖在奏请"缉圣学"时，引用了《尚书·说命》"王人求多闻，时惟建事。学于古训，乃有获"的话③，则似乎说明当时已学到了《尚书》的《说命》篇。崇祯四年九月，"五经"讲到《尚书·伊训》篇。当时日讲官罗喻义称"臣讲《尚书·惟我商王布昭圣武》一章，亦遍及京营之练、大阅之礼"④。

"五经"中的《春秋》也成为思宗经筵日讲的内容。崇祯七年十月十三日，文震孟"讲《春秋》，上论及仲子归琚，震孟对曰：'此见当时朝政有阙，以是类推，《春秋》之义实有裨于治道。'"⑤

"四书"除了《大学》《论语》外，还学了《孟子》。崇祯十一年四月十二日，思宗御经筵毕，召六部诸臣商议大事。"杨嗣昌述《孟子》'善战者服上刑'语，盖欲款塞，借之窥上指。"他通过引述《孟子》"善战者服上刑"，想与外夷讲和，看一看皇帝的意思。思宗指出："此昔贤为列国兵争，奈何欲出汉人下策？今后勿复尔尔。"又言湖广巡抚余应桂任将之失。杨嗣昌等人"上章引罪"。⑥ 这段记载表明，当时"四书"已讲过《孟子》。

此外，"五经"中的《周易》可能在经筵日讲中被讲解过。崇祯二年二月，"讲官姜曰广讽勿任情，勿信用小人"⑦，"勿信用小人"是《周易·师卦》"上六，大君有命，开国承家，小人勿用"的内容。但当时正在进讲"五经"中的《尚书》，是否同时也讲过《周易》，还需更多的证据。《皇明宝训》也曾作为讲读内容。崇祯元年九月九日，礼部右侍郎徐光启建议讲筵时"请日读《宝训》三条，及另辑《会典》"。思宗命令"以《宝训》不必注解，有疑义特加剖析。《会典》不须另辑"⑧。说明当时皇帝是同意学习《宝

① 《崇祯长编》卷三四，崇祯三年五月壬辰。
② 张廷玉等：《明史·文震孟传》，中华书局1974年版。
③ 《崇祯长编》卷三七，崇祯三年八月甲寅。
④ 《崇祯长编》卷五〇，崇祯四年九月癸巳。
⑤ 《崇祯实录》卷七，崇祯七年十月丙申。
⑥ 《崇祯实录》卷一一，崇祯十一年四月乙巳。
⑦ 查继佐：《罪惟录》志卷一七《经筵总论》，四部丛刊三编景手稿本。
⑧ 《崇祯长编》卷一三，崇祯元年九月丙寅。

训》的。

除了"四书"、"五经"、史书教材外，讲官还需要提前奏上配套的讲章，解释教材的意思和意义。崇祯四年九月二十日，思宗曾因为日讲官礼部侍郎罗喻义所进讲章"冗泛剽袭，不听辅臣驳正，反凌铄阁规，下部议处"①。对于这些讲章，崇祯特地允许可以在课堂上拿出来作参考。他体谅讲官记忆力差的苦衷，允许用讲章来提示。十五年八月二十二日，思宗"御文华殿日讲"。当时只有皇帝前面的案几上有讲章，讲官案上则无，讲官韩四维屡次遗忘，思宗"以矜凛宽之"，并要求日讲可照经筵例，也置讲章，如果皇帝有所疑，可据以问难，而讲官也不至于遗忘。② 讲章是教材的辅助资料。

三、日讲与议政紧密结合

此前的皇帝像世宗、神宗和熹宗，在经筵日讲时，常常流于形式，于是不断有大臣上疏要求皇帝"朝讲"，特别是将经筵日讲与议政相结合，在日讲之后，商议国事。但到了崇祯朝，由于内忧外患，思宗每天焦心劳力，费尽心思去应付李自成、张献忠和皇太极的步步紧逼，因此迫切需要在经筵日讲时与阁臣和讲官商讨时事，以前大臣们的那种学政结合的要求，不请自来。这是崇祯朝经筵日讲的一个特色。

按照以前的规定，经筵才结合时事进讲，而日讲只学习经史内容。但锐于求治的崇祯帝却要求讲官们在日讲时多多议政，解决现实问题。日讲官罗喻义，在所撰《尚书》讲章中有"左右之者不得其人"的话，并对京营兵制"有所兴革"大发议论。讲章呈内阁首辅温体仁审阅，温令其修改，罗喻义则反讥温首辅。温体仁乃上疏崇祯帝为自己辩解："故事，惟经筵进规多于正讲，日讲则正多规少。今（罗）喻义以日讲而用经筵之制，及令删改，反遭其侮"③。可见时移世易，经筵和日讲的任务已颠倒了过来。

要求在日讲时或日讲后商议时政的正是崇祯皇帝本人。天启七年十月十九日，"上御日讲毕，召阁臣入便殿"，拿出督师王之臣的疏，传示他们，指出："王之臣自云赘员，又云虚拘，非内臣牵制之耳！可尽撤各边内臣以救上。"④ 这是思宗的第二次日讲，就已迫不及待地要讨论边事。崇祯元年正月十二日，"帝御文华殿讲读毕，复令辅臣施凤来等及讲官孟绍虞等侍班于讲幄，召部院大臣至，谕之以月食修省，各令陈言"⑤。孟绍虞在崇祯改元后，"上初御经筵"时，"公以巨奸未珍，每进讲引古帝王明断寓讽"。思宗"敛容称善"⑥。崇祯元年三月七日，大学士李国［木普］条新政十事："一曰励必为之志，二曰务典学之益，于日讲之时，不论古义今事，间举一二，以询讲臣，俾反覆竟所欲言。辅臣侍侧，亦竭其千虑之一，以补讲臣所未备。"⑦ 这是顺着思宗的思路提出的建议。

崇祯七年三月五日，思宗"御文华殿日讲毕，阁臣退，命再入，问陈奇瑜今安在?"

---

① 《崇祯长编》卷五〇，崇祯四年九月辛卯。
② 佚名：《明内廷规制考》卷二，清借月山房汇钞本。
③ 张廷玉：《明史·罗喻义传》，中华书局1974年版，第5717页。
④ 《明□宗□皇帝实录》卷二，天启七年十月壬戌。
⑤ 《崇祯长编》卷五，崇祯元年正月甲戌。
⑥ 张自烈：《芑山诗文集》卷一七《明资政大夫孟公绍虞传》，清初刻本。
⑦ 《崇祯长编》卷七，崇祯元年三月戊辰。

温体仁对曰："闻在延绥。今彼请饷三十万。"思宗指出："已留新饷。"钱士升说："新饷虽留，此时官未尽征，恐难济急。至于难氓，势必资遣方可得生。但期以免死，势终为贼。"思宗"低回久之"，乃谕曰："近来用人拘于资格，乙榜巡抚若以为怪。"① 闰八月十一日，思宗"御文华殿日讲毕"，仍召阁臣曰："敌出口，宜先招抚难民，援兵可撤者当尽撤之。"王应熊对曰："彼利子女金帛耳。田禾未损，援兵屯驻城西刈禾。牧马民甚苦之。"钱士升亦以为言。②

崇祯十一年二月十二日，思宗"御经筵毕，召詹事府翰林院诸臣顾锡畴等二十余人问保举考选，孰为得人？"少詹事黄道周言："树人如树木须养数十年始堪任用。近来人才远不及古，况摧残之后，必须深加培养。"黄道周"既复班"，皇上又询之，他回答说："立朝之才，本乎心术；治边之才，存乎形势。先年督府未讲形势要害，事既不效，辄谓兵饷不足。其实新旧饷约千二百万可养四十万之师。今宁锦三协兵仅十六万，似不烦别求供之用也。"杨廷麟奏言："自温体仁荐唐世济，王应熊荐王继章二臣，皆败，荐者无恙，连坐之法先不行于大臣，而欲收保举之效，得乎？"思宗"色动，默然久之"③。关于杨廷麟对答一事，另有史料记载：是年二月"帝御经筵"时问杨廷麟："保举考，选何者为得人？"杨廷麟回答："保举当严举主"，并抨击推举唐世济、王维章的温体仁和王应熊。"帝为动色。"④ 四月十二日，思宗"御经筵毕，召六部诸臣"商议国事。⑤ 崇祯十四年七月十二日"丙戌，上御经筵。念锦州事，问兵部近日何无边报？"且曰："此举得解围，固为胜算，但兵未离险，朕甚忧之。"⑥可见，自始至终，思宗的经筵日讲都与现实政治相联系。日讲成为思宗处理国政的一个重要平台，可以说做到了讲学与议政合一。

四、余 论

由于崇祯为亡国之君，例无官修《实录》，其他文献率多无存，清初明史馆为修《明史》，才搜集了一些晚明史料，但凌乱残缺，因此崇祯朝的经筵日讲情况一向模糊不清。本文首次对崇祯朝的经筵和日讲进行考述和探讨，对其过程进行梳理，对其内容进行介绍，对其日讲与议政密切结合的特点作了分析，认为崇祯一朝对经筵日讲总体上比较看重，虽间有怠学倾向，但很快因现实需要而加强了这一讲学活动。

如前所述，思宗迫切需要在经筵日讲上与讲官们讨论迫在眉睫的现实问题。张岱曾指出崇祯"焦于求治，刻于理财，渴于用人，骤于行法，以致十七年之天下三翻四覆，昔改朝更"⑦。沧江漫叟在《东江遗事序》中也指出思宗"急于求治，率于用人，暗于度事"。由于"焦于求治"和"急于求治"，因此在日讲中经常与阁臣和讲官们商议朝政，让他们"言毋忌讳"，看似对讲官们比较尊重。但是，其刚愎自用的性格也在讲堂上表露

---

① 《崇祯实录》卷七，崇祯七年三月辛卯。
② 《崇祯实录》卷七，崇祯七年闰八月甲午。
③ 《崇祯实录》卷一一，崇祯十一年二月丙午。
④ 秦镛：《（崇祯）清江县志》卷八《人物志中》，明崇祯刻本。
⑤ 《崇祯实录》卷一一，崇祯十一年四月乙巳。
⑥ 《崇祯实录》卷一四，崇祯十四年七月丙戌。
⑦ 张岱：《石匮书后集》卷一，《烈帝本纪》，清钞本。

了出来，有时对讲官怒言相向。崇祯十一年二月，经筵日讲官、詹事府少詹事兼翰林院侍读学士黄道周"幸从经筵之后，得逢召对，冒昧陈言"，但是却惹得思宗大怒。三月，黄道周不得不回奏辩解，说自己"以前十二日从事经筵，亲睹圣主问察之勤，诸臣敢言之盛"，所以才贸然上奏，没想到受到皇帝的切责，"惶怖欲死"。①同年春河南孟津人王铎和饶平人黄锦讲课效果不好，引起思宗的不满。经筵讲官王铎讲《聪明睿智》一章，"分疏敬信悦字，反语太多，言时事又有白骨如麻等语"。思宗斥其"敷衍数语，支吾了事"，不能发挥精义，结果吓得他"出案前待罪"。黄锦讲《尚书》时，"声细而哀，无一字可辩。上不怿而罢"②。这使得讲臣们有时候不敢表达真实的想法和意见，在某种程度上，使大明王朝错失了一些挽救的措施和方略，最终堕入无底的深渊。

（作者单位：武汉大学历史学院暨中国传统文化研究中心）

---

① 黄道周：《黄石斋先生文集》卷二《补牍陈言疏》、《遵旨回奏疏》，清康熙五十三年刻本。
② 杨士聪：《玉堂荟记》卷二，民国嘉业堂丛书本。

明代科举与文学

明代会元别集所见 "馆阁写作" 研究[*]

□ 周 勇

明代馆阁文人职业范围的写作，我们称之为 "馆阁写作"，他们公务之外的诗古文一类作品，我们称之为馆阁文学。

明代的仕宦，虽然号称多途并用，但实际上只有科举入仕才是为人看重的正途，贫寒之家倚此改换门庭，簪缨世族则借此绵延福泽。过于单一的人生价值实现途径，造成了多数士人自我评价和社会评价的高度体制化。在这样的语境下来衡估明代会元别集所见 "馆阁写作" 和馆阁文学，会元科名及与其相关联的仕宦路径是我们考察和分析的起点。

一、明代会元的任职情形

在明代，不拘资格的用人政策只是作为一条原则或是在某一阶段（如明初）一度奉行，总体上，官员铨选的核心尺度是科名高下，不同的科名具有不同的任职范围，中后期尤其如此。比如，举人和监生通常选任教职或地方的副职官员；进士则主要出任京官和各地尤其是富庶地区的守令官。会元是进士中的佼佼者，虽然他们还需要经过殿试的排名确认而不是以会元的身份授职，但是一个显而易见的事实是，会元的殿试名次往往靠前，87位明代会元中，有37人位列一甲（含状元9人），占42.5%，加上传胪（二甲首和三甲首）的13人，则有过半数（50人，57.5%）的会元获得巍科，若再算上二甲较高的名次（前十），便有近八成的会元在殿试中获得选官的有利位置。此外，选官时还有一个不成文的惯例，即向会元倾斜。例如，陆树声、冯梦祯都是恃才简傲的人，不肯趋奉权相严嵩和张居正，在庶吉士散馆授职时二人虽因而略有波折，但终以会元身份而得以留任于翰林院，故于慎行为陆树声所作墓志云："故事，南宫第一人，被选必授馆职。"[①] 朱国桢亦

* 本文是国家社科基金项目 "科举与文学视野下的明代会元别集研究"（项目批准号：13CZW042）的部分研究成果。

① （明）于慎行：《谷城山馆文集》卷二十二，《四库全书存目丛书》集部第147册，齐鲁书社1997年版，第632页。

感叹："分宜虽贪，江陵虽愎，绝不令会元既入馆，复为它官，彼视一编修，只是本等官。"① 会元与翰林院编修之间，在明代确有一条绿色通道。

我们根据多种明代传记资料逐一考察了明代会元的仕宦经历，其情形可归纳为如下几种：（1）从任职品级来看，仕至一品的会元有 8 人，仕至二品的有 14 人，仕至三品的有 13 人，仕至四品的有 10 人，以上合计 45 人，占总数之半，其中有 12 位会元入阁，他们是：刘定之、商辂、岳正、彭华、王鏊、梁储、张治、袁炜、王锡爵、李廷机、施凤来、周延儒。一般而言，五品以上即属高级官员，在待遇和礼仪上均与五品以下者有别。② 高科与朊仕相关联，在会元身上表现得较为明显。（2）从任职地域来看，只有 15 位会元有过地方任职经历，且多为贬谪降调（如岳正、邵锐、邹守益等），时间短暂，并非常态，会元担任京职（包括南京）的比例极高。（3）从任职部门来看，会元出身者以任职于翰林院、詹事府等清要衙门为主。以鼎甲及第的会元直接授予翰林院修撰、编修等史职③，而非鼎甲及第的会元中也只有朱缙、陈中、叶恩、赵鼎、陈诏、姚夔、陈选、林春、许谷、吴默等 10 人未被选为庶吉士（未考选的科次不计），且多数是因明前期庶吉士考选尚不规范所致，被选为庶吉士的会元则几乎全部留任翰林院（只有杨相、洪英、赵时春三人例外）。从整体来看，大部分会元（尤其是较有名望者）都有任职于翰林院的经历，有些还终生不离馆职，如黄子澄、刘定之、商辂、吴宽、王鏊、袁宗道等，他们在政治、学术、文学诸方面都颇有建树，有些还是某一领域的标杆。而完全没有翰林院任职经历的会元不仅不多，且名声不显，只有姚夔（政事）、孙铋（兵事）、林春（理学）、储巏（诗歌）、吴默（八股文）等数人稍有影响。由此可见，会元与翰林院之间有着显著的身份关联，会元与馆阁文人之间只有一步之遥。

明代翰林院始设于吴元年（1367 年），在明初，其建制多有变动，至洪武十八年更定为正五品衙门，形成了包含学士、侍读学士、侍讲学士、侍读、侍讲、修撰、编修、检讨、五经博士、典籍、侍书、待诏、孔目等层级的官制系统④，专司笔札文翰之事。相对于前代而言，明代翰林院在性质、功能和地位方面既有承续，亦有变化。一方面，它剥离了唐宋翰林院储养医学、艺术等各类专业人才的职能，而更为突出文学侍从的性质，正如王鏊所云："今翰林在外，虽非复唐宋之深严，然非文学之臣不预，无复工

---

① （明）朱国桢：《涌幢小品》卷十"留馆职"条，中华书局 1959 年版，第 211 页。又如，正德戊辰科会元邵锐被选为庶吉士，散馆时因耻与焦芳、刘宇之子为伍，具疏辞免编修职，其兄劝阻他说："以会元而得史职，亦分耳，何辞为？"见焦竑：《玉堂丛语》卷 7《恬适》，中华书局 1981 年版，第 235 页。

② 如翰林官员之间交往时，"以科（第）为序，同年以齿序，官至五品以上则不拘，故云五品不拘"（张位《词林典故》"本衙门交际"条）。又如，五品以上者逝后可立碑，用墓碑文，五品以下者，则只用墓碣文，至于墓志墓表则有官无官者皆可用。

③ 一甲三人授予修撰和编修始于洪武二十一年戊辰科，并著为令，此后只有建文二年庚辰科鼎甲三人皆授修撰，其余皆如制。

④ 明代翰林官制沿革及各官职掌可参见《明史》卷七十三《职官二》、《殿阁词林记》卷十一、《翰林记》卷一、《明会典》卷一百七十四等。

伎、茶酒、医官、杂流,跬步卿相,视唐宋为重矣。"① 另一方面,明代翰林院又整合了唐宋以来翰林学士院、秘书监、史馆、中书舍人等衙署的职任,"兼前代两制、三馆、二史之任"②。其职掌范围较广,主要有:(1)草制。黄佐云:"翰林职代王言……国朝两制悉归本院,非鸿儒历显秩者不可掌,而以中书主誊写。"③ 这就改变了由翰林学士和中书舍人分掌内、外制的格局。明代的内制包括制敕、诰命、册表、宝文、谕祭文、露布、祝辞、檄文、经筵讲章、揭帖等,种类繁多,外制则为文官诰敕。草制是命题作文,虽然每一种文体都有固定的格式,但仍要求具有很高的政策水平和文字能力。(2)顾问和进讲。翰林属文学侍从之臣,与皇帝关系密切,时常要预备对答,举凡经书义理、政务方针、文史疑难等都在顾问之列,这要求翰林官具有较广的知识面。④ 经筵和日讲是皇帝研习经史的活动,讲官由翰林正官担任。(3)修书和试士。凡修纂实录、史志等书,例由阁臣领衔,翰林史官负责具体修撰,其他订辑经传、纂修玉牒、宝训等也是翰林职事。在廷试、会试、两京乡试中,翰林官是主要的主持者和阅卷人。这两项职务要求翰林官具有为天下士子所向慕的文章写作(尤其是时文写作)水平。从以上职掌来看,明代翰林院是集政治、学术、文化、教育等多方面功能为一体的综合性机构,地位十分重要。会元任职于翰苑,虽然品级不高,但一则无繁剧冗杂之务,二则升迁前景极好⑤,是名副其实的"清华之选"。

明代翰林院之"清华",不仅在于其职掌,而且在于翰林院与朝廷之间并无明确的区隔。(1)明代的内阁不是独立机构,而是一个与翰林院息息相关的职衔。《明会典》无内阁条目,而是附于翰林院之下,明人有称内阁为翰林院"内署"的,而阁臣也多数由翰林官升任或兼任。随着内阁地位的提高,尤其是正统之后翰林院衙署由禁中移至长安左门外,似乎也可将翰林院视作内阁的"外署"⑥。我们倾向于认为内阁是翰林院的特殊部分,因此不能同意清代昭梿将两者截然分开的看法⑦。由于翰林院与朝廷息息相关,政务性写作始终是翰苑职守的基本内容,也是会元写作的基本内容。(2)翰林院官常与辅导、教育太子的詹事府、春坊、司经局互兼职事,以致东宫官与翰林官几乎是同一套班子,这就有利于融洽翰林官与后任皇帝的关系,并对翰林官本人的仕途产生明显影响。基于以上

---

① 王鏊:《震泽长语》卷上,景印《文渊阁四库全书》第 867 册,第 203~204 页。(本文所引景印《文渊阁四库全书》皆为台湾"商务印书馆"1982—1986 年版,以下出注不再交代版本信息)

② 周应宾:《旧京词林志》卷 3 "纪典上",《四库全书存目丛书》史部第 259 册,齐鲁书社 1997 年版,第 398 页。

③ 黄佐:《翰林记》卷十一《知制诰》,中华书局 1985 年版,第 137 页。

④ 《玉堂丛语》卷一《文学》记景帝阅画,见龙有翼而飞者,以之问内阁,内阁不知。史官陈继引《尔雅》对曰"应龙"。同书又记世宗阅给事中张翀奏疏中有"矞宇嵬琐"四字,问内阁,不知。杨慎取《荀子·非十二子》篇以复。参见焦竑撰,顾思点校:《玉堂丛语》,中华书局 1981 年版,第 21、28 页。

⑤ 关于翰林官的升迁可看《翰林记》卷五 "迁转" 和《万历野获编》卷十 "翰林升转之速"。

⑥ 王天有:《明代国家机构研究》,北京大学出版社 1992 年版,第 70 页。

⑦ (清)昭梿在《啸亭续录》卷一中说:"明代设翰林院于东长安门外,视之与部院等,坐耗俸资,毫无一事,惟以为入阁之阶。"(中华书局 1980 年版,第 398 页)

两点，明人多用"馆阁"一词指称包括翰詹内阁在内的王朝禁直机构。① （3）庶吉士的教育培养是明代翰林院的重要职能。内阁会同吏、礼二部在新科进士中择优考选若干人就学于翰林院，"置之清华宥密之地，资之以图书之富，养之以饩廪之厚，责之以迟久之效，而需之以远大之用"②。庶吉士享有优厚的文化资源、生活待遇和政治出路，散馆之后，最优者留任翰林院，其次授予科道之职，再次进入中央各职能部门，很少有放外任的。本来，王朝设立此一制度的初衷，就是为了弥补举业之学的欠缺，以储养一批能超越于政府实务（如各部行政事务）之上的国家管理人才，庶吉士也因此被人视为"储相"③。会元因其科名的高等，自是庶吉士人选的主要来源之一。

二、明代会元的馆课与讲章

在对明代会元的任职情形有一大略的了解之后，再来检视会元别集，其最为显著的"身份写作"大致有四类文字，一是馆课之作，二是经筵讲章之作，三是制敕之作，四是乡、会试录序（按常例，这是担任乡、会试主考或副主考官员的专属文字）。这些都是馆阁官员的职业性、公务性写作，从而与别集中大量的碑传序记诗赋等"非身份写作"有所区别。这里重点对馆课和讲章作些考察。

馆课（包括阁试）是庶吉士期间的习作，由于一甲三人一般也随该科庶吉士一同学习④，故不论是位居鼎甲还是被选为庶常，馆课在会元的文字生涯中都有其显著位置。但就现存会元别集来看，其数量并不多，大致有：黄观《黄侍中遗集》7 篇，章懋《枫山先生集》1 篇，钱福《鹤滩稿》7 篇，袁宗道《白苏斋类集》17 篇，陶望龄《歇庵集》56 篇，顾起元《懒真草堂集》4 篇，许獬《许钟斗文集》35 篇，杨守勤《宁澹斋全集》39 篇。其中，袁宗道、陶望龄、杨守勤和许獬四人的馆课已具一定规模，且袁、陶、杨三人之作还是集中编辑成卷的。此外，会元、榜眼王锡爵编有《增订国朝馆课经世宏辞》和《皇明馆课经世宏辞续集》，是历科馆课选集；会元、榜眼施凤来编有《重校订丁未科翰林馆课全编》⑤，收万历三十五年庶吉士及鼎甲共 21 人之作。以上三书均含有会元之作，可供参考。这是会元馆课的基本情况。

从写作体制来看，馆课的文体相当多样，如奏疏、表、诰敕、诏、露布、檄、致语、

---

① 如罗圯《圭峰集》卷一《馆阁寿诗序》云："今言馆，合翰林、詹事、二春坊、司经局，皆馆也，非必谓史馆也。今言阁，东阁也，凡馆之官，晨必会于斯，故亦曰阁也，非必谓内阁。然内阁之官亦必由馆阁入，故人亦蒙冒，概目之曰馆阁。"见景印《文渊阁四库全书》第 1259 册，第 7 页。

② 徐有贞：《武功集》卷三《送伊吉士序》，景印《文渊阁四库全书》第 1245 册，第 113 页。

③ 据统计，在明代 164 位阁臣中，由庶吉士出身者达 128 人，占 78%。见吴仁安：《明清庶吉士制度述论》，《史林》1997 年第 4 期。

④ 黄佐《翰林记》卷十四《考选庶吉士》云："天顺以前，一甲三人与庶吉士同读书，成化后久废，至弘治丙辰始复旧规，自后皆因之。"即便从成化元年算起，至弘治丙辰（九年），其间考选庶吉士只有五科，可算是偶例，故明代鼎甲与庶吉士同时就学属于常态。见黄佐：《翰林记》，中华书局 1985 年版，第 184 页。

⑤ 《增订国朝馆课经世宏辞》及续集为万历十八、二十一年周曰校刻本，有《四库禁毁书丛刊》本。《重校订丁未科翰林馆课全编》为万历三十七年金陵唐振吾刻本，《故宫珍本丛刊》据以影印。

议对、策、论、辨、考、解、说、序、记、传、评、颂、赞、箴、铭、赋、颂及古今体诗等，几乎涵盖了传统所谓古文辞的大部分文体类型，这表明，翰林院中的学习明显是与此前的举业相补充，并与此后的宦业相适应的。从应用类别来看，翰林馆课可略别为三种，即政务类的公文、学术类的论文和言志类的诗文。诏、诰、表、奏等公文是应用性最强、与翰林职任最为密切的文类，虽然士子此前亦略有染指，且科试第二场亦曾予考察，但分量远远不够，故公文训练是庶吉士习文的重要内容。作为典制文字，公文当然要求庄重典雅、正大明白，个性化不是此类文字的特点，狭义的文学性也不是它关注的重点。但我们读袁宗道的《拟辽东剿平东夷赐给总督蓟辽都御史诰文》（《白苏斋类集》卷八），读杨守勤的《拟汉武帝罢田轮台诏》（《宁澹斋全集》文部卷十二），确能从谐畅的音调中体会出一种宏阔的气象，感受到一种庄严的氛围。馆课中的奏疏大多现实针对性强，不务空言，如陶望龄的《正纪纲厚风俗疏》（《歇庵集》卷十二），总结风俗败坏的四端为"朝廷与臣工不交、大臣与小臣不交、大吏与有司不交、守令与百姓不交"，准确地揭示了万历中后期社会矛盾加剧的状况，《议国计疏》（《歇庵集》卷十二）则深忧切计于边患和内供，出语耿直，迫急之心可见。一般性地指责政务公文为陈词滥调并不合理。

论、辨、考、说、解等学术性文章是会元在馆中研习经史之学的心得，其主导的意识形态与此前的举业一脉相承。对于翰林院编纂经传书史和衡文取士的职能而言，此种学习尤为必要，即明成祖谕首科庶吉士所云："为学必造道德之微，必具体用之全，为文必并驱班、马、韩、欧之间。"[①] 在国家意识形态规约下的学术写作，其目的在于演练台阁思维和形成平正雅洁的文风，实现从此前举业的"代圣贤立言"到此后宦业的"代朝廷立言"的转换。此类文字以冠冕堂皇者居多，如许狮的《王者必世而后仁》《惟事事乃其有修》（《许钟斗文集》卷二）等篇。但也有一些篇章反映出作者和当世的思想现实，如袁宗道的《真正英雄从战战兢兢来》（《白苏斋类集》卷七）云：

> 夫收敛者，所以为恢弘，而有所不轻为者，乃其无不可为者也。……故夫号真英雄者，扃之至深，辟之至裕；钥之至密，张之至弘。有侗乎若童稚之心，而后有龟蔡之神智；有怯乎畏四邻之心，而后有貔虎之大勇。困衡胸中，口咕弗张，而后出其谋也若泉涌；踟蹰数四，曳踵弗前，而后出其断也若霆发。其心俯乎环堵之内也，而后其才轶乎宇宙之外；其心出乎舆台之下也，而后其才驾乎等夷之上。

此等思维取径和运语方式，与一味冠冕堂皇已有所不同。若再对读陶望龄《宁静致远论》（《歇庵集》卷七）中对动与静的诠解，当有助于我们理解公安派非体制化倾向的早期形态。袁氏的《士先器识而后文艺》（《白苏斋类集》卷七）、陶氏的《八大家文集序》（《歇庵集》卷三）都是馆课之作，同时也是公安派的重要文论。再如，杨守勤的《驳文中子好诈论》（《宁澹斋全集》文部卷十二）针对世情之诈伪感叹道：

> 夫世风之靡也，奢胜俭侈胜约也。世情之日趋而日诡也，诈乱真也。始则薄树之标以厚收其誉，终则阳藉其誉以阴济其私。盖诈之害世，有甚于真奢真侈者矣。

————————

① 黄佐：《翰林记》卷四《文渊阁进学》，中华书局 1985 年版，第 38 页。

这些话准确地概括了晚明奢靡世风和假道学充斥的现象，我们不能因其为馆阁之笔，便无视其价值。

至于会元馆课中的诗文之作，大体不出应制、酬答、咏物、咏史、题画等范围，好的不多，即便是陶望龄这样后来较有诗名的作者，也是如此（陶氏之诗后来的转变和进益与三袁的影响有关，此是后话，暂且不论）。稍可一读的有《帝京篇》《盆菊吟》《塞下曲》（俱见《歇庵集》卷一）等。《塞下曲》其二云："寒沙月黑生残烧，陇水秋高足断云。谁上孤台夜吹笛，傍河胡帐几千群。"苍劲可诵。馆课之诗强半为命题吟咏，是在预设的情境中抒发一种被规约的情志，颂圣歌德是其基调，铺衍成篇为其常态，难入今人之眼也并不令人感到奇怪。

总体来看，会元馆课之作，"文辞主典实不主浮华，体格贵雅驯不贵矫杰，议论贵切事情，不必以己意为穿凿，歌咏意在寓规讽，不得以溢美为卑谀"①。这种训练对馆阁文士的人品与文品都具有一定的型塑功能，从而对其别集中的其他文字也会产生微妙复杂的影响。

再说讲章。

与馆课首见于明代翰林院不同，讲章则前代已有。讲章是讲授经史时所用的文字依凭，也称讲义。作为一种文体，讲章大概兴起于北宋中期，与皇帝对儒学的讲习有直接关联，《词林典故》云："按讲义，自宋时已有之，宋范纯仁、刘安世等文集中，尚有经义数篇，盖即当时经筵所撰进者。但其体与明时不同，明日讲所进谓之直解。"② 在文体类别上，讲章属于下对上的一种体裁，《渊鉴类函》云："凡下所上……四曰讲章"③，故可归入奏议一类。《四库全书》别集类中所收宋代讲章，除《词林典故》提到的范、刘二人外，还有南宋徐经孙《矩山存稿》和徐鹿卿《清正存稿》中的数篇，但这些讲章尚无定体，与奏疏差别不大，只是内容固定为疏解经句而已。元代诸帝对儒学兴趣不大，其时经筵停废，讲章亦随之绝迹。

明代的科举教育促使各类讲章大有市场并逐渐细化。一部分是随着科举教育的发达而出现的所谓坊刻的"高头讲章"，其接受对象为一般士子，所讲内容紧密围绕考试范围而定。此类讲章重在应试，期在捷售，功利性强，不免良莠不齐，其风气甚至波及学术著述。《四库提要》对一些经部著述的评论往往以之为戒，如《易传阐庸》提要云："皆循文衍义，冗沓颇甚，不出坊刻讲章之习。"④《易经疑问》提要云："率敷衍旧说，实无可取，间出己意，亦了不异人。盖其学从坊刻讲章而入，门径一左，遂终身劳苦而无功耳。"⑤ 清代学者江永对此批评道："自讲章时文之学盛而注疏之学微，游谈无根，其弊也久。"⑥ 另一部分则是传统的御用讲章，由翰林儒臣撰进，接受者为皇帝或太子。明代

————————————————————

① 杨守勤：《宁澹斋全集》文部卷二《馆阁录章叙》，《四库禁毁书丛刊》集部第 65 册，北京出版社 1997 年版，第 258 页。

② 鄂尔泰、张廷玉：《词林典故》卷三，景印《文渊阁四库全书》第 599 册，第 476 页。

③ 张英、王士禛等：《御定渊鉴类函》卷六十九，景印《文渊阁四库全书》第 983 册，第 768 页。

④ 《易传阐庸》提要，永瑢等：《四库全书总目》卷 7，中华书局 1965 年版，第 58 页。

⑤ 《易经疑问》提要，永瑢等：《四库全书总目》卷 8，中华书局 1965 年版，第 59 页。

⑥ 江永：《乡党图考·例言》，学苑出版社 1993 年影印致和堂刊本，第 8 页。

的御前讲书有经筵和日讲之别，前者更为正式，讲章为经筵所用，日讲则无。明太祖于登基前已有命儒士进讲经史之举，洪武三年，朱元璋在东阁听宋濂、王祎进讲《大学》传之十章，是为明代经筵之始，但在明英宗之前，进讲时间和内容皆不固定。经筵讲章须于进讲之前送呈御览，而内阁握有裁定之权，“讲官将进呈讲章，先期送内阁看定封进，遂为例，然流弊多繁词颂美，渐失初意”①。如顾清所进讲章即被阁臣删改，后收入《东江家藏集》时，顾氏仍存其原文，并加以按语云：“讲前一日送稿阁下，及当讲，则自‘不敬’以下四十余字并已删去，一时讲过而木天留稿，遗笑将来。避忌至此，可为世道叹矣。”② 有勇气坚持个人学术见解的讲官对内阁之删定多有不满，陆深上书云：“使讲章尽出内阁之意而讲官不过口宣之，此于义理深有未安，而交乎相感之道远矣。”③ 可见，经筵讲章一方面要讲说经义，关切世道，有裨于治理，对君主有所启沃劝谕；一方面又不能无所避忌且需适当颂美，这是由于讲章接受对象而决定的文体属性。

御前进讲需要具备较为显赫的政治、文化身份，普通文人无此殊遇，明人别集中存有讲章的不过十数人而已。会元中有多人曾担任过经筵讲官，如吴宽，可惜《匏翁家藏集》中未存其讲章。今会元别集中只存有刘定之、商辂、彭华三人的讲章，共42篇。从内容上看，讲说《周易》22篇（均为刘定之进讲），讲说《尚书》15篇，讲说《论语》3篇，讲说《大学》2篇。刘定之习《易》，有家学渊源，其父刘髦专研《周易》，学者称石潭先生，定之亦以《易》学名家，其讲《易》之章独多，属于特例。而商辂、彭华皆讲说《尚书》。实际上，明代经筵以进讲《尚书》和《大学》居多④，《尚书》记载上古三代帝王之言动，与经筵的现实情境最为接近，《大学》在理学体系中居于核心地位，故此二书最受重视。从体制来看，会元讲章反映了明代定型化、规范化的讲章文体，一般由四部分组成。第一，先以“这是……的意思”领起，介绍所讲述内容的出处、大义。第二，逐句解说原文字词、含义，不时穿插己见。第三，以“臣（以为如何如何）”荡开笔墨，联系现实，适当发挥，以期鉴戒于君主，但所论多为修身为治之大要，不宜过于具体。第四，以“伏惟皇上（如何如何）”领起颂圣及勉励之语作为结束。上述42篇会元讲章之结构均是如此，无一例外。如果说开首的大义总述是起，其次的章句分疏是承，再次的发挥是转，最末的收束是合，那么讲章在结构上的程式化特征是非常明显的。讲章在语汇上亦形成了惯例，如“这是”、“伏惟”等，徐师曾总结讲章云：“首列训诂，次陈大义，而以规讽终焉。欲其易晓，故篇首多用俗语。”⑤ 在风格方面，会元讲章以中规中矩、明白简要地讲说经典大义为旨归，以便于皇帝通晓、接受。醇正的内容和通俗的语句相配合，便形成了雅正明白的风格，与学术性的解经文章大为不同。刘定之《呆斋存稿》卷四对《周易》“象曰：明出地上，晋，君子以自昭明德”的讲说可为例证，其中段云：

---

① 黄佐：《翰林记》卷九《讲章》，中华书局 1985 年版，第 121 页。

② 顾清：《东江家藏集》卷三十二，景印《文渊阁四库全书》第 1261 册，第 735 页。

③ 陆深：《俨山集》卷二十七，景印《文渊阁四库全书》第 1268 册，第 168 页。

④ 黄佐《翰林记》卷九《讲读合用书籍》云：“儒臣进讲‘四书’，以《大学》为先，‘五经’以《尚书》为先。”见黄佐：《翰林记》，中华书局 1985 年版，第 122 页。

⑤ 徐师曾：《文体明辨序说》，人民文学出版社 1962 年版，第 140 页。

　　盖天之生人本有一段光明之德，虚灵不昧，足以具众理、应万事，颇奈人为气质所拘，物欲所弊，因此不明者有之。君子却自家去昭明那己之明德，使他依旧光明。然如何是昭明他？必须格物致知以知其理，诚意正心以体其理，然后己德之明无毫发之间不光辉，无纤芥之事不晓了也。

此段以浅显的言语对《周易》作了理学化的诠释。有时，讲章用语甚至通俗到口语化的程度，如彭华讲说《商书·说命》中"恭默思道"一段云：

　　这个心思未尝敢有顷刻忘了，乃于睡梦中间忽然见得上帝赐与我一个贤良好人，着他辅佐我，替我说话。高宗说了这个梦，乃详审梦中所见之人，画他形像，使人遍求于天下。果然有一个人唤作傅说，在傅岩居住，与梦中所见全然相似。

讲词带有叙事性，口语化程度高，由此可以想见当时御前讲说的生动情境。讲章必须顾及听讲对象的特殊性，对接受效果的考虑直接影响了其风格。不过，经筵的实际效用如何，最终还是要视皇帝的态度而定，明帝中只有太祖、太宗及后来的宣宗、孝宗较为重视经筵，对其余诸帝而言，经筵的象征意义大于其实际效果。[①]

　　御前进讲是在特定的场合中将君臣关系转换为师生关系，以特定的讲说内容将"治统为大"转换为"道统为尊"，用特殊的言语风格对帝王进行的儒学教育，这与学术性的经部著述不同，也与功利性的坊刻讲章不同。反观四库馆臣和江永的批评，则均是秉持纯粹学术的立场对之予以否定，这反映了清儒重学问的时代特点，但其实并未贴近经筵讲章的文体本质。会元讲章在学理上固然甚少发明，在结构和语言上固然拘守格套，但它标识了进讲者的身份和荣耀，是体现国家权力拥有者和道统承续者相互尊重的一种方式。这正是我们关注讲章的用意所在。会元的功名层次、仕宦路径决定了他们较其他官僚有更多撰述讲章的机会，而现存于会元别集中的这些篇目，当然只是其中的一小部分。

　　李东阳曾归纳侍从文臣的作品类别说："有纪载之文，有讲读之文，有敷奏之文，有著述赋咏之文。纪载尚严，讲读尚切，敷奏尚直，著述赋咏尚富。惟所尚而各适其用，然后可以为文。然前数者皆用于朝廷台阁部署馆局之间，裨政益令以及于天下。惟所谓著述赋咏者，则通乎显隐。"[②]"前数者"无疑是职业性的，会元别集中的这类文字属于典型的"馆阁写作"。

（作者单位：湖南文理学院文学院）

---

　　① 关于明代诸帝对经筵的态度可参看焦竑《玉堂丛语》卷三《讲读》、黄佐《翰林记》卷九。
　　② 李东阳：《倪文毅公集序》，黄宗羲编：《明文海》卷二百三十五，景印《文渊阁四库全书》第1455册，第596页。

明代殿试策与明代的社会问题及决策导向*

□ 彭 娟

殿试是明代科举考试的最高层级，仅考时务策一道，其目的是面向已通过会试的贡士们征求对社会紧要问题的看法和对策，极具现实性和针对性。明代的殿试策问或由皇帝亲自拟定，或由大臣预拟而由皇帝钦定，一般都反映了朝廷所关注或急需解决的社会问题，与特定的时代背景密切相关。帝王与士子们经由策问和对策展开双向互动，呈现出殿试策与明代社会政治情势密切关联的特点；其对于朝廷决策的导向作用，更彰显了殿试策"经济之文"的特殊价值与意义。

洪武二十一年（1388 年）《登科录》始刻进士对策，通常只刻一甲三篇，偶有将二甲进士策刻入者，如永乐二年（1404 年）兼刻二甲进士对策，并各附读卷官批语于后。《謇斋琐缀录》说："国朝状元对策皆经阁老笔削，或自删润，乃入梓。"① 这些经过删润的对策尤能反映朝廷的决策取向。对明代殿试策与明代社会问题的关联及其决策导向加以研究，有助于我们完整理解明代殿试的意义，同时也为了解科举时代读书人的情怀和知识结构提供参照。

一、明代殿试策问与明代社会问题密切关联

据明代历科的《进士登科录》，明人焦竑辑、清人胡任兴增辑的《历科廷试状元策》，张朝瑞《皇明贡举考》，结合今人汇编的历科殿试策，着眼于殿试策问与明代社会问题之间的密切关联，我们制作了下表：

---

* 本文受到湖南省教育厅科研一般项目"从明代状元策看明代社会问题"（项目编号：15C0293）的资助。

① 尹直：《謇斋琐缀录》卷三，邓士龙辑：《国朝典故》卷五五，北京大学出版社 1993 年版，第 1281 页。

殿试时间	殿试科名	殿试策问	殿试三甲
洪武四年（1371 年）	辛亥科	敬天勤民、明伦厚俗	吴伯宗、郭翀、吴公达
洪武十八年（1385 年）	乙丑科	求贤用人	丁显、练子宁、黄子澄
洪武二十一年（1388 年）	戊辰科	祀礼	任亨泰、唐震、卢原质
洪武二十四年（1391 年）	辛未科	乘机用兵	许（黄）观、张显宗、吴言信
洪武二十七年（1394 年）	甲戌科	更张法度	张信、景清、戴德彝
洪武三十年（1397 年）	丁丑科（春榜）	求贤用人	陈䢿、尹昌隆、刘谔
洪武三十年（1397 年）	丁丑科（夏榜）	刑罚	韩克忠、王恕、焦胜
建文二年（1400 年）	庚辰科	图治、求贤、化民、礼乐	胡靖（广）、王艮、李贯
永乐二年（1404 年）	甲申科	天文地理、礼乐制度	曾棨、周述、周孟简
永乐四年（1406 年）	丙戌科	学校教化、田制、马政、畜牧	林环、陈全、刘素
永乐九年（1411 年）	辛卯科	礼乐刑政	萧时中、苗衷、黄旸
永乐十年（1413 年）	壬辰科	为治之要、时措之宜（六经之旨）	马铎、林志、王钰
永乐十三年（1415 年）	乙未科	教化、课试、学校、选举、法律	陈循、李贞、陈景著
永乐十六年（1418 年）	戊戌科	一道德、同风俗	李骐、刘江、邓珍
永乐十九年（1421 年）	辛丑科	尧舜为道，文武为法，无为垂拱而治	曾鹤龄、刘矩、裴纶
永乐二十二年（1424 年）	甲辰科	祀戎	邢宽、梁禋、孙曰恭
宣德二年（1427 年）	丁未科	礼乐制度	马愉、杜宁、谢琏
宣德五年（1430 年）	庚戌科	农事、学教、爱民、躬行、用人	林震、龚锜、林文
宣德八年（1433 年）	癸丑科	易、范	曹鼐、赵恢、钟复
正统元年（1436 年）	丙辰科	创业守成之道	周旋、陈文、刘定之
正统四年（1439 年）	己未科	致君泽民之方	施槃、杨鼎、倪谦
正统七年（1442 年）	壬戌科	求贤得人	刘俨、吕原、黄谏
正统十年（1445 年）	乙丑科	选贤任能、安内抚外	商辂、周洪谟、刘俊
正统十三年（1448 年）	戊辰科	赏罚、练兵、选将、成边	彭时、陈鉴、岳正
景泰二年（1451 年）	辛未科	道、德、功，耕桑、贡赋、学校、礼乐、征伐、刑辟	柯潜、刘升、王□
景泰五年（1454 年）	甲戌科	家国兵民	孙贤、徐溥、徐镐

殿试时间	殿试科名	殿试策问	殿试三甲
天顺元年（1457 年）	丁丑科	求贤安民，使士安其习，民淳其风	黎淳、徐琼、陈秉中
天顺四年（1460 年）	庚辰科	礼乐刑政	谢（王）一夔、李永通、郑环
天顺八年（1464 年）	甲申科	治国平天下之道	彭教、吴钺、罗璟
成化二年（1466 年）	丙戌科	帝王为治纲目	罗伦、程敏政、陆简
成化五年（1469 年）	己丑科	文武并用，济民、绥民，均田农制	张升、丁溥、董越
成化八年（1472 年）	壬辰科	贡赋、风俗、兵屯、刑法、用人	吴宽、刘震、李仁杰
成化十一年（1475 年）	乙未科	养民、教民	谢迁、刘戬、王鏊
成化十四年（1478 年）	戊戌科	民风所尚：忠、质、文	曾彦、杨守址、曾追
成化十七年（1481 年）	辛丑科	纪纲法度	王华、黄珣、张天瑞
成化二十年（1484 年）	甲辰科	治道之要：立志、责任、求贤	李旻、白钺、王敕
成化二十三年（1487 年）	丁未科	纪纲统体制度之得失（夏商周、汉唐宋）	费宏、刘春、涂瑞
弘治三年（1490 年）	庚戌科	宗子之责	钱福、刘存业、靳贵
弘治六年（1493 年）	癸丑科	庶、富、教三者关系	毛澄、徐穆、罗钦顺
弘治九年（1496 年）	丙辰科	帝王之功与德、政与学	朱希周、王瓒、陈澜
弘治十二年（1499 年）	己未科	礼乐致治	伦文叙、丰熙、刘龙
弘治十五年（1502 年）	壬戌科	礼乐、教化、选才、课税、兵刑	康海、孙清、李廷相
弘治十八年（1505 年）	乙丑科	道、法	顾鼎臣、董玘、谢丕
正德三年（1508 年）	戊辰科	法天、法祖	吕柟、景旸、戴大宾
正德六年（1511 年）	辛未科	文武、兵农、长治久安之策	杨慎、余本、邹守益
正德九年（1514 年）	甲戌科	《大学》与《大学衍义》之要义	唐皋、黄初、蔡昂
正德十二年（1517 年）	丁丑科	道、法	舒芬、伦以训、崔桐
正德十六年（1521 年）	辛巳科	慎行治国	杨维聪、陆钺、费懋中
嘉靖二年（1523 年）	癸未科	立法、纲纪、风俗	姚涞、王教、徐阶
嘉靖五年（1526 年）	丙戌科	王霸之道（道、德、功、力）	龚用卿、杨维杰、欧阳衢

殿试时间	殿试科名	殿试策问	殿试三甲
嘉靖八年（1529年）	己丑科	知人、安民	罗洪先、程文德、杨名
嘉靖十一年（1532年）	壬辰科	安居乐业、国富民丰	林大钦、孔天胤、高节
嘉靖十四年（1535年）	乙未科	长治久安之道	韩应龙、孙升、吴山
嘉靖十七年（1538年）	戊戌科	仁、义	茅瓒、罗珵、袁炜
嘉靖二十年（1541年）	辛丑科	礼乐之道	沈坤、潘晟、邢一凤
嘉靖二十三年（1544年）	甲辰科	文武之道、靖边御戎	秦鸣雷、瞿景淳、吴情
嘉靖二十六年（1547年）	丁未科	道统之传	李春芳、张春、胡正蒙
嘉靖二十九年（1550年）	庚戌科	敬天勤民	唐汝楫、吕调阳、姜金和
嘉靖三十二年（1553年）	癸丑科	君臣克艰	陈谨、曹大章、温应禄
嘉靖三十五年（1556年）	丙辰科	君臣之道、上下一心	诸大绶、陶大临、金达
嘉靖三十八年（1559年）	己未科	用人、理财	丁士美、毛惇元、林士章
嘉靖四十一年（1562年）	壬戌科	垂衣而治、御寇靖边	申（徐）时行、王锡爵、余有丁
嘉靖四十四年（1565年）	乙丑科	尚忠、尚质、尚文与治国之道	范应期、李自华、陈栋
隆庆二年（1568年）	戊辰科	务本重农、治兵修备	罗万化、黄凤翔、赵志皋
隆庆五年（1571年）	辛未科	以政防民、以礼教民	张元忭、刘瑊、邓以赞
万历二年（1574年）	甲戌科	典学之要义	孙继皋、余孟麟、王应选
万历五年（1577年）	丁丑科	帝王的有为与无为	沈懋学、张嗣修、曾朝节
万历八年（1580年）	庚辰科	刚柔并用	张懋修、萧良有、王庭撰
万历十一年（1583年）	癸未科	三德（仁、明、武）治国	朱国祚、李廷机、刘应秋
万历十四年（1586年）	丙戌科	赏、罚	唐文献、杨道宾、舒弘志
万历十七年（1589年）	己丑科	礼法、教化	焦竑、吴道南、陶望龄
万历二十年（1592年）	壬辰科	民风、法纪	翁正春、史继偕、顾天埈
万历二十三年（1595年）	乙未科	经文纬武、安内攘外	朱之蕃、汤宾尹、孙慎行
万历二十六年（1598年）	戊戌科	名、实关系	赵秉忠、邵景尧、顾起元
万历二十九年（1601年）	辛丑科	持盈满之道	张以诚、王衡、曾可前
万历三十二年（1604年）	甲辰科	君臣一体、君主无为、人臣尽忠	杨守勤、孙承宗、吴宗达
万历三十五年（1607年）	丁未科	君臣同心、各司其职	黄士俊、施凤来、张瑞图
万历三十八年（1610年）	庚戌科	群臣党争、政令不通	韩敬、马之骐、钱谦益

殿试时间	殿试科名	殿试策问	殿试三甲
万历四十一年（1613 年）	癸丑科	缺题	周延儒、庄奇显、赵师尹
万历四十四年（1616 年）	丙辰科	靖边御戎、安攘大计	钱士升、贺逢圣、林钎
万历四十七年（1619 年）	己未科	正纲纪、纯风俗	庄际昌、孔贞运、陈子壮
天启二年（1622 年）	壬戌科	文治武备、内靖外攘	文震孟、傅冠、陈仁锡
天启五年（1625 年）	乙丑科	同心同德、尽忠尽职	余煌、华琪芳、吴孔嘉
崇祯元年（1628 年）	戊辰科	任贤图治、选将知人	刘若宰、何瑞徵、管绍宁
崇祯四年（1631 年）	辛未科	用人（躁进、贪默风习），养兵（理财、清饷），用兵（修备、综核、赏罚）	陈于泰、吴伟业、夏曰瑚
崇祯七年（1634 年）	甲戌科	知人安民、防寇御酋	刘理顺、吴国华、杨昌祚
崇祯十年（1637 年）	丁丑科	军饷、武备，安攘大计	刘同升、陈之遴、赵士春
崇祯十三年（1640 年）	庚辰科	报仇雪耻	魏藻德、葛世振、高尔俨
崇祯十六年（1643 年）	癸未科	缺题	杨廷鉴、宋之绳、陈名夏

据上表可知，有明一朝历科殿试策问，以吏治与用人问题为主旨的有 17 次，以边防海防问题为主旨的有 17 次，以民生与经济问题为主旨的有 10 次以上，以民风问题为主旨的有 14 次，讨论典籍的有 4 次，向士子咨询解决社会问题之道无疑是殿试策问的中心。以下即围绕殿试策问所涉及的几个主要方面分别展开研究。

二、明代殿试策与明代的民生问题

国之兴亡系于财之丰耗，民生为国之本。明朝对于百姓的态度，依据时代的先后，可概括为开创之初的恤民，守成之时的养民以及危局之下的绥民。

元朝末年，广大民众纷纷破产流亡或避乱逃亡，国家直接掌控的户籍人口锐减，田产归属十分混乱，直接影响到国家赋税收入和社会稳定。鼓励流民开荒生产，休养生息，这是明初朝政的当务之急。洪武四年（1371 年）二月十九日辛亥科殿试以古先帝王敬天勤民、明伦厚俗的君道、治道为问，即是针对这一要务而发。开科状元吴伯宗答以"天生民而立之君，使司而牧之，君所以代天理民者也"①，君主无论施教、施政，皆须本于天而存乎敬；勤民之道，在于养民和教民。尽管吴伯宗所提出的具体措施不多，但以儒家仁政理念为施政纲领，倒也符合朱元璋的初衷。

宣德五年（1430 年）殿试，宣宗问那些士子：朕继承祖宗治国之统已有数年，为何"田里未皆给足"，国家尚未大治？还有没有别的治国之策？状元林震开篇即曰："致治之

---

① 邓洪波、龚抗云编：《中国状元殿试卷大全》上册，上海教育出版社 2006 年版，第 492 页。

道，必以教养为先，而教养之道，当以得人为要。"当今之所以未能臻于大治，是因为皇上"未尽得其人也"，"盖知人之实，自古为难"。奉劝皇上选贤任能，"精择吏部之官，而公行铨选之法，慎简风宪之任，而务尽考察之实，使郡守、县令皆如龚、黄、卓、鲁之辈"。① 据《明史·食货志》，永乐熙宣之际："百姓充实，府藏衍溢。盖是时，农务垦辟，土无莱芜，人敦本业，又开屯田、中盐以给边军，军饷不仰藉于县官，故上下交足，军民胥裕。"② 由此看来，当时朝廷的措施与殿试策的导向是完全一致的。

明代中后期，民困与民乱互为因果，成为一大社会痼疾。故成化年间，殿试中涉及民生的策问明显增加。

成化二年（1466 年）殿试，状元罗伦在殿试策中以痛心和激愤的笔触集中论述了当时六大民生问题：一为赋敛之重，二为征徭之困，三为豪家巨室侵夺，四为贪官黠胥掠夺，五为兵戈盗贼掠夺，六为饥馑流离。以致荆襄、两广、川蜀等地纷纷发生民变，"团聚山寨，流俘乡邑，我进则彼去，我退则彼来"③，有向全国蔓延的趋势。虽然兵力所加，流民立告荡平，但未能根本解决问题。罗伦指出，平复流民之乱有其长远之道，即"修内治，布恩信"。"内治不修则根本不固，恩信不立则人心不服"，"大要在于重守令，急务在于节财赋"。"守令者民之父母，守令不重，则好民之所恶，恶民之所好，豪猾由此而横，盗贼由此而起。财用者民之命脉，财用不节，则以一而科百，因十而敛千，赋敛由此而苛，征徭由此而滥，豪猾由此而横，盗贼由此而起。"④ 具体来说，重守令，就必须慎选科贡，使专图侥幸者不得幸进；疏理胄监，使苟延岁月者不能幸选；精立铨法，使政绩不闻者不得幸迁；严厉风纪，使贪浊有状者不得幸免。节财赋，就必须简阅军士，沙汰冗官；杜抑私爱，斥绝异端。⑤ 榜眼程敏政在殿试策中论及安民时也认为："民不可以不安，而安之则系之守令也。"⑥ 这些都是可以付诸实施的具体建议，足见有识之士不乏解决社会问题的诚意和思考。

由于各种社会矛盾的积累，正德年间形成了大规模的流民动乱。正德六年（1511 年）辛未科殿试策问指出，当时"蠲货之诏屡下，而人多告饥；流徙之余，化为盗贼"，"赋税馈运，民力竭矣，而军食尚未给；调发战御，兵之力亦劳矣，而民患尚未除"⑦。民患迭起，何以消除？状元杨慎认为，按照人之常情，盗贼也是人，没有谁会不爱惜自己的体力和身躯，没有谁会不爱惜自己的父母、妻室和儿女，没有谁会不爱惜自己的田地、住宅和财产。如果管理者不以无益的劳役苦其筋力，不用不公正的刑罚摧残其身躯，不用强制措施逼迫其流离飘荡，不用过分的征敛剥夺他们的田地、住宅和财产，他们哪会不爱惜自

---

① 邓洪波、龚抗云编：《中国状元殿试卷大全》上册，上海教育出版社 2006 年版，第 615～616 页。

② 张廷玉等：《明史·食货志一》，中华书局 2000 年版，第 1253 页。

③ 邓洪波、龚抗云编：《中国状元殿试卷大全》上册，上海教育出版社 2006 年版，第 715 页。

④ 邓洪波、龚抗云编：《中国状元殿试卷大全》上册，上海教育出版社 2006 年版，第 715～716 页。

⑤ 邓洪波、龚抗云编：《中国状元殿试卷大全》上册，上海教育出版社 2006 年版，第 716 页。

⑥ 邓洪波、龚抗云编：《中国状元殿试卷大全》上册，上海教育出版社 2006 年版，第 724 页。

⑦ 邓洪波、龚抗云编：《中国状元殿试卷大全》上册，上海教育出版社 2006 年版，第 874 页。

己而去自蹈死地？现今，流民四起，这是政府失职，百姓被逼上绝路后的选择。① 我们常说"官逼民反"，杨慎强调官府的责任，提醒皇帝，管好各级官员是解决流民问题的要招。

嘉靖一朝民困的程度逐渐加深。嘉靖十一年（1532 年）壬辰科殿试，策问中有这样的表述：民之所安所欲，以衣食为首。如今"耕者无几而食者众，蚕者甚稀而衣者多，又加以水旱虫蝗之为灾，游惰冗杂之为害，边有烟尘，内有盗贼，无怪乎民受其殃，而日甚一日也"。朕自省"不类寡昧"，何以"上不能参调化机，下不能作兴治理"？② 世宗如此发问，意在为自己开脱，而年仅 21 岁的林大钦在殿试策中却毫不隐讳地认定：皇上虽"惠民之言不绝于口，而利民之实，至今犹未见者"③。朝廷"昏混衰世之政"集中体现为"三冗"：冗员、冗兵、冗费。制禄本为养吏养兵，而州县官员常无事而禄；隶兵籍者滥食充数，而且纳钱买官之途太多，任官太众，简稽不严，练选有亏，需一一澄汰，去冗滥宽民赐。冗费如后宫燕赐，异端之奉，土木建设，都需节制。④ 这样的殿试策，直指时弊，也让当朝天子无从推卸其责任。嘉靖三十八年（1559 年），明世宗以理财之道为题策天下士子。状元丁士美答以"去三浮，汰三盈，审三计"。所谓"三浮"，即官浮于冗员，禄浮于冗食，用浮于冗费。所谓"三盈"，即赏盈于太滥，俗盈于太侈，科盈于太趋。⑤ 嘉靖一朝殿试策中有不少合理化建议，如减免赋税、储备救济、限田清田等，大多为继任的明穆宗所采纳，即穆宗在登极诏书中所概括的"正士习、纠官邪、安民生、足国用"等新政要目。

崇祯四年（1631 年）辛未科状元陈于泰就屯政、盐法大坏带来的危机阐发了其见解。"阡陌未尝不垦，咸碱未尝不煮也。自抽屯补伍，而耕种无人；自贵戚乞讨，而耕种无地。"⑥ 沿边屯军往往被征调去修筑边墙、城堡、墩台；王府护卫屯军多被抽调去营建宫殿、居室、坟墓，乃至运柴烧炭；有漕运的地方，又多抽调去运送漕粮或建造船只。官役之多，各级管屯官员，下自百户、千户，上至指挥、镇守太监、总兵等官，无不役使屯军。屯政败坏，从根本上动摇了屯田制的根基。盐法之坏也同样惊心动魄："自商不输粟而输银，而开中之法坏；自盐壅于公复壅于私，而度支之用窘。"⑦ "开"是由官方公布条例的意思，"中"指官民之间发生关系；明代的开中法，大体参照宋代的折中法和元代的入粟中盐法而成。⑧ 这种开中盐法的特点是：商人运输粮食到边塞或边远缺粮地区可以从国家换得食盐运销权，政府收粮后发给盐引即领盐凭证，由商人到盐池如数领取，再运

---

① 邓洪波、龚抗云编：《中国状元殿试卷大全》上册，上海教育出版社 2006 年版，第 879～881页。

② 邓洪波、龚抗云编：《中国状元殿试卷大全》上册，上海教育出版社 2006 年版，第 953 页。

③ 邓洪波、龚抗云编：《中国状元殿试卷大全》上册，上海教育出版社 2006 年版，第 953～954页。

④ 邓洪波、龚抗云编：《中国状元殿试卷大全》上册，上海教育出版社 2006 年版，第 957～958页。

⑤ 邓洪波、龚抗云编：《中国状元殿试卷大全》上册，上海教育出版社 2006 年版，第 1044 页。

⑥ 邓洪波、龚抗云编：《中国状元殿试卷大全》下册，上海教育出版社 2006 年版，第 1294 页。

⑦ 邓洪波、龚抗云编：《中国状元殿试卷大全》下册，上海教育出版社 2006 年版，第 1295 页。

⑧ 李洵校注：《明史食货志校注》，中华书局 1982 年版。

销到指定的地区，销售完毕再把盐引缴还所在官司。这种办法一度起到了节省运费、减轻民力、充实边军粮饷的作用。在屯政、盐法已极度败坏的境况下，陈于泰明确主张：修屯政以复盐法，通漕粮而修马政，以官办官运的方式实行盐政。①

崇祯七年（1634 年）甲戌科，明思宗面对"流寇久蔓，钱粮缺额，言者不体国计，每欲蠲减"的两难局面，问策于士子："民为邦本，朝廷岂不知之，岂不恤之。但欲恤民，又欲饱军，何道可能两济？即屯田、盐法，诚生财之源，屡条议申饬，不见实效，其故何欤？"② 从这道策问不难看出，思宗对殿试寄予厚望，他期待那些对策确实有助于王朝摆脱困境。崇祯十年（1637 年），刘同升的殿试策对时局作出了他的判断。他认为明初制定的屯田制已遭侵占，屯田的基础——所需的田亩已经不复存在了，因此，屯田的法令也就不见成效了。明初输粮换盐之法已很难恢复，由于税收形式的改变，人们将粮食兑换成货币用来缴税，就减少了输粮的动力，私盐的泛滥也抵消了以粮换盐的利润。刘同升的判断表明，明王朝已病入膏肓，已经难以找到化解危机的良策。果然，商人向边境运粮换盐的越来越少，而军需屡增，边境的不稳定因素增加，晚明的社会矛盾从贫瘠的西北地区首先爆发开来，流民终于成为"流寇"。崇祯十三年（1640 年）十一月，李自成出商洛入豫，河南的饥民们用他们自己的方式拉开了改朝换代的序幕。明王朝遗留下的民生问题只有用战争这个极端方式来解决了。

三、明代殿试策与明代的民风问题

关于民风问题，明初殿试侧重于敬天保民，完善礼乐制度建设，以养成古朴醇厚的民风。成化年间，君臣溺于宴安，风尚趋变，殿试多着眼于学校教育、乡党守令的教化职责。正德、嘉靖以降，世教浸衰，奢僭成风，传统的伦理和礼法已不足以维系人心，殿试常常关注如何行政才有移风易俗的实效。

洪武四年辛亥科殿试，已就敬天之道的要旨策问天下士子："所谓敬天者，果惟于圜丘郊祀之际，致其精一者为敬天欤？抑它有其道欤？"③ 开国君主登极，都要祭告天地、宗庙，追尊先代，表明自己受命于天的合法性。洪武二十一年（1388 年）戊辰科，太祖又以"祭祀之道"发策，"事神之道，世人之心莫不同焉。虽然，始古至今凡所祀事也，必因所以而乃祀焉。然先圣之制，礼有等杀，所以自天子至于臣民，祭礼之名，分限之定，其来远矣。其主祭者，又非一人而已。然而，有笃于敬者甚多，有且信且疑者亦广，甚于不信而但应故事者无限。所以，昔人有云：能者养之以福，不能者败以取祸。朕未知其必然"④。关于祭祀的对象、规模和形式，由来久远，有人诚笃地敬奉天地、神灵与祖宗，也有不少人半信半疑，甚至有人压根不信，仅仅遵循各种惯例而已。状元任亨泰就此分析道："诚则有其神，无其诚则无其神。若且信且疑者，不可谓概其诚矣，乃不能笃于诚也。"而不信者，"昧于天理，怠于诚敬，其意岂不曰神之冥冥，无与于人，为可忽也。

---

① 邓洪波、龚抗云编：《中国状元殿试卷大全》下册，上海教育出版社 2006 年版，第 1292 页。
② 邓洪波、龚抗云编：《中国状元殿试卷大全》下册，上海教育出版社 2006 年版，第 1301 页。
③ 邓洪波、龚抗云编：《中国状元殿试卷大全》上册，上海教育出版社 2006 年版，第 491 页。
④ 邓洪波、龚抗云编：《中国状元殿试卷大全》上册，上海教育出版社 2006 年版，第 513 页。

而不知冥冥之中，有昭昭者存"。鬼神可以福善祸淫，而好善恶恶是人之常情。"作善降之百祥，不善降之百殃"，这和所谓"能者养之以福，不能者败之取祸"是相通的。① 洪武君臣已经注意到，对上天心存敬畏有助于明伦厚俗，于王朝的统治与稳固是有利的。这也正是礼制教化受到推崇和提倡的原因所在。

朱棣以藩王起兵夺取帝位，新朝廷与读书人的关系一度出现紧张局面，致力于思想文化的一统以消泯不平之气，成为当务之急。永乐十六年（1418 年）戊戌科殿试，成祖朱棣问："人之恒言，为治之要，在于一道德而同风俗。今天下之广，生齿之繁，彼疆此域之限隔，服食趋向之异宜，道德何由而一，风俗何由而同？"② 状元李骐答以"法祖为治"，固结民心，无疑与成祖的意愿高度吻合。永乐年间，成祖先后采取了一系列措施，目的就是达成思想文化的一统局面。他曾命胡广等采摘宋儒一百二十家著作，编成《性理大全》，又纂修科举考试的统编教材《五经大全》《四书大全》，"合众途于二轨，会万理于一原"③。三部《大全》共计二百六十卷，其中《五经大全》一百五十四卷，《四书大全》三十六卷，《性理大全》七十卷。三部《大全》对于程朱的经传、集注和接近程朱的其他注解，加以辑集，整齐划一。永乐十三年（1415 年）命礼部刊赐天下："由是穷理以明道，立诚以达本，修之于身，行之于家，用之于国，而达之天下，使家不异政，国不殊俗，大回淳古之风，以绍先王之统，以成熙雍之治"④。永乐十六年戊戌科的策问，用意之一是向士子求证他这些措施的效果。

天顺元年丁丑科（1457 年）殿试以"民淳其风"为问："古之民有恒产，有恒心，家给人足，比屋可封，今何其务本者少，而逐末者多，偷薄之习浸长，而礼让之俗未兴，其弊安在？"⑤ 状元黎淳强调：非仁不足以安民。仁以安民则博施济众，而实效无不臻，民风才会淳化。一方面，"民生多欲，因物有迁"，所以礼义不兴而奸宄不止；另一方面，司民牧者不能勤加抚字，职风化者有乖明伦之教，因而田野就荒，词讼日繁。他建议皇上重农轻商，严厉督促地方官员负起劝课农桑的责任。先丰衣足食，再行之以教化，才能实行仁政。⑥ 榜眼徐琼和探花陈秉中的见解与他大体一致。

成化之后，民风日渐奢靡，以致成为突出的社会问题。成化八年（1472 年）壬辰科殿试，宪宗问："学校兴矣，而风俗成于下者，益至浮靡"，"刑法以肃内者严矣，未能使奸顽惩艾而不敢犯"，其故何在？有何方略可以见效？状元吴宽的答案是：移风易俗，需讲求实际，注重德行。古代乡里用三种事情来教化百姓，并优待、举荐贤能人才。这三种事情，一为六德：知、仁、圣、义、忠、和；二曰六行：孝、友、睦、姻、任、恤；三曰六艺：礼、乐、射、御、书、数。古代选取人才，以德行为主、文章技艺为次，令人们重

---

① 邓洪波、龚抗云编：《中国状元殿试卷大全》上册，上海教育出版社 2006 年版，第 515 页。

② 邓洪波、龚抗云编：《中国状元殿试卷大全》上册，上海教育出版社 2006 年版，第 587 页。

③ 胡广：《进五经四书性理大全表》，程敏政编：《皇明文衡》卷五，转引自袁奂若：《中华文汇·明文汇》，中华丛书委员会，1958 年，第 514 页。

④ 见《明太祖实录》卷一百六十八，永乐十三年九月己酉条，转引自陈文新主编：《明代科举与文学编年》（上），武汉大学出版社 2009 年版，第 291~292 页。

⑤ 邓洪波、龚抗云编：《中国状元殿试卷大全》上册，上海教育出版社 2006 年版，第 685 页。

⑥ 邓洪波、龚抗云编：《中国状元殿试卷大全》上册，上海教育出版社 2006 年版，第 685~689 页。

根本而轻末节。而当今选取人才，只考量他们的文章技艺，不考察他们的德行，所以学校虽然得到了发展，而风俗却仍流于浮华。① 榜眼刘震认为，当时读书人凭借《诗》《书》为进取之媒，视道义为功利之贼，这样风气当然会浮靡。建议强化劝勉和惩戒的措施，宣明官职升降或罢免的法典，激励廉正羞耻之心，堵塞投机钻营的门路。取消向朝廷献纳马匹或粮食就可以到国子监听候选用的规定，使读书人在礼法道义上下气力来相互争个高低，而不崇尚功名利禄。这样去做，社会风气自会归于纯正。要取得实效，关键在于各级督察官员和主持学校教育的人，要像北宋胡瑗在苏州和湖州州学执教，北宋程颐在武学负责教务那样，使浮华轻薄的家伙没办法侥幸为官，使稳重诚实的人士常得到重用。吴宽和刘震的对策，有其明确的针对性。盖自正统元年设立提学官以来，除景泰、天顺初年共十三年裁革外，提学官成为专督学校的专职官员。初时朝廷非常重视，提学官的选授多得名臣，一时士风振作，深得信服。如何让提学官制度充分发挥教导、督察官的功能，是成化年间朝廷的要务之一，也是成化八年壬辰科殿试的要旨所在。

弘治年间，孝宗君德清明，风气一时有还醇气象。正德、嘉靖年间，奢靡贪腐之风又急速反弹。据何良俊《四友斋丛说》记载，明初"乡官虽见任回家，只是步行"，成化年间"士夫始骑马"，"至弘治、正德间，皆乘轿矣"。② 成化、弘治以前，"士大夫尚未积聚。如周北野佩，其父舆为翰林编修，北野官至郎中，两世通显，而其家到底只如寒士。曹定庵时中，其兄九峰时和举进士，有文章，定庵官至宪副，弟时信亦京朝官，与李文正结社赋诗，门阀甚高，其业不过中人十家之产。他如蒋给事性中、夏宪副寅、许金宪磷致仕家居，犹不异秀才时"，"至正德间，诸公竞营产谋利，一时如宋大参恺、苏御史恩、蒋主事凯、陶员外骥、吴主事哲，皆积至十余万，自以为子孙数百年之业矣"。③

嘉靖八年的殿试，世宗制策问以"知人"、"安民"之道，就是针对世风、时局而发的。嘉靖十一年壬辰科状元林大钦在殿试策中极力主张禁奢。他认为，在宽缓民力生产发展的前提下，高大富贵的地方必定容易成为骄奢淫逸的场所；居于尊崇的地位、处在富贵的环境之中，务必警惕不要过分浪费奢侈，平衡心志思虑和节制贪图享受的欲望。他劝诫君王恬淡寡欲，希望君王不要因为深居无事而去追求享受，不要因海内平安而去出兵攻打边远的他国，不要因为物质丰富而大兴土木，不要因为聪明善断而崇尚刑名，不要因为财赋富盛而从事奢侈，不要羡慕邪说而迷信神仙。他的建议反向说明了奢侈之风的剧烈程度。要约束道德人心必须有强大的信仰力量，无奈信仰缺失却是时代的病症。

万历十七年（1589 年）殿试，策问这样描绘当时世风："乃世教浸衰，物情滋玩，习尚亦少敝焉。其甚者，士伍辱将帅，豪右凌有司，宗庶讦亲藩，属吏傲官长。凌替若此，何以消此悖慢，使就约束欤？贪黩败节，奢侈逾制，诐说殄行，虚声贸实，诡异坏心术，倾危乱国是。浇漓若此，何以救其颓靡，使还雅道欤？"④ 从官员到士人都在追求奢华生

① 邓洪波、龚抗云编：《中国状元殿试卷大全》上册，上海教育出版社 2006 年版，第 740~744 页。

② 何良俊：《元明史料笔记丛刊·四友斋丛说》，卷三十五，《正俗二》，中华书局 1959 年版，第 320 页。

③ 何良俊：《元明史料笔记丛刊·四友斋丛说》，卷三十四，《正俗一》，中华书局 1959 年版，第 312 页。

④ 邓洪波、龚抗云编：《中国状元殿试卷大全》上册，上海教育出版社 2006 年版，第 1160 页。

活，消费风俗的变化波及大江南北，并带有明显的僭礼逾制的特点，原有的等级与礼法观念受到冲击，下可以犯上，豪强可以凌驾官长。社会的商业化使人心趋于机械、变诈，唯利是图。万历时曾任吏部尚书的于慎行慨叹："乃今风会日流，俗尚日浇，叙位于朝无尊卑之分，征年于乡无长幼之节，即在上之人不能以纲纪法度力挽颓波，况在下者乎？"① 神宗感叹："今诏书数下，中令既严，而帝陛之间，辇毂之下，犹有壅阏不行者。无乃礼教不修，法度不饬欤？抑风会日流而不返，积习已成而难变欤？"② 将万历十七年策问和于慎行的慨叹比照着看，不难意识到当时社会风气之恶薄。

万历十七年己丑科状元焦竑提出了以法纪来移风易俗的方案。万历二十年（1592年）壬辰科状元翁正春则建议，从用人入手，以实现社会教化。而无论是建立法纪还是用人，无不取决于君主。孟森曾这样评价万历帝："怠于临政，勇于敛财"，"行政之事可无，敛财之事无奇不有"，"帝王之奇贪，从古无若帝者"。③ 指望这样的君王来挽救世风，当然是不可能的。因为所有的良策，最终都会流于纸上空谈。万历时期朝政之败坏，由此可见一斑。

四、明代殿试策与明代的吏治问题

吏治的核心是刑法和用人。就刑法而言，明初为草创时期，侧重于颁布典章，确立制度。洪武、建文、永乐三朝都有所涉及。明中期为发展建设时期，景泰、天顺、成化、弘治、嘉靖等朝均有相关策问。明后期为衰落时期，仅万历朝殿试涉及这一问题。就用人而言，明初选贤用能，刑法严苛，吏治清明；正统、成化年间，官场风气恶化，法纪渐趋松弛；嘉靖、万历等朝，君权和阁权严重对立，党争不断，官场逐渐陷入混乱局面。

"求贤用人"在洪武年间的殿试中多次用作策问主题。洪武十八年乙丑科（1385年）为第二次殿试，太祖感叹：自开国以来，"孜孜求贤，数用弗当。其有能者，委以心腹，多面从而志异；纯德君子，授以禄位，但能敷古，于事束手；中才下士，廉耻无知，身命弗顾，造罪渊深，永不克己，彰君之恶。若非直贤至圣，亦莫不被其所惑。若此无已，奈何为治？"④ 榜眼练子宁在对策中直言："求贤而弗当"乃"察之不详而用太骤之过"，"以小善而遽进之、以小过而遽戮之"，⑤ 陛下有其不可推卸的责任。他将人才依才德而分为四类："德胜才谓之君子，才胜德谓之小人，才德俱全谓之圣人，才德俱亡谓之愚人"，⑥ 应量才能而授职，庸劣者只需黜退而无需杀戮；才胜德之小人往往为祸，果奸邪者可除恶务尽；纯德君子能敷古事却于事束手，应惜才并加以历练，寻求培育务实之道。练子宁建议"求胡瑗之法、立经义治事斋。经义斋者，各治一经。治事斋者，各治一事"⑦。这里练子宁确实道出了太祖行政的不当之处。盖太祖处置朝政，时有意气用事之

① 于慎行：《谷山笔麈》，中华书局1984年版，第190页。
② 邓洪波、龚抗云编：《中国状元殿试卷大全》上册，上海教育出版社2006年版，第1160页。
③ 孟森：《明史讲义》，中华书局2006年版，第275页。
④ 邓洪波、龚抗云编：《中国状元殿试卷大全》上册，上海教育出版社2006年版，第503页。
⑤ 邓洪波、龚抗云编：《中国状元殿试卷大全》上册，上海教育出版社2006年版，第507页。
⑥ 邓洪波、龚抗云编：《中国状元殿试卷大全》上册，上海教育出版社2006年版，第509页。
⑦ 邓洪波、龚抗云编：《中国状元殿试卷大全》上册，上海教育出版社2006年版，第509页。

举，为惩贪杜弊，士大夫被连坐而死者数万人，初以声绩闻、后遭忌致死者，谏臣直言被任性诛戮者，不计其数。练子宁因此感叹："天下之才，生之为难，成之为尤难。"① 这篇对策几乎相当于一封措辞恳切的谏书。该科状元丁显建议皇上"重名爵，严黜陟，实刑赏"。以"公者、能者"任纠察之官，以"宽大长者"任布政之司，使之"互察其府、州、县贪廉能否，无得相通，各闻于上，以凭黜陟"，② 每三年由御史巡视，问民之疾苦，从而实现吏治清平。其建议大体符合太祖集权于上而分权于下的策略。太祖一直有意在国家权力体系中强化行政、监察、司法各系统之间的制衡功能。洪武十五年（1382年），朱元璋改御史台为都察院，设左右都御史等职，下设十三道监察御史。都察院的权限为纠劾百司，辨明冤枉，提督各道，为天子耳目风纪之司。洪武十八年之后，朱元璋亲订并颁布《御制大诰》四编，其中所列案例，除藏匿逃军等个别罪名外，几乎所有案件的处刑均较明律大为加重，既威慑天下，又利用案例来训导官民；还建立了严格的考课制度，并大力表彰清官循吏。凡此种种，均折射出殿试策与明代吏治的密切关联及其在决策方面的导向功能。

成祖有意识地从重刑治国转向宽猛相济。仁宣时期继续推进吏治建设。自明太祖洪武十年（1377年）诏遣监察御史巡按州县，仁宗洪熙元年（1425）定巡按以每年八月出巡，宣宗时期更使巡按职务制度化。巡按御史主要监察地方官吏，"代天子巡狩，所按藩服大臣，府、州、县官，诸考察举劾尤专。大事奏裁，小事立断"③。巡抚最初的职能是整理财税，后为便于行事，遂由巡抚兼都察院衔。仁、宣二朝对于吏治有重大影响的便是巡按、巡抚制度的创设，御史在明朝政治舞台上作为相当活跃的政治力量，在澄清吏治、整肃风俗等方面开始发挥重要作用。明宣宗殿试以为何治国之效未臻，是否别有其道发问，该科状元林震在对策中建议"精择吏部之官，而公行铨选之法，慎简风宪之任，务尽考察之实"④，精当地把握住了吏治建设的重要环节。

正统时期，吏治状况逐渐恶化。成化年间，弊政尤多。成化二年殿试以治道之纲目为问，状元罗伦的答案是：父子、君臣、夫妇、长幼、朋友之伦，是为治之大纲；礼乐、刑政、制度、文为之具，是为治之万目；而心又为正大纲举万目之根本，学又为正大纲举万目之要务。⑤ 他概括当时士风沦丧的情形是：谀佞诡随者名之曰"变通"，缄默自便者目之曰"忠厚"，直言正色者非之曰"矫激"，持心操节者刺之曰"干名"。建议塞奔竞之门，杜谄谀之口，奖名节之士，张正直之气，以振士夫之风；"综核名实，督行劝惩，廉介者必彰而无隐，贪墨者必诛而无赦"；重师儒之任，严科贡之选，使无实才者不得以幸进。⑥ 罗伦所提供的答案，锋芒所向，直指宪宗。天顺八年二月十七日，宪宗即位第26天，即由司礼监太监牛玉授予工匠姚旺为文思院副使，开启了荒唐的"传奉官"制度：

① 邓洪波、龚抗云编：《中国状元殿试卷大全》上册，上海教育出版社2006年版，第508页。
② 邓洪波、龚抗云编：《中国状元殿试卷大全》上册，上海教育出版社2006年版，第505~506页。
③ 张廷玉等：《明史·职官志二》，中华书局2000年版，第1180页。
④ 邓洪波、龚抗云编：《中国状元殿试卷大全》上册，上海教育出版社2006年版，第616页。
⑤ 邓洪波、龚抗云编：《中国状元殿试卷大全》上册，上海教育出版社2006年版，第702页。
⑥ 邓洪波、龚抗云编：《中国状元殿试卷大全》上册，上海教育出版社2006年版，第714~715页。

不经吏部选拔、廷推等过程，而直接由皇帝任命官员。自此相继不绝，文武僧道，滥恩者以千数。"传奉官"制度使官员选拔无公平、公正可言，严重败坏了官场风气。本来官爵乃"天下公器"，现在却成了"人主私器"。榜眼程敏政在对策中着重强调后妃、外戚不得干政①，这是针对宪宗宠幸万妃，万氏一门尽数封官而发。尽管宪宗并非明君，但罗伦和程敏政却堪称直臣，其殿试策广为传诵，在当时产生了巨大影响。

明代中后期，君臣之间的否隔日趋严重。武宗"耽乐嬉游，暱近群小"②；世宗二十多年不见朝臣，政令悉由太监传达；神宗亲政后"晏处深宫"，"君臣否隔"③，"吏治既以日媮，民生由之益蹙"。④天启以降的崇、弘之世，更是"大势已倾，积习难挽"⑤。正德、嘉靖、隆庆、万历、天启、崇祯等数朝，殿试策对于吏治和用人问题的思考尤为集中于君臣一体、实政实心。

嘉靖三十二年状元陈瑾，其殿试策如实描绘当时的官场现状：朝廷辇毂，有违上所好、朋家作仇者；百工庶府，有纳贿招权、诬上自恣者；内台司谏，有附和面从、党同伐异者；军门督府，有刚愎自用，贪残少恩者；藩臬守令，有违道干誉、尸禄养望者，甚至有剥民之膏脂以肥其家，窃君之荣宠以张其势，掠人之美以市恩，恣己之私以败度者。⑥嘉靖三十五年（1556年）状元诸大绶在殿试策中细致分析了不同类型的朝臣及其任用之法："秉忠竭诚者，任之弥专可也，其或怀欺而狗党，则天讨之彰可不行欤？效忠宣力者，委之不二可也，其或怠事而苟禄，则废黜之典可不举欤？句宣惠和者，进之崇阶可也，其或尸素而养望，则三载之考可不严欤？戮力矢心者，托之阃外可也，其或损威而失重，则三锡之命可不慎欤？又或间行不测之威，心慆奸宄之志，时申核实之令，以稽文饰之奸。某称贤能也，必审其贤能之实，而名浮于德者，在所不庸；某称课最也，必核其课最之详，而禄浮于功者，在所必黜；某也任某事，克胜其任，旌之可也，苟受直而怠事，则惩其癃旷之愆；某也举某人，不负所举，赏之可也，苟阿好而狗私，则治其欺罔之罪。"⑦从朝廷到地方，由大臣以督监司，由监司以督守令，明确赏罚，振肃纪纲，痛革因循之弊，才可使天下洗涤心志。陈瑾和诸大绶，都已意识到改变官场恶习的紧迫性。嘉靖三十八年，明世宗以用人、理财之道为题策天下士子，状元丁士美认为：用人之道，在于"精其选，严其课，久其任"⑧。据《明状元图考》记载，嘉靖皇帝看到丁士美对策起首数句："帝王之致治也，必君臣交儆，而后可以底德业之成；必人臣自靖，而后可以尽代理之责"，深为赞同，并用朱笔圈点"君臣交儆"、"人臣自靖"八字，钦点为一甲第一名。⑨由此看来，问者和答者都在寻找能使君臣一体的方略，他们急于解决困扰天下的吏

① 邓洪波、龚抗云编：《中国状元殿试卷大全》上册，上海教育出版社2006年版，第723页。
② 张廷玉等：《明史·武宗本纪》赞，中华书局2000年版，第143页。
③ 张廷玉等：《明史·神宗本纪》赞，中华书局2000年版，第195页。
④ 张廷玉等：《明史·循吏传》序，中华书局2000年版，第4803页。
⑤ 张廷玉等：《明史·庄烈帝纪》赞，中华书局2000年版，第224页。
⑥ 邓洪波、龚抗云编：《中国状元殿试卷大全》上册，上海教育出版社2006年版，第1025~1027页。
⑦ 邓洪波、龚抗云编：《中国状元殿试卷大全》上册，上海教育出版社2006年版，第1035页。
⑧ 邓洪波、龚抗云编：《中国状元殿试卷大全》上册，上海教育出版社2006年版，第1044页。
⑨ 邓洪波、龚抗云编：《中国状元殿试卷大全》上册，上海教育出版社2006年版，第1039页。

治问题。

万历十年（1582 年），实际掌握朝政的首辅张居正去世，二十岁的万历皇帝开始亲政。因怠政而引起的朝臣攻击，尤其立储一事与朝臣的矛盾和争议给神宗带来极大压力，也开启了门户之祸。自万历十八年起，神宗索性不再临朝理政，凡皇帝谕旨，全靠内监传达。万历三十八年（1610 年）殿试，韩敬在对策中直言不讳地提及万历皇帝久不视朝、不见朝臣、不御经筵，以致权臣内侍为把持朝政，树党相攻，各立门户，是非蜂起的事实，建言万历"复经筵日御之规"、"修禁庭昼接之例"，以定国是，以清言路，以息纷争。① 在金殿对策中直触逆鳞，仅凭这一点就有其不可抹杀的价值。

崇祯元年殿试，面对内外交困、摇摇欲坠的天下，渴望有所作为的崇祯帝以求贤、任人、选将之道发策，刘若宰在对策中发挥制策所引明太祖的话，"任人之道，譬之用器，可任重者重任之，可任轻者轻任之"，认为这是千古求才之良法。至于选将，他强调要不拘一格。"筑淮阴之坛"、"屈南阳之膝"，即像刘邦用韩信、刘备访孔明一样，虚心以任人，实心以任事。② 崇祯十年（1637 年），刘同升以饱学之士一举夺得状元桂冠。其时大明王朝已面临覆之险，故制策以"安攘大计"为题。刘同升指出，安攘之计全在于人才的任用，"有臣如抱真，任一人足矣"，"有臣如晏，任一人亦足矣"。常言道千军易得，一将难求。若能选贤任能，"简京营之冒诡，汰老弱之耗粮"，则有望挽回危难之局。③ 文章言辞激烈，切中时弊。只可惜此时的大明江山正在崩溃之中，无论朝中君臣如何呕心沥血，都已挽救不了其危局了。

五、明代殿试策与明代的军事问题

军事问题多集中在明初期和明后期，随着边防战事的变化而变化。明初为了打击北元残余势力，稳定边境，洪武、永乐、正统三朝都有关于边防的策问。时至明后期，东北女真的威胁成为大患，万历、崇祯两朝殿试常以此为题。

洪武二十四年（1391 年）殿试首次提出兵戎问题。洪武初年，蒙古政权退出中原，实力受到很大削弱，但仍拥有丰厚的军事资源，"引弓之士不下百万众也，归附之部落不下数千里也，资装铠仗尚赖而用也，驼马牛羊尚全而有也"④。洪武时期的北部边防，一方面是主动出击，另一方面是积极防御。建立卫所、屯田戍边是明朝防御战略的两个重要部分。边地驻军三分守城，七分耕种，所得谷物充作军粮，这项政策在明初实效显著，节省了大量的民力、物力。

许（黄）观是明代第一位连中三元的士人。对于经济建设和军事战略的矛盾，他的解决方案是屯兵边境，耕守结合，对于来犯之敌，坚决回击，甚至要去则追之，坚决肃清，不留隐患。⑤ 这与朱元璋穷寇勿追的理念有所不同，但不失为一种策略。

---

① 邓洪波、龚抗云编：《中国状元殿试卷大全》下册，上海教育出版社 2006 年版，第 1240 页。
② 邓洪波、龚抗云编：《中国状元殿试卷大全》下册，上海教育出版社 2006 年版，第 1282 页。
③ 邓洪波、龚抗云编：《中国状元殿试卷大全》下册，上海教育出版社 2006 年版，第 1307 页。
④ 谷应泰：《明史纪事本末》卷一〇《故元遗兵》，中华书局 1977 年版，第 149 页。
⑤ 陈鹏：《明代殿试时务策与边防对策研究》，黑龙江大学硕士学位论文，2009 年，第 22 页。

永乐朝的八次殿试中，有两次涉及边防，分别是永乐四年（1406年）和永乐二十二年（1424年）。永乐二十二年甲辰科状元邢宽，其对策从军队起源说起，详述了周、汉、唐、宋、明历代的军制，并剖析其优劣。他对唐的军制评价极高：军士在一年四季中，三季务农，一季讲武，既不违农时，又不耽误训练。论及明代的兵制，邢宽说："至于兵政，则内有五军，外设诸卫，统兵有定制也。讲武有时，屯田有所，训兵有定法也。凶残之必取，天讨之必加也。此非汤、武仁义之师乎？是皆陛下行之有素，而得其效矣。"① 他把明朝设置的五军都督府、卫所制、屯田制等兵制与汤、武仁义之师相提并论，虽有夸耀本朝的成分，但也确有事实依据。

明代前期，洪武朝关注的是北方民族兴衰对于国家安危的影响，永乐朝关心的是军制沿革与明代军制的优劣。正统年间，边防开始出现危机，因此殿试策问以巩固边防为题。景泰年间边防情势更为严峻。土木堡之变后，朱祁钰即皇帝位为代宗，遥尊英宗朱祁镇为太上皇。国难当头，他任命于谦为兵部尚书，并对朝政和军事进行了改革，有效防御了瓦剌军队的入侵。景泰二年（1451年）、景泰五年（1454年）殿试皆提到了军事与边防问题，就与其时的危急状况有关。

成化八年（1472年）、弘治十五年（1502年）、正德六年（1511年）殿试均提到了边防问题。成化八年壬辰科殿试，以贡赋、风俗、异族、刑法为问。状元吴宽认为，应对夷狄的入侵，要"成其地则用其地之民"，即"用边兵"。因"边兵安于水土，习于金革"，可免"调发之扰，而得制御之道"。② 他还细致说明了斥堠与烽燧侦察和传送军事情报的功能。弘治十五年壬戌科殿试，以礼乐、教化、选课、征赋、用兵、用刑等时政发策。状元康海的答卷，时人评价甚高，内阁首辅李东阳称："条陈礼乐之兴废，发明教化之盛衰，以及选课之有方，征输之有法，驭兵之有制，用兵之有条，一一中款。末路归本君身，尤见忠爱卓识。"所谓"中款"，即切中事情的症结，可见康海不乏行政才能。③

嘉靖朝一共举行了十五次殿试，其中嘉靖二十三年（1544年）和嘉靖四十一年（1562年）都以边防为首务，而嘉靖二十三年的策问尤为引人注目。边防事宜之紧迫因一场突如其来的战争而凸显。蒙古俺答汗嘉靖二十一年（1542年）的入侵是天顺以来至嘉靖前期最大规模的军事行动，引起明廷的高度紧张。状元秦鸣雷则对夷狄之患保持了较为健全的心态，在他看来，这个世界上有中国就有夷狄，正如阴阳之对立，不要一心想消灭他们。自古以来中原政权对夷狄是峻其防、服其心，而夷狄总是弱则称臣、强则干犯。所以，君王不要畏惧夷狄，而要考虑自己是否有强大的御敌武器；不要徒以御敌武器为凭，而要重视与夷狄和睦相处。国家内外兼顾，民富兵强，才能达到不战而屈人之兵的战略目的。④

嘉靖之前海防形势不及北部边境形势严峻。嘉靖中后期，倭寇的猖獗，引发了海防危机，引起了明廷对海防的高度重视。嘉靖四十一年殿试策问提到"戎狄时警，边圉弗靖，

---

① 邓洪波、龚抗云编：《中国状元殿试卷大全》上册，上海教育出版社2006年版，第606页。
② 邓洪波、龚抗云编：《中国状元殿试卷大全》上册，上海教育出版社2006年版，第735页。
③ 邓洪波、龚抗云编：《中国状元殿试卷大全》上册，上海教育出版社2006年版，第837页。
④ 邓洪波、龚抗云编：《中国状元殿试卷大全》上册，上海教育出版社2006年版，第997~999页。

而南贼尤甚，历时越岁，尚未底宁"，"抑选任者未得其人，或多失职欤？将疆圉之臣，未能弹力制御玩寇者欤？"如何才能"上下协虑，政事具修，兵足而寇患以除，民安而邦本以固"？① 就是针对这种情势而发的。状元申（徐）时行与榜眼王锡爵都提出从选拔人才、奖励军功以及将领用权三个方面来加强军队实力。关于将帅用权，申（徐）时行建议，务必保证良将用权不受中制牵制；王锡爵也提出专委任以求实效。明朝宦官监军，起自永乐以太监为监军，以心腹为耳目监听将帅言行，"宦官协镇"遂成定制。② 到了明季，军营全任中官，统帅动辄受制。这种体制下，用将不专、兵将分离，外行干政、指挥不灵。策对中的建议的确是切中时弊的。

隆庆之后，国防重点由东南沿海向北方边境转移。③ 万历初年，内阁首辅张居正倡导并实施改革，社会经济有所发展，国力有所增强。虽有万历二十年至二十七年（1592—1599年）的援朝抗倭战争，但终以胜利结束，山东、辽东的海防亦相应得到加强。从万历末年至崇祯初年，如何安边成为殿试策问最主要的内容，万历二十三年（1595年）乙未科、万历四十四年（1616年）丙辰科、天启二年（1622年）壬戌科均关注边防形势，崇祯朝则每科均围绕边防困局发策，可见当时时势之危急。

万历二十三年殿试，策问提到"文具太盛，武备浸弛"④，所针对的是明中期以来的积弊：京师的主力部队，春秋教阅演练是加强了，可虚报人数和白领军饷的现象仍未肃清；各个边防重镇的戍卫士兵，由当地人和外地调来的各种供应已相当繁多，可基层编制仍不充实；至于京师和外地的五军都督府及各个卫所，处处纲纪废弛。一旦有事，朝廷动辄无法委派将领，各处驻军也苦于无兵镇压。这些弊病，非大力加以整顿振作不可。是科状元朱之蕃以史为鉴，细致论析，虽句句依托历史，而条条都对应着当务之急。

万历四十四年的殿试策问坦言明军存在兵士逃亡，训练不足，军需欠缺等各种弊端。其时明王朝正面临着来自东北边境的巨大威胁，这样的策问表现了强烈的危机感。万历朝东北防御的对手主要由三个部分组成：土蛮、朵颜三卫和女真。万历初期，明军与三部落之间的战争互有攻守，明军优势较大，胜多败少。万历中后期，女真族出现了一位杰出的领袖努尔哈赤，统一了女真各部，逐渐成为明朝最大的边患。

崇祯年间，内忧外患日趋剧烈，王朝岌岌可危。崇祯朝共举行六次殿试，每次殿试都围绕靖边发策，其中崇祯十年（1637年）的时务策最具代表性。练兵和粮饷是王朝面对的巨大困境，"无时不饬筹饷，而饷之窘匮愈甚，且耗蠹莫可诘矣；无时不饬练兵，而兵之单弱如故，且增募日踊请矣"⑤。越是加强筹饷、练兵，越是缺粮、少兵，可谓积弊难返。在这段策问里，朱由检对屯田、盐政二事的态度十分矛盾，一方面他认为恢复屯盐祖制十分必要，因二者与国家根本利益相关；另一方面他又感到屯田与盐政的效果需要长期的积累才能显现，如今国帑空虚，边事危急，这样的解决方式无异于远水解不了近渴。崇

---

① 邓洪波、龚抗云编：《中国状元殿试卷大全》上册，上海教育出版社2006年版，第1053～1054页。

② 李渡：《明代皇权政治研究》，中国社会科学出版社2004年版，第156～165页。

③ 李庆新主编：《海洋史研究》第2辑，社会科学文献出版社2011年版，第202页。

④ 邓洪波、龚抗云编：《中国状元殿试卷大全》下册，上海教育出版社2006年版，第1181页。

⑤ 邓洪波、龚抗云编：《中国状元殿试卷大全》下册，上海教育出版社2006年版，第1309页。

祯帝以唐代的两位大臣为例，渴望朝廷得到这样的国家栋梁。面对忧心如焚、求贤若渴的朱由检，状元刘同升痛切地指出：屯田所需的基础已经不复存在，屯田自然难见成效了；明初输粮换盐之法也已经很难恢复。现在国家急需刘晏、李抱真这样的人才。刘晏知人善用，能选拔真正的人才来治理国家；李抱真忠君报国，在唐末乱世仍忠于朝廷。他认为具有这种品格的大臣才是崇祯朝所急需的人才，才能化解当下的危机。① 刘同升的建言当然符合崇祯帝的初衷，崇祯帝也努力这样做，但他刚愎自用，果于杀戮，先是误杀袁崇焕，后又罢免孙承宗，他越是自以为英明地频繁折腾，局面就越是糟糕。在明末的危局中，对策的合理规划亦无从实施，种种弊政终无法消除。

（作者单位：武汉大学文学院、湖南第一师范学院）

---

① 张廷玉等：《明史·刘同升传》，中华书局 2000 年版，第 3808～3809 页。

明代科场案与明代作家的文学生涯
——以唐寅、王衡为例

□ 白金杰

　　明代科场案对明代文学的影响有迹可寻，在诗歌与戏曲领域表现得尤为明显。就共性而言，明代科场案当事人大多被动地沦为政治斗争的牺牲品，失去进入台阁郎署、争锋主流文坛的机会，被迫在山林市井中另辟蹊径，客观上丰富了明代中晚期的文坛风貌。就个性而言，科场案当事人的文学生涯因科场遭际、个人气质与时代风尚不同而各异，每一个个案都有其不可取代的标本意义。本文将唐寅、王衡等个案置于明代文学发展的背景下，借以说明科场案与明代文学之间具体而微的联系。

一

　　科场案对部分当事人的文学生涯产生显著影响，当始于弘治年间。明朝开国之初，虽然馆阁文学尚存一线生机，但整个文坛基本处于蛰伏状态。尽管洪武三十年（1397 年）南北榜案给当事人造成了重大的打击，如主考官刘三吾以八十余岁高龄被流放遣戍，考官张信等多人被凌迟于市，状元陈𬀩亦被处死，南榜尽废，但是对应着"万马齐喑"的时代背景，该案并未对当时文坛产生明显影响。永乐以后百余年间政治相对平稳，文网渐弛，科举制度更趋成熟。天顺二年（1458 年），李贤奏定纂修专选进士，由是形成了"非进士不入翰林，非翰林不入内阁，南、北礼部尚书、侍郎及吏部右侍郎，非翰林不任"的成例。① 台阁体作家主导文坛，开始具有明确的谱系与宗主意识。弘治十二年（1499 年）科场案就发生于"空同出而异军特起，台阁坛坫，移于郎署"的过渡时期。② 作为科场案当事人的唐寅，其文学生涯所受到的冲击，不亚于其政治生涯。在科举制度的大背景下，进士身份所象征的不仅是政治上的清贵，也意味着是否具备参与或构建主流文坛风尚的资格与话语权。科场案成为当事人社会身份的分水岭，与科场案背后的政治因素及文

――――――――――

　　① 张廷玉等：《明史·选举志》，中华书局 1974 年版，第 1702 页。
　　② 陈田辑：《明诗纪事》（二），上海古籍出版社 1993 年版，第 1135 页。

学内部的发展理路等因素交织在一起，共同影响了当事人的文学创作。

弘治十二年会试主考官李东阳是茶陵派的盟主，尽管他在诗歌方面注重诗体的不同风格与抒情性，但文章风格仍与台阁体一脉相承。后起之秀李梦阳于弘治七年中了进士，边贡、王九思于弘治九年中了进士，但是还要等到弘治十五年何景明、王廷相、康海及弘治十八年徐祯卿释褐后，标举"文必秦汉、诗必盛唐"的前七子才算羽翼丰满，① 成为茶陵派的劲敌。试图在文坛一试身手的各路进士文人开始有了在茶陵派与前七子之间作出取舍的焦虑，在这之前，台阁文风风靡天下，这种焦虑还不大可能产生。钱谦益在《列朝诗集小传》"李少师东阳"条中认同李东阳"以金钟玉衡之质，振朱弦清庙之音，含咀宫商，吐纳和雅"的庙堂之音，贬斥李梦阳"一旦崛起，侈谈复古，攻窜窃剽贼之学"的文学主张，同时也注意到李梦阳等人"群起附和，以击排长沙为能事"的文坛风尚已经形成。② 纪昀等在《四库全书总目》中评价李梦阳《空同集》与何景明《大复集》时则肯定后七子对台阁体的突破，称"考明自洪武以来，运当开国，多昌明博大之音。成化以后，安享太平，多台阁雍容之作。愈久愈弊，陈陈相因，遂至啴缓冗沓，千篇一律。梦阳振起痿痹，使天下复知有古书，不可谓之无功"③。"正、嘉之间，景明与李梦阳俱倡为复古之学，天下翕然从之，文体一变。"④ 在李梦阳等高标复古、强调站队的文坛背景下，时人很难不作出或此或彼的选择。与该科当事人唐寅并称"吴中四才子"的徐祯卿在释褐后就受到了李、何二人的影响，最终跻身前七子的行列。如果没有科场案的发生，唐寅在茶陵派与李梦阳之间作出怎样的选择，都已不得而知。因为，科场案的发生截断了唐寅的"向上一路"，不仅他的政治生涯就此终止，其文学生涯也另是一种局面，不得不弃朝堂而就林下。但可以断言的是，他的文学生涯必然是另外一种局面。

弘治十二年科场案，唐寅的罪名是黉缘求进，所受的惩罚是黜充吏役。其前后原委，并不复杂。

唐寅（1470—1523 年），字伯虎，又字子畏，号六如居士、桃花庵主、逃禅仙吏等，吴县吴趋里人。弘治十一年（1498 年）南闱乡试，唐寅在人才渊薮的江南脱颖而出，高中解元。旁郡富而尚贤的举人徐经仰慕唐寅的名声，两人相约同赴会试。到京师后，唐寅与徐经先后拜会故旧新交，其中就有后来出任主考的李东阳与程敏政。此前，唐寅的乡试座主梁储曾向程敏政推荐过唐寅。唐寅为座主梁储饯行，还请程敏政写了诗序。在诗序中程敏政对唐寅颇为称许："公前此受命主秋试于南畿，号得士，其第一人曰姑苏唐寅，合同榜赋诗以赠公，属予序。予与公同事，相得其文学之昌、才识之卓、操履之懿，盖畏友也。于其行固将有言，以致区区，而况重之唐请哉！"⑤ 乞文唱和，原是惯例，纳币问学，也是常情。但是发生在会试之前，就不能不引人猜嫌，加之二人过于招摇，"至京，六如文誉藉甚，公卿造请者阗咽街巷。徐有戏子数人，随从六如日驰骋于都市中，是时都人属

———————————

① 张廷玉等：《明史·文苑传》，中华书局 1974 年版，第 7348 页。
② 钱谦益：《列朝诗集小传》，上海古典文学出版社 1957 年版，第 245~246 页。
③ 《空同集》提要，永瑢等：《四库全书总目》中华书局 1965 年版，第 1497 页。
④ 《大复集》提要，永瑢等：《四库全书总目》中华书局 1965 年版，第 1499 页。
⑤ 程敏政：《篁墩文集》卷三十五《赠太子洗马兼翰林侍讲梁公使安南诗序》，景印《文渊阁四库全书》第 1252 册，台湾"商务印书馆" 1983 年版，第 622 页。

目者已众矣"①。等到敏政发策,以刘静修《退斋记》为问,士人多茫然不知,而徐经与唐寅"举答无遗",加上二人得意忘形,"矜夸雀跃",② 致使物议沸腾,谓敏政卖题受贿。

唐寅、徐经投刺权门,成为夤缘求进的罪证。徐、唐二人拜会主司,固然行事不检,但也不无因缘。徐经的祖父徐颐与李东阳曾是故交,徐经请李东阳为其祖撰写过墓志铭。唐寅乞文程敏政,是因为乡试座师梁储的引荐。但是会试在天子脚下,向来备受关注,榜下士子之口又锋利可畏,程敏政、唐寅、徐经等涉案人正是在这种刻劾太过的横议中被拘下狱的。此案内幕众说纷纭,或谓傅瀚欲夺敏政之位而使华昶劾之,或谓敏政无意泄露试题使徐经预知,或谓徐经贿敏政家童买得试题。对于唐寅,舆论几乎是一边倒地表示同情,认为他是受到徐经株累牵连。此案处置结果,据《明孝宗实录》所载,敏政因被劾"临财苟得,不避嫌疑,有玷文衡,遍招物议"而被勒令致仕,唐寅、徐经被劾以"夤缘求进之罪"而黜充吏役,奏事者华昶以言事不察而调职南京。③

从南闱第一人到海内不齿之士,唐寅背负了涉嫌舞弊的污名,放逐的身份使他从此脱离了"台阁坛坫,移于郎署"这一历史进程,实际上被排除在主流的文学圈外。其文学生涯将沿着怎样的轨道展开?这是我们关注的焦点所在。

唐寅在《与文徵明书》中倾诉了他在科场案前后遭际的巨大反差:

> 寅白:徵明君卿。窃尝闻之,累吁可以当泣,痛言可以譬哀。故姜氏叹于室,而坚城为之隳堞;荆轲议于朝,而壮士为之征剑。良以情之所感,木石动容;而事之所激,生有不顾也。昔每论此,废书而叹;不意今者,事集于仆,哀哉!哀哉!此亦命矣!俯首自分,死丧无日;括囊泣血,群于鸟兽。……犹幸藉朋友之资,乡曲之誉,公卿吹嘘,援枯就生,起骨加肉。猥以微名,冒东南多士之上。方斯时也,荐绅交游,举手相庆。将谓仆滥文笔之纵横,执谈论之户辙。岐舌而赞,并口而称;墙高基下,遂为祸的。侧目在旁,而仆不知;从容晏笑,已在虎口。庭无繁桑,贝锦百匹;谮舌万丈,飞章交加;至乎天子震赫,名捕诏狱。身贯三木,卒吏如虎;举头抢地,溃泗横集。而后昆山焚如,玉石皆毁;下流难处,恶恶所归。缋丝成网罗,狼众乃食人,马鬈切白玉,三言变慈母。海内遂以寅为不齿之士,仍拳张胆,若赴仇敌;知与不知,毕指而唾,辱亦甚矣!整冠李下,攫墨甑中,仆虽聋盲,亦知罪也。当衡者哀怜其穷,点检旧章,责为部邮;将使积劳补过,循资干禄。而蘧除戚施,俯仰异态,士也可杀,不能再辱。④

王世贞曾称唐寅此书与《桃花庵歌》"见者靡不酸鼻也"⑤。郎瑛亦深为唐寅惋惜,"予尝见其与文徵明一书,其情悲惨,其文炫然,使得位成名,当数为吴人第一,惜身不检而遂

---

① 何良俊:《四友斋丛说》,《元明史料笔记丛刊》本,中华书局 1959 年版,第 133 页。
② 夏燮:《明通鉴》,中华书局 1959 年版,1474 页。
③ 《明孝宗实录》卷一百五十一。
④ 唐寅:《唐伯虎先生全集》,台湾学生书局 1970 年版,第 39~43 页。
⑤ 王世贞著,罗仲鼎校注:《艺苑卮言校注》,齐鲁书社 1992 年版,第 299 页。

致沦落。其私印有'江南第一风流才子'，又有'龙虎榜中名第一，烟花队里醉千场'，又曰'普救寺婚姻案主'者，观此可知矣"①。郎瑛"惜身不检"正是唐寅深自懊悔的，也是唐寅罹祸的原因之一。在《与文徵明书》中，唐寅除了述及自己"惨毒万状"的经历，"僮奴据案，夫妻反目"的困境，感谢文徵明的援助与宽慰外，还表达了自己准备效仿拘囚的墨翟、失足的孙子、腐戮的司马迁、流放的贾谊等人发愤著书的志向，期待盖棺之后能以文辞洗刷科场案的耻辱。正如钱谦益所说，唐寅"每自恨放废，无所建立，譬诸梧枝旅霜，苟延奚为，复感激曰：'丈夫虽不成名，要当慷慨，何乃效楚囚！'家无儋石，宾尝满座，文才风流，照曜江表"②。文学创作成了唐寅科场案后的自我救赎。

政治生涯的结束直接改变了唐寅的文学生涯。在后世的种种传说中，唐寅似乎生来就是"三笑"故事中的人物。他放浪不羁，他无心仕进，他俯瞰当时文坛的各路豪杰，只有怜悯和不屑。明末遗民黄周星写过一篇香艳逼人的《补张灵、崔莹合传》，开场第一段就这样写道："余少时阅唐解元《六如集》，有云：六如尝与祝枝山、张梦晋大雪中效乞儿唱《莲花》，得钱沽酒，痛饮野寺中，曰：'此乐惜不令太白见之！'心窃异焉。"③ 看来，后人心目中这样一个唐寅，也与他的刻意自我塑造有关。理解这一现象，有必要记住两句话："旷达是牢骚"；"长歌以当哭"。一个才具不凡的人，一个曾对自己的仕途有着高远期许的人，当他意识到所有的理想都已烟消云散，他一定会选择极其反常的生活方式，以调侃世俗来显示自己的不俗，以不屑功名来消解功名不可复得的悲伤。所以，如果我们翻读唐寅的集子，其实很容易发现，早年的唐寅，也和大多数读书人一样热心仕进，有志于建功立业。他在《夜读》一诗中直言对功名的热衷："夜来欹枕细思量，独卧残灯漏转长。深虑鬓毛随世白，不知腰带几时黄？人言死后还三跳，我要生前做一场。名不显时心不朽，再挑灯火看文章。"④ 乡试之前，唐寅曾拜谒以"直道"著称的明代名臣陈祚之祠，对陈祚"封章曾把逆鳞批，三逐虽危志不迷"的忠耿十分倾慕。⑤ 考取解元后，唐寅一度意气风发，在谢主司时表达了"壮心未肯逐樵渔"、"红绫敢望明年饼"的热切心态。⑥ 入京后，唐寅也明确地表达了自己有志功名的意愿："有志功名之士，扼腕攘袂之秋也。若肆目五山，总瞽辽野；横披六合，纵驰八极；抚事悼情，慷慨然诺；壮气云蒸，烈志风合；戮长貆，令赤海；断修蛇，使丹岳；功成身遂，身毙名立；斯亦人生之一快，而寅之素期也。"⑦ 以李贽"棘围三日之言，即为其人终身定论"的观点来看，⑧ 制义能够反映人的价值取向。《钦定四书文》收录唐寅"禹恶旨酒"一文，有"坚炼遒净、一语不溢，题之义蕴毕涵"的判语⑨。梁章钜《制义丛话》卷四引余桐川之语，称："余读子畏制义，方严正洁，近于老师宿儒，盖玩世不恭非子畏之本心也。风流放达所以待流

① 郎瑛：《七修类稿》，上海书店出版社2001年版，第421页。

② 钱谦益：《列朝诗集小传》，上海古典文学出版社1957年版，第297页。

③ 张潮辑：《虞初新志》，上海古籍出版社2012年版，第155页。

④ 唐寅：《夜读》，《唐伯虎先生全集》，台湾学生书局1970年版，第448页。

⑤ 唐寅：《谒故福建金宪永锡陈公祠》，《唐伯虎先生全集》，台湾学生书局1970年版，第451页。

⑥ 唐寅：《领解后谢主司》，《唐伯虎先生全集》，台湾学生书局1970年版，第437~438页。

⑦ 唐寅：《上吴天官书》，《唐伯虎先生全集》，台湾学生书局1970年版，第37页。

⑧ 李贽：《焚书·续焚书》，岳麓书社1990年版，第116页。

⑨ 王同舟、李澜校注：《钦定四书文校注》，武汉大学出版社2009年版，第72页。

俗，方严正洁所以待圣贤，圣贤少而流俗多，则子畏隐矣。"① 以此观之，唐寅并非一味佻达，佻达实乃不得已而为之，即所谓"不为无益之事，何以遣有涯之生"②。

科场案后，唐寅的文风发生了显著改变。何良俊《四友斋丛说》称，"六如才情富丽，今吴中有刻行小集，其诗文皆咄咄逼古人。一至失身后，遂放荡无羁。可惜可惜"③。钱谦益注意到唐寅诗风的发展变化："伯虎诗少喜秾丽，学初唐，长好刘、白，多凄怨之词，晚益自放，不计工拙，兴寄烂熳，时复斐然。"④ 怨音与及时行乐看似矛盾地结合在唐寅一人身上，表现了他内心积郁而外在佯狂的矛盾心态。在科场案之前，唐寅与徐祯卿诗风相类。徐祯卿在释褐后受到李、何影响，改变了"文匠齐梁，诗沿晚季"的风格，⑤进士身份是徐祯卿进入主流诗坛并跻身前七子的重要前提之一。客观说来，唐寅曾具备比徐祯卿更优越的融入主流诗坛的机会。他顶着南闱新科解元、吴中名士的风光赢得了朝中名流如礼部尚书文渊阁大学士李东阳、詹事府少詹事程敏政、吏部尚书倪岳、吏部侍郎吴宽、王鏊等人的期许，倘使他能够考中进士，无论是像徐祯卿一样追踪李梦阳，还是如李东阳的门生杨慎一样致力于维护茶陵派的权威，其文风都不会是我们现在看到的这个面貌。茶陵派和前七子诗文，尽管风貌迥异，但都是主流文坛的组成部分；而唐寅的风格，则是故意远离主流文坛，其宗旨是，越是不为主流所认可，就越能显示其超世拔俗。

科场案后，唐寅的诗文多有慨叹之词，那种机锋侧出的人生感悟给人一种百无聊赖之感。被贬为县吏耻而不就的唐寅，为自己起了一个"逃禅仙吏"的号，并在《桃花庵歌》等诗中做出一种超脱的姿态："半醉半醒日复日，花开花落年复年。但愿老死花酒间，不愿鞠躬车马前……别人笑我太风骚，我笑别人看不穿。不见五陵豪杰墓，无花无酒锄作田。"⑥《叹世》中竟将孔子等人的功业也视作梦幻一场，称"当年孔圣今何在，昔日萧曹书已休"，放言"遇饮酒时须饮酒"，但是结句仍道出了他表面旷达而内心苦闷的情绪，"青山偏会笼人愁"。⑦ 这种姿态令人想起宣称"才子佳人，自是白衣卿相"、"忍把浮名，换了浅斟低唱"的柳永。柳永也曾因行事不检而被宋仁宗黜落，尽管他以"奉旨填词柳三变"来自嘲，但花前月下并非柳永本意，否则他不会为了再度参加科举考试而特意改名。大抵被动走向市井山林的文人，尽管疏狂放荡，但仍然难以忘情于科场遭际，无法真的做到恬淡超逸，孤愤之语不经意间就会溢出言表。时隔多年，唐寅梦到参加科举考试时，情绪仍受影响："二十年余别帝乡，夜来忽梦下科场。鸡虫得失心尤悸，笔砚飘零业已荒。自分已无三品料，若为空惹一番忙。钟声敲破邯郸景，依稀残灯照半床"⑧。唐寅以书画为生也并非他的本意，是他被黜为吏后为了维持生计而被迫作出的选择。他曾在诗

---

① 梁章钜撰，陈水云、陈晓红校注：《梁章钜科举文献校注二种》，武汉大学出版社 2009 年版，第 70 页。

② 项鸿祚：《复堂词录叙》，《词话丛编》本，中华书局 1986 年版，第 3987 页。

③ 何良俊：《四友斋丛说》，《元明史料笔记丛刊》，中华书局 1959 年版，第 133 页。

④ 钱谦益：《列朝诗集小传》，上海古典文学出版社 1957 年版，第 297~298 页。

⑤ 王世贞著，罗仲鼎校注：《艺苑卮言校注》，齐鲁书社 1992 年版，第 302 页。

⑥ 唐寅：《桃花庵歌》，《唐伯虎先生全集》，台湾学生书局 1970 年版，第 106~107 页。

⑦ 唐寅：《叹世》其五，《唐伯虎先生全集》，台湾学生书局 1970 年版，第 152 页。

⑧ 唐寅：《梦》，《唐伯虎先生全集》，台湾学生书局 1970 年版，第 444 页。

中写道："领解皇都第一名，猖披归卧旧茅蘅。立锥莫笑无余地，万里江山笔下生。"① 诗中固然有自食其力的自得，但也表达了他昔为解元今为画匠的自嘲。这种选择其实并不容易，他也写到了靠书画为生的艰辛，"湖上水田人不要，谁来买我画中山"？② 唐寅晚年生活更为困窘，诗中多有如"十朝风雨苦昏迷，八口妻孥并告饥。信是老天真戏我，无人来买扇头诗"、"肯嫌斗粟囊钱少，也济先生一日穷"之类的凄苦之词。③ 他的临终诗更充满了"绕树三匝，无枝可依"的悲凉感："生在阳间有散场，死归地府也何妨？阳间地府俱相似，只当漂流在异乡。"④ 这是科场案的后续影响。

以此观之，科场案使唐寅失去了与茶陵派、前七子接轨的机会，失去了成为主流诗人的可能，他只是一个边缘作家。当然，这未尝没有好的一面。桃花庵是后期唐寅情感寄托的桃花源，也是他在生存方式与创作模式上标新立异的理想国。唐寅从此摆脱了身份意识的桎梏，他无需肩负沉重的使命感与责任感，可以自写胸次，可以信笔挥洒，以致王世贞有"唐伯虎如乞儿唱《莲花落》"之哂。⑤ 但其诗作的独树一帜是不可否认的。有此一路风格，亦足见中国文学的丰富性。

二

嘉靖至万历初年，政坛因"大议礼"、"张居正夺情"及"国本之争"激化了皇帝与群臣、辅臣与言官的矛盾，朝中朋党渐起，士气日趋躁竞。当时文坛，诗文、戏曲大家林立，主要活动在嘉靖时期的后七子、唐宋派代表人物王世贞、茅坤等仍相当活跃，而公安派袁宗道虽于万历十四年（1586 年）会试抢元，但此时三袁中声誉最高的袁宏道（万历二十年进士）尚未登科，距离三袁提出"独抒性灵，不拘格套"的理论主张尚有时日。⑥ 戏曲方面，文人撰曲自娱或交际的风尚已经形成，沈璟与汤显祖的吴江派与临川派之争不久即将拉开序幕。

万历十六年（1588 年）顺天乡试科场案即发生在这一政治与文学复杂交汇的特殊时期，其主要当事人是王衡。

王衡（1562—1609 年），字辰玉，号缑山。江苏太仓人。大学士王锡爵子。万历十六年举顺天府乡试第一，万历二十九年（1601 年）会试第二，廷试第二，授翰林院编修，长假还乡，先父一年病卒。著有《缑山先生集》《归田词》《纪游稿》《春秋纂注》及杂剧《郁轮袍》《真傀儡》《没奈何》等。

万历十六年戊子，王衡以太学生入北闱，夺得解元。与王衡同榜的还有首辅申时行的

① 唐寅：《阴雨浃旬，厨烟不继，涤砚吮笔，萧条若僧，因题绝句八首奉寄孙思和》其五，《唐伯虎先生全集》，台湾学生书局 1970 年版，第 172 页。

② 唐寅：《漫兴》十首，《唐伯虎先生全集》，台湾学生书局 1970 年版，第 92~96 页。

③ 唐寅：《阴雨浃旬，厨烟不继，涤砚吮笔，萧条若僧，因题绝句八首奉寄孙思和》其一、其二，《唐伯虎先生全集》，台湾学生书局 1970 年版，第 172 页。

④ 唐寅：《伯虎绝笔》，《唐伯虎先生全集》，台湾学生书局 1970 年版，第 160 页。

⑤ 王世贞著，罗仲鼎校注：《艺苑卮言校注》，齐鲁书社 1992 年版，第 259 页。

⑥ 袁宏道撰，钱伯成笺校：《锦帆集》之二《叙小修诗》，《袁宏道集笺校》，上海古籍出版社 1981 年版，第 187 页。

女婿李鸿。辅臣子弟登科，在明代本不鲜见。正德六年状元杨慎是大学士杨廷和之子，不仅气节过人，也以"博学饶著述"被推为明人之首。① 但自从万历年间首辅张居正子弟先后登科后，科场公平受到质疑，坊间遂多有不平之论。及王衡赴北闱乡试，王锡爵引嫌回避，并未出任考官。即便如此，礼部主客司郎中高桂仍然认为此科有营私舞弊之嫌，称李鸿等八人是"迹涉可疑及文理纰缪者"，②并且将王衡扯入案中："自故相之子先后并进，一时大臣之子遂无有见信于天下者。今辅臣王锡爵子素号多才，岂不能致身青云之上？而人之疑信且半，亦乞将榜首王衡与茅一桂等一同覆试，庶大臣之心迹益明矣"③。

彼时距清算张居正不过数年，大臣余悸未消。加之上科顺天乡试冒籍案处置严酷，前车之鉴未远。高桂弹劾引发考官黄洪宪与辅臣王锡爵的强烈反弹，黄洪宪为了证明考选无私甚至立下重誓："如臣有毫发之私，岂直当褫臣，愿就鼎镬，以为徇私之戒。"④ 王锡爵则上疏怒称"臣本出山无用之器，不合误膺国爵，臣男自是乳下未雕之璞，不合误投臣胎，而臣之先臣又不合教臣男读书应举，以致今日无端受辱至此！"⑤ 王锡爵等之所以如此气激不已，固然有政治因素的考量，还在于王衡夺魁被论广泛认为实至名归。即便是言官高桂，也承认王衡素有文才。娄坚称王衡"秋试程文极为主司所赏，擢为第一，众皆叹服"⑥。沈德符亦称，"犹忆戊子春，娄上王辰玉、松江董元宰入都，名噪一时。士人皆以前茅让之，无一异词者"⑦，并认为"科场覆试一法，在唐宋已有之。要之非盛世待士体也。……然以王辰玉，何等才，而亦列其中。所以乃翁有死不受辱之疏也"⑧，显示了对王氏父子的同情。

王锡爵等具奏申辩后，主动提请令王衡参与覆试，结果仍以王衡第一。尽管此案暂告一段落，但对该科当事人皆造成了深远的影响。主考官黄洪宪、同考沈璟先后辞官。王锡爵辞官后被召还。王衡虽允会试，但负气不与，此后屈抑十余年，至万历二十九年锡爵已罢官家居，王衡始以会试第二、殿试第二高登魁榜，一洗当年之辱。事久论定，考官黄洪宪子承昊方为父抱屈请恤。自王衡之后，辅臣之子登第的一个都没有了。

王衡的文学生涯因万历十六年科场案而大为改变，他不仅成了一名杂剧作家，而且在其剧作中集中关注科举问题。

王衡最重要的剧作《郁轮袍》⑨ 作于万历十八年，即王衡弃会试不赴的次年。该剧共七折，讲少有俊才的王维拒绝岐王的延揽，却被王推冒名顶替骗得了荐书，开考后监试

---

① 王世贞著，罗仲鼎校注：《艺苑卮言校注》，齐鲁书社 1992 年版，第 321 页。

② 《明神宗实录》卷二〇八卷。

③ 《明神宗实录》卷二〇八卷。

④ 《明神宗实录》卷二〇八卷。

⑤ 王锡爵：《王文肃公奏草》卷之三，《王文肃公全集》，《四库全书存目丛书》第 135 册，齐鲁书社 1997 年版，第 53 页。

⑥ 娄坚：《学古绪言》卷四《缑山子传》，景印《文渊阁四库全书》第 1295 册，台湾"商务印书馆" 1983 年版，第 50 页。

⑦ 沈德符：《万历野获编》，《元明史料笔记丛刊》本，中华书局 1959 年版，第 421 页。

⑧ 沈德符：《万历野获编》，《元明史料笔记丛刊》本，中华书局 1959 年版，第 409 页。

⑨ 本文所引《郁轮袍》选自明沈泰编《盛明杂剧》本，山东画报出版社 1958 年版，第 162~179 页。不再另注出处。

官赵履温因荐书而欲举王推为状元，多亏主考官宋璟主持公道，拔擢了没有荐书却有才华的王维。失算的王推又用荐书污蔑王维依附权势，关节舞弊。宋璟令人剥去王维状元袍带。最后真相大白，宋璟请王维重着状元衣冠，王维却心灰意冷，决意弃官归隐。

剧中的王维有较多自喻的意味。王衡与王维均出自太原王氏，都才名早著。负气不与会试的王衡，借剧中王维的形象来昭示他的清白："我羞杀那世间人呵！挜相知，先通些文字；揭榜前，先认下主司。"王维对岐王的延揽有这样的回应："自古道：不义而富且贵，于我如浮云。王维今年三十岁也！若我肯将机就机，当初岐王累十次请我，我索应承他了。贞女守节半世，到在中途嫁人么？"（第一折）及王维被诬陷因干谒才夺得状元时，他慨叹"身入闹蜂衙，文章救不得。脚踏鲍鱼肆，心事信不及。曲直，牛斗还如蚁"（第六折）。表现了对万历十六年无端被谤的愤懑。裴迪激王维"你忍得这气也，只是舍不得的一口糖食儿"后，王维对自己求取功名的原因作了解答："兄弟，你好小觑俺。""便是这鸡口儿争些好看，这鸡肋儿有什肥甘？只为我和尚每下山缘，秀才每家常饭。逐队随班，怎敢图闲。"（第四折）王衡称赶考是"秀才每家常饭"，是就奉儒守官的立场而言，并非为了功名利禄。儒家不否定隐士。《论语·微子》载孔子对古代著名的几位隐士有这样的评价，"子曰：'不降其志，不辱其身，伯夷、叔齐与！'谓：'柳下惠、少连，降志辱身矣。言中伦，行中虑，其斯而已矣。'谓：'虞仲、夷逸，隐居放言。身中清，废中权。我则异于是，无可无不可'"。① 隐而不失其志，正是抢元被谤之后的王衡所追求的，这是他保持尊严和傲岸个性的选择，"则今日闲口舌，逗起长安泪。恶面皮，猜破当场谜。算来呵！衣冠作祟。你着尖挫挫舌为锋，明当当功作罪，亮堂堂冰化水！""我怎肯团块被空瞒，挑灯随影弄，捏土供儿戏？"（第六折）从《郁轮袍》的确可以见出王衡傲岸的个性，正如沈泰所评："辰玉满腔愤懑，借摩诘作题目，故能言一己所畅言，畅世人所未畅。阅此则登科录正不必作千佛明经，焚香顶礼矣！韩持国覆瓿已久，何必以彼易此？"（正目眉批）

科举考试的弊端历来为人所诟病，王衡深有体会。在他前后，涉及科举弊端的文学作品，多以揭发考官昏聩、科场舞弊为主，借以抒发内心不平。如《龙膏记》第十九出《棘试》丑扮的考官上场就自称："昏花眼睛，糊涂方寸。不公不明，钱财性命。由他皓首有穷经，是孤寒总不关情……文章不论好歹，去取全凭货财，若问试官肚里，昏天黑地乱猜。"②《郁轮袍》中也塑造了一个依权附势、模糊真赝的考官赵履温，嘲讽了王推等人钻营科场的丑态。但是该剧并未局限在对操作层面的批判上，而是在感慨个人科场遭际、抒发不平之鸣之外，还关注到科举考试资格限人这一现象。

科举和荐举这两种抢才方式，各有利弊。科举一切以程文为去留具有相对公平性，但是会造成一些真才名儒困于场屋。荐举能够知人论世，但有人为因素的参与会导致任人唯亲或荐举不当的弊端。理想的抢才制度应该是二途并用。明初尚有先例，但并未贯彻始终，"洎科举复设，两途并用，亦未尝畸重轻。建文、永乐间，荐举起家犹有内授翰林、外授藩司者。而杨士奇以处士，陈济以布衣，遂命为《太祖实录》总裁官，其不拘资格

————————————

① 朱熹：《四书章句集注》，《新编诸子集成》（第一辑），中华书局1983年版，第185~186页。

② 杨珽：《龙膏记》第十九出《棘试》，《四库家藏·六十种曲》，山东画报出版社2004年版，第402页。

又如此。自后科举日重，荐举日轻，能文之士率由场屋进以为荣；有司虽数奉求贤之诏，而人才既衰，第应故事而已"①。随着科举体制的日趋严密，资格限人不仅体现在科举正途与荐举异途的区别上，即便同是正途，进士、举人、监贡生员在仕进方面的差别也很大，"初，太祖尝御奉天门选官，且谕毋拘资格。选人有即授侍郎者，而监、司最多，进士、监生及荐举者，参错互用。给事、御史，亦初授升迁各半。永、宣以后，渐循资格，而台省尚多初授。至弘、正后，资格始拘，举、贡虽与进士并称正途，而轩轾低昂，不啻霄壤"②。英宗朝不由进士出身就不能入翰林院，就很难进入权力中枢。这使那些有能力、有志于修齐治平的人才不得不汲汲于科举考试。王衡曾经谈到自己为了从科举正途出身，不得不文风三迁，因此少年壮气几被消磨。不拘资格的用人标准，更多的成为文学想象中的情节模式，以此弥补现实中资格限人的缺憾。《郁轮袍》中就贡院屈杀多少英雄发出感慨，又借文殊大士之口道出王衡的理想："如今世人重的是科目。科目以外，便不似人一般看承。我要二位，数百年后，再化身做一个不由科目、不立文字，干出名宰相事业的。与世上有气的男子，立个法门，势利的小人，放条宽路。"（第七折）陈继儒是王衡的知音，他曾替王衡感到遗憾："分辰玉之才，自可荫映数辈，而不幸生于相门，为门地所掩，又为数十年功名所缚。若朝廷超格用人，如唐宋故事，决能吐去鸡肋，何遽不为李赞皇、韩持国。又使圭窦荜门，布衣终老，非下帷读《易》，则闭户著书，其制作度不止是，而志意不遂，命也奈何？"③ 这一段话可视作《郁轮袍》的正解。

与一朝沦落、万念俱灰的唐寅不同，即便在科场案后王衡也没有彻底放弃用世之心，但是在明代中后期，想要从恩荫或杂流成为宰辅，几乎是不可能的。王衡虽有报国之志和经世之才，只能选择正途出身。《杂兴》组诗是在他不惑之年尚未考取进士之时所作，从"我岂好穷哉"等诗句可以见出，自我放逐并非王衡的本意，但是科场案令他感慨"谤誉殊孟浪，一身萃婵妍。高天而深渊，相去一何悬"，因此陷入"人生三万六，不得一日乐。过去日苦多，未来杳难模"的痛苦情绪中。④

这种消极的情绪在他的杂剧《没奈何》中体现得更为明显，剧中有"须弥山载不起的愁，恒河沙流不尽的泪"的述怀，⑤ 并以万事皆空的说法颠覆了儒家的三不朽，青史留名、诗文不朽都已意义不在。该剧还道出了辅臣所承受的各种压力，以及党争之下言官哓哓的恼人：

> 我见如今的九卿，舌头牵绊，便是扒不动的大虫；阁老肚里酸咸，正是说不出的哑子。顶尖上惊惊怕怕，不知捱了多少风霜！老人家急急巴巴，不知热过几多寒暑？普天下的利害，偏我做当头阵的枪刀；千万口的是非，偏我做个大教场的躲子。日日提起心做、合着眼想，有什好处。这的是看得饱，却原来坐着危。软麻绳缚住南阳

① 张廷玉等：《明史·选举志》，中华书局 1974 年版，第 1713 页。

② 张廷玉等：《明史·选举志》，中华书局 1974 年版，第 1717 页。

③ 陈继儒：《太史辰玉集叙》，王衡：《缑山先生集》，《四库全书存目丛书》第 178 册，齐鲁书社 1997 年版，第 556 页。

④ 王衡：《缑山先生集》，《四库全书存目丛书》第 179 册，齐鲁书社 1997 年版，第 670 页。

⑤ 王衡：《没奈何》（全剧插入陈与郊《袁氏义犬》第一出），《四库家藏·盛明杂剧》本，山东画报出版社 2004 年版，第 71 页。

臂，狠喽啰揭起平津被，却又早一封书定下周公罪！如今东山老要脱紫罗襕，还胜似冀州驹要解盐车辔。①

沈德符评价该剧称，"近日王辰玉之《哭倒长安街》，则指建言诸公是也"②。

杂剧《真傀儡》是王衡为王锡爵的献寿之作。剧中以宋代宰相杜衍九十高寿穿便服、入市井看民间傀儡戏，朝廷下诏复征他入朝的情节来比附王锡爵罢相闲居、年逾古稀的身份，表达了王衡祝福父亲高寿并再得君主恩遇的良好祝愿。有感于其父身为辅臣的辛苦，王衡借此剧又道出了对其父的理解与体贴："我想那做宰相的，坐在是非窝里，多少做得说不得的事，不知经几番磨练过来。除非是醉眠三万六千场，才做得二十四考头厅相！"③这四句上有眉批谓："非经历一过，不能道只字。"④ 此剧可与王衡《上父书》相参看，文称："窃观古今以来，未有人而无所寄其情者，惟太上忘情能为泯绝无寄，然无寄之寄亦寄也。惟父亲自归田以来，毫无所寄。窃谓今日非另换一副肺肠，另开一篇局面，易忧以乐不可……昔范忠文致仕，无贵贱，概以野服相见，概不报谢，而史册以美谈；今一日见一人，则一日不乐，一处见一人，则一处不安，视之如毒猛，不可向迩也。亦过矣。"⑤可见，王衡不仅是王锡爵的孝子，也堪称他的"净友"。

科场蹭蹬，曾使王衡几度拒绝参加会试。他的祖母在临终前，因为他的遭遇而抱憾不已，"顾见孙衡在前，第连呼秀才者三，盖伤其未遇也。自外一无所言，侧身微笑而暝"⑥。王衡的母亲也不能忘怀于此，病重之时，还强迫想要侍疾床前的王衡去赴考，"其冬，当计偕，不欲行。母纳登科录于袖，强遣之，心瞿瞿如也"⑦。万历二十年会试，王衡未终场而退出。万历二十六年（1598年），赴试未中。直到万历二十九年（1601年），王衡终以第二名赐进士及第。

王衡由解元登榜眼，与其父锡爵由会元而榜眼并为科场盛事。但是对于王锡爵、王衡父子来说，这一父子榜眼的荣光来得太迟，早已被王衡的晚遇所冲淡。时人论及此事，也颇为王衡惋惜，据《万历野获编》载：

> 王辰玉发解时，名噪海内，后以口语，两度不入试，或不竟试而出。至辛丑登第，则逾不惑矣。房师温太史语之曰："余读兄戊子乡卷时，甫能文耳，不谓今日结

① 王衡：《没奈何》（全剧插入陈与郊《袁氏义犬》第一出），《四库家藏·盛明杂剧》本，山东画报出版社2004年版，第73页。

② 沈德符：《万历野获编》，《元明史料笔记丛刊》本，中华书局1959年版，第644页。

③ 王衡：《真傀儡》，《四库家藏·盛明杂剧》本，山东画报出版社2004年版，第254页。

④ 王衡：《真傀儡》，《四库家藏·盛明杂剧》本，山东画报出版社2004年版，第257页。

⑤ 王衡：《缑山先生集》第二十七卷《上父书》，《四库全书存目丛书》第179册，齐鲁书社1997年版，第244~245页。

⑥ 王锡爵：《王文肃公文草》卷十一《诰封一品太夫人先母吴氏行状》，《四库全书存目丛书》第136册，齐鲁书社1997年版，第418页。

⑦ 王衡：《缑山先生集》第十四卷《诰封一品夫人先母朱氏行实》，《四库全书存目丛书》第179册，齐鲁书社1997年版，第80页。

衣钵之缘。" 王为悯然掩袂。①

常人晚遇，多贺以大器晚成。而王衡二十八岁发解，到四十一岁才释褐，时隔十三年之久，则不免令人恻然。这是因为，他才情过人，已为举世所瞩目，世人对他的期望值太高了。王衡在登科后旋即告假还家，以践行他当年的豪言："凭我的才名，怕道功名不到手？只是我看得功名轻哩！"（《郁轮袍》第一折）如此夸张地"显摆"自己的清傲，其实是为了一吐郁闷之气，背景是他在万历十六年顺天乡试科场案中的那场不堪回首的遭遇。

万历十六年科场案不仅为王衡创作《郁轮袍》提供了直接的素材，也为接下来案头场上的汤沈之争提供了可能。该科同考官沈璟因是王锡爵的门生而受到牵连。在本案发生后，沈璟迫于舆论压力告归乡里，随即被正式免职，此后家居三十年，与当时著名曲家往还，切磋戏曲理论并付诸实践，得以成为吴江派盟主。科场案固然没有对沈璟本人直接造成冲击，却是他离开政坛转向曲苑的重要缘由。

综上所述，明代科场案致使大多数当事人改变了原有的人生轨迹，从而改变了当时的文坛风貌和格局。尽管科场案冲击最大的仍属科场案当事人，对整个明代文学的历史进程影响不免有限，但其意义仍值得关注。将事关唐寅、王衡等的明代科场案还原到历史与文学的大背景下，借以阐释科场案与明代文学的联系，宗旨在此。

（作者单位：福建农林大学文法学院）

---

① 沈德符：《万历野获编》，《元明史料笔记丛刊》本，中华书局 1959 年版，第 425 页。

论汤显祖的制艺

□ 王小岩

一、引　言

作为戏剧大家的汤显祖，已经得到广泛的关注和深入的研究；作为诗文大家的汤显祖，尚未得到充分的认识和评价，汤显祖的制艺，更在研究视野之外。这一研究格局是由晚清、民国以来对制艺（又称制义、时文、八股文）评价过低造成的。由于制艺这一文体主要应用于科举考试之中，及其代圣人立言的写作范式，损害了制艺的文学价值，这是毋庸讳言的。如清初文人尤侗的批评："或谓楚骚汉赋，晋字唐诗，宋词元曲，此后又何加焉？予笑曰：只有明朝烂时文耳。"① 但这一批评，也肯定了制艺在有明一代之盛。事实上，像李贽这样勇于批判的思想家，也肯定了制艺作为一种新型文体，是明代文学创作出的"古今至文"。②

李贽的观点在当时不能算作个案，汤显祖在制艺上的创新尝试，目的也是要在这"古今至文"上有所成就。明末清初的思想家王夫之高度肯定了汤显祖的文学成就，乃至肯定了汤显祖制艺的成就，王夫之《夕堂永日绪论·外编》专论制艺，其中如说汤显祖等人"亭亭独立，分作者一席"，并说："特以无门可入，绝陌人攀援之径，故人不知玄赏耳"，又说汤显祖等人的制艺"何尝一笔仿古"，③ 总之，王夫之认为汤显祖在制艺方面有其独创性。

但是，时至今日，汤显祖制艺究竟有哪些特点，值得关注？既然如王夫之等人所评价，汤显祖制艺是一代名家之作，为何汤显祖四次会试落第？以及汤显祖在制艺理论方面的见解，为重新理解这一文体在明代文学史的意义有何助益？这些问题的探讨，不仅有助于呈现一个"完整"的汤显祖创作，而且也能为当下的明清科举研究和文体研究添砖加瓦。

---

① 尤侗：《艮斋杂说》卷三，中华书局 1992 年版，第 64 页。
② 李贽：《童心说》，《焚书·续焚书》，中华书局 2009 年版，第 99 页。
③ 王夫之：《薑斋诗话》，人民文学出版社 1961 年版，第 172、179 页。

二、师 法 六 朝

汤显祖中进士之前已名扬海内，中第之后，他的制艺也成了海内范本。现在所见收录汤显祖诗文最为完备的天启刊本《玉茗堂集》，没有收入汤显祖制艺。由此推知，汤显祖制艺在当时是以单行本流行于世。现在所见最早的汤显祖制艺的刊本是明末陈名夏的评点本。陈名夏编选明朝 42 家名家制艺之文，共分 42 卷，题作《国朝大家制艺》，汤显祖的制艺是其中一卷，题作《海若先生文》（一名《汤海若先生制艺》）。① 陈名夏这个评点本，根据全书总序可知，他是选取的典范之作，由此可知，汤显祖现存制艺虽仅此一卷，实际当不止此数。陈名夏在序中称：

> 先生词家之冠绝者矣。今观其古文词及诸制艺，巧心俊发，鲜采动人。魏晋诸名士不足多也。为魏晋者有真有伪。学既荒塞，取资偶丽，貌既狞恶，而粉饰盛容。此有识者之所过而羞也。若先生文有其质，言有其则。镂刻万物之形，巧夺前人之义。虽未纯乎大雅，岂不卓然领袖于英华之范哉。②

这段序言有两点值得注意：第一，陈名夏将汤显祖的古文、制艺与魏晋文章相比；第二，陈名夏注意到了汤显祖制艺的"巧"，这两点都是汤显祖制艺的特点。陈名夏将汤显祖文章与魏晋文章相比，找到了汤显祖文章渊源所自，即师法于六朝，这是汤显祖有别于同时代他人之处。虽然陈名夏认为汤显祖"未纯乎大雅"，但仍肯定汤显祖在制艺创作上的成就。

徐朔方先生所辑《汤显祖全集·补遗》，收录了 8 篇制艺。其中，《故君子可……其道》有清人王介锡的评语：

> 此临川改熙甫旧作也。临川得归之正派，归借时文作古文，汤借古文作时文。二先生之长，并长于此。③

按，此篇制艺并非汤显祖原创，而是汤显祖改归有光的旧作，但说汤显祖制艺学自归有光，这一评语并不精准。实际上，归有光、茅坤等人，在复古秦汉文的大背景下，标举唐宋文，不免有借唐宋文作时文之愿望。汤显祖《答陆君启孝廉山阴有序》一诗批评复古

---

① 陈名夏评点本《国朝大家制艺》，为陈氏石云居刊本。其中，《海若先生文》卷前有涌泉堂朱印，徐朔方笺校《汤显祖全集编年笺校凡例》遂作"第五十卷为制艺，以北京图书馆藏涌泉堂刊本万历癸未《海若先生文》（一名《汤海若先生制艺》）为底本"，实际涌泉堂与陈氏石云居的关系尚无资料佐证；再者，"万历癸未"见于卷首，根据全书体例，实指汤显祖进士及第年份，并非汤显祖制艺有万历癸未刊本之意。徐朔方笺校《汤显祖全集》第五十卷体例及篇章题目与陈名夏评点本颇有出入，但本文为行文方便，所引用汤显祖作品，均用徐朔方笺校《汤显祖全集》本。

② 徐朔方笺校：《汤显祖全集》，北京古籍出版社 1999 年版，第 1708 页。

③ 徐朔方笺校：《汤显祖全集》，北京古籍出版社 1999 年版，第 1678 页。

派："文家虽小技，目中谁大手？何李色枯薄，余子定安有？国初开日月，龙门实维斗。"① 在汤显祖看来，有明诗文，只有宋濂一人，其余皆不足道，并且他对何李的批评尤甚。在《孙鹏初遂初堂集序》一文中，汤显祖批评何李："大致李气刚而色不能无晦，何色明而气不能无柔。神明之际，未有能兼者。"② 汤显祖不认同秦汉古文派，也不认同唐宋文派，他自认文章从六朝学来。在答复张梦泽的信中，汤显祖自谦称文章不能行于世，所举前两条原因，一则介绍了自己师法的渊源，一则批评了复古派的文章：

> 弟平生学为古人文字不满百首，要不足行于世。其大致有五。弟十七八岁时，喜为韵语，已熟读骚赋六朝之文。然亦时为举子业所夺，心散而不静。乡举后乃工韵语。三变而力穷，诗赋外无追琢功，不足行一也。我朝文字，宋学士而止。方逊志已弱，李梦阳而下，至琅邪，气力强弱巨细不同，等赝文耳。弟何人能为其真？不真不足行，二也。……③

向六朝学习文章之法，而不是从秦汉或唐宋，确实是汤显祖在当时独标一格的做法，这种写法与其制艺有何关联呢？艾南英（字千子）评价汤显祖所作《吾十有五（全章）》，指出其文的六朝特色："自分下学上达，所谓题中强立名目也。文气多杂清语，称先生为晋人可耳。"④ 再如《人无远虑（二句）》，艾南英评为："玄语清谈，可空晋人之席。"⑤ 再如《民之归仁（二节）》，艾南英辨正张侗初的评语，认为汤显祖此文不似西汉文，而是六朝文：

> 张侗初评云："此等文是西京调度，西京骨气。"予谓此非西京也，六朝中之清贵者。以其俊而整耳。⑥

而陈名夏则指出汤显祖这篇制艺与其戏曲作品的相似性："置耳目之前，易令人喜好者，此类文字也。然识者当察其简令中，寓俳寓巧。玉茗堂传奇皆同此格。"⑦ 这里的"俳"和"巧"二字，也可视作汤显祖制艺"驰趣"之所在。秦汉文里虽有偶句，还不以偶句为尚，但到了六朝，在骈文、骈赋等文体的影响下，古文中骈偶句开始增多。汤显祖注重在制艺乃至戏曲作品中使用偶骊之语，说明他师法六朝，受六朝文风影响之深。

汤显祖的制艺既然从六朝得法，那么，语言骈俪对偶虽是他的优势，但也可能是他的制艺的"短处"。艾南英评价《其君子实……小人》一文，肯定这篇制艺的特点："比对字句，无不经凿。此以五七言律诗为时文者也。次商郊，犹昔观兵，方是大家体意。"但他也指出，刻意比对也是该篇制艺不足成为大家之作的原因："此与《左右皆曰贤》、《昔

① 徐朔方笺校：《汤显祖全集》，北京古籍出版社 1999 年版，第 688 页。
② 徐朔方笺校：《汤显祖全集》，北京古籍出版社 1999 年版，第 1121 页。
③ 徐朔方笺校：《汤显祖全集》，北京古籍出版社 1999 年版，第 1451 页。
④ 徐朔方笺校：《汤显祖全集》，北京古籍出版社 1999 年版，第 1567 页。
⑤ 徐朔方笺校：《汤显祖全集》，北京古籍出版社 1999 年版，第 1582 页。
⑥ 徐朔方笺校：《汤显祖全集》，北京古籍出版社 1999 年版，第 1607 页。
⑦ 徐朔方笺校：《汤显祖全集》，北京古籍出版社 1999 年版，第 1607 页。

者太王》诸篇，皆选家所最隆重者。而予稍嫌其属词整丽，刻意排对，终逊大家一筹。"① 过度追求文辞丽句，确实成了选家对汤显祖制艺爱恨交加的地方。艾南英批评《稽大不理（全章）》：

> 此文太伤于巧。脱胎换骨，皆自六朝。由其巧而排（俳），排（俳）而俊也。②

众评家既喜欢汤显祖的词采，但又受到当时以古文作时文的风气影响，认为汤显祖制艺里的丽词多而成弊。《王之臣有……游者》就是一篇文采斐然的制艺文，陈名夏删掉了其中四丽句，称该文："只四语涉丽词，予抹之。余自萧远不俗。"③ 但该文全篇都似六朝文章，如：

> 或以使而游也，虽曰：征夫靡遑，然亦不能无恤于私矣。楚之归齐，又不知几何时也。人臣有有故之去。或以官而游也，虽曰：壮夫有怀，然亦不能无顾于内矣。寡妻弱子，不胜仳离之悲。④

这是一篇文学性很强的制艺。对于上面引出的这一段，陈名夏认为"韵胜于词"，但也指出"寡妻弱子"，"忽出此二偶语，不称"。再如《故君子居（一节）》的症结所在，陈名夏认为："终是填词手，故日远大家而流于纤渺。命幸倒翻，不见深致。乃先生当日则自侈矣。"⑤ 确实，学习六朝，竞逐丽辞，可能流于纤巧。他们对汤显祖的批评不能简单地归之于苛刻，实是受制于当时时文写作风气的影响。不过，不可否认的是，汤显祖以六朝作为学习典范创作制艺，在其所处时代显得非常独特。

三、奇人与奇文

上文提到，陈名夏认为汤显祖制艺表现出的第二个特点是"巧"，即汤显祖制艺能"镂刻万物之形，巧夺前人之义"。"巧夺前人之义"，是指立意之奇。制艺如何才能做到立意奇，汤显祖认为，首先要做到奇人与奇文的统一。在《萧伯玉制义题词》中，他开篇就讲为人"颠"、"狂"与为文的关系：

> 唐人有言，不颠不狂，其名不彰。世奉其言，以视士人文字。苟有委弃绳墨，纵心横意，力成一致之言者，举诧曰，此其沸名已耳。下者非其固有，高者非其诚然。予少病此语。必若所云，张旭之颠，李白之狂，亦谓不如此名不可猝成耶。第曰怪怪

---

① 徐朔方笺校：《汤显祖全集》，北京古籍出版社 1999 年版，第 1603 页。
② 徐朔方笺校：《汤显祖全集》，北京古籍出版社 1999 年版，第 1614 页。
③ 徐朔方笺校：《汤显祖全集》，北京古籍出版社 1999 年版，第 1594 页。
④ 徐朔方笺校：《汤显祖全集》，北京古籍出版社 1999 年版，第 1593 页。
⑤ 徐朔方笺校：《汤显祖全集》，北京古籍出版社 1999 年版，第 1557 页。

　　奇奇，不可时施，是则然耳。①

汤显祖坚持世上有一种名副其实的"颠"、"狂"之人，其文字纵横不拘，"怪怪奇奇"。因此，"奇"成了汤显祖评价制艺的重要标准，这与代圣人立言、力求平正敦厚的制艺风格不同。汤显祖称赞萧伯玉的制艺："大致奇发颖竖，离众独绝，绳墨之外，粲然能有所言。"② 这里他强调的是打破制艺文体的界限，"能有所言"。再如，在《汪闇夫制艺序》中，汤显祖评价汪闇夫的为人及制艺："以予所闻汪闇夫，何年少而多奇也。其为文奇肆横出，颖竖独绝。旁薄而前，天下莫能当。"③ 在这里，奇人与奇文的统一，既是汤显祖对后学的表彰，同时也是他对制艺这一文体所作的理论提升，文风奇肆的制艺，无疑是汤显祖认同的优秀作品。

　　在《汤许二会元制艺点阅题词》中，汤显祖记下了给儿子汤开远讲制艺写作方法的言论，他指出"机"能够超越法：

　　　　文字，起伏离合断接而已。极其变，自然而自知之。父不能得其子也。虽然，尽于法与机耳。法若止而机若行。④

在汤显祖看来，制艺写作不能只在法上用功，因为法只是一种外在处理文章的手段，文章写作还要有内在的"机"的运行。汤显祖在《朱懋忠制义叙》中又说：

　　　　通天地之化者在气机，夺天地之化者亦在气机。化之所至，气必至焉，机必至焉。……天下文章有类乎是。莽莽者气乎，旋旋者机乎。庄生曰："万物出乎机，入乎机。"天下有中气，有畸气。中主要而难见，畸挈激而易行。气与机相辅相轧以出。天下事举可得而议也。吾以为二者莫先乎养气。⑤

按，庄子的原文是"万物皆出于机，皆入于机"，见《庄子·至乐》。成玄英解释"机"："机者发动，所谓造化也。造化者，无物也。人既从无生有，又反入归于无也。岂唯在人，万物皆尔。或无识变成有识，[或] 有识变为无识，或无识变为无识，或有识变为有识，千变万化，未始有极也。而出入机变，谓之死生。"⑥ 也有学者把"机"理解为"几"，即庄子原文"种有几"之"几"。陈鼓应认为两种解释都说得通，而他解释时取造化即自然之意。⑦ 本文认为，用自然之意解释"机"，接近汤显祖的用意，也即汤显祖认为，在文法之外，文章自然天成，而自然之文，胜于雕琢之文。同时，"机"不是独立存在，它与"气"相辅相成。汤显祖论"气"来自孟子"养气"说。《牡丹亭》里，柳

---

① 徐朔方笺校：《汤显祖全集》，北京古籍出版社 1999 年版，第 1161 页。
② 徐朔方笺校：《汤显祖全集》，北京古籍出版社 1999 年版，第 1161 页。
③ 徐朔方笺校：《汤显祖全集》，北京古籍出版社 1999 年版，第 1142 页。
④ 徐朔方笺校：《汤显祖全集》，北京古籍出版社 1999 年版，第 1160 页。
⑤ 徐朔方笺校：《汤显祖全集》，北京古籍出版社 1999 年版，第 1129 页。
⑥ 郭庆藩：《庄子集释》，中华书局 2004 年版，第 629 页。
⑦ 陈鼓应：《庄子今注今译》，中华书局 1983 年版，第 463 页。

梦梅强调自己身处贫困之中："且养就这浩然之气"①。这不仅是柳梦梅的志愿，也是汤显祖的志愿，汤显祖的"养气"之说，不只是一个儒家"典故"，更是为人与为文的重要依傍。"气"得自个人修养，反映在文章的气韵和格局之中。当然，"气"与"文"的关系前人早有论述，与之不同的是，汤显祖用庄子的"机"与孟子的"气"相辅，强调个人修养与文章天成的统一。汤显祖进而将养气分为"静"、"动"两种，以之与仁、智相对应，并阐述各自发为文章的形态。虽然"静养"与"动养"不同，但"二者皆足以吐纳性情，通极天下之变"②。汤显祖提出以孟子的"气"与庄子的"机"来行文，强调为人与为文的关系，由此可见，文章的"怪怪奇奇"，实是"气"、"机"运行的结果之一，都是为了"吐纳性情"、"通极天下之变"。所以，制艺写作所体现的"奇"，既是文章天成的表现，也是性情的一种表达方式，由此一途，制艺就不只是代圣人立言，还可用来表达作者的思想情感，汤显祖有意识地为制艺这一文体注入了鲜明的个性色彩，在理论层面肯定和丰富了制艺的文体功能。

在汤显祖所处的时代，制艺写作所带来的弊端及对科举制度所生发出来的问题，尚不十分受到人重视。虽然有人认为科举为国家养士不利，但并未从根本上批评科举弊端，至于取士所用文体，更是仁者见仁，智者见智。在很多文士眼里，制艺是一种新兴的文体，且有可能成为一种代表明代文学成就的文体。前文提到的李贽，在代人而作的《时文后序》中批评轻视制艺之人说："彼谓时文可以取士，不可以行远，非但不知文，亦且不知时矣。夫文不可以行远而可以取士，未之有也。"③ 客观地说，李贽虽然批评科举制度，但他的《藏书》《焚书》里面的很多文章，都有着很强的时文气。当时并非所有文士们批评或反对制艺写作，甚至有些作家借由制艺这一文体表达思想和见解，汤显祖也如此。从汤显祖给其他人制艺所作的几篇序来看，他没有从根本上批评制艺写作，这不是因为为人作序只能说好话，而是因为汤显祖在制艺上的理论思考，简言之，他希望能够写出较为个人式的制艺。从养气到吐纳性情，文如其人，奇人奇文，汤显祖不仅是这样的文风的提倡者，也是实践者。汤显祖的制艺，就其立意、行文结构而言，十足的尚奇尚巧，语言不陈腐，章法不平庸。

汤显祖的制艺常能在人云亦云处出新意，陈名夏甚至赞誉汤显祖在去陈言上，是可以上接韩愈之文的："昌黎力去尘（陈）言，此法独传清远"④。在汤显祖的制艺中，《洋洋乎发（二节）》就是一篇力去陈言之文，韩求仲评价该文："洋洋优优，总是摹拟话头，不容更着摹拟。此文一片空明，尽扫腐障。"⑤ 再如《小人不可（一句）》，韩求仲评价："章法大，句法奇，刻画殆尽。"⑥ 方苞评《民之归仁也（二节）》时，强调此文虽巧，但不失为天然之作："虽用巧法，然大雅天成而不伤于纤佻，由其书卷味深，而笔姿天授也。"⑦ 但是，评家对于汤显祖追求奇巧的文法评价不一，有的赞赏，有的否定。《子章

---

① 徐朔方笺校：《汤显祖全集》，北京古籍出版社 1999 年版，第 2071 页。
② 徐朔方笺校：《汤显祖全集》，北京古籍出版社 1999 年版，第 1130 页。
③ 李贽：《焚书·续焚书》，中华书局 2009 年版，第 117 页。
④ 徐朔方笺校：《汤显祖全集》，北京古籍出版社 1999 年版，第 1613 页。
⑤ 徐朔方笺校：《汤显祖全集》，北京古籍出版社 1999 年版，第 1565 页。
⑥ 徐朔方笺校：《汤显祖全集》，北京古籍出版社 1999 年版，第 1584 页。
⑦ 方苞：《钦定四书文·钦定隆万四书文》卷六，《四库全书》本。

问十（全章）》这一篇所附评语就有两条完全不同的评价，赞赏者指出该文："以识力奇，是为真奇。"反对者云：

> 欲行博大之体，竟属琐细一家。以世字、礼字跳弄故也。此文行世久矣，宜抹之，为好立异者戒。①

由此两种不同态度可见，汤显祖追求文风奇肆、章法奇巧的制艺写作，是要面临危险的。也因此，批评汤显祖好翻新者的理论依据就很值得注意。有的评论直截指出汤显祖制艺的病处即在尖巧："先生之文，大段病在尖巧。"这类评者认为制艺要做到："古不伤才，峭不露巧。"② 因为，一味地追求立意翻新，一者新意未必为考官许可，二者执著于翻新可能会出现观点偏颇。在汤显祖的制艺中，《为人臣止于敬（一句）》就有观点偏颇之嫌，张尔公评语就指出这一点：

> "不畏天"、"不畏人"句，险而有病。文王畏其君，亦是畏天尽人的道理。义仍先生只要形出畏君意思，便说个不畏天命，不畏人心，不自觉其言之纰缪如此。③

再如《君子之道费（全章）》，陈名夏指出："此等文谁不能为，而必说为夫子系爻词法，是爱之过也。数插隐字，未妥。"④ 这些都是求新而走向偏颇的例子。

立意在出新，其文气也难守平正，会出现汤显祖所称之"畸气"，在汤显祖自己，当然会为此种文字激赏；在他人眼里，要去面对科举进阶的现实，多少需要警惕。汤显祖《故君子居（一节）》中有如下一段：

> 而素之所存，则居之也易矣。幸倏往而倏来，不可以徵也。而素之所不存，则行之也险矣。故君子者得易简之理，而位天地之宗；知险阻之机，而待阴阳之正。⑤

且不说这段文字如何夹杂了释道思想，单就这段文字而言，有评者指出："无一语近人。其最高处在此，其不及先辈之平，当切实深思而自得之。"⑥ 评者指出汤显祖的长处就是能够自出机杼，但是其短处就在于缺少前辈制艺的平易文风。有的评家特意拈出汤显祖制艺中过于求巧之处作"反面教材"，如评《禹恶旨酒而好善言（一句）》："大样题，以陪说乃小。即陪说洪水《洪范》，亦尖巧不成大家之度矣。予尽抹出，使天下见之，便知先生可传者，在彼而不在此也。"⑦ 在这篇制艺中，评者点出三处批之以"巧"字。由此可见，立意求新求巧不能完全被选家接受，这些评家认为新奇尖巧要有限度，他们欢迎的

① 徐朔方笺校：《汤显祖全集》，北京古籍出版社 1999 年版，第 1571 页。
② 徐朔方笺校：《汤显祖全集》，北京古籍出版社 1999 年版，第 1613 页。
③ 徐朔方笺校：《汤显祖全集》，北京古籍出版社 1999 年版，第 1545 页。
④ 徐朔方笺校：《汤显祖全集》，北京古籍出版社 1999 年版，第 1554 页。
⑤ 徐朔方笺校：《汤显祖全集》，北京古籍出版社 1999 年版，第 1556 页。
⑥ 徐朔方笺校：《汤显祖全集》，北京古籍出版社 1999 年版，第 1557 页。
⑦ 徐朔方笺校：《汤显祖全集》，北京古籍出版社 1999 年版，第 1608 页。

是平正之文，如《上好礼（三句）》一篇可作为这类作品的典范："每句洗发，不以凌猎为奇。文甚合时，骨肉俱称"①。

汤显祖会不会只在习作里追求新奇尖巧，参加会试时会自觉地避开呢？以他的性情而言，他恰恰要在考试时展示自己的才华和识见。《汤显祖全集·补遗》里收有《孔子有见（三句）》，徐朔方先生根据王介锡的评语，认为这是汤显祖万历十一年会试考卷。本题出自《孟子·万章下》，是孟子与万章讨论孔子以何样的礼仪标准游于列国，孟子总结说："孔子有见行可之仕，有际可之仕，有公养之仕。于季桓子，见行可之仕也。于卫灵公，际可之仕也。于卫孝公，公养之仕也。"② 王介锡评汤显祖制艺：

> 此题一落平实，便犯季桓文三段。义仍先生只于三"有"字着神，步虚即行，空灵莫比。故癸未孟墨，必推此文为第一。③

如果汤显祖该卷取为第一，他的排名会相当高，不至于名列三甲，排在第二百十一名，所以，王介锡的"第一"之说没有什么依据，只能算作王介锡的个人评价。王介锡大加赞赏汤显祖的立意，认为该文不从平实处入手，即不从史实来分析讨论，而腾空说义理，表现出汤显祖的识见。不过，王介锡忽视了这类蹈虚的立意是万历时八股文的新变，当时还不能为很多人认同，汤显祖这样做是相当冒险的。

当然，汤显祖好翻新立意，是有其初衷的，这就是他所谓的"吐纳性情"，奇人与奇文的统一，如果落实到现实世界中，就不免深刺时弊，有伤时之论。臧懋循在改编汤显祖"四梦"时，常常提到的就是他的伤时之语。这种伤时之语不仅在戏曲、诗歌、文赋中常见，在他的制艺中也常有。《使浚井（一句）》有韩求仲的评语："闲清以抒情，微婉以讽事，发舒自得，构架天来。插入象处，形神具出。"④ 再如《子曰人皆……避也》，有评者指出："深刺世人，而立言终有偏处。"⑤ 一般而言，制艺要求代圣人立言，追求一种平正通达的文风，从明清两代复古文学的提倡看，制艺受其影响，追求行文拙朴稳妥，深藏己意，避免扬己露才。这些要求与风气，都与汤显祖追求奇人与奇文的愿望格格不入。当然，汤显祖的这些倡导和实践逐渐改变了明代万历年间制艺写作的风气，对此下文还会论及。

四、制艺杂用释道之学

前文提到陈名夏总结汤显祖制艺特点，没有提到汤显祖制艺中杂用佛教和道教的语汇和思想，这既可视作汤显祖制艺的"病处"，也可以视作汤显祖制艺的特点之一。要了解汤显祖制艺杂用释道语汇，不能不从汤显祖的思想入手。汤显祖的思想很复杂，除了接受

---

① 徐朔方笺校：《汤显祖全集》，北京古籍出版社 1999 年版，第 1580 页。
② 朱熹：《四书集注》，中华书局 1983 年版，第 320 页。
③ 徐朔方笺校：《汤显祖全集》，北京古籍出版社 1999 年版，第 1679 页。
④ 徐朔方笺校：《汤显祖全集》，北京古籍出版社 1999 年版，第 1609 页。
⑤ 徐朔方笺校：《汤显祖全集》，北京古籍出版社 1999 年版，第 1553 页。

儒家的教育外，还受到王学左派李贽以及禅宗法师达观禅师的影响。不过，汤显祖与达观的交往已经较晚，他的思想是否经历了前后期的变化呢？在《答陆君启孝廉山阴》一诗的序里，汤显祖说到自己的两次"学道"：

> 某学道无成，而学为文；学文无成，而学诗赋；学诗赋无成，转而学道。终未能忘情所习也。①

此处值得注意的是，汤显祖的人生有两次"学道"，这两个"道"是否有差别呢？它们各自的意思是什么？从汤显祖尺牍与诗歌看，他后期所学之道，基本受达观和李贽影响，是一种试图融通各家思想，从而重新构建出一种超越政治、生死的道。他后来能够接受达观和李贽的影响，又与他前期对各种思想的接受密切相关。

在汤显祖的早期思想世界里，有一件特别值得注意的事。在他25岁前的诗里，有一首《和大父游城西魏夫人坛故址诗》，其诗前小序称：

> 家大父蚤综籍于精黉，晚言荃于道术。捐情末世，托契高云。家君恒督我以儒检，大父辄要我以仙游。②

这段话表明在25岁之前，汤显祖已经接触了佛道知识。即便父亲对汤显祖严格监督，希望他能专一学儒，因为制艺不允许阑入释道二氏之语。但在家庭里，祖父代表着更高的权威，他让汤显祖随其游仙，引领汤显祖进入佛道思想世界。汤显祖称祖父"捐情末世，托契高云"，显然是以祖父的知音叙述祖父的学道、游仙行为的。这些早期接受的佛道思想，可能与汤显祖遇到达观等人之后所受到的启发并不完全一致，但正是祖父的启蒙，使他能够接触到儒家之外的思想与知识。这些儒家以外知识的阅读和接受，显然会渗透到汤显祖的意识与书写之中。

汤显祖在制艺中杂入释道语汇和思想是否有意识的行为，已难确知；但他的制艺中杂入释道语汇和思想，却是不争的事实。艾南英评《身有所忿……在焉》，指出该文"暗用释老，尤其游戏出入处"，并指出一些具体的句子，如"吾之无虚而不居者亦心也"，批之以"窜入释氏"；"小身立而大身亡"，批之以"释氏之学"。③ 在艾南英看来，"暗用释老"思想，并非此文的优点，而是此文的病处，所以他认为这是汤显祖的游戏之文。不过，也有一些评者认为杂入二氏不会影响到文章的精彩，虽然如此，就这些评者根本态度而言，他们坚持认为制艺里不该杂入二氏之学，这是制艺代圣人立言的旨归决定的。《君子戒慎（合下一节）》的评者指出该文是汤显祖"最不悖理文字。妙于止，虚于寂，皆圣贤道理。不得以二氏病之"。④ 而就文中杂入的体现庄子思想的文句，评者认为应该删除，如"盖尸居而龙见焉"，批之以"庄句，可删"。在这卷55篇制艺里，其中被点出杂

① 徐朔方笺校：《汤显祖全集》，北京古籍出版社1999年版，第688页。
② 徐朔方笺校：《汤显祖全集》，北京古籍出版社1999年版，第23页。
③ 徐朔方笺校：《汤显祖全集》，北京古籍出版社1999年版，第1547页。
④ 徐朔方笺校：《汤显祖全集》，北京古籍出版社1999年版，第1551页。

人二氏之语的有 9 篇，此外还有杂入其他子书之处。这些对汤显祖杂入二氏之学的摘批，实际是为了警示以此为制艺范文的举子们，至少在他们看来，如此夹杂二氏之学是不可取的，即所谓"学术不纯"，如他们批评《诚者天之道也（一句）》一文："其经常语，亦从笔端偶见。大段结意，以无为宗，以虚为贵，此学术未纯处。"①

总之，夹杂二氏之学，从制艺的批评者眼光看，是一个比较严重的问题，这与学习六朝的文法还不同，因为这里直接涉及的是该为谁代言的问题，王夫之所说"不可背庚以浸淫于异端"②，也是此意。倘若说在制艺中吐纳性情、针砭时弊，尚属于切世之论；但夹杂释老之言，就会被以儒学为正宗的考官所敌视。王夫之虽批评经义不可浸淫异端之学，但他没有指出汤显祖制艺中的此一问题，王夫之说："唯有一种说事说物单句语，于义无与，亦无所碍，可以灵隽之思致，写令生活。"王夫之说汤显祖等人"所得在此"。③或许在王夫之看来，汤显祖制艺中杂入的二氏之学，只是起到这样一种作用，于大义无违，却能使文章"生活"，富有活力，并不成问题。

五、有意为文与四次落第

上文从三个方面概括了汤显祖制艺的特色，在分析奇人与奇文时，笔者强调了汤显祖在理论层面肯定和丰富了制艺的文体功能，实际上，汤显祖这些理论论述，是与他有意为文分不开的。在《汤许二会元制义点阅题词》一文中，汤显祖谈到自己的经历：

> 予弱冠举于乡，颇引先正钱王之法，自异其伍，已辄流宕词赋间。所知多谓予，何不用法更一辇为南宫首士最，而好自溃败为。予心感其言，不能用也。庚壬二午间，制艺不能盈十。比杭守贰监利姜公奇方迫予明圣湖头，令作艺。已近腊而逾春，卒成一第去。久乃悔之。予力与机可为王钱，而远之者，亦非命也。④

文中所举钱王，分别是弘治进士钱福和成化进士王鏊，他们的制艺文在当时是习作典范，"谓之曰钱王两大家"⑤。汤显祖不愿意追随钱、王的写作方法，而在词赋里"流宕"。这里的"流宕词赋间"不能单纯地解释汤显祖更愿意学习词赋的写作，而不愿意学习制艺写作，实际上，汤显祖在有意地尝试从词赋里探索新的制艺风格。好心人劝其用钱、王之法，但他不能接受，最后在姜奇方的督促下，学习其法，得中一第，事后又颇为后悔。在这段话里，"自异其伍"这句话最值得玩味，汤显祖没有否定制艺的功能与意义，他只是对当时流行的钱、王类型的制艺不满，"自异其伍"是要创作出与钱、王不同的制艺写法。汤显祖能够成为明代制艺名家之一，与他的"自异其伍"分不开。但在汤显祖时代，文风不同于钱、王，难以中第，所以他最后不得不被姜奇方逼迫学习钱、王之法。这里牵

---

① 徐朔方笺校：《汤显祖全集》，北京古籍出版社 1999 年版，第 1564 页。
② 王夫之：《薑斋诗话》，人民文学出版社 1961 年版，第 175 页。
③ 王夫之：《薑斋诗话》，人民文学出版社 1961 年版，第 186 页。
④ 徐朔方笺校：《汤显祖全集》，北京古籍出版社 1999 年版，第 1160 页。
⑤ 卢前：《卢前文史论稿》，中华书局 2006 年版，第 209 页。

涉到一个文学史上的问题，即汤显祖为何四次落第？

汤显祖四次考进士不第，学界普遍认为由于汤显祖拒绝逢迎张居正所致，但这一解释实有漏洞，学者习焉不察。汤显祖五次进京参考的时间分别为隆庆五年、万历二年、万历五年、万历八年和万历十一年，并于万历十一年考中。根据邹迪光《临川汤先生传》和谈迁《枣林杂俎》等材料，张居正让自己的儿子敬修、嗣修、懋修与汤显祖结交实乃万历五年和万历八年的事情。这说明，至少汤显祖前两次会试不第与张居正没什关联。那么，汤显祖不第事件与张居正是怎样关联起来的？邹迪光《临川汤先生传》记载：

> 丁丑会试，江陵公属其私人啖以巍甲而不应。庚辰，江陵子懋修与其乡之人王篆来结纳，复啖以巍甲而亦不应，曰："吾不敢从处女子失身也。"公虽一老孝廉乎，而名益鹊起，海内之人益以得望见汤先生为幸。至癸未举进士，而江陵物故矣。①

邹迪光的叙述虽然只提到万历五年和八年两次张居正儿子欲与汤显祖结交而被拒绝，但"至癸未举进士，而江陵物故矣"，暗示了汤显祖几次不第与张居正有关联。明末谈迁的《枣林杂俎》② 和钱谦益的《汤遂昌显祖》③ 都丰富不少细节，但基本忠于史实，即指出事情发生在万历五年会试前后。但万斯同所撰《明史》，删掉了这样的细节，使拒绝张居正成了汤显祖不第之因：

> 汤显祖，字若士，临川人。少善属文，有时名。张居正欲以其子及第，方罗海内名士以张之，闻显祖及沈懋学名，命诸子延致，显祖谢弗往；而懋学遂与居正子嗣修偕及第。显祖至十一年始成进士。④

后来张廷玉等人修《明史》只是略改动了万斯同上面的叙述。⑤ 在上面几位史家不断的叙事中，汤显祖落第逐渐被解释成政治原因，此一原因逐渐遮盖了汤显祖前两次不第的事实，成了对汤显祖生平诠释的重要事件。邹迪光的《临川汤先生传》作于汤显祖生前，邹迪光作此传记时，尚未与汤显祖交往，而是听传闻写成此传。这篇传记里的问题很多，比如古人不为活人立传，这是这篇传记撰述上的大问题；再如古人写传几乎不提传主在俗文学方面的创作，而这篇传记专门提到汤显祖的戏曲创作，这也不合体例；再如汤显祖去徐闻一事，描写得甚为夸张，与汤显祖诗文集里体现的徐闻见闻不甚相符。邹迪光写成此传之后，寄给汤显祖，汤显祖答信说很感动，因为古人不为活人写传记，特此赞赏邹迪光

---

① 邹迪光：《调象庵稿》卷三十三，《四库全书存目丛书》（集部第160册），齐鲁书社1997年版，第6页。

② 谈迁：《枣林杂俎·汤显祖》，中华书局2006年版，第574页。

③ 钱谦益：《列朝诗集小传》，上海古籍出版社1983年版，第562页。

④ 万斯同：《明史》（卷326），《续修四库全书》（第329册），上海古籍出版社2002年版，第605页。

⑤ 张廷玉等：《明史·汤显祖传》，中华书局1974年版，第6015页。

识见不同。① 在答信里，汤显祖也没有对传记所叙事件真实与否作出订正，这在某种程度上默认了邹迪光对汤显祖落第的叙事。但汤显祖前两次落第该如何解释，仍然是一个问题。况且，张居正到底能在多大程度上左右会试录取，也值得怀疑，他的儿子敬修在万历二年会试落第，懋修则在万历四年的乡试落第，他除了生气似乎也无可奈何。这里应该补充的是，明朝为杜绝科场舞弊，在制度上设置了很多程序，《明史·选举志》记载颇详：

> 会试，御史供给收掌试卷；弥封、誊录、对读、受卷及巡绰监门，搜检怀挟，俱有定员，各执其事。……考试者用墨，谓之墨卷。誊录用硃，谓之硃卷。②

科举考试的"誊录"程序，较少为研究者注意。考生用墨笔作答，然后由誊录人员使用硃笔誊录，再由两人对读，方将硃卷进呈到阅卷人那里。阅卷人所阅卷子既无考生信息，亦不能从笔迹作判断。万历五年张居正的儿子敬修以第一甲第二名高中，传言廷试时万历皇帝给予张居正的恩赐，但其先决条件是要硃卷过关。万历二年敬修不第说明，如果硃卷不能过，张居正也无可奈何。而汤显祖几次不第，说明他的卷子在硃卷评阅时就已经落第了，况且最后一次考中，其名次也不高，他是第三甲第二百十一名，"赐同进士出身"。这意味着考官认为汤显祖的卷子仍有不足之处，究其原因，可能是汤显祖的制艺文风与隆庆、万历初期的制艺要求不同。

《明史·选举志》中称："论者以明举业文字比唐人之诗，国初比初唐，成、弘、正、嘉比盛唐，隆、万比中唐，启、祯比晚唐云。"③ 从正德、嘉靖到隆庆、万历，制艺写作发生一大变化，已经为学界所承认，方苞、卢前④、王凯符⑤、吴承学⑥、龚笃清⑦等都以此分期来论述有明制艺发展演变，其中以龚笃清所述最详，且专门对汤显祖给予论述。不过，笔者在这里要指出的是，对制艺演变的这种分期模式，是基于当时制艺写作而作的整体判断，若具体到某个作者，尚需分析其在这一变化中的作用。汤显祖在隆万时期制艺的演变中，起了引领的作用。方苞评价隆万两朝八制艺：

> 隆万间兼讲机法，务为灵变，虽巧密有加，而气体苶然矣。……隆万为明文之

① 邹迪光写给汤显祖的信共四封，两封分别收入《调象庵稿》卷三十五、卷四十，这两封信大意是赞扬汤显祖的创作才能，是邹迪光与汤显祖开始结交之证，之前两人并未谋面。汤显祖的答信《谢邹愚公》，见《汤显祖全集》卷四十六，中有"与明公无半面，乃为不佞作传"云云。邹迪光另外两封写给汤显祖的信收在《石语斋集》卷二十四（这两封信未收入《汤显祖研究资料汇编》），其中一封告知汤显祖小传已刻入《调象庵稿》中，及谦称自己仅据传闻作传，"何能描写一二"云云，见《四库全书存目丛书》（集部第159册），齐鲁书社1997年版，第371页。
② 张廷玉等：《明史·选举志》，中华书局1974年版，第1694页。
③ 张廷玉等：《明史·选举志》，中华书局1974年版，第1689页。
④ 卢前《八股文小史》分明代为"正嘉以前"和"隆万之后"两期。
⑤ 王凯符：《八股文概说》，中华书局2002年版，第54页。
⑥ 吴承学、李光摩：《八股四题》，《文学评论》2004年第2期。
⑦ 龚笃清《明代八股文史》认为隆庆和万历是变革期，设专章论述（湖南人民出版社2005年版，第380页）。

衰，必气质端重，间架浑成，巧不伤雅，乃无流弊；其专事凌驾轻剿促隘，虽有机趣，而按之无实理真气者，不与焉。①

方苞这里所提到的"机法"、"灵变"和"巧密"，其实都可以在汤显祖制艺里找到对应。方苞从整体来观照隆万两朝的制艺变化，是不错的。但汤显祖的制艺不仅处于这变化之中，且对这些变化有开先声之作用。虽然在隆万时期，学六朝、务求巧变以及杂用二氏之学的士子不只汤显祖一人，但汤显祖不仅能够综合这些知识、方法为己所用，而且做得最为出色，在当时也影响最大，更有很多制艺的评论者指出汤显祖是奇、巧文风的开风气者。在汤显祖的引领下，到万历二十年前后，这种制艺文风已成势力，这当以万历十七年会试陶望龄被主考官王世贞取为会元为标志。不过，汤显祖虽然推动了这种新风气的形成，却并不等于他能够受此新风气之益，正如龚笃清指出的，张居正担任首辅期间，力求扭转此风使制艺归于雅正②；在"万历十一年癸未（1583 年）之前，八股文还有正大和平之余气"③。而汤显祖所参加的几次科举考试，基本上还是以雅正、纯朴的文风作为评定的标准。至于杨起元以禅语入时文而及第，在当时毕竟是凤毛麟角。况且文杂二氏只是汤显祖制艺的特点之一，其制艺最独特的是文采斐然和务求奇巧，考官对这两方面变化的接受要到万历二十年前后。由此可见，汤显祖的有意为文，是其四次落第的主要原因，至于拒绝张居正，只能算次要原因。

六、汤显祖制艺的文学史意义

汤显祖不得已学钱、王之法，卒成一第，但这违背了他的为文初衷。首先，汤显祖在为文上，有着强烈的主体意识，他对秦汉古文派和唐宋文派都不屑一顾，自有其独特的学习路径。在《与陆景邺》一信中，汤显祖称："仆少读西山《正宗》，因好为古文诗，未知其法。弱冠，始读《文选》。辄以六朝情寄声色为好，亦无从受其法也。规模步趋，久而思路若有通焉。前以数不第，展转顿挫，气力已减，乃求为南署郎，得稍读二氏之书，从方外游。"④ 可见，汤显祖在学习诗文创作过程中，真德秀（西山先生）编的《文章正宗》和昭明太子编的《文选》，对他影响最大。关于真德秀《文章正宗》，方孝岳《中国文学批评》指出："真德秀这书，完全以'穷理致用'的文章为文章的正宗，否则不是正宗。"又说："他这样宗旨鲜明，所以去取极严。他所选的是从《左传》、《国语》以下直到宋朝之诗文，分为四类，一曰辞命，二曰议论，三曰叙事，四曰诗赋，以内容质素而分，不是以外貌形体而分，这就是他以言理为宗旨的意思。"⑤ 结合汤显祖时代秦汉文复古派和唐宋文派的影响来看，汤显祖有意点出年轻时受《文章正宗》影响，说明自己既不限于学习秦汉古文，也不限于学习唐宋散文；同时，汤显祖暗示，文章创作不能局限于

---

① 方苞：《钦定四书文·凡例》，《四库全书》本。
② 龚笃清：《明代八股文史》，湖南人民出版社 2005 年版，第 391 页。
③ 龚笃清：《明代八股文史》，湖南人民出版社 2005 年版，第 408 页。
④ 徐朔方笺校：《汤显祖全集》，北京古籍出版社 1999 年版，第 1436 页。
⑤ 方孝岳：《中国文学批评》，三联书店 2007 年版，第 166 页。

方法的探索，而应基于文章内容进行创作。20 岁后，汤显祖开始阅读《文选》，因为《文章正宗》刊落六朝诗文太尽，《文选》恰好作了这方面的弥补。汤显祖声称自己没有刻意探索创作的方法，只是"规模步趋"的模拟，时间久了，思路贯通，文章自成一体。思路贯通，不仅得自于模拟六朝，更得自于将《文章正宗》和《文选》的阅读和学习相融合，进而达到兼容并蓄的触类旁通。汤显祖并未因落第而放弃对六朝文的钻研，反而以"六朝情寄声色为好"，因为数次不第，觉得"气力已减"，这表明学习钱、王文法，在一定程度上造成了汤显祖文章气力的"下滑"。但汤显祖不以数次落第为悔，而以学钱、王之法为悔，则说明他对文章自成一家的自信。

其次，值得注意的是，汤显祖并没有从广泛的"文"中，区分出制艺，在他看来，制艺是其文学创作的一部分，这也是明人的一般观念。而近代以来的研究者，基于制艺的科举实用性及文体套式等特点，将它从创作性的"文"中区分出来，贬低其文学性和美学意义。汤显祖在制艺上的文体实践和理论论述，有助于我们重新认识明清作家对待制艺的认同态度，以及他们在这一文体上的努力与成就。汤显祖门生罗万藻在《王子美制艺序》中说："独予师汤若士资神明之禀，擅秀挺之能，无所不去，而独依光气为体。"在《江远公近艺序》又说："予乡汤若士先生之文，精微洁净，雕刻神明之际。"① 虽然罗万藻对乃师推崇备至，但也指出了汤显祖制艺的特色。钱谦益《家塾论举业杂说》："何谓才子之时文？心地空明，才调富有，风樯阵马，一息千里，不知其所至，而能者顾诎焉。钱鹤滩、茅鹿门、归震川、胡思泉、顾泾阳、汤若士之流，其最著者。"② 清人方苞所选《钦定隆万四书文》收汤显祖制艺七篇，对他多加肯定。近人卢前《八股文小史》将汤显祖列入名家行列。这些评价都是较为公允的。汤显祖能在制艺上取得这番成就，与他不视制艺为取得一第的工具密切相关。汤显祖 67 岁所作《负负吟》一诗的序里，借老师的赞誉表彰自己的文章："予年十三，学古文词于司谏徐公良傅，便为学使者处州何公镗见异，且曰：'文章名世者，必子也。'"③ 此处的"文章名世"，包含制艺的成就，事实上，此时汤显祖制艺已经成为研习举业者的范文。傅占衡《车玉虎续四编序》称："临之人，能以制义古文清微之致，相御而无穷者，实自玉茗先生始。当先生初起时，闾巷争诽怪之，后乃翕然传颂者，用科名故耳。"④ 从汤显祖制艺能入选多种选本看，他的制艺影响范围是不限于临川一地的。

再次，汤显祖未区分制艺于众文体，还有深刻的方法论意义。在以往的研究中，研究汤显祖戏曲，鲜及他的诗文；研究汤显祖的诗文，鲜及他的制艺。现在从汤显祖制艺反观他的诗文、戏曲创作，不难发现，汤显祖的创作不仅是文体兼备，而且有着方法论的统一。徐渭作为前辈文人，曾经评阅过汤显祖的《问棘邮草》，赞赏汤显祖诗歌之中学习六朝和晚唐乃至宋人之处，如评《望夕场中咏月桂》"薛道衡之子"，评《留别李季宣一首》"李贺"，评《马当骤暑晚步田家》"晋也，谢、陆也"，评《发小孤，风利，一夕至

---

① 转引自毛效同编：《汤显祖研究资料汇编》（上册），上海古籍出版社 1986 年版，第 365 页。
② 钱谦益：《钱牧斋全集·有学集》，上海古籍出版社 2003 年版，第 1508 页。
③ 徐朔方笺校：《汤显祖全集》，北京古籍出版社 1999 年版，第 714 页。
④ 转引自毛效同编：《汤显祖研究资料汇编》（上册），上海古籍出版社 1986 年版，第 482 页。

官塘》"亦晋"，又云："碎字太巧。"① 这样的评语很多，指出汤显祖能在诗歌中学六朝、学晚唐得其大旨。汤显祖制艺《诗云缗蛮（二节）》有评语："汤义仍先生，其行文，巧思俊语，绝似玉茗堂诸乐府。"② 这条评语，是基于汤显祖戏曲的影响力来写的，认为汤显祖的制艺"巧思俊语"，很像汤显祖的戏曲作品。这条评语识见甚深，评者看到了汤显祖诸文体的内在统一，这说明，研读汤显祖作品不能单研读一种文体，而应该仔细参详各种文体创作及其互动，只有如此，才能深入评价一个作家在创作上的得与失。明清作家之中，像汤显祖这样创作上文体兼备者众多，对这些作家的评价，应该观照各种文体的交互影响，尤其要观照在现代学术视野中渐趋边缘化的文体。

总之，汤显祖制艺是认识和评价汤显祖文学成就的一个侧面，但不是可有可无的侧面，而是必不可少的一个侧面。在汤显祖的文学创作中，若没有他早期试图参酌历代诗文，在制艺上独成一家的理想与实践，不大可能成就他后来诗文和戏曲创作上的独特成就。汤显祖在制艺上的成就，深刻影响了他的其他文体风格的型塑，是评价汤显祖文学成就不宜忽视的。同时，汤显祖制艺的理论论述和文体实践，作为重要的文学遗产，应该得到应有的重视和评价。

（作者单位：东北师范大学文学院）

---

① 徐朔方笺校：《汤显祖全集》，北京古籍出版社 1999 年版，第 40、50、54、55 页。
② 徐朔方笺校：《汤显祖全集》，北京古籍出版社 1999 年版，第 1154 页。

明清经济与社会

明代广东猺区的动乱与官府对猺区的治理研究

——以肇庆府为中心

□ 黎俊明

　　明代广东是猺民聚居的主要省份之一。据嘉靖《广东通志》记载，明代广东的猺山、猺村共有 681 座，广州府有猺山 154 座，韶州府 6 座，肇庆府有猺山 449 座，高州府猺山 46 座，廉州府灵山县猺村 26 座。① 明代肇庆府猺山占广东省猺山总量的 65%，而猺山通常是猺民的主要聚居地，"猺贼之醜虏，逞其长技，淫毒而巢伏其中"②。猺民在官府的眼中即象征着不稳定因素，并认为其是盗贼的重要来源，明代文献中经常把"猺"与"贼"对等起来，把猺民称为"猺贼"。《苍梧总督军门志》卷 3《舆图》肇庆府条云："两广诸郡，惟此为多盗，北有四会之猺，南有德庆之猺，而新、泷、高、恩民猺相扇为非，诛之不能尽，抚之未必从。"③ 由此可见，明代肇庆府乃是广东主要的猺区。

　　广东猺区的猺民反抗官府的起事自明朝建立以来就曾零星发生，但在明朝正统后期愈演愈烈，王弘诲云："古今中国之患，南有越，北有羌"，④ 就广东来说，主要是指猺民反抗官府的起事。本文主要以肇庆府为中心，探讨猺区的动乱与官府对猺区的治理问题。

一、明初广东对猺区的控制

　　洪武元年二月，朱元璋遣征南将军廖永忠由海道从福建攻取广东，三月江西行省左丞相何真以广、循、惠款附，四月赣州卫指挥使陆仲亨攻略英德、清远、连州及肇庆路，进攻德庆，与廖永忠会于广州，十一月李质以德庆、封川归附，十二月耿天璧取海南海北州县。⑤ 至此，广东已大略平定。明朝在统一广东的过程中，由于何真、李质的归附，并没

---

① 嘉靖《广东通志》卷 35《猺獞》。
② 嘉靖《广东通志》卷 35《猺獞》。
③ （明）刘尧诲：《苍梧总督军门志》卷 3《舆图一》。
④ （明）王弘诲：《大司马凌公总督两广奏疏序》，《天池草重编》卷 7《序》，《四库全书存目丛书》集部第 138 册，齐鲁书社 1997 年版。
⑤ 万历《广东通志》卷 6《藩省志六·事纪五》。

有经过大规模的征战，因此在各地还存在着大量的"土豪"与"猺贼"。明朝对于这些势力一面采取继续征讨的方法，一面采取招抚的办法，使之归顺中央王朝。但总体来说主要以招抚为主，如洪武三十一年平定西山猺人盘穷肠的暴乱后，"设立猺首，统领抚猺、甲总，每岁来朝，赐之钞币，自是相率向华"①。自永乐四年至正统十三年黄萧远之乱前夕的四十三年间，广东各族土官进京朝觐达52次。② 这一时期对明王朝构成最大威胁的乃是"蛋户"，洪武二十四年，广东都指挥同知花茂言广州地方，若东莞、香山等县逋逃蛋户附居海岛，遇官军则称捕鱼，遇番贼则同为寇，不时出没，劫掠人民，殊难管辖，奏添设沿海依山碣石、神电等二十四卫所城池，收集海民隐料无籍等军守御。③ 为了加强对地方的控制，明初陆续在广东内陆地区修筑城郭以防范"猺贼"，在沿海地区修筑城郭以防御蛋户。但总体来说，以防御蛋户为主，而以防御猺贼为次，丘濬对明代初期广东的政治形势云："我高皇帝分南越为两道，广东十府列城五十余所，皆控海道以备倭夷，其备猺獞者仅十之一耳。"④ 可见明初广东把军事防御重点放在沿海一带，而猺区只筑有城池5所，仅占所筑城池的十分之一。

众所周知，中国传统社会中的城墙不仅具有防守的作用，还具有官府权威象征的意义，而作为"施政令之所"的县衙则是直接体现官府权威的官方设施。明初肇庆府领一州八县中，只有高要县（附郭）、新兴县、阳春县、阳江县与德庆州筑有城池，其中新兴县所筑土城高仅八尺，而四会县与德庆州属的泷水县、封川县、开建县则没有创筑城池。⑤ 而作为"施政令之所"的县衙也颓敝不堪，如封川县"公署因前代故物迄于今，岁月既深，风雨震凌，桷倾梁蠹，凛然将压"。⑥ 明初肇庆府有一半的县份没有城池，县衙也颓敝不堪，处在"居无城郭，守无甲兵"的状态，⑦ 这必然会使官府的权威受到很大的挑战。即使是在建有城池的阳春县，作为朝廷命官的主簿到县之初得去拜见"洞主"，在平时的施政中也必须受其"颐指"，稍微不配合则死于非命，因此县官在任期间只能无所作为，等待考满而去。⑧ 这种情形恰恰反映了明朝广东对猺区的控制显得相当薄弱。

二、明中期肇庆府的动乱

明初实行的抚猺政策使得官府对猺区的控制虽显薄弱，但是却保证了这一地区在明初

————————————

① 万历《广东通志》卷70《外志四·猺獞》。
② 颜广文：《明代广东地区民族政策的演变与瑶区社会经济的发展》，《华南师范大学学报》1996年第5期。
③ 万历《广东通志》卷6《藩省志六·事纪五》。
④ 丘濬：《封川县修城记》，道光《肇庆府志》卷5《建置一·城池》。
⑤ 道光《肇庆府志》卷5《建置一·城池》。
⑥ 陈颢：《重建封川县治记》，道光《肇庆府志》卷5《建置·廨署》。
⑦ 傅琛记嘉靖《德庆州志》卷8《创设上》。
⑧ 解缙：《阳春主簿徐公均墓志铭》，焦竑《国朝献征录》卷100，《四库全书存目丛书》史部第100册，齐鲁书社1997年版。

"数十年间，稍得休息"，① 没有发生大的动乱。正统间镇守内臣阮能与兵部尚书陈汝言勾结，对朝贡的瑶人"多索方物"，"凡土官、统领、狼家者百端剥削，袭荫必须厚赂"，同时还将镇守瑶区的"达官尽数取回"，于是"寇贼四起"。②

其实贪腐的并不仅仅是镇守大臣阮能一人，贪腐在两广事实上已经形成了一股风气，天顺年间两广巡抚叶盛云："近年以来，两广贪风大盛"，③ 如都指挥马震"名下原受杨记等铜钱三千六百文，单清等钱三万五千六百六十五文，陈良等钱一万八千八百五十五文，李福等钱二万五千文及铁力木一十八根，杂木、枋桁、桐木共计二百七十三根"。④ 不仅武官贪腐，而"号通诗书，能知文墨"的文官贪腐在叶盛看起来"尤为可恶"。⑤

而基层的土官也不例外，如泷水县巡检张孟曙男张紃等哄诱瑶民凤弟吉为恶，从而"逼要银两"，⑥ 对凤弟吉等瑶民进行勒索，致使凤弟吉于天顺元年为乱，由此拉开了天顺年间广东瑶乱高潮的序幕。从镇守大臣到巡检，从武官到文官，明朝整个瑶区官僚体系的集体贪腐，对人民进行盘剥，终于激起瑶民的反抗，以致"瑶獞递年截杀，地方不宁"⑦。

导致"瑶獞递年截杀，地方不宁"的另一个原因是官军战斗力低下。丘濬对此时官军战斗力评价道：

> 而我官军承平日久，不识兵革，一闻贼至，丧心失魂，望风奔溃，守城者闭门不出，守堡者舍营远避，与贼纵其杀戮，由是贼益猖獗，纵横自如。若蹈无人之境，遂至限城邑，掠吏民，遇有所获，来缚以需收赎，屯聚旬月，不复畏惮，甚且三五分散，无分部伍，沿村搜索，无敢谁何。⑧

如都指挥马震是个贪污的能手，但遇到"瑶贼抢船渡江劫杀"，却"不行督军截杀，弃营入城避住，门禁非时关闭，避贼人民不能投入，星散流离"。⑨ 而"广西瑶獞因见土

① 顾炎武：《天下郡国利病书·广东备录下·瑶獞》。
② 万历《广东通志》卷70《外志四·瑶獞》。
③ 叶盛：《两广奏草》卷4《再劾贪懦将官疏》，《四库全书存目丛书》史部第58册，齐鲁书社1997年版。
④ 叶盛：《两广奏草》卷2《劾贪懦将官疏》，《四库全书存目丛书》史部第58册，齐鲁书社1997年版。
⑤ 叶盛：《两广奏草》卷3《查处复职官员疏》，《四库全书存目丛书》史部第58册，齐鲁书社1997年版。
⑥ 叶盛：《两广奏草》卷4《再劾贪懦将官疏》，《四库全书存目丛书》史部第58册，齐鲁书社1997年版。
⑦ 叶盛：《两广奏草》卷4《再劾贪懦将官疏》，《四库全书存目丛书》史部第58册，齐鲁书社1997年版。
⑧ 丘濬：《重编琼台稿》卷21《广东备御瑶寇事宜》，景印《文渊阁四库全书》第1248册。（本文所引景印《文渊阁四库全书》皆为台湾"商务印书馆"1982—1986年版，以下出注不再交代版本信息）
⑨ 叶盛：《两广奏草》卷2《劾贪懦将官疏》，《四库全书存目丛书》史部第58册，齐鲁书社1997年版。

贼为恶，未正典刑，互相仿效，肆无忌惮，越过广东，纠合山猺为恶"①。猺贼与流贼相互激荡，大肆劫掠，给广东社会带来了很大的威胁。

正统后期至天顺年间肇庆府被贼所攻陷的州县计有：正统十三年及天顺元年流贼攻破泷水县；② 正统十四年及天顺二年八月广西流贼陷新兴县，城中房屋焚毁殆尽；③ 天顺三年三月流贼攻破开建县城，知县朱燮殉难；④ 天顺三年八月，流贼攻入德庆州州城；⑤ 天顺七年十二月流贼攻破阳江县，房男妇千五百人⑥。这一时期的猺乱愈演愈烈，甚至一度逼近广州，距离广州不逾百里。⑦

成化元年，两广总督韩雍"直捣贼巢"，远征广西大藤峡，生擒"侯大狗等七八十余人，斩首三千二百余级"⑧，大大减轻了广西流贼对广东的压力，并在广东实行秋调法："舢舻千艘十艘一小脚艇，春夏令官军、民壮分领往来货殖，至七月东兰西城等州狼兵毕集，相机雕剿"。嘉靖《广东通志》云："成化以来都御使韩雍恩威并着，猺人畏服，郡县赖之以安"⑨，至此广东猺区的动乱暂时得到平定。

三、明后期肇庆府的动乱

弘治以后，猺区的盗贼活动再次猖獗，顾炎武云："弘治以后，贼亦猖獗。"⑩ 究其原因，还是广东的吏治腐败，导致民不聊生，民皆从盗。高拱在《议广东举劾以厉地方官员疏》云：

> 广东财货所出旧称丰裕，固乐土也。只缘近年以来，法度废弛，官其地者贪虐特甚，习以成风，而抚按亦不可以胜究，于是民不聊生，盗贼四起，乃贪虐既不加惩，而处置又不得当，于是良民皆化为盗。⑪

由于广东为"瘴海之乡"，到广东就任的地方官员素质普遍低下，地理上又"僻在一隅"，官员可以胡作非为，而处在沿海地区，广东通番情况又相当严重，吏治腐败，贪风

---

① 叶盛：《两广奏草》卷7《地方善后疏》，《四库全书存目丛书》史部第58册，齐鲁书社1997年版。

② 嘉靖《德庆州志》卷9《创设下》；嘉靖《德庆州志》卷2《事纪》。

③ 《肇庆府志》卷22《事纪》；（明）张瑄：《南征录》，《四库全书存目丛书》史部第46册，齐鲁书社1997年版。

④ 嘉靖《德庆州志》卷2《事纪》。

⑤ 嘉靖《德庆州志》卷2《事纪》。

⑥ 张瑄：《南征录》，《四库全书存目丛书》史部第46册，齐鲁书社1997年版。

⑦ 叶盛：《两广奏草》卷15《计处地方重务疏》，《四库全书存目丛书》史部第58册，齐鲁书社1997年版。

⑧ 刘尧诲：《苍梧总督军门志》卷18《讨罪二》。

⑨ 嘉靖《广东通志》卷35《猺獞》。

⑩ 顾炎武：《天下郡国利病书·广东备录下》。

⑪ 高拱：《议广东举劾以厉地方官员疏》，《高文襄公集》卷8《掌铨题稿》，《四库全书存目丛书》集部第108册，齐鲁书社1997年版。

盛行，劲不胜劲，因此盗贼非但不可能剿灭，反而有愈演愈烈之势。① 迄弘治后期，肇庆府发生的猺乱有：

嘉靖二年，岭西贼蔡猛三聚新宁、恩平县白水、白土朗等贼，众至数万，人僭称名号，剽掠乡村，至烧莲塘驿舍，为害年久，至是张嵩等调集汉达土官兵二万八千六百余员名，分为二大哨，俘斩一万四千名颗。②

嘉靖六年封川石砚等山猺乱，提督兵部右侍郎兼右签都御使林富讨平之。③

嘉靖十二年，阳春、新兴与德庆贼恃山险，聚众剽掠乡村，杀虏男妇，尝攻高州城库，敌杀官兵，居民被其骚扰已数十年乱，陶谐平之。④

嘉靖二十四年，封川县归仁、文德二乡猺民聚众为乱，时出乡村攻劫，提督右都御使张岳等调集汉达官军土兵四万八千六百余名，分为左右二大哨剿之，俘斩二千五百余名颗。⑤

四十四年德庆、罗旁、下江山猺数出江道为患，提督侍郎吴桂芳建议开山伐木立营镇平之。⑥

万历四年大征罗旁猺，攻破贼巢五百六十四，擒斩一万六千一百四名颗，俘获贼男妇二万三千一百五十一名口。⑦

四、猺区盗贼的来源与劫掠方式

（一）猺区盗贼的来源

据方志、文集等文献记载，实际上造成明代广东动乱的寇贼大略可以分为"猺贼"、"獞贼"与"流贼"与"浪贼"。

1. 猺贼

猺乃是明王朝对存在于境内非汉族的泛称。嘉靖《广东通志初稿》云："猺本盘瓠之种，产于湖广溪峒间，即古长沙、黔中五溪之蛮是也。其后生息蕃衍，南接二广，右引巴蜀，绵亘数千里。"⑧ 明代分布在肇庆府的猺主要有阳春猺、德庆猺。顾炎武云："按吾广十郡惟雷琼距海，余皆多山，猺獞峒獠丛焉。阳春之西山，德庆之下城，罗旁、绿水其要害也。"⑨

---

① 高拱：《官以彰激劝疏》，《高文襄公集》卷 8《掌铨题稿》，《四库全书存目丛书》集部第 108 册，齐鲁书社 1997 年版。
② 刘尧海：《苍梧总督军门志》卷 19《讨罪三》。
③ 刘尧海：《苍梧总督军门志》卷 19《讨罪三》。
④ 刘尧海：《苍梧总督军门志》卷 20《讨罪四》。
⑤ 刘尧海：《苍梧总督军门志》卷 20《讨罪四》。
⑥ 刘尧海：《苍梧总督军门志》卷 21《讨罪五》。
⑦ 刘尧海：《苍梧总督军门志》卷 21《讨罪五》。
⑧ 嘉靖《广东通志初稿》卷 35《猺獞》。
⑨ 顾炎武：《天下郡国利病书·广东备录中》。

阳春猺。"粤东之蛮，端州为甚，端州又以阳春为最。阳春枕界东西两山之中，巢丛穴谷，习性粗悍。"①

德庆猺。德庆"州县山居十之九，丛林乔木蔽焉莫开。瘴所由积，猺所由窟，莫之能除也"。②

在时人的眼中，罗旁猺甚至要比德庆猺更广为人知。罗旁"东界新兴，南连阳春，西抵郁林、岑溪，北尽长江，与肇庆、德庆、封川、梧州仅界一水，延袤千里，万山联络，皆猺人盘踞"③。聚居在此地的猺民被官府称为罗旁瑶。

2. 獞贼

明代之前，獞在广东并不大量存在。宣德以后，广东官民便"招引广西獞蛮越境佃种空闲田地"④，达到"以獞制猺"的目的，獞由此蔓延入广东。据嘉靖《广东通志初稿》云：

> （獞）蔓延入广东，其初来尚以听招名色佃田纳租，与猺人种类不同，时相攻杀，有司及管田之家颇赖其力以捍猺人，及后势众，亦与猺人无异。肇高廉三府与雷州之遂溪县，广州之新会、四会、清远，暨连州在在有之。⑤

得到官民大力扶持的獞贼因而分布更为广泛，势力得到发展壮大。他们"渐渍猺山日久，多与猺交通，结党激变，减半田租者矣"⑥。如正德十五年七月"广东德庆州等处猺贼辏合数千余徒在于长行乡等处行劫，烧毁房仓，虏去耕牛，各獞俱被德庆州田主加收租粮，多方剥削激变，辏合猺人为恶"⑦。

3. 流贼

流贼是相对于广东本土的"土贼"而言，从贼的归属地的来源可以划分为从广西而来的"西贼"与从湖广而来的"苗贼"。对明代广东而言危害最大者当属由广西而来的流贼。丘濬在《广东备御猺寇事宜》云：

> 景泰改元，广东反贼黄萧远作乱，调广西狼兵剿杀，自此以来猺獞始习知此方山川险易，地理远近，所历城邑，知其无备，又与官军共事，知其脆弱无能，由是窃犯

---

① 康熙《阳春县志》卷 18《猺人》。

② 嘉靖《德庆州志》卷 6《提封志上》。

③ 刘尧诲：《苍梧总督军门志》卷 21《讨罪五》。

④ 叶盛：《两广奏草》卷 12《请设梧州帅府疏》，《四库全书存目丛书》史部第 58 册，齐鲁书社 1997 年版。

⑤ 嘉靖《广东通志初稿》卷 35《猺獞》。

⑥ 《德庆州志》卷 16《夷情外传》。

⑦ 王琼：《晋溪本兵敷奏》卷 12《为地方紧急贼情事》，《四库全书存目丛书》史部第 59 册，齐鲁书社 1997 年版。

边境。①

天顺年间来自广西的流贼人数高达数万，流劫区域覆盖了与广西相邻的高肇雷廉四府，流劫乡村，杀掳人财，② 并有愈演愈烈之趋势。叶盛甚至下了"惟照广东之患，全为流贼"③ 的论断，万历时张居正也云："今日之为乱者，盖狼贼，非猺贼也。"④ 狼贼即来自广西的壮人，可见广西流贼对于广东危害之深。

4. 浪贼

在频繁的动乱中，民众抛弃田里，正常的农业生产受到破坏，但官府的赋役还是照常征收，民众的生存环境于是更加恶化，因此也加入到盗贼的行列中去。陈吾德云："至于山寇流劫，所在而是，民间耕作不得，赋役不休，富者转贫，贫者重困，因而为盗，田里抛弃，室庐荒毁。"⑤ 何维栢在《奉答制府刘公条议》更具体分析了处于动乱之中民众的生存状态，其云：

> 小民苦逼诛求，困穷冻馁，甘心从贼，渐成猖獗，至于近山旁海之村落，居民首罹荼毒，控救无门，奔徙莫及，父母妻子命悬戈刃，致有需首胁从以缓须臾之死，亦有被掳良弱，幸脱刃锯，姑就投降者。是其党类之中，委有玉石之辨，不容槩焚。⑥

由于官府征剿不力，这些来不及奔徙的民众只能"甘心从贼"，"以缓须臾之死"。而加入的民众在猺民的起事中往往起到向导和谋划的作用。据康熙《阳春县志》记载："阳春枕界东西两山之中，巢丛穴谷，习性粗悍。又有一种无赖之徒，或窘于生理，或苦于诛求，狡焉呈其狼虎之威，往往浪入巢穴，籍猺以栖身，猺亦资浪贼之识道以为向导，根连朋济，狼狈为奸。"⑦

事实上广东的动乱并不单纯是由"猺贼"、"獞贼"、"流贼"或"浪贼"所引起的，一般都是"流贼"、"猺贼"、"獞贼"与"浪贼"相互激荡。叶盛在《请剿大藤峡贼巢疏》云：

---

① 丘濬：《重编琼台稿》卷21《广东备御猺寇事宜》，景印《文渊阁四库全书》第1248册。

② "广西流贼不下数万，越境分宗攻围高州、化州、遂溪、神电、吴川等处城池，流劫乡村，杀掳人财，猖獗尤甚。"叶盛：《两广奏草》卷9《题为紧急贼情事》，《四库全书存目丛书》史部第58册，齐鲁书社1997年版。

③ 叶盛：《两广奏草》卷15《计处地方重务疏》，《四库全书存目丛书》史部第58册，齐鲁书社1997年版。

④ 张居正：《张太岳文集》卷31《答两广刘凝斋言贼情军情民情》，《四库全书存目丛书》集部第113册，齐鲁书社1997年版。

⑤ 陈吾德：《谢山存稿》卷1《条陈东粤疏》，《四库全书存目丛书》集部第138册，齐鲁书社1997年版。

⑥ 何维栢：《天山草堂存稿》卷2《奉答制府刘公条议》，《四库全书存目丛书》集部第103册，齐鲁书社1997年版。

⑦ 康熙《阳春县志》卷18《猺人》。

贼人（流贼）所过，又有无知民獠，招来野獐，乘机赵乱，蜂屯蚁聚，动至千万，甚而披带盔甲器械，骑坐马匹，伪称总兵、将军名号，部伍号令，往来杀掠。①

总体来说，明代广东獠民的起事是以獠民为主体，同时包括汉族及各少数民族。②

（二） 盗贼的剽掠方式

明代广东的盗贼本身并无组织，往往"三五分散，无分部伍"，也无"坚甲利兵"，③他们劫掠的目的就是虏获"财物"，叶盛云"獠贼流劫不过剽掠财物，随即散去"。④ 丘濬在《广东备御獠寇事宜》亦云：

> 窃观此贼素与民往来相亲属，又无坚甲利兵，深谋奇略，亦非矫捷难制，如西北之戎狄也。其前后所陷城邑，往往皆是晦冥之夜，乘人懈怠，架梯登城，守城官吏亦非食尽援绝，力屈不支，尽是因循放肆，为彼所乘而已。今年以来，两广城池为所陷何啻十余，幸其志在子女财帛，既得即去，使其得其据之，其害何可胜言哉。⑤

关于盗贼虏获财物后"随即散去"主要是指盗贼劫掠城池而言，如天顺七年八月二十三日，夜三更十分流贼攻入新兴县，守备指挥席珍随带在哨官兵弃城逃讫，被贼杀掳官旗军民四百二十八口，并新昌驿、常丰仓印信各一颗，烧毁军营瓦房二十三间。⑥

盗贼在攻破城池，劫掠财物之后很快撤退，并不占据城池与官军对抗，这不仅是因为其以劫掠财物为目的，更是因为盗贼本身并无严密的组织，不堪官军反扑。因为丢失城池，明代的地方官员往往要受到弹劾，甚至弘治年间两广总督秦纮就因此而被弹劾罢免，所以官军在丢失城池后势必进行反扑。

而在远离城池的广大乡村地区，由于官府统治力量薄弱，流贼可以"屯聚旬月"，獠贼可以"啸聚称雄，僭拟名号"，就是在被征剿之后也很快恢复元气。张岳在《报封川捷音疏》云：

> 如封川县归仁、文德二乡……（獠民）正德年间倡率为乱，大肆惨毒，屠戮居民，虽经调兵征剿，尚未及殄灭，今年以来，生齿日繁。丑类亦众，负恃险阻，复肆凶残，啸聚称雄，僭拟名号，村落被其劫房，州邑为之震惊，即今二月间，西村、陈

---

① 叶盛：《两广奏草》卷9《请剿大藤峡贼巢疏》，《四库全书存目丛书》史部第58册，齐鲁书社1997年版。

② 颜广文：《明代广东地区民族政策的演变与瑶区社会经济的发展》，《华南师范大学学报》1996年第5期。

③ 丘濬：《重编琼台稿》卷21《广东备御獠寇事宜》，景印《文渊阁四库全书》第1248册。

④ 叶盛：《两广奏草》卷7《擒斩海康草贼疏》，《四库全书存目丛书》史部第58册，齐鲁书社1997年版。

⑤ 丘濬：《重编琼台稿》卷21《广东备御獠寇事宜》，景印《文渊阁四库全书》第1248册。

⑥ 叶盛：《两广奏草》卷15《劾新兴失事将官疏》，《四库全书存目丛书》史部第58册，齐鲁书社1997年版。

村、观地之民杀掠殆尽，此真罪贯穹苍，人神共愤，法在必诛。①

乡村的民众被屠戮殆尽，真是"人神共愤"，"天地为之悽惨"②，乡村被盗贼占据，张居正对此哀叹："朝廷已无广东"③，"领表非我版图矣"④。由此可见盗贼对乡村的危害远远甚于对城池。

五、官府对猺区的治理

1. 剿与抚

由于广东猺区"民夷杂处"⑤，猺民起事的成分复杂，官府对"其党类之中，委有玉石之辨，不容燹焚"⑥，丘濬在《封川县修城记》将发生在广东的猺民起事与明王朝在北部边境所面临蒙古的威胁作了对比：

> 古言边备者最重南北。然守南实与北异，北患在境外，所宜择良将，高城深池以限其驰突；南越之患在境内，民夷杂处，不可专于城守。守之以城，城之外独非吾民乎，故得坚城不如得美政，得良将不如得良守长。

因此官府对待猺民起事一开始就剿抚并用。如王翱在景泰三年剿灭两广猺民起事后，即"差人四散招抚猺老、獞老人等"⑦。嘉靖二十三年任两广总督的张岳则称"奉有明旨，相机剿抚"⑧。要之，或剿或抚，皆是明代政府对猺民的一种手段，其最终目的则是"平一方之大患，复先年之版赋"⑨。

对于一般的猺民动乱，官府有时用计让听招抚的猺民作为"间谍"，直接擒拿贼首。如嘉靖二十四年征剿封川县猺贼时，神电卫署指挥同知梁希孔等就"潜令听招贼徒陆公茶、李公愿，悬以重赏，用为间谍，于七月初八日计擒僭称王号贼首张公，僭称五旗将军贼首李公请及从贼陆公安、韦公诏、陈公达、覃公孙共六名解赴军门"⑩。

---

① 张岳：《小山类稿》卷 3《报封川捷音疏》，景印《文渊阁四库全书》第 1272 册。

② 陆舜臣：《征剿立县议》，道光《肇庆府志》卷 5《建置一·城池》。

③ 张居正：《张太岳文集》卷 25《与殷石汀论吏治》，《四库全书存目丛书》集部第 113 册，齐鲁书社 1997 年版。

④ 张居正：《张太岳文集》卷 31《答两广刘凝斋言贼情军情民情》，《四库全书存目丛书》集部第 113 册，齐鲁书社 1997 年版。

⑤ 丘濬：《封川县修城记》，道光《肇庆府志》卷 5《建置一·城池》。

⑥ 何维栢：《天山草堂存稿》，卷 2《奉答制府刘公条议》，《四库全书存目丛书》集部第 103 册，齐鲁书社 1997 年版。

⑦ 王翱：《王忠素公奏疏·边情事》，《明经世文编》卷 22。

⑧ 张岳：《小山类稿》卷 3《报封川捷音疏》，景印《文渊阁四库全书》第 1272 册。

⑨ 张岳：《小山类稿》卷 3《报封川捷音疏》，景印《文渊阁四库全书》第 1272 册。

⑩ 张岳：《小山类稿》卷 3《报封川捷音疏》，景印《文渊阁四库全书》第 1272 册。

对于征剿比较大规模的猺贼时，由于官军对猺区地形、猺贼巢穴分布不熟悉，因此需要让听招抚的猺人充当向导，对猺区"分别善恶村寨"①。嘉靖年间巡按御使戴璟议曰：

> 旧时阳江、阳春等县俱有抚猺主薄、巡检，皆用土人，今阳春县有招主伍经纶，长乐县有抚猺巡检练廷爵，俱杀敌有功，但此辈故未可全托心腹，要在控御有方，故平时则用之以抚猺，剿捕则用之为向导。②

官府在到达指定征剿地点时，除了剿灭猺民之外，还放火烧毁猺山，相当野蛮。如天顺三年叶盛征剿泷水凤弟吉时，官军"分兵扎营，四散搜剿，倾其巢穴，烧毁各山，收藏粮米俱尽除，将前后杀获首级并生擒送两广分投督军、偺运、阅视等官看验明白，蒙发枭挂示众"③。对于征剿所获的首贼首级及生擒的猺民要投送两广总督检验以记录功次，并枭挂示众，从而给猺民以心理上的震慑。

而对于从贼来说，官府则采取了招抚的策略。丘濬在《两广用兵事宜》建议："（总帅）会三司官设法遣官出榜招谕，或给以印信票贴为照，其榜文须明白，痛切明言前人之失，决不效尤，或时召其父老人等至军前，指天发誓，使其坦然不疑，虽其平日从贼明有显迹，若能翻然改过，亦曲加宽贷，或许其杀贼赎罪。"④ 对于从贼采取招抚的政策，事实上为当政者所接纳。如叶盛在天顺三年剿灭泷水县凤弟之猺乱后，"将地方猺獞致变奸弊禁革缘出给信帖，付向化胁从之人执照回山"⑤。张岳在嘉靖二十四年剿灭封川猺民起事后，"奉布招旗差人四面号令，但有杀戮未尽贼徒潜踪山谷，授扒不及，万一幸生，自行投出洗心改过者，听令招抚，安插编管"⑥。

2. 修筑城池

由于明代广东的盗贼本身并无组织，往往"三五分散，无分部伍"，也无"坚甲利兵"，因此决定了"贼短于战攻，而长于剽窃，于是守土之吏始议筑城"⑦。天顺四年七月二十一日两广巡抚叶盛在《巡抚事宜疏》中的提出的一个对付盗贼的重要措施就是开筑城池。

> 一件。筑城久计事。看得广东接连广西邻界地方，地势险恶，民夷顽犷，如肇庆府开建、封川、四会、新兴等县地方俱系流贼出没之所，亦有先年招下獞人纠合本处

① 姚镆：《东泉文集》卷8《督府事宜》，《四库全书存目丛书》集部第46册，齐鲁书社1997年版。

② 嘉靖《广东通志》卷35《猺獞》。

③ 叶盛：《两广奏草》卷5《擒获凤弟吉等捷音疏》，《四库全书存目丛书》史部第58册，齐鲁书社1997年版。

④ 丘濬：《重编琼台稿》卷21《两广用兵事宜》，景印《文渊阁四库全书》第1248册。

⑤ 叶盛：《两广奏草》卷5《擒获凤弟吉等捷音疏》，《四库全书存目丛书》史部第58册，齐鲁书社1997年版。

⑥ 张岳：《小山类稿》卷3《报封川捷音疏》，景印《文渊阁四库全书》第1272册。

⑦ 丘濬：《封川县修城记》，道光《肇庆府志》卷5《建置一·城池》。

猺人为贼，因无城堡，节被攻入县治。其开建县自景泰至今，已被攻破二次，劫杀官民，荼毒特甚，其余有城堡去处，如泷水县，虽累被贼首凤弟吉攻打，缘新城坚固，不致疏虞，以此观之，利害可见。①

由于城池具有防御流贼，保障军民的作用，因此受到了官员的重视和提倡。嘉靖初年两广总督姚镆在《督抚事宜》中的第一条措施即为督促守巡兵备等官亲历各地，逐一修理城池。②

有明一代，随着明代猺乱的兴起，猺区兴起了一波筑城的运动，天顺成化年间是广东猺乱的一个高潮，试以天顺成化年间的筑城运动说明。

府城。天顺间知府黄瑜植栅周城之外，护以刺竹，栅内环以敌楼，工毕而寇适至，莫能犯。③

四会县。旧无城，洪武二十四年肇庆指挥始立木栅为城，天顺三年西寇流劫，县当其冲，知府黄瑜请于巡抚都御史叶盛奏筑砖城，周576丈8尺，高2丈，串楼548间，敌楼18座，建4座城门。④

新兴县。洪武十三年筑土城，天顺年间城池二次被贼攻陷，城中房屋焚毁殆尽。天顺七年知府黄瑜请都御使叶盛奏于土垣内修复砖城661丈5尺，高1丈8尺，设警铺55间，四门外各环月城，弘治十二年重修敌楼、串楼及月城。⑤

阳春县。洪武三十一年镇守千户增筑，天顺间重修，立城垛，设桥，环置刺竹，流贼不敢犯。⑥

高明县。旧为高明巡司，无城，成化十一年设县城，乃经始，十六年晶石甃砖，周660丈，高2丈4尺，建窝铺18间，外种刺竹。正德初年，增串楼500余间。⑦

恩平县。明成化二年签事陶鲁立恩平堡，筑砖城，置恩平巡司，周325丈，高1丈8尺。十六年开县治，加高至2丈2尺，正德七年，知县重修加高至二丈5尺。⑧

德庆州。洪武元年筑有砖城，景泰七年重修周城，增高3尺，成化七年及十五年又进行重修。⑨

封川县。旧城周围一百七十丈，明正统十四年黄肃养乱，于是因旧址修筑立瓮堞，置串楼，天顺二年拓外城，环排栅，植刺竹，以砖甃北城31丈，周262丈，建门楼、角楼、

---

① 叶盛：《两广奏草》卷8《巡抚事宜疏》，《四库全书存目丛书》史部第58册，齐鲁书社1997年版。

② 姚镆：《东泉文集》卷8《督抚事宜》，《四库全书存目丛书》集部第46册，齐鲁书社1997年版。

③ 道光《肇庆府志》卷5《建置一·城池》。

④ 道光《肇庆府志》卷5《建置一·城池》。

⑤ 道光《肇庆府志》卷5《建置一·城池》；（明）张瑄：《南征录》，《四库全书存目丛书》史部第46册，齐鲁书社1997年版。

⑥ 道光《肇庆府志》卷5《建置一·城池》。

⑦ 道光《肇庆府志》卷5《建置一·城池》。

⑧ 道光《肇庆府志》卷5《建置一·城池》。

⑨ 道光《肇庆府志》卷5《建置一·城池》。

敌楼、更铺 37 间，3 座城门。成化五年都御使韩雍发帑银一千七百两命修筑，仍旧基培筑，高 2 丈 9 尺，表里甃以砖，覆以串屋，窝铺，共 242 间，望楼 1 间，门楼间，城外瘰以栅隘，更楼 2 间。①

开建县。洪武初年始筑土城，高仅六七尺。天顺三年以基旷难守，周植木栅，八年都御使叶盛奏筑砖城，但只是先筑土城，成化元年都御使韩雍复发帑金，砖工始峻，周 336 丈，高 1 丈 9 尺，串楼 222 间，敌楼 5 座。②

泷水县。初无城池，正统十三年猺乱始筑砖城，周 660 丈，高 1 丈 6 尺，雉堞 303 丈，串楼 571 座，敌楼 25 座，3 座城门，城门外建月城。③

通过筑城运动，官府初步改变了"居无城郭"的情形，对猺区城池的控制得到了加强。

3. 从土官到保甲

通过筑城，官府对猺区城池的控制大大加强。但由于猺区多是高山险阻，猺民叛服不常，筑城并没有完全解决官府对猺区乡村基层控制的难题。

明初官府对猺区采取用"土官"治理的政策，但"虽设有傜官、狼目以主之，然薄税轻徭，以示羁縻而已"④，官府对猺区基层的控制力还是相当薄弱的。以后随着猺民的起事愈演愈烈，丘濬甚至提出"今日制驭驯服之策，莫急于立土官"⑤。丘濬认为流官任期太短，而且官府对待猺民的政策不具延续性，导致官府并不能取得猺民的信任，猺民暂服复叛，而且流官无权，土官"官卑力薄"，不能控驭猺民，因此主张立土官以替代流官。但丘濬的主张受到了叶盛的驳斥，叶盛在《巡抚事宜疏》云：

> 两广递年有举保抚猺、抚黎除授州县并巡简司等衙门官员，名为土官。查此俱军民等籍正与阴阳、医学官员相同，既非蛮夷种类，又非世袭官职，多是营求举保，始则招抚买求以图官职，终乃激变以坏地方。⑥

虽然土官贪腐以致激变地方，但官府对猺区的控制暂时还是必须依赖土官。叶盛在剿灭泷水县凤弟吉时，下令"将地方猺獞致变奸弊禁革缘，出给信帖，对于向化胁从之人，执照回山"⑦，此招抚过程必须依赖土官的协助才能完成，可见叶盛并没有对土官制度加以废除。

随着官府征剿猺民进程的加速，官府对猺区的控制力随之加强。嘉靖初年任两广总督

---

① 道光《肇庆府志》卷 5《建置一·城池》。

② 道光《肇庆府志》卷 5《建置一·城池》。

③ 道光《广东通志》卷 128《建置略四·城池四》。

④ 屈大均：《广东新语》卷七《人语》，中华书局 1983 年版，第 235 页。

⑤ 丘濬：《驭夷狄议》，《丘文庄公集三》，《明经世文编》卷 73。

⑥ 叶盛：《两广奏草》卷 8《巡抚事宜疏》，《四库全书存目丛书》史部第 58 册，齐鲁书社 1997 年版。

⑦ 叶盛：《两广奏草》卷 5《擒获凤弟吉等捷音疏》，《四库全书存目丛书》史部第 58 册，齐鲁书社 1997 年版。

的姚镆颁布《督府事宜》提到了有关猺区基层的状况：

> 仰守巡兵备、参将守备等官，严督各府州县掌印巡捕等官，但有猺獞居住去处，
> 务要加意慰抚。着令佃主及熟识人访取年老知事猺獞一二名出官……择其中众所推服
> 者一人，立为猺老獞劳，及取三四人以为猺甲獞甲，责令自相管束，在一乡者管束一
> 乡，在一寨者管束一寨。如有劫掠，互相举觉。①

可见在嘉靖初期，官府已对猺獞实行了保甲制，虽然这一保甲制还得倚赖猺老獞老，但相对于土官制度，官府对地方基层的控制无疑得到了加强。

万历四年两广总督凌云翼大征罗旁猺，猺民最后一支主力被击溃，这给官府权力的继续下渗提供了基础，万历十一年任两广总督的郭应聘颁布的《总督条约》云：

> 抚戢遗党。……若使有司以移风易俗为任，以潜消默制为心，单车诣垒，告以祸
> 福，晓以利害，令其编保立甲，输办钱粮，禁止胥吏里排人等不许毫发扰害，每月朔
> 望许令甲长赴州县投见，其子弟有资质聪俊者，引入社学，为之立师以教之。②

此时已经不见猺甲獞甲的影子，取而代之的是保甲，猺民"编立保甲，输办钱粮"，已与汉族无异。通过保甲制的实施，官府对猺区基层的控制得到了加强，此乃万历大征罗旁猺后猺民再无发生动乱的关键原因。

六、结　语

为了防御海寇，明初广东把军事防御重点放在沿海一带，而对猺区实行以抚为主的政策，依赖土官进行治理，这造成了猺区处于"居无城郭，守无甲兵"的状态，官府对猺区的控制非常薄弱。明朝整个猺区官僚体系的集体贪腐，对猺民进行盘剥，而政府对猺区的控制薄弱，官军战斗力低下，在正统后期终于激起了猺民的反抗，导致猺区动乱不止。事实上参与猺区动乱的盗贼并不都是猺民，在官府的眼中，盗贼可以分为"猺贼"、"獞贼"、"流贼"与"浪贼"，这些官府眼中的盗贼相互激荡，攻城略邑，占据乡村，烧杀抢掠，造成"朝廷已无广东"，"领表非我版图"的局面。官府对待猺区的盗贼，剿抚并用，一面在城市修筑城池，防御流贼，保障军民，并以之为据点，加强对猺区的渗透；一面在乡村地区推行保甲制，加强对猺区基层的控制，终于使广东猺区的动乱得到平定。

（作者单位：武汉大学历史学院）

---

① 姚镆：《东泉文集》卷8《督府事宜》，《四库全书存目丛书》集部第46册，齐鲁书社1997年版。

② 郭应聘：《郭襄靖公文集》卷15《总督条约》，《续修四库全书》第1349册，上海古籍出版社2002年版。

明代金花银研究中的三点问题 [*]
——基于对传统定义的思考

□ 李　园

一、引　言

金花银作为中国传统财政货币体制变革中的重要环节，一直为经济史学界所关注。作为明代一项重要财政制度，金花银的准确界定是课题研究的前提。就目前文献所见，金花银的最早定义始见于万历十年（1582 年）编订的《万历会计录》。该书作为一部国家性质的财政总册，对金花银的形成、额度以及分配等问题进行了说明。[①] 此后万历十五年（1587 年）修订的《明会典》亦沿用此说。[②] 而以此为基础，清修《明史·食货志》又就金花银的实施背景、分布区域和粮银折比等问题作了补充概括，由此形成了一种相对完整的金花银界定。故近人研究中多直接引用此说，兹引如下：

> 至正统元年，副都御史周铨言："行在各卫官俸支米南京，道远费多，辄以米易货，贵买贱售，十不及一。朝廷虚糜廪禄，各官不得实惠。请于南畿、浙江、江西、湖广不通舟楫地，折收布、绢、白金，解京充俸。"江西巡抚赵新亦以为言，户部尚书黄福复条以请。帝以问行在户部尚书胡濙。濙对以太祖尝折纳税粮于陕西、浙江，民以为便。遂仿其制，米麦一石，折银二钱五分。南畿、浙江、江西、湖广、福建、广东、广西米麦共四百余万石，折银百万余两，入内承运库，谓之金花银。[③]

然而随着金花银研究的细化[④]，特别是学界对于定义外史料梳理和解读的深入，部分

* 本文为中央高校基本科研业务费专项资金资助项目（项目批准号：2014112010205）研究成果。

① 张学颜：《万历会计录》卷 30《内库供应》，书目文献出版社 1988 年版，第 1016 页。
② 申时行：万历《明会典》卷 30《户部 17·库藏 1·内府库》，中华书局 1989 年版，第 220 页。
③ 张廷玉等：《明史·食货志二·赋役》，中华书局 1974 年版，第 1895~1896 页。
④ 国内关于金花银的专文研究，主要有唐文基：《明代"金花银"和田赋货币化趋势》，《福建师范大学学报》（哲学社会科学版）1987 年第 2 期；王昌：《明代金花银研究》，东北师范大学硕士学位论文，2011 年。

学者对传统定义中一些关键问题提出质疑。与定义中始于正统元年（1436 年）的观点不同，日本学者森正夫、堀井一雄等认为：明代金花银应始于宣德八年（1433 年），这与江南巡抚周忱整顿江南地区税负问题存在直接联系，而正统元年的折银令只是该项制度的一种推广实施。又星斌夫指出：正统元年的折银令与金花银存在性质上的差异，认为正统元年的折银令在于解决京师的军官俸禄问题，而金花银则是为减轻官田重赋，故二者在动机上存在明显差异。① 此外，中国学者万明通过对"金花银"出现时间的考察，指出"正统初年金花银名称尚未出现，而且没有规范化，存在一个逐渐形成定制的过程"，并认为《明史·食货志》中以正统元年为标志的高度概括，其实误导了人们对金花银的正确认识。② 综上所举，对于金花银传统定义的质疑，集中于金花银的时间定位和实际影响，并由此论证正统元年的折银令仅为货币白银化的一个步骤，而非标志性的转折事件。

由此可见，万历以来的金花银定义，是制度后期乃至消亡后，明清时人的一种高度概括。而这种高度概括的背后，往往忽略了制度本身的演变和实际实施，因此产生史料记载与后期定义之间的部分偏差。本着还原史实目的，本文从目前掌握资料出发，对金花银作长时段动态考察，拟就金花银的词意变迁、前期支出和实际征收等问题作进一步探讨。

二、"金花银"的词意解读与变迁

按照传统定义，金花银实为明代税粮折银的一种，本质上属两税正赋。但与他项税粮折银不同，因"武俸之外皆为御用"③ 的特殊分配关系，使之成为晚明君主御银的专有名词。如时人郑若曾云："京库银两有二：曰白银、曰金花银。白银解京入太仓，为边储之用。……惟金花银一项……系贮内库听用。"④ 明代"内库"是指位于皇城内的君主私藏，时人以"金花银"名区别他项白银的目的，在于凸显金花银作为皇银的特殊分配关系。

但从文献记载来看，"金花银"一名的出现时间可溯至北齐。据《唐六典》记内廷规制有云："齐武帝造大小二辇，彤饰甚工，下辖辄悉金花银兽。"⑤ 此处提到的金花银兽，应指以金花银为材质的装饰物。后续文献中，亦多有各类形制的金花银器皿记载，譬如金花银盒、金花银簪、金花银碗、金花银杯、金花银带，等等，不一而足。故从形

① 参见［日］堀井一雄：《金花银の展开》，《东洋史研究》5 卷 2 号，1940 年；［日］森正夫著：《明代江南土地制度研究》，伍跃等译，江苏人民出版社 2014 年版，第 218 页；星斌夫：《金花银考》，《明清时代社会经济史の研究》，国书刊行会，1989 年。

② 参见万明：《明代白银货币化的初步考察》，《中国经济史研究》2003 年第 2 期；万明：《晚明社会变迁问题与研究》，商务印书馆 2005 年版，第 146 页。

③ 申时行：万历《明会典》卷 30《户部 17·库藏 1·内府库》，中华书局 1989 年版，第 220 页。

④ 郑若曾：《江南经略》卷 2 上《养兵议》，景印《文渊阁四库全书》第 728 册，台湾"商务印书馆"2008 年版，第 93 页。

⑤ 李林甫：《唐六典》卷 11，景印《文渊阁四库全书》第 595 册，台湾"商务印书馆"2008 年版，第 117 页。

态来看，早期出现的金花银，并非后世所指具有称量货币属性的白银。而根据郑承燕在对辽代金花银龙纹"万岁台"砚考察时的解释，金花银应为银器制作工艺的一种，系在银器上采用鎏金錾花工艺，即"先在银器上錾出图案，后在图案上鎏金，这样既突出图案，又产生了黄白相间、相互映衬的视觉效果，工艺虽显繁缛，但可使银器更为富丽……"① 此说亦可从史料予以佐证，据宋人蔡絛《铁围山丛谈》载："国朝礼大臣故事，亦与唐五季相踵。宰相遇诞日，必差官具口宣押赐礼物，其中有涂金镂花银盆四，此盛礼也。"② 当中所指"涂金镂花银盆"，正好道出了金花银制作的涂金（鎏金）、镂花（錾花）两道工艺。因此，就"金花银"的早期含义而言，是指在银器上采用鎏金錾花的一种工艺。

宋元以来，白银开始由商品向货币转变，此时"金花银"在含义上也出现调整。据宋高宗绍兴二十六年（1156年）《赐李天祚敕书》记载：是年，安南平南王李天祚遣使入贡，赐金花银一百两。③ 又宋孝宗乾道六年（1170年），再赐南平王李天祚金花银一百两。孝宗淳熙四年（1177年）四月，敕封李天祚之子李龙翰为安南王，赐金花银一百两。④ 从南宋三则材料提及的金花银来看，该银在形制已脱离了单纯的器皿工艺形态，计量手段也由计件转为称量，可见已具备了白银的货币特征。而出土于 20 世纪 80 年代河南平舆县射桥乡的元代银锭，亦可对宋元时期金花银的货币性予以实证。银锭铭文：

肆拾玖两玖钱又壹厘　米行人王公全　金花银　曦行人蔡润泽　郭智⑤

银锭所刻"金花银"字样，代表了该银锭的成色等级，而"行人"是指当时承担供应官物的商人，兼有辨验银色的职责。⑥ 宋元以来随着白银货币化，作为贵金属货币的白银，其成色高低通常决定价值量的大小。因此，为衡量白银的实际价值，时人往往依据白银的成色差异赋予不同名称。如金花银外，还有真花银、肥花银、足纹、水丝、细银、粗丝、十足色、十足纹等名称。那么，较之不同成色的白银，金花银的等级又是如何？对此元代所编的《居家必用事类全集》略有记载：

真花细渗分数高，纸被心低四角四。好弱幽微说不尽，论中不错半分毫。金添花银一百分足；浓调花银九十九分九厘；茶花银九十九分八厘；大胡花银九十九分七厘；薄花银九十九分六厘；薄花细渗九十九分五厘；纸灰花银九十九分四厘；细渗银

① 郑承燕：《辽代金花银龙纹"万岁台"砚》，《中国博物馆》2010 年第 3 期。
② 蔡絛：《铁围山丛谈》卷 2，中华书局 1983 年版，第 38 页。
③ 刘才邵：《槜溪居士集》卷 7，景印《文渊阁四库全书》第 1130 册，台湾"商务印书馆"2008 年版，第 505~506 页。
④ 周必大：《文忠集》卷 111《玉堂类稿 11·敕南平占城敕书》，景印《文渊阁四库全书》第 1148 册，台湾"商务印书馆"2008 年版，第 219~220 页。
⑤ 黄耀丽：《介绍两件宋元银锭》，《中原文物》1986 年第 2 期。
⑥ 参见唐印印：《"行人"考释》，《中国钱币》1997 年第 1 期。

九十九分三厘；粗渗银九十九分一厘；断渗银九十八分五厘；无渗银九十七分五厘。①

该集共列出成色较高的真花、细渗两类十一种成色白银，而居首的金添花银即金花银，为当中成色最高的百分足色银。又明初曹昭《格古要论》亦对金花银作出界定："银，出信、处等州山中，足色成锭面有金花、次者绿花、又次者黑花，故谓之花银。"② 天顺间王佐亦云："金花银是足色……银子名色，金花银第一。"③ 由此见得，宋元以迄明前期所指的金花银，应是一种足色成锭的花银，其价值为白银中最高。

明中叶以来，白银化成为中国传统币制变革的主流，国家财政形态也由物财政向银财政过渡，而此时金花银更多以赋税形式出现在史料文献中，甚至掩盖了金花银的原有定义。关于赋税金花银的出现时间，学界并无统一定位。如李洵、山根幸夫认为金花银作为赋税普遍使用的时间应为嘉靖年间。④ 万明则认为该形式的金花银出现应在成、弘年间。⑤ 而从目前掌握资料所见，金花银正式以赋税项目出现，始见于成化十一年（1475年）编订的《杭州府志》，据该志卷20《风土·税粮》载："正统十二年夏税则例：折银麦三千一百五十八石三斗六升六合一勺六抄二圭，每石折金花银二钱五分，共折正银七百八十九两六钱。"⑥ 此外，弘治元年（1488年）修订的《吴江志》⑦ 亦有金花银记载，考虑该志作序时间为弘治元年正月，因此推断《吴江志》实际编撰时间应在成化后期。故从两部方志的记载情况来看，金花银正式作为赋税名称的出现时间不晚于成化中后期，此后逐步展开。

进入晚明，明人对金花银的概念，更加关注其财政地位和分配关系的划分，而对金花银的足色本义则趋于淡化。据万历《明会典》记载："凡铸造朝钟用响铜，于铸钟铜厂铸造。嘉靖三十六年（1557年）题准……及熔铸下炉，用八成色金花银，于内承运库关领。"⑧ 从"八成色金花银"可见，此时储于内库的金花银显然不再作为足色白银的专称，而是一种御银的代名词，财政含义十分明确。

由上所述，文献中出现的"金花银"，就词意变迁来看，存在三种解读，即银器工艺、足色白银和君主御银。前两者的变迁，体现以宋元为节点，白银由器物工艺向货币的转变；后两者的变迁，则涉及明中赋役折银背景下，宫廷财政与国家财政的划分问题。

---

① 《居家必用事类全集》之《戊集·宝货辨疑》，北京图书馆古籍珍本丛刊第61册，书目文献出版社1988年版，第211~212页。

② 曹昭：《格古要论》卷中《金铁论》，景印《文渊阁四库全书》第871册，台湾"商务印书馆"2008年版，第105页。

③ 王佐：《新增格古要论》卷6《珍宝类》，《续修四库全书》第1185册，上海古籍出版社2002年版，第225~226页。

④ ［日］和田清编：《明史食货志译注》增订版，上卷，东洋文库刊本，第150页；李洵：《明史食货志校注》，中华书局1982年版，第61页。

⑤ 万明：《晚明社会变迁问题与研究》，商务印书馆2005年版，第146页。

⑥ 陈让：成化《杭州府志》卷20《风土·税粮》，浙江范懋柱家天一阁藏本。

⑦ 莫旦：弘治《吴江志》之《序》，台湾学生书局1987年版，第1~16页。

⑧ 申时行：万历《明会典》卷194《工部14·铸器》，中华书局1989年版。

三、公私之间：金花银的早期支出与调整

随着金花银的后期赋税化，晚明对于该银分配流向的划定，集中在宫廷御用和武官折俸两项，前者涉及君主私用，后者为公共支出。对于二者的比重，万历四十七年（1619年）七月，户科给事中官应震题奏："若是至武俸，每岁三、六、九月支放，每次不过四万余金，合之总十万余金耳！夫金花总数一百二十万（含买办银二十万），其给武俸者仅仅若此……"① 又崇祯朝兵部尚书杨嗣昌引万历四十八年题本云："今会典额载一百一万二千七百二十九两有奇，万历中加进二十万，十余岁，自武官折俸十四万两外，皆为御用，莫可稽查考之。"② 按此估算，金花银的御用比重介于86%至89%之间，即为一种御用为主的分配体制。受此影响，后期文献乃至今时学者多将金花银直接归之为御银，从而忽视了对金花银的公共支出及前期支出情况的考察，以致形成以点释面、以后概前的认知偏差。

突破晚明以来传统定义的局限，以正统元年的折银令为考察起点，关于金花银的展开主旨，正如该银首倡者周铨所云："行在各卫官员，俸粮在南京者差官支给，本为便利，但差来者将各官俸米贸易物货，贵卖贱酬，十不及一，朝廷虚费廪禄，各官不得实惠。请令该部会计岁禄之数，于浙江、江西、湖广、南直隶不通舟楫之处，各随土产折收布绢白金，赴京充俸。"③ 又，是年十月兵部尚书兼华盖殿大学士杨士奇，亦以武官俸米支取不便为由奏请折银。此议得英宗准允。④ 由此得见，正统元年折银令的初意，在于解决京师军官的俸禄问题，而非御用。

且与金花银的后期御用定位不同，嘉靖以前，京师军官折俸实为金花银的支出重点。按景泰四年（1453年）六月，户部所奏的在廷群臣折俸银数，该年京师的武臣折俸银达497248两有奇。⑤ 又景泰七年（1456年）六月，礼科给事中张宁奏："在京各卫武职官员带俸等项数多，有一卫二千余名者，有一卫千五百余名者，通计不下三万余员。每岁共支食米三十六万余石，折俸银四十八万八千余石（两），若并胡椒、苏木、折钞等项，总计动经百万之数，糜耗钱粮，莫甚于此。"⑥ 由此可见，景泰间金花银的武臣折俸支出，当在490000两左右，占金花银百万定额的一半。此后随着明代在京军卫系统的膨胀，天顺间京师军官折俸进一步攀升。通过天顺五年（1461年）四月，英宗召问内阁臣李贤时所透露的信息，该年的京师军官俸银已达520000两⑦。而结合后续相关史料的记载，景泰以迄正德，明代每年的京师军官折俸银大体维持在393712两到520000两之间，比重占金花银总额的38%~51%。如下表（表1）所示：

---

① 《明神宗实录》卷584，万历四十七年七月癸卯条。

② （明）杨嗣昌：《杨文弱公文集》卷12《恭承召问疏》，《续修四库全书》第1372册，上海古籍出版社2002年版，第155页。

③ 《明英宗实录》卷21，正统元年八月庚辰条。

④ 《明英宗实录》卷23，正统元年十月辛巳条。

⑤ 《明英宗实录》卷230，景泰四年六月甲寅条。

⑥ 《明英宗实录》卷267，景泰七年六月己亥条。

⑦ 《明英宗实录》卷327，天顺五年五月己亥条。

表 1 **明景泰至正德间京师武官俸银支取情况** （单位：两）

时间	景泰四年	景泰六年	景泰七年	天顺五年
数额	497248	498680	488000	520000
比重①	49%+	49%+	48%+	51%+
时间	成化、弘治间②	正德元年	正德二年	正德十三年
数额	480000	413044	393712	408000
比重	47%+	40%+	38%+	40%+

资料来源：《明英宗实录》卷 230，景泰四年六月甲寅条；《明英宗实录》卷 250，景泰六年二月丁酉条；《明英宗实录》卷 267，景泰七年六月己亥条；《明英宗实录》卷 327，天顺五年四月己亥条；（明）陆釴：《病逸漫记》，商务印书馆 1937 年版，第 17 页；《明武宗实录》卷 9，正德元年正月辛亥条；《明武宗实录》卷 31，正德二年十一月己未条；《明武宗实录》卷 168，正德十三年十一月壬子条。

　　考虑金花银早期名称的多样化现实，根据正统元年的折银令标准，金花银又名"京库折银"。万历四年（1576 年）潘季驯的《请蠲京库折银疏》中有："京库折银即金花银"一语。③ 又乾隆《吴江县志》在追述明代赋役时亦云。④ 而作为国家典制的万历《明会典》，亦在对弘治十五年（1502 年）、万历六年（1578 年）的金花银记载中采用此名。⑤ 因此，从"京库折银"名称的延伸考察来看，早期金花银的公共支出，除京师武官折俸银外，还承担了相当数额的财政协济。

　　如军需助饷。成化八年（1472 年）二月，宪宗因房众数犯边境，边镇军需告急，从会昌侯孙继宗等议请，发京库折粮银二十万两助饷。⑥ 又成化十五年（1479 年）二月，以湖广水灾，从巡抚湖广左副都御使刘敷奏请，留京库折银补充当地官军俸粮。⑦ 又如灾荒赈济。成化二十三年（1487 年）十二月"以旱灾，免湖广黄州、武昌等府京库折银六万石"⑧。又嘉靖六年（1527 年）八月以湖广大水，从巡抚孙修奏请，将京库折银及南京折布花稍缓者，量留十万赈济。⑨ 以金花银的助饷、赈济等支出情况来看，早期金花银作为一种应急财政机制，在缓解因突发事件所引发的局部危机上发挥了积

　　① 金花银总额以万历六年数额为准，《万历会计录》卷 1，书目文献出版社 1988 年版，第 16 页。
　　② 陆釴的《病逸漫记》并未说明数据的确切时间，但依据作者陆釴的生平与任职情况，认为该数据反映的时间应介于成化、弘治年间。
　　③ 潘季驯：《潘司空奏议》卷 5《巡抚江西奏疏·请蠲京库折银疏》，景印《文渊阁四库全书》第430 册，台湾"商务印书馆"2008 年版，第 83 页。
　　④ 乾隆《吴江县志》卷 12《田赋 1》，《中国方志丛书》，台湾成文出版社 1975 年版，第 323 页。
　　⑤ 申时行：万历《明会典》卷 26《户部 13·会计 2·起运》，中华书局 1989 年版，第 180～194页。
　　⑥ 《明宪宗实录》卷 101，成化八年二月乙亥条。
　　⑦ 《明宪宗实录》卷 187，成化十五年二月己亥条。
　　⑧ 《明孝宗实录》卷 8，成化二十三年十二月癸巳条。
　　⑨ 《明世宗实录》卷 79，嘉靖六年八月庚午条。

极作用。

而与赈济、助饷等地方性临时协济不同，嘉靖中期以前，金花银对户部的协济，规模较大且有一定的阶段性。弘治后期，随着户部太仓银库的边费、内供等支出的日益膨胀，国家财政危机已现端倪。如弘治十五年十月户部尚书韩文奏："支常入之赋，或以停减而不足，常用之数，又以加添而过多，则知在外在内，一岁所入俱不足以供一岁所出。"① 因此，为缓解户部的财政压力，正德至嘉靖前期，先后两次以金花银协济户部。

首次协济始于正德元年（1506 年）五月。先是，总督粮储户部右侍郎陈清、兵科给事中徐忱和户科都给事中张文等人，先后以仓库空虚、国用不给为由，奏请会议经制之策。武宗遂以户部尚书韩文、英国公张懋等议，议的内容之一就是限定金花银的内供规模，即"每年输银于承运库不得过五十万两之数"②。此议得武宗准允。如此，金花银五十万两之外均被纳入户部财政。至于此次协济止于何时，史料无明确记载。

第二次协济为嘉靖二十二年二月至三十七年十二月（1543—1558 年），二十二年二月世宗再次因国库空虚，采纳户部等议，凡"三宫子粒及各处京运钱粮，不拘金花折粮等项，应解内府者，一并催解贮库（太仓银库），悉备各边应用，不许别项那借"③。此次调整，是世宗在"北房南倭"引发的军饷压力下，采取的权宜之策。根据全汉昇、李龙华诸先生对明代太仓银库收支情况的统计，嘉靖二十二年至三十二年为太仓库支出的急剧膨胀期，嘉靖三十年（1551 年）达支出峰值 5950000 两，当年财政赤字高达 3950000 两，国家财政入不敷出。嘉靖三十二年（1553 年）以后，太仓银库支出有所回落，至三十六年（1557 年）降至 3020000 两。④

然而在太仓公共支出压力有所缓急的同时，随着宫廷消费的日渐奢靡，内供需求急剧膨胀。如《明史·食货志》云："世宗初，内府供应减正德什九。中年以后，营建斋醮，采木采香，采珠玉宝石，吏民奔命不暇，用黄白蜡至三十余万斤。又有召买，有折色，视正数三倍。沉香、降香、海漆诸香至十余万斤。又分道购龙涎香，十余年未获，使者因请海舶入澳，久乃得之。方泽、朝日坛，爵用红黄玉，求不得，购之陕西边境，遣使觅于阿丹，去土鲁番西南二千里。太仓之银，颇取入承运库，办金宝珍珠。于是猫儿睛、祖母碌、石绿、撒字尼石、红刺石、北河洗石、金刚钻、砆蓝石、紫英石、甘黄玉，无所不购。"⑤ 另据户部尚书潘潢《会议第一疏》中的统计，嘉靖中期，内府因购置金珠、宝石、香蜡等物和赏赐之类，共耗用户部银 3139283 两有奇。⑥

面对日趋膨胀的内供压力，嘉靖三十七年（1558 年）十二月世宗为摆脱户部对宫廷消费的干涉，以祖制为名，遂将金花银百万全额纳入内承运库，并为定制。⑦ 此外，对于

———————————————

① 韩文：《会计钱粮以足国裕民事》，《名臣经济录》卷 31，景印《文渊阁四库全书》第 443 册，台湾"商务印书馆"2008 年版，第 691 页。

② 《明武宗实录》卷 13，正德元年五月甲辰条。

③ 《明世宗实录》卷 271，嘉靖二十二年二月壬辰条。

④ 全汉昇：《中国近代经济史论丛》，中华书局 2011 年版，第 241、274~275 页。

⑤ 张廷玉等：《明史·食货志六·上供采造》，中华书局 1974 年版，第 1993~1994 页。

⑥ 潘潢：《会议第一疏》，《明经世文编》卷 198，中华书局 1962 年版，第 2050~2051 页。

⑦ 《明世宗实录》卷 467，嘉靖三十七年十二月庚午条。

金花银承担的武官折俸银，此后也以定额形式，限定在十余万两以内。① 也就是说，以嘉靖三十七年令为转折，一方面标志着嘉靖二十二年以来金花银对于户部协济的终止；另一方面也意味着金花银的实际使用上，由此前的公私并重转为御用为主。

纵观金花银的早期支出，与晚明以御用为中心定位不同。嘉靖以前，除全额协济的特殊年份之外，金花银以武官折俸、财政协济为主的公共支出总量，占其总额的50%左右，也就是说，早期金花银在分配上公私并重，且作为一种应急财政机制，在缓解户部及区域性的财政危机上发挥了特殊作用。

四、金花银后期的逋欠与实征问题

以嘉靖三十七年令作为金花银的前后阶段划分，随着金花银后期分配的御用化，户部与地方征税单位为确保金花银的上供原额，通常将其列为"赋役首征"，"例不蠲免"。如申时行云："弟金花银两乃上用所急，虽有旷恩例不得免，在有司当以此项为先务。行少时曾闻县中收金花银，皆另项收贮，另然以收起解在别项之先，盖为此也。"② 又崇祯元年（1628年）十月，户部尚书毕自严疏言："切照国家钱粮，各有额设，惟金花则专供御用，有司催科例有次序，惟金花则原系首征。"③ 然而，随着明中叶以来国家民众赋役负担的日趋加重，即便作为赋役首征的金花银，逋欠现象也时有发生。

明代，因赋役过重、不均等因素引发的逋赋问题，一直是制约国家财政正常运转的症结之一，也是导致国家赋税原额与实际征收之间存在偏差的主要因素。明代有限的逋赋是官、民在赋役征收过程中的一种共识，所谓："故终明之世，官以八分为考，民间宽至八分者便称良户，宽六、七分者亦称不甚顽梗也"④。而"小民或以十分之四、五当十分之差，或以十分之六、七当十分之差"⑤。故日本学者古井俊仁指出，因民众拖欠等因素，"明朝征收税额并非真正的原额，原额之百分之七十至八十，才是实际之原额"⑥。因此，在逋赋成癖的大环境下，即便作为御银的金花银，也难以独善其身。胡克诚在考察明代江南逋赋问题时指出，金花银逋欠是明代江南第二次逋赋高峰（正德中后期至明亡）的重要表现，并从一条鞭法引发的"蠲免混同"、地方"奸豪抗拒"、地方官吏"侵蚀挪借"以及晚明"银荒"等四个方面，对金花银的逋欠原因作出分析。⑦

依据史料记载，金花银的最早拖欠不迟于成化十三年（1477年）。如成化十五年（1479年）四月，户部在覆巡抚湖广右副都御史刘敷因灾请蠲一事中言及："成化十三年

---

① 黄仁宇：《十六世纪明代中国之财政与税收》，阿风等译，三联书店2007年版，第75页。

② 申时行：《纶扉简牍》卷3《答王古林巡抚》，《四库禁毁书丛刊》第161册，北京出版社1997年版，第102~103页。

③ 毕自严：《度支奏议》堂稿卷2《查催负赋金花疏》，上海古籍出版社2008年版，第56页。

④ 叶梦珠：《阅世编》卷6《赋税》，中华书局2007年版，第153页。

⑤ 徐陟：《奏为恳乞天恩酌时事备法纪以善臣民以赞圣治事》，《明经世文编》卷356，中华书局1962年版，第3829页。

⑥ ［日］谷井俊仁：《明清两朝财政法规之特征：以民欠和亏空为中心》，沈玉慧译，台湾《明史研究》2009年第12期，第1~39页。

⑦ 胡克诚：《明代江南逋赋治理研究》，东北师范大学博士学位论文，2011年，第148~155页。

以前所逋京库折银，皆系京储及边备之数，难如所请。"① 然综合后续资料来看，金花银的前期逋欠并非常态，而该银真正出现连续性的大规模逋欠，始于嘉靖年间。根据嘉靖四十年（1561 年）闰五月的户部统计："浙江等省、苏州等府岁派内库银一百余万，自嘉靖三十年至三十九年（1551—1560 年）止，积逋至三百四十八万有奇……"② 若按定义中的"百万"原额计算，十年间金花银的逋欠率为 34.8%。另据陈堂《议处急缺段匹银两以宽民力疏》记载，嘉靖四十三年至万历二年间（1564—1574 年），浙江等省、苏州等府共逋欠金花银一百六十余万两，逋欠率约为 16%。③ 又万历三十五年（1607 年）三月的户部统计，万历十四年至三十四年（1586—1606 年），共逋欠金花银 892000 两，逋欠率约为 4.24%。④ 另按崇祯二年（1629 年）户部尚书毕自严的统计，天启元年至崇祯元年的八年间（1621—1628 年），除福建、广东两省全完之外，其他各省府的拖欠总额为 1240876 两，逋欠率约为 15.51%。⑤

以上四组数据，呈现了嘉靖三十年至崇祯元年间（1551—1628 年）的 49 年金花银逋欠情况，约占该阶段总时间的三分之二。据计算，49 年间金花银的年均逋欠额约为 147202 两，逋欠率约为 15%，基本反映了该阶段的金花银逋欠状况。

面对严重的金花银积逋问题，户部为填补内供缺口，通常对于先年拖欠予以追征，即通过带征方式，将此前积逋分派于当年及此后时期的金花银征收当中。如万历四年（1576 年）七月，神宗从内阁首辅张居正奏请，将隆庆年间的金花银积逋，以每年带征二分，分派于万历四年至八年的金花银征收。⑥ 又万历二十一年（1593 年）八月，户部以苏、松、常、徽四府叠罹灾危为由，"议将金花，除见年征完及十一、十二、十三等年停征外，其十四、十五、十六、十七、十八、十九六年未完，限每年带征一年"⑦。至于追征时限，明制无明确规定。但从实际带征情况来看，基本遵循了"追近蠲远"原则，即对年岁较远且难以追征的金花银逋欠，予以破格恩蠲。而从该法的实效来看，追征虽然能够降低金花银的积逋额，但同时也给当年征收带来额外负担。如万历六年（1578 年）正月，直隶巡按御史王民顺云："夫追征之法，必见征俱完，而后及于带征，所征既急则解必多，以彼四府（苏、松、常、徽）见征者尚未能完，解纳如此之少，去岁未完则今年又系带征之数矣。夫既已完征又不完解，则公私俱病。"⑧ 可见，带征之法不仅不能解决金花银的逋欠问题，反而会给当年见征带来实际负担，造成逋欠的叠加。而这种不顾实际征收，以见征补带征的方式，势必造成金花银逋欠的连续性。

除前揭胡克诚所指四点逋欠原因之外，晚明赋役征收环境的恶化也是金花银逋欠加剧

---

① 《明宪宗实录》卷 189，成化十五年四月己丑条。

② 《明世宗实录》卷 497，嘉靖四十年闰五月癸巳条。

③ 陈堂：《议处急缺段匹银两以宽民力疏》，朱学弼：《皇明留台奏议》卷 13《财储类》，《续修四库全书》第 467 册，上海古籍出版社 2002 年版，第 581 页。

④ 《明神宗实录》卷 431，万历三十五年三月甲申条。

⑤ 毕自严：《度支奏议》四川司卷 2《题覆南直江西查参拖欠金花银官员疏》，上海古籍出版社 2008 年版，第 322~323 页。

⑥ 《明神宗实录》卷 52，万历四年七月丁酉条。

⑦ 《明神宗实录》卷 263，万历二十一年八月乙巳条。

⑧ 《明神宗实录》卷 71，万历六年正月丙子条。

的重要因素。自万历二十四年（1596年）以来，国家先后展开的矿税之征、三饷加派，超出了一般民众的税负能力。作为对晚明赋税征收环境的描述，万历末吏部尚书李戴奏云："臣观天下赋役之额，比二十年以前十增其四，天下殷实之户，比二十年以前十减其伍。东征西讨，萧然苦兵，自矿使出，而百姓之苦更甚于兵，税使出，而百姓之苦更甚于矿。"① 又崇祯七年（1634年）南京兵部尚书吕维祺《请免河南粮疏》云："旧征未完，新饷已催，额内难缓，额外复急。村无吠犬，尚敲催追之门，树有啼鹃，尽洒鞭扑之血。黄埃赤地，乡乡几断人烟，白骨青燐，夜夜常闻鬼哭。"②

崇祯一朝作为晚明矛盾的集中爆发期，随着国家赋役环境的日益恶化，金花银的征收能力遭到严重削弱。如崇祯六、七两年（1633年、1634年），全国金花银的拖欠总额达89万两，逋欠率为44.5%。③ 另以区域逋欠来看，崇祯四年（1631年）江西全省的金花银逋欠率超过50%，其中吉安、抚州两府的现征完成率不及1/3④。又如南直隶苏州、松江、常州三府，依下表（表2）所示：

表2 　　　　　崇祯元年至四年南直隶苏、松、常三府金花银逋欠情况

区域		崇祯元年	崇祯二年	崇祯三年	崇祯四年
苏州府	太仓州	欠一分以上	欠二分以上	欠五分以上	欠八分以上
	长洲县	欠一分以上	欠三分以上	欠二分以上	欠八分以上
	吴县	全完	全完	全完	欠三分以上
	吴江县	全完	全完	欠五分以上	欠五分以上
	常熟县	欠五厘以上	欠五厘以上	欠五分以上	全欠
	昆山县	欠四分以上	欠四分以上	全完	欠七分以上
	嘉定县	全完	全完	全完	全完
	府总计	欠一分以上	欠一分八厘以上	欠三分以上	欠七分以上
松江府	华宁县	全完	全完	全完	欠五分以上
	上海县	欠三分以上	欠二分以上	欠四分以上	全欠
	青浦县	全完	全完	全完	欠六分以上
	府总计	欠一分以上	欠八厘以上	欠一分以上	欠四分以上

---

① 《明神宗实录》卷340，万历二十七年十月壬寅条。
② 郑廉：《豫变纪略》卷2，浙江古籍出版社1984年版，第33页。
③ 谷应泰：《明史纪事本末》卷72《崇祯治乱》，中华书局1977年版，第1185页。
④ 《崇祯存实疏钞》卷2《巡视太仓银库刑科给事中李世祺等为察劾金花银两完欠细堪罗列敕部罚治题本》，《中国明朝档案总汇》第80册，广西师范大学出版社2001年版，第562~581页。

区域		崇祯元年	崇祯二年	崇祯三年	崇祯四年
常州府	武进县	全完	全完	全完	欠四分以上
	无锡县	全完	全完	欠七厘以上	欠二分以上
	江阴县	全完	全完	全完	欠六分以上
	宜兴县	全完	全完	欠一厘以上	欠四分以上
	靖江县	全完	欠三分以上	欠四厘以上	全欠
	府总计	全完	欠二厘以上	欠二厘以上	欠四分以上

资料来源:《崇祯存实疏钞》卷 2《巡视太仓银库刑科给事中李世祺等为察劾金花银两完欠细堪罗列敕部罚治题本》,《中国明朝档案总汇》第 80 册,广西师范大学出版社 2001 年版,第 552~562 页。

从以上崇祯元年至四年(1628—1631 年)的苏、松、常三府金花银逋欠情况来看,大体呈现两种趋势:一是逋欠区域的日益扩大,如三府所辖 15 个州县中,崇祯元年逋欠金花银州县为 6 个,二年为 8 个,三年为 10 个,至四年增至 14 个,全完者仅嘉定一县;二是逋欠数额的不断攀升。结合《万历会计录》中对三府金花银承担数额的记载,崇祯元年至四年的三府逋欠总额、比重分别为:崇祯元年 27985 两+,7.6%+;崇祯二年 44027 两+,12.03%+;崇祯三年 68943 两+,18.84%+;崇祯四年 205193 两+,56.08%+。且从崇祯四年三府逋欠率来看,均在四分以上。可见随着时间后移,金花银的逋欠程度日趋严重。

由上述崇祯初年金花银的逋欠比重与趋势来看,随着明末赋税征收环境的日益恶化,崇祯四年以后金花银的现征完成率已不及 60%。也就是说,除去京师军官折俸银十余万两,崇祯四年以后,每年实际纳入内库的御用金花银已不及原额的一半,存在着实征与传统定额之间的巨大偏差。

五、结　论

晚明以来的金花银定义,是制度后期乃至消亡后,明清时人的一种高度概括,这种概括的背后,往往忽略了该制度的前期演进与实际实施,从而造成史料记载与传统定义之间的部分偏差。基于以上思考,文章通过对定义内外资料的比对考察,研究表明:

第一,与传统定义中金花银的单一"御银"财政界定不同,"金花银"在词意上,经历由银器工艺到足色白银,再到君主御银的两次衍生,第一次衍生体现了宋元以来的白银货币化趋势,第二次衍生则反映了,明中叶以来的赋役折银背景下,宫廷财政与国家财政的划分问题。

第二,通过对金花银的早期支出流向考察,嘉靖以前,金花银在归属上并无明确的公、私概念,且作为一种应急财政机制存在。一般而言,以军官折俸、财政协济为主的公共支出,占据了早期总额 50% 左右,即为一种公、私并重的分配体制。

第三,嘉靖以来随着国家赋税征收环境的恶化,后期金花银的积逋问题是引发内供不足重要因素。本文通过长时段的数据整理得出:嘉靖中期至崇祯元年间,金花银的年均完成率约为 85%，崇祯四年以后，随着地方财源的枯竭，金花银的实际完成率降至 60% 以下。因此，与传统定义中"百万"定额不同，嘉靖以来出现的连续性逋欠，使得后期金花银在实征与原额之间，存在着巨大的数额偏差。

（作者单位：武汉大学历史学院）

区域生态与水利开发：明清鄱阳湖流域水利社会的类型[*]

□ 廖艳彬 袁 坤

　　明清水利史一直是中外学术界关注的热点之一。自 20 世纪 30 年代以来，已有研究经历着一个由关注治水层面的政治史研究范式到关注水利与社会秩序层面的社会生态史研究范式的转变过程。众多学者立足于不同区域，从不同视角对不同类型水利社会进行了类型学意义上的分析，取得了较为显著的成果。[①] 本文在参考这些研究成果的基础上，通过对鄱阳湖流域水利社会的研究，认为明清鄱阳湖流域水利开发取决于生态环境、国家制度、经济发展和民众生活、地方文化等诸多因素的共同影响，由此形成了圩田、堤垱和陂堰三种不同水利社会类型，既相对独立又相互影响，共同组成了本流域层次性、动态性的水利社会体系。

一、流域地理形势与农田水利开发类型

　　鄱阳湖位于江西省北部、长江中下游南岸，古称彭蠡（湖、泽），是目前我国最大的淡水湖，于九江湖口县注入长江。其主干河流有赣江、修水、抚河、信河、饶河五大水系，内含两千余条大小不一的支流，共同构成了一个完整的地理单元——鄱阳湖流域体系，"汇江西十三郡六十余县之水"[②]，其范围涵盖了江西省境绝大部分地区。史载"鄱阳湖……即《禹贡》彭蠡是也，隋以其接鄱阳山易今名……合受豫章诸流……经九江府

---

　　[*] 本文为江西省社科规划项目"裘曰修治河思想与乾隆朝河政研究"（项目批准号：13LS16）、国家社科规划基金青年项目"明清鄱阳湖流域农田水利开发与地方社会变迁研究"（项目批准号：14CZS039）、江西省高校"江西区域文化史研究"创新团队项目成果。

　　[①] 主要有如行龙、张俊峰等对山西"泉域型、湖域型、洪灌型、流域型"水利社会的类型学分析，钱杭对浙江萧山湖"库域型"水利社会的研究，张研、吴滔等对江南"圩区型"水利社会的考察，张建民、鲁西奇、杨国安等对两湖地区"圩堰型"水利社会的探讨等，详见张俊峰：《明清中国水利社会史研究的理论视野》，《史学理论研究》2012 年第 2 期；廖艳彬：《20 年来国内明清水利社会史研究回顾》，《华北水利水电学院学报》（社科版）2008 年第 1 期。

　　[②] 光绪《江西通志》卷六十四《山川略三·水利三（紫阳堤）》，光绪七年刻本。

湖口县入于江"①。

整个流域区东、西、南三面环山，地势自南而北、由周边向中心地带逐渐倾斜，大致形成北部平原区、中部盆地丘陵区和周边高丘山区三个地带，分别约占流域面积的 22%、42% 和 36%。② 在相同气候等条件下，由于不同地带面临的水利形势有所不同，使得其水利建设任务也存在着差异。在鄱阳湖及河谷平原区，水利建设任务主要表现为防洪和灌溉并重，特别是滨江沿河两岸一带更是以防洪为主；中部盆地丘陵和周边山区的水利建设任务则主要以蓄潴灌溉和生活用水为主，如莲花县的"龙泉水，山下出泉，环绕村居，都人资其饮溉"③。

而水利建设任务的不同，又导致水利开发形式的差别。在鄱阳湖及河谷平原区，水利建设主要以圩、堤、闸、坝、埽、垱等堤防系统为主；在盆地丘陵和山区，水利建设则主要以陂、塘、堰、圳、渠等灌溉系统为主。乾隆时曾任江西巡抚的陈弘谋对此有过描述：

（江西）所属郡县非滨江带湖，即环山逶岭。近湖之地一望平茫，地与水平，民间筑有圩、堤、闸、坝，以资捍卫……近山之地，高下畸零，停山傍溪，开垦田地，既防冲决之为患，又若灌溉之无资，惟有修砌陂、塘、堰、圳，水至可资防御……江西水利大服不外此二者。④

受地理形势和水利技术等因素影响，明清流域区无论灌溉和堤防水利系统，大多是以护灌面积不大的中小型为主，尤以丘陵山区更为明显，其陂塘设施小型者居多。如清初广丰县 625 所塘共灌田 18151.55 亩，平均每塘灌田 29.1 亩，其中灌田超过百亩有 33 所，十亩及以下共有 246 所；206 所陂共灌田 11667.3 亩，平均每陂灌田 56.6 亩，其中灌田超过百亩有 16 所，不足 50 亩有 126 所⑤；清代进贤县丰乐圩"周回数万丈，绵亘百余里，通计圩之内列圩四十有八"⑥；清人包世臣曾描述鄱阳湖区各县的圩田说："每县圩名累百，其实圩堤不多，皆以一大圩包数十小圩。"⑦

这些不同类型和大小的农田水利系统，对当地经济发展、生态环境和民众生活与社会结构秩序等方面发挥着不同的作用和影响，王朝政府和地方民众的干预程度也有所不同，由此形成不同形式的微观水利社会，呈现出类型性特征。

① 光绪《江西通志》卷五十一《山川略·川一》，光绪七年刻本。
② 江西省地方志编纂委员会：《江西省水利志·概述》，江西省科学技术出版社 1995 年版，第 1 页。
③ 同治《莲花厅志》卷二《舆地志·山川（水）》，同治四年刻本。
④ （清）陈弘谋：《修筑堤堰等工请责成县丞办理奏》，乾隆六年十二月十二日，档案号：03—9706—043，中国第一历史档案馆藏军机处汉文录副。
⑤ 康熙《广永丰县志》卷十五《水利志》，康熙四十一年刻本。其中共有 10 所塘、1 所陂因灌溉面积不清晰而没有记入本次统计。
⑥ 光绪《进贤县志》卷五《建置·水利》，光绪二十四年刻本。
⑦ （清）包世臣：《齐民四术》卷第三《农三·留致江西新抚部陈玉生书》，潘竟翰点校，中华书局 2001 年版，第 113 页。

二、农田水利开发与社会经济变迁

在"以农为本"的中国传统社会，农田水利意义非常，史载"水利，农政之急务也"①。无论是沿江滨湖地区还是丘陵山区，水利都是当地民众进行农业生产的先决条件，其产生的具体影响因各地水利环境和形势不同而有所差异，体现出多元性特征。

明清鄱阳湖平原区圩田围垦发达，圩田面积不断扩大，推动粮食和经济作物种类的增加及其栽种面积的扩大，从而有效地促进了当地农业的发展，成为全国重要的粮食生产区，有"江右产谷全仗圩田"② 之说。广大农田水利的开发，促进了水稻、薯粟等粮食生产的发展，双季稻和众多稻种出现，流通领域的农产品增加，成为全国重要的商品粮基地。

鄱阳湖区以水稻为主要农作物，品种丰富，有早稻、晚稻、籼谷、糯稻、白谷、赤谷、乌谷、光谷、芒谷等众多类型，此外还有大麦、小麦以及番薯、玉米等旱作物。③ 由于地处江河水系下游，地势平衍，水利以防洪防涝为首务，当地民众选择和培育出耐水、生长周期短或生长季节避开水患的水稻品种，如菰米"即茭子米，鄱阳县水乡多有之"④；金谷黏"田之低洼者种之，六月插秧，九月方熟"⑤。在耕作制度方面，形成了水稻一熟制、两熟制和稻麦、稻豆等三熟制的复种耕作制度，如九江地区的稻豆套种免耕种植："当早谷已熟未获之时，乘泥种豆，信宿即生，随获稻以扶其苗，名曰泥豆"⑥。

广大堤垱水利系统的修建，保护了沿江滨湖各地城乡居民的生产和生活安全，并促进了旱地农作物及经济作物的种植与经营，以及带动当地手工业和商品经济的发展，推动了市镇的兴起和繁荣。受土地沙化及洪水漫溢等因素影响，众多江河湖滨地区民众的农业生产主要以柑橘、枳壳及花生、大豆、芝麻等经济作物为主，成为当地传统商品的重要组成部分和工商业发展的重要助力。如自北宋初始，柑橘及苗木就成为江西重要的外销商品，南昌、丰城至峡江一带赣江沿岸种植有成片的柑橘林，当地民众以此为生，影响着地方经济发展的模式。其中尤为典型的是新淦县安国乡（今新干县三湖镇），其盛产的"大红袍"红橘和商州枳壳驰名中外，至今仍是全国柑橘生产基地之一。

鄱阳湖流域包含有两千余条大小不一的河流，涵盖了全省绝大部分地区。历年以来，本地区的府、县等治所基本上都建立在这些河流的沿岸，并发展成为当地的中心城镇，如赣江沿岸的万安、庐陵、泰和、吉水、峡江、新淦、樟树、丰城等。这些城镇的兴起和发展，主要建立于发达的水利条件基础之上，其中尤以樟树镇（今樟树市治）为典型。据载，樟树镇原为一个小墟市，成化二十一年（1485 年）赣江河道改流，将原来与袁水的交汇点由上游临江府治所在地临江镇改为樟树镇，其后原本"舟车孔道，四达之地"的

---

① 光绪《南昌县志》卷五《河渠志》，光绪三十三年刻本。
② （清）包世臣：《齐民四术》卷第三《农三·留致江西新抚部陈玉生书》，潘竟翰点校，中华书局 2001 年版，第 113 页。
③ 同治《九江府志》卷九《物产》，同治十三年刻本。
④ 同治《鄱阳县志》卷六《赋役志·物产》，同治十年刻本。
⑤ 同治《新喻县志》卷二《地理二·物产》，同治十二年刻本。
⑥ 同治《九江府志》卷九《物产》，同治十三年刻本。

临江镇逐趋衰败，而樟树镇则迅速崛起，明后期成为"烟火数万家，江广百货往来，与南北药材所聚，足称雄镇"①，清代更是发展成为江西"四大名镇"之一。

在广大盆地山区，陂堰水利的开发，带动了土地的开垦和旱地的水田化，促进了流域区人口、族群的繁衍和村落数量的增加，由此推动了当地社会的开发和发展。如泰和县槎滩陂自南唐创建后至清代，成为当地农业生产不可缺少的依赖资源，在其创建后当地"昔凡硗埆之区，至是皆沃壤矣"②；陂渠流长大约三十里，主要灌溉泰和县的禾市镇、螺溪镇两乡农田约四万亩，内有一百八十余个村落、四十余姓氏族群，其中大多数族群、村落的历史都要晚于槎滩陂，都是在其修建后由外地迁徙而来并逐步繁衍发展而成③。另外在清江、新喻、新淦、峡江等县，"田径夹山溪间，厥土多沙，善泄溃，一两辄盈，止即涸"，出现"三夜月明齐告旱，一声雷响便撑船"④ 的情况，地方民众在修建陂塘等灌溉系统的同时，也采取种植耐旱水稻品种及大豆、芝麻等旱作物的耕作方式，如黍、稷都是适合"高亢地种"，大麦、小麦同为"种高地"⑤。

农业生产的发展也推动了本地区人口的繁衍，尤以平原、盆地区增长为最。如清嘉庆二十五年（1820年），临江府、南昌府、南康府人口密度分别为325.86人/平方公里、270.35人/平方公里、265.98人/平方公里⑥，位居全省前三位。人口的激增，使得人口压力沉重，人地矛盾凸显，在赋役繁重和土地兼并等影响下，大批民众纷纷外徙谋生，其中一部分流向赣南等周边山区，种植水稻及林木、蓝靛、苎麻、甘蔗、烟草等经济作物，如明中期赣南山区"田地山场坐落开旷，禾稻竹木生殖颇蕃，利之所共趋，吉安等府各县人民常来谋求生理，结党成群，日新月盛"⑦。经济作物的种植，不仅促进了山区手工业的发展，也推动了江西造纸、纺织等手工业的发达，形成了万载、铅山和景德镇等著名的造纸、纺织和制瓷业中心等，推动了区域社会的发展。

不难看出，水利系统的开发，一方面改善了流域区内农业耕作条件，带动了各地土地的开垦和农业生产的发展，由此促进了区域农产品生产的发达，如粮食、甘蔗、柑橘、花生等农作物和经济作物构成了江西传统商品的重要部分，康熙时期"湖广、江西地方，粮米素丰，江南、浙江咸赖此二省之米"⑧，成为粮食生产和销售的重要地区。另一方面，相关水利系统的修建，为流域内发达的水运条件及其运转提供了基础和保障，推动了传统商品经济的发展和商业市镇的大量兴起。不难看出，在不同类型水利系统影响下，各区域农业生产方式和制度有所不同，区域经济发展模式稍有差异，但相互影响和作用，共同构

---

① （明）王士性：《广志绎》卷四《江南诸省》，中华书局1997年版，第78页。

② （宋）周中和：《槎滩碉陂山田记》，碑刻现存于螺溪镇漆田村周氏宗祠内。也可见《泰和南冈周氏漆田学士派三次续修谱》第十册《杂录》，1996年铅印本，第352页。

③ 廖艳彬：《明清赣江中游地区水利开发与地方社会变迁》，江西人民出版社2012年版，第219~267页。

④ 嘉靖《临江府志》卷二《郡域志二·陂塘》，《天一阁藏明代方志选刊续编》第49册。

⑤ 同治《新喻县志》卷二《地理二·物产》，同治十二年刻本。

⑥ 梁方仲：《中国历代湖口、田地、田赋统计》甲表88，上海人民出版社1980年版，第276页。

⑦ （明）周用：《乞专官分守地方疏》，康熙《西江志》卷146《艺文志·疏》，康熙五十九年刻本。

⑧ 《清圣祖康熙实录》卷一百八十七，康熙三十七年三月戊子，中华书局1986年版，第996页。

成了流域层面的经济发展变迁画卷。

三、农田水利开发与生态环境演变

明清鄱阳湖流域，众多灌溉和堤防水利系统的修建，改善了流域区的农业耕作条件，使本地区尽管在这一时期遭受频繁的水旱灾害，但农业生产仍得到很大的发展，推动了地方社会的发展。与此同时，在人口不断繁衍和土地大量开垦的推动下，区域自然生态环境也逐步被改变甚至遭到破坏，加剧了当地水旱灾害的频繁发生，反过来影响着民众的生产和生活，给当地社会带来深远影响。

广大陂堰水利的开发，促进了盆地山区农业生产环境的改善和耕作农业结构的确立，同时也推动了流域内宗族村落的发展繁衍。而地方宗族的发展，人口和土地开发面积的大量增加，也造成水利系统灌溉面积的不断增加，水资源显得日趋重要的同时，也日趋紧缺。这使得流域区广大村落、土地的开发与有限水利资源的矛盾"螺旋式上升"，地方民众对水资源的争夺冲突依然存在，尤其是遇上干旱时期或枯水季节更为突出。

鄱阳湖流域水系发达，河流众多，大多发源于周边山区，水土植被保护任务严重。明清时期，在官府鼓励垦荒政策措施及人地矛盾的压力下，大量民众涌入赣南、赣西北等山区，其中不乏外省民众，如袁州府明中期后大量闽粤民众迁至"赁山种麻"，"凿山种麻"，人数以"数十万计"①，广大山区到处呈现出"崇山密菁，棚寮杂布"②的开发盛况。但山地的开发，导致树木、竹林等森林资源的大量砍伐，以及丘陵、山坡等地植被资源的严重破坏。如赣西北山区的武宁县，"棚民垦山，深者至五六尺，土疏而种植十倍，然大雨时行溪流堙淤，十余年后沃土无存，地力亦竭。今太平山大源洞、果子洞诸处山形骨立，非数十年休息不能下种"；"宁山繁田少……近十余年自楚来垦山者万余户……焚树掘根，山已童秃"③。而造纸业、纺织业、陶瓷业等手工业的发展，更是进一步加大了对山区森林资源破坏的程度。陶瓷业以木材作为燃料，民谚有"一里窑，十里焦"之说，而它以泥土作为直接原料，因此易造成泥土植被和林木资源双重的破坏。

山地过度垦殖造成水土的大量流失，一旦暴发山洪便挟带泥沙而下，使得河流特别是下游沿河地区耕地受淹或沙压。时人对此已有认识，有所谓"大水由水溢，水溢由河底之淤，河底之淤由积渐泥沙之壅，泥沙之壅由上游山地开垦之繁兴"之说④；新建县人谈琭认为"凡有垦山之处，必有壅淤之患。壅淤在川则患轻而暂，壅淤在湖则患重而久。其壅日高，其涨日盛，累年泛滥，鲜不由兹，所谓弭患不专在于疏浚者此耳"⑤。

另外，鄱阳湖区围湖垦田、与水争地的过度开发，也严重破坏了湖区的生态环境。民众为了围垦湖、河滩而大力筑圩建堤，盲目追求农业生产之需，人为地改变河流的流向，使泥沙常年淤积而导致河、湖床不断增高形成洲滩，如赣江下游下富有圩一带"圩之对

---

① 康熙《宜春县志》卷七《武事》，康熙四十七年刻本。
② （清）杜一鸿：《重修龙泉县志序》，同治《龙泉县志》卷首，同治十二年刻本。
③ 同治《武宁县志》卷八《风俗》，同治九年刻本。
④ （清）涂兰玉：《水灾记》，同治《新建县志》卷七十五《艺文·论》，同治十年刻本。
⑤ （清）谈琭：《江西水道疏浚论》，同治《新建县志》卷八十二《艺文·论》，同治十年刻本。

岸多洲，河之中流多滩，迩来洲与滩日见其增，彼有所增则此有所损"①。随着河床洲滩的形成并不断增高，导致湖、河水位常高于圩田，汛期时有内涝外患之险，旱季时又面临内干外涸之势，严重影响圩田生产。如星子县蓼化池"南受庐山九十九湾之水，北流入鄱湖。水口向在北岸之西，因浮沙填塞，积水弥漫，不能出口，田亩每罹淹浸，居民于北岸之东另开新口，然水面不宽，水底不深，仍不能畅流入湖，被淹田地仍三千余亩"②。

受地理气候条件影响，鄱阳湖湖水面积季节性明显，有"洪水一片，枯水一线"的特点，汛期湖水弥漫，枯期大片湖滩湿地显露。这些湖滩湿地不仅是鱼类的栖息地和水资源的源和库，而且还起着调蓄湖区水量、改变局部地区小气候的作用。明清时期，当地民众在湖区与水争地、构筑圩田，导致湖泊面积萎缩、湿地减少，不仅威胁到湖区生态平衡，还降低了其调蓄水量功能，加剧了洪涝灾害的发生。③

水利的开发也带动了河流环境的变迁，其中尤以堤防水利系统为明显。堤防设施的修建，使得水流更为集中，于是对河底泥沙带来更强的冲击力，造成大量的泥沙随水流向下游地区，一方面促进大量的河滩沙洲的形成，另一方面又冲刷着滨江沿河地段的泥土，导致河岸崩塌。河流环境受堤防水利修建的影响，而其反过来又影响着堤防设施本身。在河流两岸修建的堤防设施中，如果一边相对牢固另一边相对薄弱，则薄弱一边堤防设施的防护压力较大，在水流的冲刷下更易毁坏，由此带来破坏影响。此外，受洪水发生和水土流失的影响，往往会影响到河道的流向，成为河流环境变化的重要表现和结果。

从上述分析可知，在明清鄱阳湖流域农田水利开发过程中，一方面改造了流域区耕作和居住环境，促进了流域区土地开发、人口繁衍和社会发展；另一方面对流域区生态环境产生负面影响，促使农业耕作形式的变化，并加剧了鄱阳湖区的洪涝灾害，一定程度上抑制了当地经济的发展。在具体影响层面，不同类型水利开发对区域生态环境影响有所差异，形成各自微观层面的水利生态；但作为流域内水利的组成部分，其开发及与区域环境之间的关系之间又联系紧密、共同影响，构成了整个流域的宏观水利生态模式。

四、农田水利运营管理与社会秩序

在农田水利系统的运营管理过程中，由于使用寿命、水旱灾害及人为破坏等因素的作用和影响，各地水利系统经历了"修建—毁坏"的循环过程。在此过程中，王朝政府和地方力量的干预程度因水利系统类型的不同而有所差异，形成了官修、官督民修和民修等不同管理体制。不同管理机制的实施时段和效果有所差异，由此影响着水利系统的存废和地方社会的发展。

在官修制下，农田水利建设的规划组织、资金筹集、工程监督及日常管理等方面都是由官方负责。据相关文献记载，明清鄱阳湖流域农田水利运营管理中，官修形式较少，仅见于那些环绕府、县治所的较大型堤防系统，且并不是贯穿于整个王朝，体现出较强的阶

① （清）徐铨：《下富有圩揭要》，同治《南昌县志》卷三《建置下·圩堤》，同治九年刻本。
② 同治《星子县志》卷二《山川志（池）》，同治十年刻本。
③ 陈东有、李少南：《明清时期鄱阳湖区的圩田开发与生态环境、洪涝灾害之间的关系》，《江西社会科学》2007年第11期。

段性和动态性。

如南昌县大有圩，清代由官府负责水闸的管理，"堤尾建石闸，名牛尾闸，系官闸……历来石闸俱归官筹款修理，闸板、绳索、木料均属官颁"，但圩堤则由民众负责，"系民堤……而堤则归民修，向章照亩摊费摊工"①；上乐有圩黄家石闸等处，"遇有坍塌，均系详请奏动司库公项银两修砌"，但在雍正十一年（1733年）、乾隆九年（1744年）两次重修过程中，经费皆由"官民各半"分担。②丰城县环城石堤系统，在清雍正至道光年间（1723—1850年）主要实施的是"官修"制形式，每年由官府动用公帑（主要是盐规银）负责维修管理；咸丰、同治朝以后，由于太平天国起义及政府财政窘困等因素影响，由官修制改为官督民修制形式，费用改为民众摊派或者预借官款，其后分年归还。③

相对于官修制，王朝政府在鄱阳湖流域众多堤防和较大型灌溉水利系统管理的过程中更多地实行官督民修制，由官府组织、督导地方民众负责水利资金（劳役）的征派及日常管理，通常会成立圩长、堰长、甲长等专门组织和人员进行负责。堤防系统方面，有如弘治十二年（1499年）知府祝瀚主持修建南昌县富大有圩的过程中，"二圩各立圩长，以分督其功程；圩长各竭杂役，以永责其修葺……于是以达于钦差，镇守董公、巡按冯公、方值叶公，莫不是侯之举而允侯之谋，侯即发廪兴工，命匠琢石……会未两月而二圩前后律成"④；灌溉水利系统方面，有如康熙八年（1669年）知府李芳春组织重修袁州府李渠后，设立了堰长、渠户、甲户等负责制，规定"每月以一耆民六堰长专理其事，周而复始"⑤，等等。

官督民修制贯穿于整个明清王朝，是官府干预和参与流域区水利系统的主要形式，但在具体实施过程中因吏治水平影响存在着时空上的差异。王朝前期，官督民修制贯彻较好、成效显著，许多民修水利系统也纳入官督范畴，如泰和县槎滩陂在明洪武和宣德时期就曾由官吏督导进行了修复⑥。但进入中后期，随着王朝统治能力日益衰败、官员渐趋腐败，地方政府职能开始萎缩，官督民修制的执行也发生变化，出现官吏"视农事如等闲，委而不问"⑦的状况，使得官督体制形同虚设，并使得圩长等地方人员从中徇私舞弊，如清代丰城县土堤修建"其权则操之于官，不得不假手吏胥……银既尅扣无多，里社夤缘为奸……委官查验，则又巧为欺蔽"，造成"而土堤日见卑薄矣"的局面⑧；广大山区的

———————————————

① 同治《南昌县志》卷三《建置下·圩堤》，同治九年刻本。

② 同治《南昌县志》卷三《建置下·水利》，同治九年刻本。

③ 廖艳彬、宋燕辉：《清代国家水利管理理念与地方水利修建——以江西丰城县堤防建设为例》，《南昌大学学报》（人文社会科学版）2011年第4期。

④ （明）张元祯：《富大二圩碑记》，同治《南昌县志》卷三《建置下·水利》，同治九年刻本。

⑤ （清）李佩琳：《重修李渠序》，民国《宜春县志》卷二十二《艺文志二·文征中·记》，民国二十九年（1940年）刊本。

⑥ （明）刘不息：《槎滩碉石陂事实记》，《泰和南冈周氏漆田学士派三次续修谱》第十册《杂录》，1996年铅印本，第353页。

⑦ 《明英宗实录》卷六十九，正统五年秋七月辛丑。

⑧ 同治《丰城县志》卷二《地理志·河渠下》，同治十二年刻本。

陂堰系统更是逐步转为由民间社会自筹资金和人力修建，每年"岁底官为勘明结报县册"① 而已，官府督导成为一种象征层面的形式，由此促进了地方水利事务民间自我管理和经营方面的转化，导致社会控制权的下移，加剧了基层社会的自治化趋向。

此外，明清鄱阳湖流域特别是广大山区的众多中小型农田水利的管理主要实施的是民修制，即由地方力量自行组织修建和负责管理。在鄱阳湖及河谷平原区，存在着众多由民间出资修建的民圩，如永修县廖坊圩"位于县东二十四里……明嘉靖戊申，金北湖、少峰等计亩三千，履亩出税筑圩"②；鄱阳县水团圩"东南乡十二都雷姓筑"③；南昌县秋水圩由"下尾万姓承管"④ 等；在盆地山区，也有许多民众所建的灌溉设施，如永宁县的康王陂"在磐头，萧姓修，灌田数十顷"；楼前陂"由段姓宗族管理"⑤ 等。

由于农田水利对农业生产和民众生活的重要性，明清王朝民修水利一直存在，体现了地方民众参与水利建设的自发性。按照管理主体的不同，大致可以分为家庭型、宗族型、村落型、跨村落型等。⑥ 在这些民修水利中，围绕水利系统的修建、管理和用水分配等问题，宗族、村落、士绅和民众等地方各种力量之间相互角逐和配合，国家也不同程度地参与其中，导致地方社会结构和秩序的分化与整合。其中地方乡绅充当着十分重要的角色，他们不仅是水利建设管理的组织者、领导者和管理者，还常是水利经费的主要承担者，以及许多水利纠纷的幕后策划者和协调者，形成一种士绅管理机制，体现了国家和地方社会的互动关系。

总体而言，明清鄱阳湖流域水利系统的运营管理体现出多元化、动态性倾向，这不仅源于地方水利系统的不同类型和作用，也受到王朝政府财政能力和吏治水平的制约。其运行体现了王朝政府的水利管理理念，反映了国家和地方社会的互动与调适，同时反过来影响着水利开发成就、地方生态环境及民众生活和社会秩序的变化。

五、结　　语

明清鄱阳湖流域的水利社会史研究表明，水利社会的类型具有复杂性，其采取何种模式与类型，取决于区域环境、国家制度、社会经济、地方生态等诸多变量，并非单纯某种因素可决定。在鄱阳湖流域水利开发过程中，诸多因素相互影响、相互作用，共同制约了其水利开发模式，形成了流域内复杂的水利社会体系。

明清鄱阳湖流域水利开发模式扎根于流域区独特的生态环境，湖区、河谷平原和盆地山区并存的地理生态决定着本流域水利分为圩垸、堤挡和陂堰三种不同类型。在其建设管理中，国家和地方民众干预的程度不同，并表现出较强的时空性，形成了三种不同类型的水利社会。三种不同水利社会之间既存在差异又相互影响，在形成相对独立、封闭的微观

---

① 光绪《进贤县志》卷五《建置·水利》，光绪二十四年刻本。

② 同治《建昌县志》卷一《地理志》，同治十年刻本。

③ 同治《鄱阳县志》卷四《水利》，同治十年刻本。

④ 民国《南昌县志》卷六《河渠中》，同治九年刻本。

⑤ 同治《永宁县志》卷一《水利》，同治十三年刊本。

⑥ 廖艳彬：《明清鄱阳湖流域农田水利管理的类型》，《江西师范大学学报》（哲学社会科学版）2015年第2期。

水利社会单元基础上，构成了本流域层面的水利社会，体现出水利社会的区域性和动态性，具有类型学意义。

明清鄱阳湖流域水利社会管理运行中，国家与地方社会力量形成了多层次的利益联合体。地方官府对圩垸和堤垱等重要水利系统有所参与，乡绅、宗族和村落等地方力量组织形成不同利益联合体，形成了国家与地方社会双重的管理机制，同时也表达了国家与地方各种力量的不同价值理念，影响着地方社会秩序。

（作者单位：南昌大学文化资源与产业研究院、历史系）

晚清湘鄂两省东部交界山区的漕弊与整漕[*]

□ 洪　均

　　漕运兴起于两汉，随着"安史之乱"之后经济重心的南移，漕运成为维系大一统国家稳定的物质保障要政，历代都予以极大重视。由于漕运包括漕粮的征收、储集、运输、交兑等诸多中间环节，种种手续极为繁冗，因而在征运过程形成以"官、吏、绅"为核心的庞大既得利益集团，上下其手，勾连贪墨，致使漕运弊端百出，特别是明万历年间推行"一条鞭法"将田赋折银征收后，作为残存的实物地租，漕粮的征解中的浮收问题在"官、吏、绅"的操弄下更趋突出，而这些负担必不可免地被转嫁于普通百姓。湘鄂两省东部交界的幕阜山区尽管距离清王朝的区域统治中心——武昌与长沙并非遥远，但因地势险要、交通不便，致使官方控制力量薄弱，地方各阶层间矛盾冲突不断，治安不靖，讼风尤炽。漕弊的存在则放大了幕阜山区的社会矛盾，由于各阶层官僚出于一己之私的不作为，使得漕弊在幕阜山区不断发酵，演化成激烈的抗漕暴动，对清王朝的统治形成严重威胁。清咸丰五年至咸丰七年，为扭转战局、恢复地方秩序起见，湖南巡抚骆秉章、湖北巡抚胡林翼先后在湖南、湖北进行"整漕清赋"，通过对"官、吏、绅"利益格局的重新规范与限制，裁减了相当比例的浮收，幕阜山区长期存在的漕弊问题由此得到了缓解。本文旨在对幕阜山区漕弊问题的形成以及骆秉章、胡林翼整漕过程进行梳理，以初步探讨幕阜山区基层社会中"官、吏、绅"等阶层间错综复杂的关系，错讹谬误，尚祈方家斧正。

一

　　湘鄂两省东部交界山区主要指清代湖北武昌府属兴国州、通山县、崇阳县、通城县及湖南岳州府属巴陵县、平江县、长沙府属浏阳县等七州县，该区域除兴国州与巴陵县有部分濒临长江与洞庭湖的低地外，大多属于幕阜山区，幕阜山脉由东北向西南走向贯穿其

　　* 本文受教育部哲学社会科学研究重大课题攻关项目"中国山区开发与发展的历史研究"（项目批准号：13JZD038）资助，亦为武汉大学自主科研项目（人文社会科学）"晚清两湖漕政研究"（项目编号20110316）研究成果，得到中央高校基本科研业务费专项资金资助。

间，"幕阜山，（通城）县东南五十里，周回五百余里，东跨江西宁州，南跨平江县界"①，"幕阜山在（平江）县北九十里，一名天岳山，高一千八百丈，周回五百里，石崖壁立"②。

自明洪武年间始，幕阜山区七州县即被定为漕粮的承担地，清承明制，一直因袭不变。从表面数字看，在清代有漕各省中，湖北与湖南的漕额最低③，而在两湖有漕五十八州县（湖北有漕三十五州县、湖南有漕二十三州县）中，幕阜山区七州县的漕额亦极低④，负担理应较轻。但是，两湖地区距离漕粮运送的目的地——京师与通州水路遥远，造成运费成本高昂，"缘湖南有漕各州县多处洞庭湖以南，而回空各军船向在洞庭湖以北之岳州府水次湾泊，每年漕米须先期运赴岳州上仓候兑，其间相距千余里及数百里不等，长途解运，远涉大湖，举凡船夫脚价、丁役口粮需费已繁，兼之遇浅起剥以及抵岳上仓、由仓下船，每多抛洒折耗，均须购米添换……"⑤，"平邑滩河水险，当冬干水涸之时，盘驳为艰"⑥；另一方面，幕阜山区七州县因多山而舟楫不便，运送较平原州县更加依赖人力与畜力，致使漕粮的征、储、运、兑诸中间环节极为繁琐而艰辛，以运交本省南粮为例，"（大冶、通山）各属僻处万山之中，相去荆、郧（绿营驻地）地方有千余里者，有一千六七百里者，道路崎岖，舟楫不通，肩挑背负，势所不能。将以驴驮运交，则必须二万七千余头口，其雇觅之价及百姓往返食用等费约计值米六万石有余，是运一万石之数而需二万石之靡费"⑦。直到太平天国起义前，为便于户部操控财权，从漕额到各项漕务经费支用，皆要严格参照数十年乃至上百年不变的户部则例中的定额与事例。这种非弹性的财政管理体系严重缺乏机动性，一旦遭遇意外情况（如漕船事故、经费超支），无"成例"可资参照援引时，为避免"赔累"，上级官僚往往将责任全部向下推卸，"而其要尤在上，官长无责望于僚属，僚属无责望于州县，则有司不以巡督为累，官旗不以仓场为累"⑧，逐级向下推卸责任，促使底层官僚与胥吏向百姓取偿，各种陋规由是而生。由于幕阜山区漕粮征解中间环节的繁琐，产生陋规的几率比其他地区更大，各级官员、胥吏、缙绅遂乘机牟利，最终形成了一个庞大的既得利益集团。

各级官员居于利益集团的上层，"而粮道有漕规，本管道府有漕规，丞倅尹尉各官俱

----

① 顾祖禹：《读史方舆纪要》卷七十六《湖广二》，清康熙通志堂刻本。

② 顾祖禹：《读史方舆纪要》卷七十七《湖广三》，清康熙通志堂刻本。

③ 清代康熙年间江南（苏、皖）漕额（北漕正兑米）为1500000石，而湖广（湘、鄂）漕额为250000石。见李文治、江太新：《清代漕运》，社会科学文献出版社2008年版，第82页。

④ 幕阜山区七州县漕额（北漕正兑米）分别为：崇阳县"二千四百九十四石三斗四升八合五勺"、通城县"三千四百八十九石九斗八升六合九勺"、兴国州"八千九百七十四石二斗九升九勺"、通山县"八百七十二石四斗二升四合三勺"（以上见杨承熺、张仲炘等修：民国《湖北通志》卷四十六《政经志四·漕运》，民国十年湖北省长公署刻本）；浏阳"九千一十三石六斗三升五合九勺"、巴陵"四千九百三十九石二斗七合二勺"、平江"五千九百八十石一斗七升七合二勺"（以上见曾国荃等：光绪《湖南通志》卷五十三《赋役志六·田赋四》，光绪十一年刻本）。

⑤ 湖南巡抚吴荣光：《奏为查明湖南漕务包漕等积弊日盛请严行禁革等事》，道光十二年正月十六日，一档馆藏军机处录副档案。

⑥ 李元度等：同治《平江县志》卷十七《赋役志四·漕米》，同治十三年刻本。

⑦ 杨承熺等：民国《湖北通志》卷四十六《经政志四·漕运》，民国十年湖北省长公署刻本。

⑧ 戴昌言：光绪《黄冈县志》卷之四《起运存留》，光绪八年刻本。

有漕规；院署有房费，司署有房费，粮道署及本管道府署书吏各有房费"。位于官员之下的是各州县的胥吏与包税人，他们利用官员赋予的权力，因缘为奸，把持征收，"各州县因循怠玩，任听奸书蠹役等把持舞弊，私收入己……甚有昏庸州县形同木偶，征收大权一寄诸总书、册书、里书之手"①。嘉庆六年，崇阳县民李谟远"有应完漕粮四斗八升，因其时外贸未归，无人完纳。粮差吴广畏官比催，当即代为垫完。八年春间，李谟远归家，吴广向其追讨，李谟远以米给还。吴广不允，声称彼时买米垫完，系照市价每斗计银四钱，连应完水脚七分二厘，该银一两九钱九分二厘，系挪借垫完，欲其加利，合算共勒折市元银三两。并言如不允给，即禀官究追。……李谟远畏累，随令族人李必川如数给付"②。除各州县胥吏之外，承担漕粮运输的运军亦有分润，如湖南"（旗丁）向州县索取口袋钱、铺头钱、箩盖钱及水手花红、功德等项，每船每项需钱叁肆千或陆柒千文不等，各州县按数敬给，历久遂视为成规"③。当运军将漕粮运抵州时，他们又成为通州胥役的盘剥对象，"向来粮船运抵通州坝时，所有仓中兵丁、书役以及仓场侍郎、坐粮厅各衙门在官人役无不向该旗丁索讨酒资、饭食钱文，竟至视为定例。少不满意，即起争端"④。缙绅阶层的角色比较复杂，一方面，地方官员和胥吏通常会顾虑士绅"挠己"，选择与士绅勾结分赃，将浮收向下转嫁，"先采访绅士中之平素好事者，豫行贿嘱，兼与议定每人许包漕若干石，代为公平征收。其中举贡生监及在籍之京外乡宦，俱以前程之大小定包揽之多寡。该绅士等既敛资入己，又得地方官私贿，竟以此为每年自然之利，相率效尤，恬不为怪。……地方官因得任意浮收，甚至加七加八以上，穷民受其重累"⑤。另一方面，当缙绅阶层因自身利益与官、吏发生矛盾时，他们又会以地方社会领袖的姿态出现，利用底层百姓对浮收的不满，进行闹漕或漕控，逼迫官员让步，"更有挟州县浮勒之短，分州县浮勒之肥，一有不遂，相率告漕。甚或聚众哄抢，名虽为民请命，实则为己求财也，官谓之蝗虫费"⑥。

幕阜山区由于地势复杂、交通不便、土地贫瘠，尽管距离湘、鄂二省省城距离并非遥远，但清王朝控制力量却相对薄弱，致使该地区长期存在治安不靖、民间好讼者横行等不安定因素，以通城县为例："通邑仅东一面界本郡崇阳一邑，西南北三面俱连湖南之巴陵、湘阴、平江、江西之宁州，互相勾线……所以通邑之窃匪较他邑为多……致窃案频

① 胡林翼：《札各州县革除钱漕弊政》，咸丰八年五月，《胡林翼集》二，岳麓书社 1999 年版，第 975 页（编者未注明此件日期，笔者根据《胡文忠公抚鄂记》与相关奏疏，推断日期为咸丰八年五月间）。

② 湖广总督吴熊光：《奏报将崇阳县知县擅行多粜仓谷案审明定拟事》，嘉庆九年二月十五日，一档馆藏宫中档朱批奏折档案。

③ 湖南巡抚陆费瑔：《奏为遵旨查核裁定湖南漕运浮费事》，道光二十九年正月十四日，一档馆藏军机处录副档案。

④ 陕西道监察御史奇成额：《奏为严禁蠹役已肃漕务事》，道光八年十二月初七日，一档馆藏军机处录副档案。

⑤ 掌陕西省监察御史邱勋：《奏请严禁绅士包漕州县苛敛事》，嘉庆十一年三月二十六日，一档馆藏军机处录副档案。

⑥ 胡林翼：《革除漕务积弊并减定漕章密疏》，咸丰七年十月十四日，《胡林翼集》一，岳麓书社 1999 年版，第 364 页。

发，限案累累，百无破一"，"通邑有数处敝俗，辄云：'官法远，蛮法近'。强徒多令子弟延请教师，习学拳棍武艺，强凌弱，众暴寡"，"通城山僻，愚民力作敷口，惜钞如金，谁肯好讼倾家？只为讼师居奇，激怂刁唆，代为造契约、造印券，甚或造明朝约印。若辈代词，横言巧笔，又贿串一班利口刁棍，扛帮硬证。及至庭审，词供一气，问官被朦枉断，弱者吞声莫愬，力者积忿上伸。上司形隔听遥，提阅县案，条条是理，不得不层层被欺矣。数百金资产之家，不三四年荡覆罄空矣！"① 又如平江县，"邑东北抵宁州，北抵通城，俱连黄龙大山，岩险，数为盗薮"②。

在此种社会环境下，因漕弊而造成的浮收问题自然成为各阶层间矛盾的焦点，从而衍生出与漕弊相关的各种诉讼、京控案件乃至抗漕暴动，其数量之多、规模之大在清代有漕各省中都是罕见的。早在清初，幕阜山区因钱粮而发生的诉讼案件即层出不穷，"间有一二亡赖乘乱滋弊，匿册飞粮之讼质成无虚日"③。至嘉道年间，幕阜山区因漕弊而起的京控案件频发：嘉庆二十四年，巴陵县监生柳锦尚、生员金云五控诉县粮书李邦庆勾结门丁朱二等人，需索陋规"每石加至数倍，勒索票钱一千余文，并将花户金南玉等易知由单抢去无着，每石漕米勒折七八千文不等。每米七合作为一升，七升作为一斗，滚算浮收"，后经柳锦尚京控，谕令湖南抚、藩、臬会审，结果却是判定柳锦尚等诬告不实。④道光三年，通城县民吴粤苏京控该县县书皮文炳等串通亲丁浮收，"漕米市斛一石难完制斛五斗，并勒取班米、样米及票钱每张三百文。花户不遵浮收，即管押凌虐，通计敛钱五千串零，并违例买卖册书名缺，索取钱谷，亏短仓谷"，经湖广总督李鸿宾审讯，判定吴粤苏所控浮收不实"杖一百折责四十板发落"⑤。道光二年至道光四年，平江县监生余礼荃、李昌坦、吴利器先后京控，诉该县伍公市地方粮书王兆梅、唐旺照等人勒折"石米折价五串八九百文及六串不等，又恐花户负米上仓，预纠向武臣等开棚囤买碎米，勒缴钱文，稍不遂欲，即胁官阻米，不许运兑。每名诈至四五十串、二三百串不等"⑥诸事。此案历时三年，经二任湖南巡抚审理，判定平江县并无浮收勒折情形，余礼荃、李昌坦、吴利器等人皆以诬告罪名而受重处⑦。那么当时平江是否存在漕弊？同治《平江县志》记载："卢尔秋，字桃坞，垫江人，道光二年以进士来为知县。时县人因漕弊叩阍讼累数载，尔秋至，分别是非，案遂结，征漕尽剔诸弊。"⑧ 可见，平江县的漕弊确实存在，余

---

① 郑焭：同治《通城县志》卷十八《艺文》，同治六年活字本。

② 李元度等：同治《平江县志》卷末《附考》，同治十三年刻本。

③ 高佐廷：同治《崇阳县志》卷四《食货·田赋》，同治五年活字本。

④ 湖南巡抚左辅：《奏为遵旨审明巴陵县监生柳锦尚京控漕书李大才等浮收勒折案按律定拟事》，道光元年三月二十一日，一档馆藏军机处录副档案。

⑤ 湖广总督李鸿宾：《奏为遵旨审明湖北通城县民吴粤苏京控县书私征钱粮及知县亏短仓谷等情按律定拟事》，道光三年十月二十五日，一档馆藏宫中档朱批奏折档案。

⑥ 护理湖南巡抚戴敦元：《奏为审明平江县已革监生余礼荃等京控县吏浮收勒折钱粮等情案按律定拟事》，道光三年四月二十三日，一档馆藏宫中档朱批奏折档案。

⑦ 湖南巡抚嵩孚：《奏为审明平江县革监李昌坦等京控漕书王兆梅等浮收勒折等情案按律定拟事》，道光三年十二月二十六日；湖南巡抚嵩孚：《奏为遵旨审明平江县已革监生吾利器赴京呈控书吏黄永凤等浮勒钱漕一案分别定拟事》，道光四年十二月二十三日，一档馆藏宫中档朱批奏折档案。

⑧ 李元度等：同治《平江县志》卷三十五《职官志二·名宦》，同治十三年刻本。

礼荃等人的屡控屡败主要是因为地方督抚司道出于自身利益计，对州县官员与胥吏偏袒的结果。这种出于一己之私的偏袒行为，进一步恶化了幕阜山区官与民、缙绅与胥吏的关系，如遇天灾饥馑之年，在部分缙绅的参与鼓动之下，则会酿成激烈的抗漕事件。

二

道光二十一年秋，湖北各地发生大水，沿江流民达到三十余万。是年十二月十日，崇阳县已革生员钟人杰因漕事与衙门胥吏发生矛盾，遂利用百姓对官府浮收的不满情绪，率众起事。此次起义得到崇阳各阶层响应，除钟人杰外，已革武生陈宝铭等人亦参与其中。① 民军先后攻破崇阳、通城二座县城，部队发展到数万人，"金鼓声达数十里，势张甚"②。清王朝调集湖南、湖北官军六千四百人，并募集乡勇助战，历时一月有余，才将这场清代最大规模的抗漕起义镇压，累计军费开销达银二十四万余两。③ 钟人杰起义后，为安抚民心，清廷尽管豁免了崇阳、通城等地道光二十一年的部分钱粮④，但并未意识到漕弊问题之深重，浮收在地方督抚的纵容下日甚一日。如道光三十年，时任湖北巡抚龚裕奉旨整顿漕务，在奏折中龚裕声称自己"当于上年开征时，贴示各州县仓所，晓谕粮户，若有官吏浮收勒比，准其指实证据，赴臣衙门控理。一面檄饬该州县照例催征，依例交兑，倘有衿监人等包揽把持漕船弁丁索费刁难，均令指名"，摆出一副严厉的姿态。但整顿结果却是"仅止蕲水县民蒋朝林一人呈控户书不收伊米，欲易其银苛取等情。……臣访系刁讼之徒，已饬该管道员提讯核办，此外各属均无控讼案件，至漕船兑运米石弁丁人等俱无需索州县情事……其为册书收漕帮丁运米均能遵守劝令，当属可信"⑤，可谓是"高高举起，轻轻放下"的典型。

历任督抚对浮收的放纵，致使两湖漕政百弊丛生，至道咸之交"几有不可挽回之势"，由此而产生了严重的政治经济危机。这种危机的特点是"上下交困"，主要体现在两个方面：

第一，由于浮收数额过大，百姓无力完纳，在浮收的重压下，百姓不堪忍受，纷纷"流亡逋逃"，"州县无策催科，捏报灾伤"，致使漕粮正额征不及数，日趋减少。现根据咸丰元年湖广总督程矞采、湖北巡抚龚裕向清廷奏报的数字⑥，列表统计道光二十年后湖北历年未完南漕正耗米石数目如下：

---

① 湖广总督裕泰等：《奏为查明崇阳县逆匪陈宝铭实已褫革武生事》，道光二十二年七月二十九日，一档馆藏军机处录副档案。

② 杨承熺等修：民国《湖北通志》卷七十《武备志八·兵事四》，民国十年湖北省长公署刻本。

③ 湖广总督裕泰等：《奏请将汉阳县绅商捐输银两归还崇阳军需借款事》，道光二十二年六月十一日，一档馆藏军机处录副档案。

④ 湖广总督裕泰等：《奏请分别豁免崇阳等县被贼蹂躏地区钱粮事》，道光二十二年五月二十五日，一档馆藏军机处录副档案。

⑤ 湖北巡抚龚裕：《奏为遵旨整顿漕务弊窦事》，咸丰元年三月二十八日，一档馆藏军机处录副档案。

⑥ 湖广总督程矞采、湖北巡抚龚裕：《呈湖北省道光三十年以前民欠未完南漕正耗米石及水脚银两数目单》，咸丰元年九月二十四日，一档馆藏军机处录副档案。

道光二十年后湖北历年南漕正耗米未完数目表

时间	正耗米未完数	时间	正耗米未完数
道光二十一年	63249.5391 石	道光二十六年	46455.3188 石
道光二十二年	55606.2208 石	道光二十七年	38635.6689 石
道光二十三年	40009.4587 石	道光二十八年	145156.6239 石
道光二十四年	58546.453 石	道光二十九年	188657.7345 石
道光二十五年	39939.5966 石	道光三十年	58631.9939 石

需要指出的是，表中所列未完数并非漕粮征收当年欠完数目，而是截至咸丰元年九月的拖欠数。从表中可以看出，历经十年，道光二十一年的南粮与漕米仍有 21%[1]未完，道光二十八年与道光二十九年的欠完率更是分别高达 48% 与 62%。

第二，底层百姓的各种抗漕暴动层出不穷，特别是自太平军于咸丰二年攻入两湖后，大量州县被太平军攻克，多数八旗与绿营部队被重创，因此出现的权力真空使原有的社会矛盾空前激化，严重地威胁清王朝的统治基础，而漕弊深重的幕阜山区表现得尤为突出：如通城县"咸丰元年辛亥四月，土人滋事。……三年辛酉二月，有土人数百乘夜入城抢劫铺户，延毁官廨"[2]。如浏阳县，道光末，浏阳县周国愚"以赛社鸠乡人，醵钱会饮，名征义堂。入资者得联声气，通缓急，附从甚众"[3]。咸丰二年，"会岁屡歉，贫者稍稍复附"，周国愚因之聚众数百，以"劫富济贫"为名，与太平军暗通款曲，地方官不敢过问"以计款贼"，直至十二月江忠源率部北上方将其镇压。[4] 如巴陵县"咸丰三年……县土匪晏仲武早通贼，前年贼陷郡城去，匪大作，邓绍良军至诛之，余党时蠢动，讹言四起"[5]。

咸丰二年十一月，太平军攻入湖北，饱受浮收压榨的通山、通城、崇阳、兴国州各地百姓纷纷响应，太平军曾天爵部在蒲圻、崇阳、通城一带建立了巩固的根据地，"惟踞蒲之梁一举、踞崇之曾天爵，必得歼除，始可安谧。梁是湖北积贼，前佐鄂幕时缉捕未获者；曾则距崇日久，能以奸伪惑人，崇民心颇向之，盖贼中君子也"[6]，"曾贼之不即就诛，与广济贼目宋关佑同，一则贼中之循吏，一则贼中之孝子也。……贼伪行仁义，民且怀之，何况真为仁义者？"[7] 面对此种形势，清军以极为残酷的大屠杀进行镇压，如胡林翼咸丰四年十月在崇阳"办理土匪"，一次即"伏诛者千余人"[8]。时在骆秉章幕中的左

---

① 湖北南粮正耗米额为十三万八千石，北漕正耗米额为十六万三千石。见胡林翼：《奏陈漕务章程办有成效疏》，咸丰八年六月十六日，《胡林翼集》一，岳麓书社 1999 年版，第 499 页。

② 郑荗：同治《通城县志》卷廿三《兵事》，同治六年活字本。

③ 王如惺等：同治《浏阳县志》卷十六《职官》，同治十二年刻本。

④ 王如惺等：同治《浏阳县志》卷十三《兵防》，同治十二年刻本。

⑤ 姚诗德等：光绪《巴陵县志》卷五十《职官志三·宦绩》，光绪十七年刻本。

⑥ 左宗棠：《致王璞山》，《左宗棠全集·书信》（一），岳麓书社 1996 年版，第 171 页。

⑦ 左宗棠：《致王璞山》，《左宗棠全集·书信》（一），岳麓书社 1996 年版，第 173 页。

⑧ 见皮明庥等编：《出自敌对营垒的太平天国资料——曾国藩幕僚鄂城王家璧文稿辑录》，湖北人民出版社 1986 年版，第 63 页。

宗棠对此却有不同看法，他在写给胡林翼的信函中称：

> 崇、通、兴国、通山，天下之乱国。鄂省之贼子也，取而坑之，乃足快意。然古今无仇民之理，人亦不可独杀。今试以大兵临之，下令曰：蓄发者、贡贼者、被胁打仗者、媚贼受伪职者，吾不忍杀，为其屈于贼之凶威，而偷旦夕之生也，徐听其反正，而吾不迫之。虽然，焚尔之室庐，奸掳尔之子女，劫夺尔之资财，使尔无以为生、无以为人者，尔独不恨之仇之乎？吾且为尔雪其恨、报其仇，可乎？则盍诉之，吾为尔杀之。于是崇、通、兴国、通山之民知官之不我害，而且为我杀害我之人，其天良必有不能不动者，如是所杀者皆真贼，皆反侧之也。则又下一令曰：崇、通、兴国、通山之民，其害吾民者，吾既诛之矣，其室庐田土是为逆产，必籍没于官，以昭炯戒。吾且籍以减合县之钱粮，以逆产所获岁租减其科则，以逆产业吾朴愿勤苦之民。于是而民心不服、民志不定者，未之前闻。子为政，安用杀？圣人复起，不易吾言矣！①

显然，左宗棠认为对待通山、通城、崇阳、兴国州百姓拥戴太平军的事实，仅靠大屠杀是解决不了问题的，必须抚剿并用，而钱粮问题也应予以重视。事实也印证了左宗棠的忧虑，虽经血腥镇压，直到咸丰六年年底，幕阜山区仍为太平军的稳固根据地，"而崇阳、通城间为两省往来孔道，寇胁居民蓄发，与武昌寇交通，连岁用兵，官军退辄复沦陷，平、巴与接壤，并被其害"②，太平军石达开等部则屡屡通过幕阜山区直接威胁湘军的大后方——湖南。其时监利乡绅王柏心在嘉鱼听闻："通城山民尤多，负固招聚亡赖，以壮声势"，后又向通城逃难者询问相关情形，得到答复："彼间仅两姓人以抗粮启衅，其余善良悉守法惧祸，若大吏许稍平其赋役，必徐以计缚其首恶，送请惩办"③。无论是从保障漕粮征收以利军食的角度出发，抑或是为收拾民心、缓和官民矛盾计，整顿漕政、裁革浮收已关系到战局的胜负，成为两湖地方政府所不容回避的当务之急。

三

咸丰五年九十月间，在湖南巡抚骆秉章的主持下，经过左宗棠与湘潭县举人周焕南谋划，湘潭县制定了整漕减赋章程④，是为两湖各州县整漕之始。骆秉章在其年谱中对此事经过有详细描述：

> 咸丰四五年间，湖南谷价甚贱，每谷一石值钱五六百文，钱价亦贱，每钱一千换

---

① 左宗棠：《致胡润之》，《左宗棠全集·书信》（一），岳麓书社 1996 年版，第 192 页（此信原件残，无确切时间。编者推定此信时间为咸丰六年，然该年胡林翼并无对幕阜山区大加屠戮之举，笔者依据胡林翼在湖北历年活动，认为此信应是针对咸丰四年时胡林翼屠杀崇阳民众时所发）。

② 罗正钧：《王鑫年谱》，《湘军人物年谱》（一），岳麓书社 1987 年版，第 80 页。

③ 王柏心：《与左季高书》，《百柱堂全集》卷三七，光绪十九年刻本。

④ 罗正钧：《左宗棠年谱》，岳麓书社 1982 年版，第 48 页。

银四钱五六分不等。楚南地丁向来每两加五钱，漕米折色向来每石收银六两、四五两。谷价贱，钱价贱，民间每年收租谷百石须卖去三十余石方能完粮，佃户除纳租外，收得谷石不敷工本，以至纷纷退佃。湘潭是著名大缺，每年收钱粮四五万两，咸丰四年只收得四千余两，五年已交七月，未见征纳，心甚忧之。因通饬有漕州县，裁汰漕规，以冀稍纾民困。未几，有湘潭县举人周焕南等赴藩司递呈，求核定钱粮征收章程，被押发回县。未几，赴院递呈，批司与粮道核议。十月时，该举人周焕南等又赴院递呈，地丁自愿每两加四钱，漕米折色照部议章程每石纳银一两三钱，加纳银一两三钱帮军需，又加银四钱帮县作费用。即批奖其好义急公，准其照自定章程完纳，限本年内即将四五年钱漕扫数全完，不准蒂欠。……闻湘潭举人周焕南回县，足穿芒鞋，手执雨伞，遍历各乡，语同县人曰："此次减钱粮费尽抚台多少心，我等亦当掂出良心，不要令抚台作难。"到腊月中，该县已报收钱粮十万有零，批准减增之州县亦纷纷报解。①

湘潭章程随后被推行于湖南有漕各州县，并成为湖北整漕的样本。早在咸丰五年三月，胡林翼署任湖北巡抚之初，即访闻湖北漕弊深重，"每思有以变易之"。至咸丰七年初，湖北绝大多数州县已处于清军的控制下，社会秩序渐趋正常，胡林翼随即开始整顿湖北漕政。十月十四日，胡林翼上疏清廷，除力陈湖北漕弊深重外，表达了"漕弊一日未清，臣职一日未尽"的决心。咸丰八年五月十四日，根据"湖北屡经丧乱，鳞册无存，不得不凭总书、册书、里书之颠倒影射"的现实，胡林翼要求各州县官员"明丈量以清地段，自封投柜以免侵牟，严推收以定户口，并花名以分户柱"，以期根治里书、册书包揽把持之弊。②

经过近一年的整顿，湖北漕政渐趋正轨，胡林翼依据各州县上报的核减数目，将上报之数目，"适中者准之，为数尚多者，更痛减之"。对于各州县漕折数目的核定，胡林翼异常审慎，除胡氏本人"悉心钩稽，日手一册，逐县比较"③外，仍广泛听取司道官员及幕僚的意见，发现疵瑕，立加更正。时在胡林翼幕中的但湘良追忆：

> 观察（但湘良）于公为通家谊，又常随幕皖、鄂间，尝予云，咸丰中，公稔楚漕为民病，奏改折色，以道里远近第其值。时有二郡未经贼审者，幕友欲增价以益饷，众称善，观察默然。公问故，观察曰："二郡之免贼，特幸耳，漕为常供，贼平后，民累无穷矣。"众持之，竟如初议行二郡。观察退而寝。次日黎明，突闻扣户声，奴子启关，则公跣履至榻前，字呼观察曰："少村、少村，尚酣睡未觉乎？"观察惊愕，披衣坐。公曰："昨夕议罢，吾伏枕熟思不能寐，惟君言为民计长久，得大体，吾挑灯起草已，驰驿追易前函矣。"徐御盂，漱毕，结袜去。④

① 骆秉章：《骆公年谱》，《近代中国史料丛刊》第十五辑，台湾文海出版社1967年版，第77页。
② 汪士铎：《胡文忠公抚鄂记》，岳麓书社1988年版，第147页。
③ 梅英杰：《胡林翼年谱》，《湘军人物年谱》（一），岳麓书社1987年版，第259页。
④ 沈用增：《书益阳胡文忠逸事》，《棠溪文钞》卷四，中国社会科学院近代史研究所资料室节录本，第37~39页。

咸丰八年六月十六日，胡林翼正式上疏，确定湖北各有漕州县减漕折色实数。① 从胡林翼整顿漕政的实效看，一方面咸丰七年湖北的漕折按时足额征收，"漕粮除缓征外，均已全完。南粮向须延至一二年始能征完，今已完至九分，为数十年来所未有"②；另一方面，此次整顿漕政共为民间减省钱一百四十余万千，大大地减轻了民众的负担，出现"完纳俱形踊跃"的局面，达到了"取中饱之资，归之上下"的预期。鉴于湖北整漕的效果，其后户部将湖北章程通行有漕各省，以为革除漕弊之参照。③

胡林翼整顿湖北漕政何以绩效显著？对于此问题，过往学者多将原因归结于胡林翼革除司道与州县各种冗费、严厉惩治官员与胥吏的贪墨舞弊。④ 但考诸史实，情况极为复杂。作为两湖整漕的范本——《湘潭章程》，对于折漕征收后州县所存留的办公费用，骆秉章在年谱中称"每石纳银一两三钱，加纳银一两三钱帮军需，又加银四钱帮县作费用"，即以四钱作为州县办公费；而王闿运在《湘潭县志》中则称"每漕石银三两，除旧折一两三钱、加助饷银八钱，余九钱以资办公"⑤。按照骆秉章的说法，州县办公费占漕折款的13%，而在王闿运叙述中办公费则占漕折款的30%，两者相差甚远，究竟何者更接近事实呢？笔者依据相关史料⑥，计算湖北幕阜山区四州县漕折存留比率如下：崇阳25.8%、通城27.7%、兴国州22.5%、通山51.6%。可见，幕阜山区四州县漕折存留比率远高于骆秉章所述，更接近王闿运记载。如此大比例的漕折银存留于州县，仅仅是充为办公经费吗？检视湖北各地减漕文告，即可发现，所有来自院、司、道、府的各种冗费多被明文禁止，而州县原有陋规则仅被要求"自行删减"。如通城县，"道府厅房差费及解荆南米费用"被全数裁汰，而该县"县支经书斗级纸张及同城文武衙门各项"被要求"自行实力删减"⑦。与通城县相似，崇阳县"院道府厅房差银……全数裁汰"，类似"仓内值日书办办公钱、管漕家人钱"等县中陋规仅被要求"自行痛加删减"⑧。参与过监利漕折核定的王柏心一语道破其中关窍："此项酌减，每米一石宜定为折价六串文，则官民两得其平，可垂永久。若矫枉过正，峻加裁削，非不取快一时，但恐异时官吏此途既塞，彼窦复开，变其本而加之厉，流弊有不可胜言者。"⑨ 可见因诸州县"自行删减"的陋规被

---

① 幕阜山区四州县减漕折色具体数字为：崇阳县向收每石折钱六千文，通城县向收每石折钱六千文，今皆减为四千文。兴国州向收每石折钱六千四百文，今减为四千一百文。通山县向收每石折钱五千文，今减为四千八百文。见胡林翼：《奏陈漕务章程办有成效疏》，咸丰八年六月十六日，《胡林翼集》一，岳麓书社1999年版，第499页。

② 胡林翼：《奏陈漕务章程办有成效疏》，咸丰八年六月十六日，《胡林翼集》一，岳麓书社1999年版，第499页。

③ 胡林翼：《致钱宝青》，咸丰九年，《胡林翼集》二，岳麓书社1999年版，第244页。

④ 夏鼐：《太平天国前后长江各省之田赋问题》，《清华学报》1935年第2期。

⑤ 王闿运等：光绪《湘潭县志》卷六《赋役》，光绪十四年刻本。

⑥ 计算各有漕州县漕折存留数，主要依据民国《湖北通志》中所载各州县漕折征收实数与起运银数（其中监利折色数与漕务章程不符，以漕务章程所载数为准），计算其差值。见杨承禧等修：民国《湖北通志》卷四十六《政经志四·漕运》，民国十年湖北省长公署刻本。

⑦ 郑荄：同治《通城县志》卷八《删除陋规》，同治六年活字本。

⑧ 高佐廷：同治《崇阳县志》卷四《食货·田赋》，同治五年活字本。

⑨ 王柏心：《上胡中丞书》，徐兆英：同治《监利县志》卷之十一《艺文志·书》，同治十一年刻本。

保留，才造成了湖北漕折的高存留比率。究其实质，这种将漕折的存留归于州县官吏之手，与雍正年间的"火耗归公"用为养廉银相似，是将赋税征收中的暗取变为明收，使过往州县官员、胥吏的一部分陋规收入合法化。

那么，胡林翼此举的动因为何？主要原因在于，湖北各地屡经战乱，大多数鱼鳞册之类的地籍文书官府皆已无存，办理漕折事务不得不依靠各地胥吏和包税人手中的私册。对此，胡林翼曾严饬州县官，"州县以册籍无凭，欲姑容册书、粮书耳。不知年年姑容，而册籍终不可得，不如摘其尤者置重典，所谓'杀汝，璧将焉往'也"①，也推行了诸如清丈等举措，试图根本解决地籍文书不清的问题。但是，清丈涉及面广，牵扯各方面的利益关系，绝非朝夕可就之事。以监利县清丈为例，咸丰八年七月，由士绅游克钦等人主办，设立清丈局，"合邑通行丈量"。但直至同治二年，鱼鳞册方才誊就。这场丈量起始六年，先后动用"督丈者一千二百余人"、"案书、弓手、书算、垸总、保甲等万余人"②。相较湖北，湖南的地籍状况更为混乱，"湖南丁漕之额，考之《赋役全书》《户部则例》《湖南通志》暨本省奏销册籍，其实数彼此不能无异。每田一亩，地丁应纳银若干，漕粮应纳米若干，从前本定有科则，历久遂难征信。民间买卖田产，估计价值不问田亩之数，但计租谷之数，号曰'纳数'。如购田一区，岁得租五十石，名为'五纳'，四十石名为'四纳'。辗转相承，割并滋多，而飞洒隐匿之弊出矣"③。另一方面，尽管为民间减赋是骆秉章、胡林翼等整顿漕政的出发点之一，但最终目的仍是搜刮漕折以充军费。咸丰八年正月十二日，胡林翼即谕令湖北粮道张曜孙："州县钱漕稍有蒂欠者，不准更调。即完不足数特案参革之员亦必令扫数全完，始准差委。"④ 清丈难期速成，催科又如此急迫，致使漕折势必仍依赖胥吏与包税人进行征收。

事实上，骆秉章与王闓运之所以会对湘潭章程中办公费的记述出现较大差异，也与州县官与胥吏的反弹有关："焕南等议之，宗棠主之，藩司百计挠之，知县明阻之。咸丰五年九月改例，十月开征，户吏不肯收漕，焕南等复诉之巡抚，许士民设局自征解，十二月收银一十一万两，本年全完并带征前欠过半。而户粮吏及漕口反抗欠，巡抚严檄勒拿。知县孙坦知藩司权不胜巡抚，亦改计从民便，漕事大兴。于是定章：每漕石银三两，除旧折一两三钱、加助饷银八钱，余九钱以资办公。又定券票纸张钱每票五文，共岁得一千二百余千，以为诸吏外费"⑤。可见虽然表面上骆秉章以铁腕压制了藩司、知县、胥吏的反抗，但最终仍不得不妥协，以较大比例的办公费补偿州县官员，以券票纸张钱的名目补偿胥吏（骆秉章所言办公费数额显系九月时初定章程，而王闓运所言数额则系十二月最终定章）。正是汲取了湖南的教训，胡林翼采取软硬兼施的手段，在对州县官与胥吏保持极大压力的同时，将州县部分陋规合法化，以保障其基本利益。对于更高级别的司道府官员而言，尽管院、司、道、府冗费被全数裁汰，但胡林翼却从过往运输漕粮所需的兑费中提出三万两暗济司道，使之不以利益损失而掣肘裁漕，且因漕务章程中不载此项，亦能凸显出上层官

---

① 汪士铎：《胡文忠公抚鄂记》，岳麓书社 1988 年版，第 127 页。
② 徐兆英：同治《监利县志》卷之四《田赋志》，同治十一年刻本。
③ 《湖南财政说明书·丁漕总说》，1915 年经济学会本。
④ 汪士铎：《胡文忠公抚鄂记》，岳麓书社 1988 年版，第 133 页。
⑤ 王闓运等：光绪《湘潭县志》卷六《赋役》，光绪十四年刻本。

员"公忠体国"的形象,对州县官与胥吏形成强大的舆论压力,保障了整漕的顺利进行。

值得注意的是,湘潭章程制定于咸丰五年秋季,但迟至咸丰八年四月二十三日骆秉章方将此事上奏,同年五月初六日奉朱批:"览奏均悉,汝久任封疆,所陈皆历练有据之论,洵非以耳为目者比,钦此"①。骆秉章推迟近二年半上奏的原因何在?湘潭章程曾遭到粮道谢煌激烈反对,谢煌当面顶撞骆秉章,声称"即减少百姓亦不能完纳,照湘潭章程即是加收,与部(徇)[例]不合,亦难出奏"。尽管骆秉章以强硬姿态将谢煌调离粮道,压服其反对意见②,但谢煌所言并非毫无道理,道光二十九年,湖南巡抚陆费瑔针对湖南漕运中旗丁索取陋规浮费的积弊,提出将诸项陋规浮费一并裁革,每石漕粮加征银五厘以补贴运费。尽管此议"名虽稍有加增,实则所减不止数倍",但户部认为"是州县取之民间者转有增添,核与减费恤民之意不符",不予议准,仅令湖南严行裁革各项浮费。③对于清廷这种务"不加赋"虚名而不求实际的僵硬姿态,在军务急迫、军费告急的情形下,骆秉章只能选择待整漕完成后再行上奏。果然,在湖南整漕成就显著的既成事实面前,咸丰帝采取了事后追认的态度。其后各地督抚亦如骆秉章,在筹饷练兵时往往先行后奏,使得过往如金科玉律般的"祖制"、"户部则例"渐成具文,外重内轻的财政局面遂由此形成,最终成为清朝覆亡的重要原因之一。

(作者单位:武汉大学中国传统文化研究中心)

---

① 湖南巡抚骆秉章:《奏为历陈湖南筹饷情形事》,咸丰八年四月二十三日,一档馆藏军机处录副档案。

② 骆秉章:《骆公年谱》,《近代中国史料丛刊》第十五辑,台湾文海出版社1967年版,第79页。

③ 大学士管理户部事务潘世恩等:《奏为遵议湖南裁定漕运浮费事》,道光二十九年二月二十三日,一档馆藏宫中档朱批奏折档案。

日本《官报》对张之洞报道之概略*

□　陶祺谌

　　我国学界研究张之洞的论著已有不少，但相关外文资料的运用尚不多见，这也算是一个薄弱环节。笔者注意到，近代日本官方、军方和民间，就有不少涉及张之洞的资料可以挖掘。本文只就近代日本《官报》有关张之洞的报道作一概述，希望引起相关研究者的兴趣。

一、关于日本的《官报》

　　日本的《官报》，是其政府在 1883 年 7 月 2 日创刊，系日报，节假日及星期日休刊，由政府公开发行，其旨趣在于宣传政府的"政道主义"，相关事务由太政官（1885 年改内阁）下属部门负责，其稿件均由政府机构选取、提供。《官报》创刊之初，日本政府就以行政命令要求相关机构及个人义务订阅；① 据统计，1889—1902 年，其日均发行数量达到了 41981 份。② 这足以证明《官报》在日本的影响力。

　　"外报"栏目是《官报》的重要组成部分。创刊之初，山县有朋便指出，《官报》应揭示内外政略，以启示政府。③ 而日本内阁及外务省则成为"外报"栏目主要的新闻提供者。该栏目的报道形式几经改变：初期刊载公使、领事报告以及外国新闻抄译，前者多涉及各国自身及与日本的通商贸易情况，后者则留意国际要闻；从 1886 年开始，按国别进行报道；1890 年，另辟"通商报告"栏目刊载公使领事报告。自此，"外报"栏目主

　　* 本文系教育部人文社会科学重点研究基地重大项目"从晚清到抗战前夕长江流域与日本关系研究"（项目批准号：2009JJD770031）的阶段性研究成果。

　　① 梶谷育郎著「初期官報の分析」『東京大学日本史学研究室紀要』第 10 号，2006. 3. 26，242 頁を参照。

　　② 印刷局編『印刷局長年報書. 第 16-29 回（明治二十二年至明治三十五年）』（大蔵省印刷局，1912 年）より。

　　③「参議山県有朋建議官報発行ノ件」（『行政文書別』00007100「公文別録・太政官・明治十五年至明治十八年・第二巻・明治十五年至明治十六年」，国立公文書館藏）。

要是抄译、介绍外国报纸的内容。

在"外报"栏目中，涉及中国的内容很多，大致有三个特点：一是消息来源较多、报道量大，除了日本使领等的报告之外，还转载《申报》《京报》《沪报》《字林沪报》《澳洲商业博物馆周报》等不同语言、国别报纸的报道，从总体上看，数量多于其他有关国家的报道。二是信息量大，涉及当时中国政治、经济、军事、教育、社会生活各方面，对中国要人的动态也常有反映。三是注重时效，在当时的通信条件下，刊载涉华报道在时间上一般相差一个月，重大新闻则缩短为半个月左右。

二、日本《官报》对张之洞的报道

自从张之洞成为有很大影响的重臣之后，日本《官报》便对他有持续的关注。从1884—1899年，该报有关张之洞的报道有190次之多。从这些报道中，可以看出日本究竟关注张之洞哪些情况。下面，笔者按时间顺序，分三个部分来作介绍。

（一）张之洞任两广总督时期（1884—1889年）

此间，《官报》报道最多的是张之洞的军事举措，尤重海军建设。受中法战争的刺激，张之洞着手改造两广海军。《官报》报道了张氏创办水陆师学堂及建造、订购军舰两事。1887年8月，张之洞与巡抚吴大澂联名奏请创办水陆师学堂，"水、陆师均各额设七十名"，水师"学英国语文，分管轮、驾驶两项"，陆师"学德国语文，分马步、枪炮、营造三项"。①《官报》刊载张折全文，认为张是"为南洋防备而培养武官"②。《官报》的报道一般以简明扼要为标准，但对认为重要的资料则全文录入，故该报抄译张折全文，可谓其重视的反映。同年内，《官报》多次报道两广军舰建造的情况，涉及张之洞下令在本省建造及委托福建船政局协造军舰十艘，以此"编成广东舰队"。1888年初，福建船政局所造"广甲"及广东造船所初制"广戊"两艘军舰完工。《官报》认为粤局军舰不及闽局，但因雇佣西人，"日后必能造出精良军舰"。③此外，《官报》还数次报道了张之洞购买德国枪炮的情形，指出其用意在镇抚内乱，而非训练军队。④

对张之洞从事的对外交涉，《官报》也十分留意。因地理位置以及历史传统等缘故，两广的对外交涉频繁。《官报》报道了张之洞在省会开设交涉机构"外国事务所"、筹议保护南洋各埠华民、建议清廷在南洋各地设立领事等情。1887年，清朝与葡萄牙签订了《会议草约》，"定准由中国坚准葡国永驻管理澳门以及属澳之地"⑤。张之洞上疏剖析利害，极力坚持缓行立约。⑥虽结果未能如张之洞所愿，但他维护国家主权的坚决态度与努

---

①《创办水陆师学堂折》，光绪十三年六月十四日，苑书义等编：《张之洞全集》第一册，河北人民出版社1998年版，第574~576页。

②「海陸軍學校創設ニ關スル奏請書」『官報』1887年10月22日。

③「軍艦落」『官報』1888年2月8日。

④「兵器購入ノ依瀬」『官報』1887年9月14日。

⑤王铁崖编：《中外旧约章汇编》第一册，三联书店1957年版，第505~506页。

⑥《详陈澳界利害立约尚宜缓定折》，光绪十三年四月二十四日，苑书义等编：《张之洞全集》第一册，河北人民出版社1998年版，第539~544页。

力，给日本人留下了深刻印象。《官报》连续两日刊载张氏奏折，并评论道：此事"不仅于国家有重大利害，而且属于张之洞管辖的港口，张氏所议深切详细，正中其弊，是以耸动清廷"①。

在此时期，《官报》还报道过张之洞设置广东铸钱局、整顿铁务、推进市政建设诸事，多少都涉及西方文物制度。对照张之洞晚年所作自传性质的《抱冰堂弟子记》，张氏所言施政要点，在《官报》上大致都有过反映；不过，对张维护传统经济和教育的措施，《官报》就没有说过什么了。

（二）张之洞任湖广总督时期（1889—1894 年、1896—1899 年）

督鄂是张之洞为官生涯中历时最长、备受瞩目的时期，而《官报》在该时期有关他的报道，无论就次数还是内容来说，都远过于其他时候。下面分几个方面来看。

1. 有关经济事务的报道

这占据了此间《官报》有关张之洞报道的大半。该报首先关注的是铁路修筑。1889年，张之洞建议修建贯通中原腹地要冲的干线卢汉铁路，并筹划了分段建设之法。② 《官报》刊载张折全文，并称赞张折所论"最为明晰深切"，是"缜密之策案"。③ 张之洞调任两湖后，积极推动卢汉及粤汉两线的修筑，《官报》亦多次作了报道。

《官报》还十分注意张之洞创办的汉阳铁厂，在铁厂建设过程中，诸如各类机器的运抵安装、当地民众的各种反应、张氏对产品销路的安排等，都在报道范围之内。④ 在轻工业方面，《官报》对张之洞创办的布纱丝麻四局都有报道，围绕四局的开办、经营情况，转译刊载了《申报》《沪报》上的不少消息。其中值得注意的是对湖北织布局招商集股情况的报道，前人鲜有提及。⑤ 1894 年，张之洞札委恽祖翼和蔡锡勇，"拟将布局官本提回五十万两，以供他局之用"，此额由民间招商集股"以资协助"。恽、蔡二人制定了《湖北织布局招商集股章程》及《湖北织布局股票条规》，详细说明湖北织布局的经营情况如机器种类、厂房设备、产布数量等，以及招股要求，鼓动"各省富绅巨贾明达时势者"踊跃集事。⑥ 该告示刊发于《申报》及《汉报》，可知此次招股预设的对象主要是长江中下游的绅商。《官报》认为张之洞所办的织布局"大受世人所望"，对其营业现状及前景多有好评。但实际上，此次集股后，织布局运转仍不顺利，至 1902 年被迫招商承办。

对张之洞采取的有关金融与商业的举措，《官报》也有不少报道。如 1894 年初，报

---

① 「澳門港讓與ニ關スル奏議」『官報』1888 年 5 月 10 日。

② 《请缓造津通铁路改建腹省干路折》，光绪十五年三月初三日，苑书义等编：《张之洞全集》第一册，河北人民出版社 1998 年版，第 663 页。

③ 「鐵道敷設ノ咨問ニ対スル覆奏」『官報』1889 年 8 月 6 日。

④ 「北部鐵道用鐵材ノ注文」『官報』1891 年 8 月 20 日；「上海呉淞及蘇州鐵道ノ起工」『官報』1897 年 3 月 22 日。

⑤ 按：此前只有刘望龄编著《辛亥首义与时论思潮详录》（上）（华中师范大学出版社 2011 年版，第 26～27 页）提及，其资料来源是 1894 年 3 月 8 日《汉报》。

⑥ 「湖北織布局株金募集ニ關スル告示」『官報』1894 年 4 月 2 日（『申報』1894 年 3 月 12 日 4 頁より転載）。

道张之洞创办银元局，称其目的是"抵制外国货币流通，官府主持、从中获利"；甲午战后，又报道张鉴于"制钱日坏"，有意推行货币改革，"整顿圜法，体恤商民"①。对于张之洞鼓励商业发展，《官报》从机构、政策、举措三方面作了报道，介绍了他设立的汉口商务局，从缓征加机器制造税的政策，以及支持湘绅创行内河轮船、两湖制茶公司等。

2. 有关教育事业的报道

在这方面的报道，集中反映张之洞兴办各类学堂的情况，涉及张督鄂早年附设铁政局内的若干研究所、自强学堂、农务学堂和工艺学堂等。该报对自强学堂十分注目，诸如该学堂的筹备以及 1897 年"统课方言"的改制，都有报道。其中，从《字林沪报》转载的该学堂筹备期间的招生告示，值得相关研究者注意。《官报》认为张之洞办自强学堂是因为"救国家经济之焦眉……现更有培养实际的技术家之必要"，很是重视，故转译全文刊载。告示内称：书院分设算学、方言、格致、商务四科，均须考试入学；算学招生为内课 20 名、外课 20 名，方言定员 20 名，其他两科招生人数未定；算学内课及方言学生寄宿，其余通学。② 由此可知，四科在当时受重视的程度为降序，这与日后的变化趋势基本吻合。

相比之下，对于原本在张之洞心目中占有重要地位的两湖、经心、江汉三大传统书院，该报兴趣不大。直到 1899 年张之洞奉清廷新设书院、讲求实学之命，对三者进行学科改定，"均分立经史、天文、舆地、兵法、算学诸科，任命教官"③，该报才加大了报道力度，择要介绍了它所认定的"特色"，即新增兵法科、经史科内附设政治学、舆地科内附设外交学三项，仍未提传统的经史舆地之学。④

总体而言，该报的报道侧重于与技术、经济相关的学堂以及传统学堂的新变化。对张之洞兴学，该报是予以肯定的，曾转载《申报》文章，间接认可他推动西学在辖区勃兴的作用。⑤

3. 有关军事及其他方面的报道

张之洞极为重视军事，曾将"练兵一事"称为"鄙人身心性命之学"⑥。而《官报》在这方面报道最多的，是武备学堂的招考、建设以及经费等问题，常将武备学堂与自强学堂等新式学堂并称，归于兴学教育。而对作为张氏督鄂期间视为要事的编练军队，该报关注的程度甚至不如武备学堂，并不凸显最为核心的编制情况，而侧重其"新式"训练方

---

① 「湖北造幣局ノ新設」『官報』1894 年 3 月 8 日，「湖北省發行洋式銀貨及紙幣ニ關スル告示」『官報』1896 年 6 月 24 日（「憲示丛登」『申報』1896 年 6 月 6 日 2 頁より転載）。

② 「自强書院ノ創設」『官報』1893 年 4 月 19 日。

③ 陈谷嘉、邓洪波主编：《中国书院史资料》（下），浙江教育出版社 1998 年版，第 2486 页；《宪札照登》，《申报》，1899 年 3 月 16 日，第 1~2 版。

④ 「湖北三大書院ノ學科改定」『官報』1899 年 4 月 1 日。

⑤ 「湖北ニ於ケル洋學ノ勃興」『官報』1897 年 12 月 7 日（「西学盛行」『申報』1897 年 11 月 22 日 1 頁より転載）。

⑥ 《致武昌梁署盐道》，光绪二十九年六月初六日亥刻发，苑书义等编：《张之洞全集》第十一册，河北人民出版社 1998 年版，第 9076 页。

法以及"洋人"教官两要项。①

此外，对于张之洞处理两湖社会问题的举措，《官报》报道了四个方面，即处理教案、救济水旱灾情、推进慈善事业以及鼓励官民购阅报纸。其中，报道张之洞创办育婴堂，是《官报》眼光独到之处。针对 19 世纪 90 年代长江流域教案频发的情况，张之洞决定筹办育婴堂；并于 1892 年借鉴鄂省各地经验、颁布周详的育婴章程，分为《助养章程》和《堂养章程》。前者主要是对养育有困难者补助费用，后者是对无养育者的婴儿，设育婴堂收养。②《官报》全文转录这些章程，并从近代政府的社会职能角度称赞其"立意颇绵密周匝，是全国育婴业务的模范"③。

（三）张之洞署理两江总督时期（1894—1896 年）

1894 年，因甲午战争的缘故，张之洞代刘坤一署理两江。对于张调任赴宁，《官报》作了数次报道。在张署任江督期间，该报还报道了他命江苏候补道沈瑜庆接任金陵筹防局、奏请冯子材率兵北上等情，强调筹防局在"军政上有重要关系，南洋的舰队兵器及沿海沿江的炮台等事务，均归其总理"④。

《马关条约》订立后，张之洞倾向于变法改革，清廷也下诏表明改革意向，"大抵以筹饷练兵为急务，以恤商惠工为本源"⑤。张之洞大力呼吁并力行之。因此，在战后不到一年的时间内，日本《官报》对他作了不少报道，归纳起来，主要涉及张在军事与经济两方面变革的言行。

在军事变革方面：在华日本军人曾报告称，张之洞在战后编练新军、创设学堂、设置要塞等，致力于军制的根本改革。⑥《官报》也敏锐地注意张氏的改革动向，对其"仿德国军制"招募江南自强军、南京陆师学堂状况、购买英德军舰及派遣水师学堂 150 人留学等事项作了报道。

在经济变革方面：在张之洞的推动下，两江的陆、水交通均有新变化。《官报》报道了他计划修筑连接沪杭的江浙铁路、由金陵北抵北京的铁路，以及办理内河通商行轮诸事，如创设上海、苏州间的轮船局，同意江苏绅商设立在苏州、镇江间从事航运的小蒸汽船公司，准许江西绅商在鄱阳湖设立曳船公司等。此外，《官报》还对张之洞创办南京造币局作了报道，可为厘清史实提供线索。学界追溯该局渊源，多以民初财政部的资料汇编为准，认为是 1896 年初江督刘坤一遵照户部所议"拨款遴员购机建厂，仿铸银元，兼铸制钱"⑦。而从《官报》参照《申报》所作的报道来看，该局创办原系张之洞署理两江时

---

① 「湖廣新軍團編制ノ計畫」『官報』1898 年 3 月 21 日。

② 《育婴章程》，《申报》，1892 年 10 月 14 日，第 2 版；《续录育婴章程》，《申报》，1892 年 10 月 15 日，第 3 版；《接录育婴章程》，《申报》，1892 年 10 月 17 日，第 2 版。

③ 「湖北育嬰堂ノ組織」『官報』1892 年 12 月 9 日、12 日。

④ 「金陵籌防局總理ノ替任」『官報』1894 年 12 月 4 日。

⑤ 世续等：《清德宗实录》第五六册，中华书局 1987 年版，第 837~838 页。

⑥ 明治二十九年 4 月 15 日陸軍歩兵中佐神尾光臣あて参謀総長彰仁親王「津第 23 号報告」（『海軍省公文備考類』海軍省-雜報告-M27-3-3「雜報告 第 3 册 明治二十八年 3 月至明治二十九年 6 月」，防衛省防衛研究所藏）。

⑦ 财政部钱币司编：《币制汇编》第 2 册，1919 年，第 217 页。

的计划，经他奏准后，"在通济门内复成仓地鸠工，购置英国希登名厂大机器，专造银元、铜钱两种"①。

综上情况，《官报》有关张之洞的报道，最显著的特点是侧重其学习西方、趋新的举措，而不太关注其守旧的行为，即使言及，亦多是因其涉及西学。譬如，《官报》偶有关于张之洞发展蚕桑业的报道，但多是从近代纺织业的角度观察。正因如此，如将《官报》的报道内容与《抱冰堂弟子记》及后世编著的年谱传记作比较的话，不难发现当时日本对张之洞的认知，与包括张本人在内的国人对他的认识，是有差异的。

三、关于《官报》报道张之洞缘由的分析

这里试将《官报》涉及张之洞的报道及其他涉华报道，以表格形式作一直观比较（见表1）：

表1　　　　　　　　**《官报》报道张之洞次数及涉华报道总数之比较**

年份	报道张之洞的次数	涉华报道的次数	占比	年份	报道张之洞的次数	涉华报道的次数	占比
1886 年	2	144	1.39%	1893 年	7	247	2.83%
1887 年	14	408	3.43%	1894 年	12	208	5.77%
1888 年	7	286	2.45%	1895 年	12	160	7.50%
1889 年	14	277	5.05%	1896 年	24	153	15.69%
1890 年	17	211	8.06%	1897 年	17	202	8.42%
1891 年	15	229	6.55%	1898 年	28	393	7.12%
1892 年	8	159	5.03%	1899 年	10	197	5.08%

说明：数据据《官报》中"外报"栏目"支那"项统计，所占比例统计至小数点后两位。1886年5月之前"外报"栏目未划分国别，故此前涉华报道的次数未统计。

从表1中可见，在《官报》众多涉华报道中，有关张之洞的报道十分突出，其平均关注度达到了6%；在1896年时，所占比例竟高达15%强。那么，《官报》如此频繁、突出地报道张之洞，缘由何在？

第一，报道与日本的在华利益密切相关。《官报》创建"外报"栏目的初衷，是为借鉴学习各国的"先进"器物制度。这是日本明治维新以来为推进近代化的大势所趋。以此为标准，清朝的洋务活动自是日本关注的对象。以铁路为例，自清朝创议修路始，其每次修路举动、议论纷争，《官报》都随时跟踪报道，视修路是肩负了一国"殖产"之重任，张之洞议修卢汉铁路即属此类——这与日本的"殖产兴业"方针契合。

不过，与对欧美西学的本能关注稍有差异的是，早期《官报》报道清朝的动态中

---

① 「南京造幣局ノ設置」『官報』1896 年 5 月 7 日；「南京造幣局ノ經營」『官報』1896 年 6 月 6 日。

还夹杂着竞争的心态。茶叶是清朝出口贸易的大宗商品,日本一直颇为关心。在每年春、夏汉口的茶市高峰期,《官报》都有数条交易情况的报道;对于清朝茶业的日渐衰退亦是了如指掌,甚至曾详细分析原因。① 日本的高度关注,是因本国与清朝的茶业在全球贸易中长期存在竞争。早在19世纪70年代日本便"针对美国市场需求发展茶、丝出口"作了精确调查,"其绿茶在19世纪70年代迅速夺取了中国绿茶在美之首要地位,垄断了美国茶业市场,其生丝也在19世纪80年代与中国、意大利、法国生丝的竞争中取得胜利"。②

19世纪80年代末期起,日本开启工业革命,对外扩张也愈发明显积极。由此,《官报》更多的是从如何维持并扩大日本在华利益的角度来报告张之洞的情况。曾有学者总结西方国家为资本积累和推进工业化模式,将部分国家转化为"卫星国",为自身提供原材料、市场以及基础设施。③ 日本对朝鲜、中国甚至延伸至东南亚地区的扩张,也大致是这一模式。显然,长江流域是"符合"日本对外扩张、资本积累的理想区域。④

长江中游的重要支点汉口及其经济腹地,其潜力逐渐凸显并被挖掘。1861年汉口开港后,其作为商业城市的地位日益上升。最重要的优势在于交通。日人清楚意识到,汉口"有长江、汉水、南水三条重要水路……使得货物在当地聚散以通九省。因此,汉口的贸易区域颇为广大"⑤。除去传统的水路优势,陆路交通,尤其是张之洞督鄂期间对卢汉及粤汉铁路的筹办,对汉口也有极为重大的影响。日本对此的重视,《官报》有一定的反映。上文表1显示,《官报》报道张之洞的次数在涉华新闻中所占比例的第一个高峰是1890年前后,是年达到8.06%,主因便是其集中关注张之洞请修卢汉铁路干线的各方面。《官报》称张之洞接任鄂督是"以非常之人物,在非常之时,临非常之地"⑥。非常之地的含义,与卢汉铁路的议修不无关系。当然,张之洞在两湖"主持的广泛改革实际改变了地方和区域社会的每一个方面"⑦,汉口也在他任职期间有了飞速发展。《官报》频频注意张氏的各项趋新举措,1898年张之洞开设汉口商务局,《官报》即断定这可以"进一步拓展上游四川、云南、贵州诸省的利源,并联络下游沿海诸省"⑧,于日本的对华贸易而言亦能推动之。

日本不仅敏锐地注意到了清季汉口地位的上升,还要把握机会,扩大本国在长江流域的利益。1905年,日本驻汉口领事曾向外务省报告了近十年汉口的对外贸易情况(见表2):

---

① 「支那茶輸出衰微ノ原因」『官報』1887年12月19日。

② 李少军:《简论甲午战争前的日本对华贸易——以日本驻华领事报告所述为中心》,《近代中日论集》,商务印书馆2010年版,第240~241页。

③ [美] 马里乌斯·B.詹森主编:《剑桥日本史(第5卷):19世纪》,王翔译,浙江大学出版社2014年版,第685页。

④ 详见李少军:《近代长江流域与日本关系研究的思考》,《江汉论坛》2011年第9期。

⑤ 「漢口内外貿易其他状況」『官報』1899年3月24日。

⑥ 「湖廣總督ノ政略」『官報』1890年1月23日。

⑦ [美] 罗威廉:《汉口:一个中国城市的商业和社会》(1796—1889),江溶、鲁西奇译,中国人民大学出版社2005年版,第17页。

⑧ 「漢口商務局設立ニ關スル公文」『官報』1898年10月18日。

表2　　　　　　　　　　　汉口对外直接贸易进出口情况①　　　　　（单位：万海关两）

年份	总额	贸易首位国别及数额	对日贸易额及排位	年份	总额	贸易首位国别及数额	对日贸易额及排位
1895	5378	俄国：4143	39，第四	1900	6961	俄国：5559	277，第四
1896	5649	俄国：3915	44，第四	1901	5605	俄国：3142	298，第二
1897	3596	俄国：2616	67，第四	1902	8866	俄国：2010	1093，第三
1898	3934	俄国：3138	61，第三	1903	12488	俄国：4358	1870，第三
1899	6622	俄国：4522	213，第四	1904	19959	日本：5185	5185，第一

由表2可知，汉口对日本的直接贸易额飞速增长，于1904年跃居各国之首，较之十年前翻了132倍有余。汉口进口日本的货物具体种类，"主要是铁路枕木、煤炭、铜块以及火柴、棉布。这是因当地贸易的膨胀及新事业的勃兴而输入，将来此种货物贸易仍将增加"②。至于汉口出口日本的物产中，各类土特产占据很大比例；而自1899年盛宣怀与日本签订互易煤铁合同后，日本极为看重的铁矿石出口额亦稳定增加。由上可见，汉口及其经济腹地为日本提供了市场和原材料，成为日本进行对外扩张、资本积累的重要区域。

第二，在维护、扩大本国利益的视野中，张之洞是日本要大力拉拢的中国政要之一。在日人的眼中，张之洞是趋新有为、很愿意吸收西学的重臣。《官报》对他报道的显著特点，是关注他在各地所施行的各类洋务举措，且不时透露出对他的肯定之意。早在张之洞督粤之时，《官报》已称赞其"讲求海防，奖励西学，于今内治略齐，有以渐振利源之余力一举为之的气象，为中外所刮目"③。这一形象，在《官报》报道中长期不变，意味着张之洞成为日本眼中开明、较易打交道的清朝封疆大吏。

同时，日本也注意到张之洞在清朝的地位逐步上升、影响力日益扩大。《官报》的报道也反映出了日本对清朝政局变化的敏感。19世纪80年代，《官报》所关注的清朝的要员，主要是曾国荃、左宗棠、李鸿章等湘、淮人物。随着左、曾的相继离世，淮系李鸿章愈发受到重视。但甲午之役后，李鸿章及其淮系遭受重创，两江总督刘坤一、湖广总督张之洞渐成南方督抚的翘楚，《官报》的注意力也随之转向刘、张。上文表1显示，张之洞受到日本关注有两个高峰，一是在1890年，一是在1896年。前者是因张之洞议修卢汉铁路而调任湖广总督，后者是在张氏刚由署理江督回任鄂督之时，他在两江作为的后续影响及在两湖重新施政的叠加，致使《官报》的关注度达到顶峰15.69%。这两次关注高峰，恰好也是张之洞在清朝地位上升的两个节点。尤其是自张氏署任两江总督之后，他的言行对清朝的影响日广，《官报》对此多有注意。譬如1895年年底张之洞奏请开办国家邮政、推行各省，此前已有多位重臣奏请均未果，而此次张氏的建议却得到清廷批允。《官报》

————————

① 明治三十八年6月22日在漢口領事永滝久吉あて外務大臣小村壽太郎「当漢口ハ正金銀行支店設置ノ義ニ付稟請」（『外務省記録』3-3-3-26「本邦金融機関設置方在外帝国公館ヨリ具申雑件」，外務省外交史料館藏）。

② 「漢口本邦品輸入状況」『官報』1905年1月19日。

③ 「鐵道敷設ノ咨問ニ対スル覆奏」『官報』1889年8月6日。

对此格外重视，刊载了张折全文。当时，不仅张之洞的建言常被清廷采纳，他在地方的举措也多成为他省榜样。1900 年《官报》报道称，上年末四川矿务督办官赴京请训回川途中，经武昌拜见张之洞，特与张商议川省的矿业经营问题。① 是年初，四川所派赴日阅操员弁丁鸿臣一行回国，同样途经湖北拜谒、请教张之洞。张氏"询东洋事甚悉，亟称其兵制学校之善……并劝归陈乐帅务必选聪强子弟出洋学习，以开四川风气。虽收效稍缓，然蓄艾之谋不可不急讲也"②。此类例子不胜枚举。1898 年时，东亚同文会的领袖近卫笃麿将张之洞与刘坤一并称"清国第一流之人物"③。"第一流"当是包含了张之洞的言行以及地位影响的总评。这不单是近卫笃麿个人对张之洞的评价，也是包括《官报》在内的熟知清朝政局的日本官民对张的认知。

总之，从《官报》对张之洞的报道，不难看出当时日本政府是出于怎样的意图、以怎样的眼光在观察中国的人和事。而就探讨张之洞与日本关系的由来和变化而言，《官报》的相关报道的确可以提供一个新的视角。

（作者单位：厦门大学马克思主义学院、厦门大学历史系）

---

① 「湖北鑛工業ノ整理」『官報』1900 年 1 月 19 日。

② 王宝平主编：《晚清东游日记汇编·日本军事考察记》，上海古籍出版社 2004 年版，第 346～347 页。按：乐帅，奎俊，字乐峰，时任四川总督。

③ 中村義『白岩龍平日記：アジア主義実業家の生涯』，研文出版，1999 年，87 页。

四库学研究

《天岳山馆文钞》与《四库提要》[*]
——兼论《四库提要》的传承研究

□ 司马朝军 曾志平

李元度（1821—1887 年），字次青，一字笏庭，湖南平江人。《天岳山馆文钞》（以下简称《文钞》）四十卷，李元度于光绪四年（1878 年）亲自编定，并于光绪六年（1880 年）刊印。张舜徽先生在《清人文集别录》中曾经指出："元度留心当世文献，刻意搜求，所著《先正事略》一书，于有清一代遗闻轶事，综录颇备。而其一生致力，专在文辞，于学术造诣甚浅。集中凡论涉经学，大半钞袭《四库提要》。若卷二十四《重刻周易来注序》、《海粟楼藏书目录序》、《易学一得序》、《读左随笔序》诸篇，或节取，或全录，一字无易，殊嫌掠美。"①

自张氏发难以来，迄今未见嗣响。我们在将《文钞》涉及抄袭《四库提要》的篇目作了详细考察的基础上，深入分析《四库提要》对李元度的影响，进而对《四库提要》在晚清的传承作初步的探究。

一、"论涉经学"取材《四库提要》考

据李元度光绪四年自序，《文钞》"计为类二十有八，为文五百一十有六"②，今所见刻本《文钞》实止 27 类，而《重修南岳庙殿上梁文》有目无文，如单独分计《南岳志小序》十四则、《平江县志论》三十二则，《文钞》所有文章合计仅 492 篇，较有可能是李元度刊印《文钞》之时，又作了删改。《文钞》卷一至卷三为"论"和"说"，卷四为"碑"，卷五至卷十四为"别传"、"事略"和"行状"，卷十五至卷十九为"记"和"书事"，卷二十至卷二十三为"墓志铭"、"墓表"和"神道碑"，卷二十四至卷三十为"序"、"跋"和"书后"，卷三十一至卷三十四为"赠序"和"寿序"，卷三十五为"策问"和"议"，卷三十六为"书"，卷三十七为"箴"、"铭"、"颂"、"赞"、"哀辞"、"祭文"和"祝文"，卷三十八至卷四十为"杂著"。其中，《文钞》"论涉经学"的篇目

---

* 本文为国家社科重点项目"清代文人专题研究"（项目批准号：13AZD047）阶段性研究成果。

① 张舜徽：《清人文集别录》卷 19，华中师范大学出版社 2004 年版，第 484~485 页。

② 李元度：《天岳山馆文钞自序》，岳麓书社 2009 年版，第 6 页。按：如与光绪六年刻本不符，则以刻本为据，下同。

如下表：

卷数	篇数	经学篇目	小计
卷一至卷三	33	舜论、泰伯论、鉏麑论、孔子诛少正卯论、思无邪说、格物说、孟子说、甘誓汤誓说、金縢说、关雎说、将仲子说、檀弓说、檀弓说二、周礼媒氏说	14
卷四	15		0
卷五至卷十四	80		0
卷十五至卷十九	51	书吴妙应事	1
卷二十至卷二十三	55		0
卷二十四至卷三十	94	四书广义序、小学弦歌序、六经诸史因果录序、重刻周易来注序、易学一得序、读左随笔序、绣佛楼诗序、学佛阁诗序、养贞阁诗序	9
卷三十一至卷三十四	60	彭丽崧亲家七十寿序	1
卷三十五	3	策问八道	1
卷三十六	14		0
卷三十七	23		0
卷三十八至卷四十	64	原性、读《论语》、读《论语》二、读《论语》三、读《论语》四、读《大学》、《孟子》错简、《四书》次第、是非、气机、轮回、因果、志疑	13
合计	492		39

《文钞》涉及经学的部分篇目仅偶有征引经书，或是借以论事，无关学术，如《子产论》等，故不予列入。将这些篇目去除后，《文钞》"论涉经学"的篇目共 39 篇，占总篇数的 7.9%，比例极小。

张舜徽先生列举了《文钞》"论涉经学"篇目抄袭《四库提要》的几个例证，经过考察，《海粟楼藏书目录序》并不涉及经学，将其与《四库提要》相关内容对比后，两者也不存在很大的关联。除《海粟楼藏书目录序》外，各篇取材《四库提要》的史源如下表：

经学篇目	史源
《重刻周易来注序》	《四库提要》卷一《易类序》；《四库提要》卷五《周易集注》提要
《易学一得序》	《四库提要》卷一《易类序》
《读左随笔序》	《四库提要》卷二十六《春秋左传正义》提要、《春秋集解》提要；卷二十八《左传属事》提要、《左氏释》提要；卷三十一《左传评》提要

诚如张舜徽先生所言，以上三篇中的经学内容确是节录或全取《四库提要》一则或数则提要而成，然而，各篇借用《四库提要》的文字并非"一字不易"，而是均对《四库提要》作了一定幅度的修改，如《重刻周易来注序》，《文钞》卷二十六《重刻周易来注序》原文如下：

　　《易》之为书，推天道以明人事者也，精微广大，无所不赅。汉儒若费、孟、荀、郑诸家，皆言象数，去古未远。一变而为京房、焦子赣，入于禨祥；再变而为陈希夷、邵康节，务穷造化。王辅嗣尽黜象数，说以老庄。一变而为胡翼之、程伊川，阐明性理；再变而为李庄简、杨文节，又参证史事。此两派六宗者，一主天道，一主人事，各得《易》之一端，交相胜，亦交相足。其他《易》外别传者，无论已。

　　宋以后，言数者宗邵子，言理者宗程子，而朱子《本义》，则发明程《传》者也。明代精《易》学者，前有蔡虚斋、胡敬斋、韩恭简，后有高忠宪、黄忠端、倪文贞，多主言理，惟忠端言数。而梁山来瞿塘先生，兼理数而精之，研究二十九年，遂成专家之学。先生乡举后，移居万县穹山中，覃思《易》理，自隆庆庚子至万历戊戌，始成《集注》一书。其立说专取《系辞》中"错综其数"以论《易》象，而以《杂卦》证之。其论"错"有"四正错"，有"四隅错"，论"综"有"四正综"，有"四隅综"，有"以正综隅"，有"以隅综正"。其论"象"有"卦情之象"，有"卦画之象"，有"大象之象"，有"中爻之象"，有"错卦、综卦之象"，有"占中之象"，有"爻变之象"。而于卦变之说则辟之。其注先释象义、字义及错综义，然后释本卦、本爻正意。凡皆冥心力索，得其端倪，因而参互旁通以自畅其说，盖兼通程、邵之理数，以上彻四圣人之奥义微言，而于象之为像，其所以弥纶天地之故，独能会诸意言之表。其《自序》谓"孔子殁而《易》亡，二千余年如长夜"，言大而实，非夸也。顾其书虽流布艺林，后学不能尽得而读之，吾乡同志之士，乃能勾资重刻，以表彰先儒绝业，甚盛举也。善学者观辞玩占，用以深究夫天道之盈虚消长，与人事之吉凶悔吝、进退存亡，其必以先生此书为秘钥也夫？①

文中第一段的内容出自《四库提要》卷一《易类序》，《四库提要》载：

　　圣人觉世牖民，大抵因事以寓教：《诗》寓于风谣，《礼》寓于节文，《尚书》、《春秋》寓于史，而《易》则寓于卜筮。故《易》之为书，推天道以明人事者也。《左传》所记诸占，盖犹太卜之遗法。汉儒言象数，去古未远也。一变而为京、焦，入于禨祥；再变而为陈、邵，务穷造化，《易》遂不切于民用。王弼尽黜象数，说以老庄。一变而胡瑗、程子，始阐明儒理；再变而李光、杨万里，又参证史事，《易》遂日启其论端。此两派六宗，已互相攻驳。又《易》道广大，无所不包，旁及天文、地理、乐律、兵法、韵学、算术，以逮方外之炉火，皆可援《易》以为说，而好异者又援以入《易》，故《易》说愈繁。夫六十四卦《大象》皆有"君子以"字，其爻象则多戒占者，圣人之情见乎词矣。其余皆《易》之一端，非其本也。今参校诸

①　李元度：《天岳山馆文钞》卷26《重刻周易来注序》，岳麓书社2009年版，第568~569页。

家，以因象立教者为宗，而其他《易》外别传者，亦兼收以尽其变，各为条论，具列于左。①

对比可知，《重刻周易来注序》对《四库提要》作了较大修改。《四库提要》说道，汉儒主象数，"去古未远也"，《易》学在汉以后分两派六宗，且"互相攻驳"，皆非《易》之本，故《四库提要》"以因象立教者为宗"。而《重刻周易来注序》将《易》学之两派六宗"互相攻驳"更改为"各得《易》之一端，交相胜，亦交相足"，其后，又将"以因象立教者为宗，而其他《易》外别传者亦兼收以尽其变，各为条论"更改为"其他《易》外别传者，无论已"。即《重刻周易来注序》不偏主象数，而是肯定《易》之理数二宗各有所得，互为补充。《重刻周易来注序》第二部分的内容出自《四库提要》卷五《周易集注》提要，《四库提要》载：

> 《周易集注》十六卷，明来知德撰。知德字矣鲜，梁山人。嘉靖壬子举人。万历三十年，总督王象乾、巡抚郭子章荐授翰林院待诏。知德以老疾辞，诏以所授官致仕。事迹具《明史·儒林传》。知德自乡举之后，即移居万县深山中，精思《易》理。自隆庆庚午至万历戊戌，阅二十九年而成此书。其立说专取《系辞》中"错综其数"以论《易》象，而以《杂卦》治之：错者阴阳对错，如先天圆图，乾错坤，坎错离，八卦相错是也；综者一上一下，如屯、蒙之类，本是一卦，在下为屯，在上为蒙，载之文王《序卦》是也。其论"错"有"四正错"，有"四隅错"，论"综"有"四正综"，有"四隅综"，有"以正综隅"，有"以隅综正"。其论"象"有"卦情之象"，有"卦画之象"，有"大象之象"，有"中爻之象"，有"错卦之象"，有"综卦之象"，有"爻变之象"，有"占中之象"。其注皆先释象义、字义及错综义，然后训本卦、本爻正意。皆由冥心力索，得其端倪，因而参互旁通，自成一说，当时推为绝学。然上、下经各十八卦，本之旧说，而所说中爻之象，亦即汉以来互体之法，特知德纵横推阐，专明斯义，较先儒为详尽耳。其《自序》乃高自位置，至谓"孔子没后而《易》亡，二千年有如长夜"。岂非伏处村塾，不尽睹遗文秘籍之传，不尽闻老师宿儒之论，师心自悟，偶有所得，遽夜郎自大哉！故百余年来，信其说者颇多，攻其说者亦不少。然《易》道渊深，包罗众义，随得一隙而入，皆能宛转关通，有所阐发，亦不必尽以支离繁碎斥也。②

对比两段材料，《重刻周易来注序》"先生乡举后……本爻正意"与《四库提要》差别不大，不同的是，《重刻周易来注序》在前半部分增加了宋至明代《易》学概况的论述，并强调来知德"兼理数而精之"，后半部分增添了"盖兼通程、邵之理数……独能会诸意言之表"一句，并将《四库提要》"偶有所得，遽夜郎自大"更改为"言大而实，非夸也"。《四库提要》重在阐述《周易集注》的论说方法，避谈理数问题，且讽刺来知德"夜郎自大"，而《重刻周易来注序》则论述来知德兼通理数，并有意强调来知德自序

---

① 永瑢等：《四库全书总目》卷1，中华书局1965年版，第1页。
② 永瑢等：《四库全书总目》卷5，中华书局1965年版，第30页。

"言大而实"。《重刻周易来注序》虽借用了《四库提要》的话语,立论却与《四库提要》迥异。

除以上"论涉经学"篇目外,《文钞》借用《四库提要》的经学篇目尚有《四书广义序》《气机》。《四书广义序》涉及借用《四库提要》的史源为:《四库提要》卷三十五《大学章句》《论语集注》《孟子集注》《中庸章句》提要;卷三十六《四书管窥》提要、《四书大全》提要。《气机》涉及借用《四库提要》的史源为:《四库提要》卷三十五《大学章句》《论语集注》《孟子集注》《中庸章句》提要。与《重刻周易来注序》等篇目相同的是,《四书广义序》《气机》同样对《四库提要》作了一定程度的修改,如《文钞》卷二十六《四书广义序》载:

> 朱子生平著述最多,行世亦最早,往往有后来考定未及造改者,故或沿汉唐诸儒之讹,或汉唐诸儒疏解不误,朱子改之而转误。不独《文集》《语录》不无矛盾,即《章句》《集注》《或问》亦时有牴牾,原书具在,可覆按也。且夫注曰《集注》,传曰《集传》,曷尝以一家之说尽经哉?有能拾遗纠谬以匡所不逮,朱子必乐闻之,或更补正焉以求无憾于圣贤,不如是不足为朱子也。观易箦前数日,犹手自更定"诚意"章注,其不自信若此。乃自科举学兴,读朱子书者,一字一句奉为经典,虽其甚不安于心者,亦为说以附会之。①

《四库提要》卷三十六《四书管窥》提要载:

> 《四书管窥》八卷,元史伯璇撰。……考朱子著述最多,辨说亦最夥。其间有偶然问答未及审核者,有后来考正未及追改者,亦有门人各自记录,润色增减,或失其本真者。故《文集》、《语录》之内,异同矛盾,不一而足。即《四书章句集注》与《或问》亦时有牴牾。原书具在,可一一覆按也。当时门人编次,既不敢有所别择,后来读朱子书者,遂一字一句奉为经典,不复究其传述之真伪与年月之先后。但执所见一条,即据以诋排众论,纷纭四出,而朱子之本旨转为尊信者所淆矣。②

可见,李元度并非严格地征引《四库提要》,而是根据己意作出修改。遍考《文钞》经学篇目,并未再发现借用《四库提要》的例证,即《文钞》借用《四库提要》内容的经学篇目共5篇,约占所有经学篇目的12%,远没有达到"大半钞袭"的程度。

二、《四库提要》为"读书之门径"

《文钞》借用《四库提要》的内容并不限于经学,《文钞》对《四库提要》史部、子部、集部提要均有所取资,如《史书纲领序》《与郭筠仙中丞论通志体例书》《平江县志例言》《地理小补序》《国朝古文正的序》等篇目,而这些篇目同样不是对《四库提要》

---

① 李元度:《天岳山馆文钞》卷26《四书广义序》,岳麓书社2009年版,第560~561页。
② 永瑢等:《四库全书总目》卷36,中华书局1965年版,第301页。

的简单复制，如《史书纲领序》，《史书纲领序》与《四库提要》有关联的内容如下：

> 尝考《隋书·经籍志》，谓刘向《别录》、刘歆《七略》，剖析源流，各有序以推寻事迹。宋之《崇文总目》及陈氏《解题》、晁氏《读书志》，并得此意，使后儒得略见古书之崖略，端赖乎此。①

《四库提要》卷八十五《目录类序》载：

> 《隋志》曰："刘向《别录》、刘歆《七略》，剖析条流，各有其序，推寻事迹。自是以后，不能辨其流别，但记书名而已。"其文甚明，应麟误也。今所传者以《崇文总目》为古，晁公武、赵希弁、陈振孙并准为撰述之式。②

《四库提要》卷八十五《崇文总目》提要载：

> 《崇文总目》十二卷，宋王尧臣等奉敕撰……考原本于每条之下具有论说，逮南宋时，郑樵作《通志》，始谓其文繁无用，绍兴中，遂从而去其序释……考《汉书·艺文志》本刘歆《七略》而作，班固已有自注。《隋书·经籍志》参考《七录》，互注存佚，亦沿其例。《唐书》于作者姓名不见纪传者，尚间有注文，以资考核。后来得略见古书之崖略，实缘于此，不可谓之繁文。③

毫无疑问，《史书纲领序》以上内容为综合《四库提要·目录类序》与《崇文总目》提要而成。又如《国朝古文正的序》，其与《四库提要》相关的内容如下：

> 古人操选政者，若《唐文粹》《宋文鉴》《元文类》《明文海》之属，皆断代为书。若《文选》《文苑英华》之属，则综历代而撷其尤。若朱氏右选《八先生文集》，茅氏坤因之，储氏欣广之为十家，则合数家为一集。至吕东莱之《古文关键》，楼迂斋之《古文标注》，真西山之《文章正宗》，谢叠山之《文章轨范》，又各取古人名作，标举其命意布局之所在，示学者以径涂，其为来学计，益深切矣。④

《四库提要》卷一百八十七《古文关键》提要载：

> 《古文关键》二卷，宋吕祖谦编。取韩愈、柳宗元、欧阳修、曾巩、苏洵、苏轼、张耒之文，凡六十余篇，各标举其命意布局之处，示学者以门径，故谓之"关键"……叶盛《水东日记》曰：宋儒批选文章，前有吕东莱，次则楼迂斋、周应龙，

---

① 李元度：《天岳山馆文钞》卷 27《史书纲领序》，岳麓书社 2009 年版，第 582 页。
② 永瑢等：《四库全书总目》卷 85，中华书局 1965 年版，第 728 页。
③ 永瑢等：《四库全书总目》卷 85，中华书局 1965 年版，第 728 页。
④ 李元度：《天岳山馆文钞》卷 27《国朝古文正的序》，岳麓书社 2009 年版，第 580~581 页。

又其次则谢叠山也。朱子尝以拘于腔子议东莱矣。要之，批选议论，不为无益，亦讲学之一端耳云云。然祖谦此书，实为论文而作，不关讲学。盛之所云，乃《文章正宗》之批，非此书之评也。①

对比可知，《国朝古文正的序》"至吕东莱之《古文关键》……示学者以径涂"与《四库提要》有相似之处，但并非完全照录。周应龙在《四库提要》仅此一见，而真德秀及其《文章正宗》在《四库提要》同卷多次出现，李元度很可能据此增补。

此外，《文钞》已明确标注出自《四库提要》或提及"四库"的篇目有 10 篇，如《文钞》卷二十五《湖南文征序》载：

> 考文章家总集，有合一朝为一集者，若《唐文粹》《宋文鉴》《元文类》《明文海》之属是也。有合一州一邑为一集者，若宋有《成都文类》《吴都文粹》及会稽、严陵、赤城诸集，元有《宛陵群彦集》，明有《中州名贤文表》《新安文献志》《全蜀艺文志》《三台文献录》《吴兴艺文补》诸集，国朝有《粤西文载》《金华文略》《柘浦文钞》诸集是也。其书并录在《四库》，藏之名山。②

除《柘浦文钞》未见诸于《四库提要》外，《唐文粹》《宋文鉴》等著录于《四库提要》卷一百八十六至卷一百九十四总集类提要。

《文钞》经学篇目借用《四库提要》的比例虽然不大，但结合《文钞》非经学篇目借用《四库提要》的例证，可以发现，李元度对《四库提要》经、史、子、集四部均有所择取，且李元度对《四库提要》的运用极为娴熟。如若李元度对《四库提要》没有足够的了解，显然很难灵活地借用《四库提要》。张舜徽先生在《清人文集别录》中说道：

> 观其平日论学之语有曰："尝论读书难，其在今日转易。何者？经学至国朝诸儒，实能洞辟奥窔，尽发前人之覆。今既有《皇清经解》一书，以汇众说，又得《钦定四库全书提要》，类聚条分，以辨读书之门径。学者即二书求之，思过半矣。"（是集卷二十七《重刻輶轩语书目答问序》）可知元度一生，固奉《四库提要》为守约之书，而未尝从事本原之学。宜其言及群经源流得失，自不免于剽窃陈言，以为己作也。③

张舜徽先生认为，李元度奉《四库提要》为"守约之书"，而不从事扎实的"本原之学"，故于经学无所得，习惯于抄袭《四库提要》。李元度有无从事"本原之学"或可商榷，但从李元度的序中得知，李元度视《四库提要》为"读书之门径"。至于李元度何以视《四库提要》为"读书之门径"，其在序中作了交代，即它与《四库提要》的学术地位和著作类型有关。

---

① 永瑢等：《四库全书总目》卷 187，中华书局 1965 年版，第 1698 页。
② 李元度：《天岳山馆文钞》卷 25《湖南文征序》，岳麓书社 2009 年版，第 547~548 页。
③ 张舜徽：《清人文集别录》卷 19，华中师范大学出版社 2004 年版，第 485 页。

首先，《四库提要》具有相当高的学术地位。李元度说道："经学至国朝诸儒，实能洞辟奥窔，尽发前人之覆。"在李元度看来，"国朝诸儒"的学术水准超越前人，成就卓越，而《四库提要》的编纂与李元度所赞颂的"国朝诸儒"关系甚大。《四库提要》的编纂为旷世巨典，参与编纂人员，几乎囊括当世学界名家，如著名的"五征君"（戴震、邵晋涵、周永年、余集、杨昌霖）。一部汇聚"国朝诸儒"之力的《四库提要》，无疑具有很高的学术地位。更为关键的是，《四库提要》为清廷钦定的学术史著作。《四库提要》虽由纪昀等四库馆臣参与编纂，但它绝不是纪昀等四库馆臣的个人著作，而是代表着清廷当局的意志和主张，故李元度在序中使用了"钦定《四库全书提要》"的话语，而不是仅用"《四库全书提要》"。因而，一部由当世学界名家参与编纂，经过最高统治者钦定的《四库提要》，具有极高的权威。《四库提要》在刊行后获得的评价可以很好地说明这一点，如周中孚在《郑堂读书记》中说道："自汉以后，簿录之书，无论官撰、私著，凡卷第之繁富，门类之允当，考证之精审，议论之公平，莫有过于是编矣。"① 阮元说道："凡六经传注之得失，诸史记载之异同，子集之支分派别，罔不抉奥提纲，溯源彻委……考古必衷诸是，持论务得其平。"②

正因如此，学者纷纷奉《四库提要》为撰著、治学之资。如阮元编纂《儒林传稿》，大幅度地征引《四库提要》；梁章钜《退庵随笔》读经、读史、读子、学文诸类所论，多采自《四库提要》③，以备治学之参考；张之洞在《輶轩语》中说道："今为诸生提一良师，将《四库全书总目提要》读一过，即略知学问。析而言之，《四库提要》为读群书之门径。"④ 所以，李元度视《四库提要》为"读书之门径"的观点并不仅仅是一己之见，它在清后期具有一定的代表性。

在此背景下，李元度自然对《四库提要》有相当的熟悉度，以致在文章中频频借用《四库提要》。《文钞》借用《四库提要》的篇目多是用以作论述之资，如《重刻周易来注序》《易学一得序》《国朝古文正的序》等。在《国朝古文正的序》中，李元度借用《四库提要》关于吕祖谦《古文关键》的论述，并特地在其后增加"其为来学计，益深切矣"一句，看似肯定《古文关键》等著作，实则是为下文表彰杨彝珍《国朝古文正的》作铺垫。然而，《文钞》借用《四库提要》的篇目，并非完全顺承《四库提要》之意，部分篇目对《四库提要》进行修改后，其论学宗旨与《四库提要》已不同，这些篇目多"论涉经学"，如《重刻周易来注序》《易学一得序》。李元度之所以如此修改，其原因是多方面的。

表面看来，《重刻周易来注序》等篇目与《四库提要》的论述目的不同。《四库提要》重在考辨源流与评判著作，而《重刻周易来注序》《易学一得序》作为序，目的是为所序著作张目，故李元度不得不对《四库提要》作出适当的修改，如《四库提要》批评来知德"夜郎自大"，这种说法显然不利于《周易集注》，李元度将其更改为"言大而实"，以便为《周易集注》作宣传。

---

① 周中孚：《郑堂读书记》卷32，北京图书馆出版社2007年版，第587页。
② 阮元：《纪文达公集序》，《揅经室集》三集卷五，《四部丛刊》景清道光本。
③ 徐德明：《清人学术笔记提要》，学苑出版社2004年版，第135页。
④ 司马朝军：《輶轩语详注》，华东师范大学出版社2010年版，第139页。

　　事实上,《重刻周易来注序》等篇目与《四库提要》出现差异的原因并非仅因两者论述目的不同,它与李元度的治学宗旨、《文钞》的时代背景有很大关系。

　　李元度的治学宗旨与《四库提要》不同。李元度受学于曾国藩,尊崇程朱理学,并能出入朱王二家,于王学持论较为平允。《文钞》中多处可反映李元度的思想倾向,部分学者对此也有论及。① 而《四库提要》扬汉抑宋,其《易》学观以汉儒象数之说为宗。所以,李元度的治学宗旨与《四库提要》的论学宗旨相反。更重要的是,《文钞》的时代背景与《四库提要》不同。《四库提要》编纂于乾隆晚期汉学正如日中天之时,李元度主要生活于道光至光绪年间,《重刻周易来注序》《易学一得序》等篇目撰写于道光晚期至光绪初年。道光以降,汉学已渐趋衰落,而一度偃旗息鼓的程朱理学,在唐鉴、曾国藩等的倡导下,却出现复兴之迹象;另一方面,清廷早已不复乾隆时期的辉煌,疲于应对社会危机,思想控制渐趋松缓。因而,学术生态和社会形势都变得有利于宗理学者。

　　在这种情况下,《四库提要》无法对李元度形成强有力的约束力,故李元度敢于修改《四库提要》。如在《重刻周易来注序》中,关于《易》学源流,《四库提要》"以因象立教者为宗",李元度阐述《易》学两派,互为补充,各有所得;对于来知德《周易集注》,李元度强调来知德"兼通程、邵之理数"。在《易学一得序》中,同样可以体现李元度的治学宗旨,《易学一得序》与《四库提要》有关联的内容如下:

> 　　古圣人觉世牖民,大抵因事以寓教。《易》则寓于卜筮,推天道以明人事者也。《左传》所记诸占,盖犹太卜之遗法。汉儒言象数,去古未远,郑康成从马融受费氏《易》,实为传《易》之正脉。一变而入禨祥,为京、焦之学;再变而穷造化,为陈、邵之学,此一派也。王辅嗣尽绌象数,以老庄说《易》。一变而为胡翼之、程伊川,阐明儒理;再变而为李庄简、杨文节,参证史事,此又一派也。汉以后说《易》诸家,无出两派六宗外者。又《易》道广大,无所不包,旁及天文、地理、乐律、兵法、医宗、韵学、算术,以逮方外之炉鼎,皆可援《易》以为说,而好奇者又往往援之以入《易》,于是《易》说愈繁。夫六十四卦之爻象,多戒占者,圣人之情见乎词矣。其余皆《易》之一端,非其本也。然《易》理统贯天人,成于四圣,京、孟、郑、虞诸经师,各述其所得,仁者见仁,智者见智,自非圣人复出,未有能得其定论确解者。虽程《传》、朱《义》,所诣最深,不敢谓尽得圣人之意也。故说《易》当以因象立教为宗,而其他《易》外别传者,亦必兼收以尽其变焉。②

此段内容的史源基本出自《四库提要·易类序》,而"郑康成从马融受费氏《易》,实为传《易》之正脉"一句出自《四库提要》卷一《周易郑康成注》提要,《四库提要》载:

> 　　《周易郑康成注》一卷,宋王应麟编。……考玄初从第五元先受京氏《易》,又从马融受费氏《易》,故其学出入于两家。然要其大旨,费义居多,实为传《易》之

　　① 戚学民:《〈国朝先正事略〉与〈儒林传稿〉》,《阮元〈儒林传稿〉研究》,三联书店 2011 年版,第 420~450 页。

　　② 李元度:《天岳山馆文钞》卷 27《易学一得序》,岳麓书社 2009 年版,第 585~586 页。

正脉。①

此外，《易学一得序》增添了"然《易》理统贯天人……虽程《传》、朱《义》，所诣最深，不敢谓尽得圣人之意也"等内容，又将《四库提要》"亦兼收以尽其变"增补为"亦必兼收以尽其变焉"。对比《易学一得序》对《四库提要》所作的增补，《易学一得序》与《四库提要》的论学宗旨已大相径庭。费氏《易》学为义理之祖，李元度借用《四库提要》的话语，强调义理方为汉《易》之正脉，其后李元度特意增添内容，强调对于《易》学，"仁者见仁，智者见智"，"程《传》、朱《义》，所诣最深"。而这些修改并非仅仅是为《易学一得》寻求理论依据，《易学一得》多循陈、邵之学，非义理之学。李元度所作的修改，实则是对《四库提要》之《易》学观的否定，是其个人论学宗旨的体现。

因而，李元度虽然认可出自钦定的《四库提要》对于读书治学甚有裨益，并且确实对其有相当程度地了解，却未奉《四库提要》为不刊之典，仅是限于作为"读书之门径"。李元度对《四库提要》持实用之态度，即以《四库提要》为撰著之资，合则从之，不合则改之，而经部提要是《四库提要》贬抑宋学的主要阵地，所以李元度对《四库提要》修改幅度较大的篇目多在"论涉经学"篇目。

李元度在《四书广义序》中借用《四库提要》的话说道："乃自科举学兴，读朱子书者，一字一句，奉为经典，虽其甚不安于心者，亦为说以附会之。"李元度本学宗程朱，但其未步唐鉴等人后尘，一味墨守程朱，相反，李元度敢于质疑朱子，认为将朱子言论奉为金科玉律者并非真得朱子之意。又如李元度认为，王阳明"立德、立功、立言，实兼三不朽"②，这一观点在王学饱受抨击的清代，可谓通达之论。李元度对程朱理学和阳明心学的认识正可以很好地佐证其对《四库提要》之态度。

三、结论与余论

张舜徽《清人文集别录》一书，提要钩玄，阐幽表微，已经成为清代文学史与学术史研究的一部必读之作。他指控李元度《天岳山馆文钞》"论涉经学"的部分涉嫌抄袭《四库提要》，已经成为学界的一重公案。但经过我们的比勘复审，发现其说法稍有不妥，未免言过其实。李元度视《四库提要》为"读书之门径"，并频频征引《四库提要》有关论述，但并未墨守《四库提要》，其原因在于：李元度的治学宗旨与《四库提要》不同；《文钞》的时代背景与《四库提要》不同。《文钞》借用《四库提要》内容的经学篇目，非但不是"一字不易"，而实际情况是部分篇目还有较大幅度的修改，其论述内容仅涉及《易》、"四书"和《左传》，所占篇幅远未达到大半，难以据此确定李元度有无从事"本原之学"。因此判断李元度"于学术造诣甚浅"，未免贬之过甚。

《清人文集别录》中论述《天岳山馆文钞》的内容最早见于《壮议轩日记》，该日记撰于 20 世纪 40 年代初期，张舜徽先生当日并未仔细核对《四库提要》，仅是举其大概而

---

① 永瑢等：《四库全书总目》卷 1，中华书局 1965 年版，第 2 页。

② 李元度：《天岳山馆文钞》卷 36《与邢星槎孝廉书》，岳麓书社 2009 年版，第 740 页。

言之，凭印象发言，难免失误。张舜徽先生所阅读的《文钞》同为光绪六年李元度自刊本，《清人文集别录》却误将《重刻周易来注序》等篇目的出处标为"卷二十四"，而《壮议轩日记》所标注的出处则没有错误，令人费解。《壮议轩日记》一度于战乱中丢失，《清人文集别录》于1963年付梓，很可能在此后并未再检阅《文钞》，而是凭记忆重写了《天岳山馆文钞》的解题。

余嘉锡在《四库提要辨证》中说道："故曰自《别录》以来，才有此书，非过论也。故衣被天下，沾溉靡穷，嘉、道以后，通儒辈出，莫不资其津逮，奉作指南，功既钜矣，用亦弘矣。"① 余嘉锡所言颇为中肯。《四库提要》在清后期的影响极为广泛，持久而深入。如阮元编纂具有准国史性质的《儒林传稿》，征引《四库提要》超过了170次之多，李元度《文钞》不啻将《四库提要》作为文章之司南。《四库提要》泽被后世，对清后期著作的渗透已经由官方向个人转移，遍及书志、史志、学术史著作、笔记，影响甚至及于文集。

值得注意的是，李元度并未将《四库提要》一字一句均奉为不刊之论，如其在《书罗氏识遗后》对《四库提要》关于罗璧《识遗》、彭其位《学宫备考》的籍贯著录提出了异议，而对于《四库提要》扬汉抑宋的宗旨，李元度更是大不以为然。余嘉锡注意到"乾、嘉诸儒于《四库总目》不敢置一词，间有不满，微文讥刺而已。道、咸以来，信之者奉为三尺法，毁之者又颇过当"②。余嘉锡指出，道光前后，学者对《四库提要》的态度有明显转变，不过，余嘉锡未作深入细致的阐述。从李元度对《四库提要》的接受与批评中，可以初步得出，《四库提要》在道光以降的影响已经发生微妙的变化，一方面，《四库提要》在学术上仍旧具有相当大的影响力；另一方面，《四库提要》所确立的"扬汉抑宋"之宗旨已然受到挑战。李元度不满的是《四库提要》的论学宗旨，对于《四库提要》的学术水准，李元度尚无太多异词。这一现象透露，作为出自钦定的《四库提要》，其境遇与汉宋学术兴衰及清朝国力息息相关，当学术生态发生改变、清朝国力渐趋下降之时，笼罩在《四库提要》之上的光环日益褪色，逐渐由权威著作向普通的学术著作转变。今后需要进一步挖掘《四库提要》的丰富学术资源，弄清其传承轨迹，以便更为全面、深入地了解清代学术文化生态。

（作者单位：武汉大学中国传统文化研究中心）

---

① 余嘉锡：《四库提要辨证·序录》，中华书局2007年版，第49页。
② 余嘉锡：《四库提要辨证·序录》，中华书局2007年版，第48页。

戴震与四库学[*]

□ 徐道彬

　　戴震是我国 18 世纪中叶著名的学者和思想家，在人文思想和自然科学的诸多领域都取得了卓越的成就，无论是在当时还是在后世，都产生了极为深远的影响，成为清代学术界最为重要的代表人物之一。戴震曾经以"五征士"的身份进入四库馆，对于《四库全书》及其《总目》的编纂功不可没 ①。他以丰厚而严谨的著述、执著而笃实的学风，以及创立规则、引领风尚的大家气度，让馆内外学者深为钦佩。下面仅就戴震在四库馆中整理校勘古籍的杰出成就、治学方法和学术影响方面略作论述，以此考察戴氏对于四库学的重要贡献。

一

　　戴震治学由小学入经学，对汉代扬雄所著《方言》一书深有探讨。自入四库馆后，进而多方采集，完成了一部传世力作《方言疏证》。该书充分利用古音学的方法，"疑于义者以声求之，疑于声者以义正之"，在搜集、核实大量方言文献的基础上，对方言的语音和词汇进行系统研究，推阐语源，旁证方音，辨析异同，梳理源流，终成一部嘉惠海内的杰作。卢文弨云："《方言》至今日而始有善本，则吾友休宁戴太史东原氏之为也。义难通而有可通者通之，有可证明者胪而列之，正讹字二百八十一，补脱二十七，删衍字十七，自宋以来诸刻，洵无出其右者。"② 这是对《方言疏证》学术成就的中肯评价，也是对其治学方法和学术精神的高度肯定。

　　东原校勘《方言》，主要有以下几个特点：其一，依据声训，辨识通假；其二，比对异文，校正讹字；其三，觅求佐证，勘订衍脱；其四，钩提归纳，研求古义；其五，推求文义，判断事理。东原注重辨析字体以明本末，执古音以测本义，揆之本文而协，验之他卷而通，自经史诸子以及历代诗文，莫不旁搜博征，各有依据。此后学者，继起有作，如当时就有卢文弨、刘台拱、钱绎、王念孙等，对于戴校中的错误加以补正，然肇其端绪与

　　* 本文为国家社科重点项目"清代文人专题研究"（项目批准号：13AZD047）、安徽大学徽文化传承与创新中心课题阶段性研究成果。

　　① 司马朝军：《四库全书总目编纂考》，武汉大学出版社 2005 年版，第 9~20 页。
　　② 卢文弨：《重校方言序》，《抱经堂文集》，中华书局 1990 年版。

发凡起例，则不能不推功于戴东原也。

《算经十书》曾是隋唐国子监算学科的经典书本，后世有所式微，错乱颇多。随着西学东渐的风潮，清代此学又得以兴盛，戴震在四库馆中对这十部书的辑佚和校勘，使之重返学坛，最为有功。其"备步算之大全，补六艺之逸简"，辑成《算经十书》，重建了中国传统数学体系和学术自尊，之后的经学家十九兼治天算学，掀起了天算学研究的高潮，以至于道咸以后，在中国古算学资料的发掘和整理基础上，引进近代西方科学，近代科学才有了较好的发展基础和先决条件，在时间与空间上与西学顺利完成对接。

戴氏在四库馆未开以前，对历算之学已有精深研究，所撰《句股割圆记》《迎日推策记》诸篇，已为同行普遍认可。入馆之后，他利用更为丰富的资料，运用对校、他校、本校、理校之法，酌情校正经籍史志的讹误。对《算经十书》前后错乱讹字衍文，脱落倒置，参互订正。如《五经算术考证》一卷就是他对《五经算术》所引经史中涉及算学文字的甄别与考论。试看文中"《尚书》《孝经》'兆民'注，甄鸾按：《尚书》无此注，故从《孝经注》释之"下，戴按："今《孝经》亦无此注。考'天子曰兆民，诸侯曰万民'，本《左氏春秋》闵公元年卜偃之语。郑康成注《内则》'降德于众兆民'云：'万亿曰兆。天子曰兆民，诸侯曰万民。'然则此所引《尚书》及《孝经》注皆郑氏说也。"①又如在"又上生不得过黄钟之浊，下生不得不及黄钟之清"下，戴按："后复引此二语，下云：'是则上生不得过九寸，下生不得减四寸五分。'改蔡邕《月令章句》云：'黄钟之宫，谓黄钟少宫也。半黄钟九寸之数，管长四寸五分。'盖九寸者，黄钟全律；四寸五分者，黄钟半律。《后汉书》今本作'上生不得过黄钟之清浊，下生不得及黄钟之数'，实讹谬不可通。当是传写致讹，校书者因有所窜改。此所引犹善本未讹者也。"戴氏博征经籍史志，以汉魏古注和未讹之"善本"为据，纠正前校"传写致讹"，而详考其实，改归正本。又同书对《礼记·礼运》郑注"十二食还相为质"，注"质"为"滑"，戴氏云："食味言'还相为滑'，衣色言'还相为质'。质如凡画者，丹质之质。食味衣色，二者语宜有别。此所引在唐以前，应是古本作'滑'。"又"于准为寸"下，戴按："《后汉书》今本脱二句。考下云：'不盈者十之所得为分'，正承下句谓'不盈寸'也。当是《后汉书》脱误。"东原从《永乐大典》中辑录出《五经算术》，并作考证一卷，一方面以经籍史志校订其讹误衍脱，另一方面对甄鸾所引北周以前古籍加以运用，来校正经史传本，订讹正谬，成为善本，故时人即已称赞"是书不特为算家所不废，实是以发明经史，校订疑义，于考证之学尤为有功焉"。又如戴校《海岛算经》于李淳风注文"岛谓山之顶上，两表谓立表，木之端直"下云："此句讹舛。据术意，言'立两表齐高三丈，相去千步'者，谓立木为表，两表各高三丈。其地相去千步，必准之使平，则表端齐平，然后可测望也。又言'令后表与前表参相直'者，自海岛至前表，自前表退至后表，三者令其参相当也，非木之端直。"又眉批李淳风文"二表相去为相多，以为法"下云："此亦讹舛。据术意，人去前表一百二十三步，以目著地望表末，斜与岛峰参合；又去后表一百二十七步，以目著地望表末，亦与岛峰参合，非于木末望岛也。前后去表相减，余四步为相多，非二表相去也。当由传写失真，后人妄加改窜，遂不可通。"东原从数理与异文比对切入，参伍而观，不惑于常解，可称积思自悟，识见敏锐，左右逢源，论定是非。

---

① 戴震：《五经算术考证》卷一，《戴震全书》第六册，黄山书社1995年版。

戴震对《九章算术》的校勘也是先从《永乐大典》中辑佚出来，再参照南宋残本整理校订，其《九章算术订讹补图》卷四"故曰丸居立方三分之一也"下，戴注："此句舛误。据上言，置三分之二，以三乘之，如四而一，乃丸居立方二分之一，非三分之一。况以上明祖氏圆术，其率乃丸居立方二十一分之十一，下云圆径再自乘，十一乘之，如二十一而一是也。若二分之一，于祖氏术不协矣。又祖氏方幂率十四、圆幂率十一，亦不得用方幂四，圆幂三之疏率以解祖氏说。自'祖晅之开立方圆术曰'至此，似因传写既讹，后人妄加窜改，遂不可通。"① 戴氏校勘特别注意文字衍脱倒讹，力求匡谬补阙，并附以校订之语。如又卷一在李淳风注"假今圆径二尺，圆中容六觚之一面"下，戴氏考辨云："'六觚'原本讹作'六弧'。考六角形，其平面亦有六，八角形，其平面亦有八，古人谓之'六觚'、'八觚'。若截圆形为六，古人谓之'弧背'，其弧即圆周，不得云'圆中容六弧之一面'。后或言'弧'，或言'觚'，义各不同。原本'觚'皆讹作'弧'，遂蒙混不可通。"又卷九引李淳风注："下镵深得一寸为半股弦差，注云为'股弦差'者，镵道也。"戴案："此言下镵深得一寸半股弦差，即注所谓'镵深一寸为股弦差之一半'也。更缀注云'为股弦差者镵道也'十字，舛误不可通。据割圆术，镵深一寸即可为股弦差，半镵道五寸为句，材半径为弦。若以此言之，尤合术意。"戴氏以数学考证方法推导古算书中不合几何数理之处，并附加几何图形，指明传写讹溷原因，基本上恢复了《九章算术》的本来面目，提高了该书在科学史上的地位。戴氏曾言："谨排纂成编，并考订讹异，各附案语于下方。其注中指状表目，如朱实、青实、黄实之类，皆就图中所列而言。图既不存，则其注猝不易晓，今推寻注意，为之补图，以成完帙。"② 除了《五经算术》《九章算术》外，戴氏在馆中辑校了数种流传既久，而又长期湮没，割裂难辨的算学著作，今人始可卒读，《算经十书》之功，人皆知晓。郭书春《关于〈算经十书〉的校勘》评价云："戴震的贡献是无与伦比的，倘无他的工作，有的算经，我们就会永远看不到了，而且他提出了若干正确的校勘，对人们能通读被冷落四百余年的这些算经，理解其数学内容，表彰其数学成就起了极大的作用。戴震的工作掀起了乾嘉学派研究中国传统数学的高潮。微波榭本《算经十书》在有清一代被奉为圭臬，研究十部算经者大多以此为底本。"③ 我们从戴震对古算经所作校语和辑校原则的论述，以及后人高度的评价中可以更深刻地领悟到戴氏校勘古书的淹博与识断。当然，戴氏的过失也不可否认，数学史家李俨、钱宝琮、郭书春等已有指正。经戴震校勘的古籍，自有后来者为之去非成是。今人订讹规过，实为嘉惠后学，也是学术研究得以进步的基础与条件。

中国古算学至宝《算经十书》的失而复得，其功当归于戴东原已是世所公认。郭书春总结钱宝琮点校《算经十书》和对戴辑本的评价云："戴震首先见到的大典本《九章》，误字夺字很多，有连续十几字甚至近百字的段落不可读，他的校勘工作十分艰巨，可想而知。他从乾隆三十八年秋进入四库馆到完成《周髀》《九章》《海岛》等算经的辑录校勘工作仅一年半的时间，其中光为《九章》就写了350余条按语（包括13幅图及说明），同时还承担了经部大量著作的校勘任务，非博学通才是不可能完成的。钱先生在他为

---

① 戴震：《九章算术订讹补图》，《戴震全书》第五册，黄山书社1995年版。
② 戴震：《九章算术提要》，永瑢等：《四库全书总目》，中华书局1965年版。
③ 郭书春：《关于〈算经十书〉的校勘》，《文史》，中华书局，2000年第4辑。

《九章》写的 468 条校勘记中，说明从戴校者 140 余条，约占钱先生校点总数的十分之三，占钱先生所采用前人校勘总数的二分之一强。钱先生批判戴校不合理者近 80 条，在所引用戴校中约占三分之一，就是说，戴震的校勘大部分是站得住脚的，对恢复古籍的本来面貌起了巨大作用……即使戴震校勘失当的地方，对后人正确理解《九章》和刘徽、李淳风注亦可起借鉴作用。"① 清代数学由前代的衰微而达于极盛，校勘之役与研究之热相与始终，东原辑校凿破鸿蒙，其功至伟，并同时与天文历算学、语言文字学互动并进，在诸领域皆冠绝群贤，带动后来。

二

戴震校勘《水经注》的成就最高，争议也最大，既存在官书与私著的编著体例的优劣，也存在诸家及其著作问世先后的商榷。东原在入馆之前，曾有撰著《水地记》的宏大计划，"将合天下之山为一山，合天下之川为一川。而自《尚书》《周官》《春秋》之地名，以及战国至今，历代史志建置沿革之纷错，无不依山川之左右曲折，安置妥帖，至赜而不乱。此书固非旦夕之所能成，先生志愿之大，以为必有能助之者，而不料其所成止此也"②。戴氏《水经注》的校订只是其《水地记》计划的一部分，其他如方志图册、河渠之书，多是应聘而为，橐笔拥书，代文谋食之作。戴氏同乡洪榜云："先生屡应志局之聘，文书图册，杂错纠纷于前。先生披图览册，有谬误即图上批示，令再图以进。户吏始不服，及亲履其他，果如先生言，无不惊叹以为神。其治事精敏类如此。后魏郦道元《水经注》一书流传至今，经、注溷淆，前后错简，文章家以为掇拾辞采之书而已。先生究心于是者八九年，寻其义例，按以准望，整之还其旧，俾诸水经支，川渠委纳，厘然就条贯，而是书遂为考舆地家适用之书。"③ 此外，戴氏的《直隶河渠书》《汾州府志》《汾阳县志》都是水地研究的大型实践硕果，其贡献之巨也尽人皆知。以上这些都为戴氏进入四库馆完成殿本《水经注》，以及为自刻本《水经注》的完成打下了坚实的基础。

事实上，东原早年对《水经注》的精深研究，已经初步体现出殿本《水经注》校勘的脉络和特点，包括四大义例的发现，故其在四库馆中校定的《水经注》之所以能够取得巨大成绩，也绝不是偶然。我们可以从其《水地记初稿》《手校水经注》《水经考次》中窥出一二。如《水地记初稿》之三，郦注"《经》云济出其南，非也"下，戴注："济东流，而砾溪东北注之，则济至其北。《水经》不当言又东至砾溪南，今本《水经注》多讹为《经》，前后复絫。胡朏明于'又东南，砾石溪水注之'下云：'又东'二字为句，'石'字衍，观《注》云《经》所谓'砾溪'可知，上有'北砾溪'，故此为'南砾溪'。考砾石溪又明云谓之砾石涧，'石'字非衍也。此句非本《经》，《经》指上'又东至北砾溪南'句耳。'北砾溪'、'南砾溪'，'北'字、'南'字皆后人谬加，因不辨，一属经，一属注，徒见前后两云砾溪，故强为区别，胡君遂眩惑而未之察也。"④ 可见《水

---

① 郭书春：《明清数学史论文集》，江苏教育出版社 1990 年版，第 285 页。
② 段玉裁：《戴先生年谱·附著述辑要》，《戴震全书》第六册，黄山书社 1995 年版。
③ 洪榜：《戴先生行状》，《戴震全书》第七册，黄山书社 1997 年版，第 8 页。
④ 戴震：《水地记初稿》之三，《戴震全书》第四册，黄山书社 1995 年版，第 232 页。

经注》经过历代学者无意的讹乱和有意的篡改，经注淆紊、文字衍讹的现象屡见不鲜。戴氏条其脉络，辨其本始，由此一小段也可见《水经考次》书后所提出的"四大义例"的缘起和雏形。譬如《水地记初稿》称乾隆乙酉（1765 年）夏六月，戴氏审阅胡渭《禹贡锥指》所引《水经注》之文，查其有误，于是顺藤摸瓜，对《水经注》文本进行条分件系，甄别源流，指出："是书至唐宋间遂残缺淆紊，经多误入注内，而注误为经。校者往往以意增改。""注误为经，遂割分异卷。而《元和志》《寰宇记》等书引《水经注》滹沱河、泾水、洛水，今皆无之。"① 东原善于读书得间，目光如炬，常从别人无疑处寻得疑误，并稽诸史志，推寻本末，所得近确。又如《水经考次·江水三》列《经》文"又东过下雉县北，刊水从东陵西南注之"下，戴注："以下大江入海似阙略不完。而'沔水与江合流，又东过彭蠡泽。又东过皖县南。又东至石城县分为二：其一东北流，又东北出居巢县南，又东过牛渚，又东过毗陵县北，为北江。其一又东至会稽余姚县东入于海。'北江即大江，其余姚入海者，乃《汉书·地理志》之分江水。《水经》释《禹贡山水泽地所在》云：'北江在毗陵北界，东入海。'合之沔水内所言北江，则大江入海，彼此互见而得矣。后人又补《江水》之文，徒多事也。"现藏中国社科院考古所的项絪刻本《水经注》，就存有东原手校批语 97 条，时间是乾隆二十五年庚辰（1760 年，东原 36 岁）。其上虽有前人批校之言，但戴氏批文皆有标示，视其大略，以异文比对为主，以博采书证为要，我们称之为《手校水经注批语》。如《水经注》卷三于《经》文"河水又北，过北地富平县西"下，东原云："'河水'二字，后人所加。"于《经》文"又南离石县西"下，东原云："'又南'下脱'过'字。"在卷五《经》文"河水又东过平阴北，湛水从北来注之"，戴氏眉批："'河水'二字后人所加。前已云'又东过平阴县北'，此当云'又东至邓、湛水从北来注之'。注内'洛阳西北四十二里，故邓乡矣'，正'又东至邓'之注，而湛水注亦云'湛水又东南迳邓，南流注于河，故河济有邓津之名矣'。"在《水经注》文"《经》言济水注河"下，东原眉批："当作'《经》言济水注河，非也'。济水篇注：'又东北，河水枝津注之，《水经》以为入河，非也；斯乃河水注济，非济入河。'两处皆辩正《水经》之疏。'非也'二字误与隔行。'水自津枝'上，当有'河'字，因误致讹。"东原援以证实，用资考核，整纷剔讹，改错补失，有功于古籍，嘉惠于后学。又卷十一于《经》文"又东迳安熹县南"下，东原云："'迳'当作'过'。"卷二十四于注文"汶水又西南迳鲁国汶阳县北"下，东原云："'汶水'二字后人所加；'迳'当作'过'，此后人因《经》误入注，而增改之也。"卷三十于《经》文"又东迳新息县南"下，东原云："'迳'当作'过'。"戴氏博采群籍，会通今古，抉发古人著书之用心，提要钩玄，辨析毫微，于校读古书可谓当行出色，堪称绝诣。尤其是区别出经、注之文，并对"迳"、"过"二字在经、注中不同的使用情况，以及对经文中不复举水名的特点归纳揭橥，使讹乱纷绘得以理顺，庶几近于底本可定，并得事理之确当。戴氏校勘《水经注》的成功之处在于能够探赜索隐，约守其例，比勘抉择而兼综独断。

戴震在四库馆时，礼学典籍的校勘也是他的主要任务，常言："为学须先读《礼》，

---

① 戴震：《水地记初稿》，《戴震全书》第四册，黄山书社 1995 年版，第 482~483 页。

读《礼》要知得圣人礼意"①，"明乎《礼》，可以通《诗》"②。所以，在戴震宏大的学术领域中，礼学研究占有极其重要的内容，尝称《七经小记》中的《学礼篇》即"圣人之学如是而已矣"③。如《记冕服》《记皮弁服》《记爵弁服》《记朝服》《记玄端》《记深衣》《记中衣裼衣襦褶之属》《记冕弁冠》《记冠衰》《记括发免髽》《记经带》《记纚藉》《记捍决极》，凡十三篇；中年在扬州卢见曾寓所与卢文弨校勘《大戴礼记》，就展露才华，显示深厚根基；晚年在四库全书馆中辑佚、校勘《仪礼识误》《仪礼集释》《仪礼释宫》《大戴礼记》等，并为之撰写提要，更为古代礼学典籍的保存与阐发作出了重大贡献。兹摘录东原在馆中根据唐石经等文献所作的《仪礼》核订文字，以窥其礼书整理之一斑。

譬如《仪礼》之《士相见礼》有言"非以君命使，则不称寡。大夫士则曰寡君之老"，注云："谓摈赞者辞也。不称寡君，不言寡君之某，言姓名而已。大夫卿士其使则皆曰寡君之某。"《檀弓》曰："仕而未有禄者，君有馈焉，曰献，使焉，曰寡君。"疏云："此文亦兼士大夫，引之者则公事使，称寡君之某也。" "'之老'二字衍。据注经文'寡'字下脱一'君'字，注中'卿'字可疑，当是'与士'，注末衍'之老'二字。疏《小聘》'使下大夫'下，当云：明下大夫则曰寡大夫，上大夫则曰寡君之老。故郑总云某也。"东原对经、注文在传抄中的脱倒衍误，逐一厘清，内外相发，经注互勘，虽无对校之文而结论近是。东原对《仪礼》的校勘成果多被今人所认同，正如孔广森所赞："东观中文，遂分淹《礼》，乃取忠甫《识误》、德明《释文》，殚求豕亥之差，期复鸿都之旧。互相参检，颇有整齐，削康成长衍之条，退《丧服》厕经之传。"④

通人不能无蔽，戴氏亦然。对于东原考证的失误及在四库馆中的辑校结果，在当时就有人与之争议甚或指责，即使如好友纪昀对其校勘韵书也有诸多非议，云："昀尝举此条诘东原，东原亦不应不记，而刻是书时仍讳而不言，务伸己说，遂类西河毛氏之所为，是亦通人之一蔽也。若姑置此书不言，而括其与江慎修论古音者为一条，则东原平生著作遂粹然无瑕，似亦爱人以德之一端。昀于东原交不薄，尝自恨当时不能与力争，失朋友规过之义。故今日特布腹心于左右，祈刊改此条，勿彰其短，以尽平生相与之情。"⑤ 纪氏之言恳切真挚，客观平实，确为戴氏诤友。又如朱筠论戴氏校勘《水经注》云："余谓其所校有功于郦氏良多，然或过信其说不疑，而径改者间有之。虽十得其八九，然于孔圣多闻阙疑之指，未敢以为尽然也。"⑥ 戴氏在无善本参校的情况下，为求善求备，往往以己意作论断而造成失误。经戴震校勘的古籍，自有后来者为之去非成是。戴氏虽有小疵，不足以掩其大醇。今人订讹规过，实为嘉惠后学，也是学术研究得以推进的重要因素。

① 段玉裁：《戴先生年谱·附言谈辑要》，《戴震全书》第六册，黄山书社1995年版。
② 戴震：《毛郑诗考正》，《戴震全书》第一册，黄山书社1994年版，第645页。
③ 段玉裁：《戴先生年谱·附著述辑要》，《戴震全书》第六册，黄山书社1995年版。
④ 孔广森：《戴氏遗书总序》，《戴震全书》第七册，黄山书社1997年版，第169页。
⑤ 纪晓岚：《纪晓岚文集》，河北教育出版社1995年版，第274页。
⑥ 朱筠：《戴氏校订水经注书后》，《戴震全书》第七册，黄山书社1997年版，第205页。

三

戴震进入四库馆时，才、学、识已臻极诣，加之朝廷中秘极丰富的文献资料，使得其考据之学得天独厚，亦硕果累累，许多沉埋已久的古书得以修整和保护，经戴震之手的古籍有幸重见天日，贡献于后人。当时东原任校勘《永乐大典》纂修兼分校官，任务最重，不但负责纂修，并且还兼任校勘。晨夕披捡，无间寒暑，积劳成疾，死于馆中。段玉裁详叙其师整理之功，且深为惋惜，云："先生在四库馆所校定之书，进呈文渊阁本，皆具载年月衔名，聚珍板亦载之，而杭州文澜阁写本不载，故不能详者，类述于此。"① 戴震整理校勘古籍，既有务实创新的指导思想，又有严谨完备的方法和丰硕的实践成果，尤其给同时代学者以深刻的影响，促进了清代校勘学在理论方法上正确而全面地发展。戴氏治学摒弃了"凡古必真，凡汉皆好"的存古佞宋风气，提出了"实事求是"，以理校为主兼综他校的方法，主张淹博、识断、精审而还古籍以本来面目，他的校勘学思想得到了段玉裁和王氏父子的传承，并加以发扬光大，逐渐形成了"苟害六书义，虽汉人亦在所当改"；"审之经学有讹则改之"；"揆之本文而协，验之他卷而通"的系统校勘思想，成为整理古籍以考据先行的重要原则。戴、段、二王，端绪既开，后者继踵，校勘之事已成专门之学，今天我们可以从他们的实践及其方法中汲取经验，为古籍整理事业作出贡献。

戴震在四库馆中整理古籍的成就，及身而至今日，已有充分的肯定和赞誉，其中之影响，尤以其倡导理校法而备受关注。他不仅重视版本对校，更善于总结义例，并将小学方法用之于校勘，取得了显著成绩（鉴于诸多原因，其结果也有得有失，今人对此颇有争议）。但戴氏的校勘成就和思想方法体现了鲜明的时代学术风尚，对今天古籍整理和版本校勘学理论体系的形成有着重要的影响。

戴震整理古籍，首在对文本的求真求实，探求"本经本义"，力图获得古书原貌。段玉裁对其师戴震的这种校勘思想多有申发，云："夫校经者将以求其是，审知经字有讹则改之，此汉人法也。汉人求诸义而当改则改之，不必其有左证。自汉而下，多述汉人，不敢立说擅改，故博稽古本及他引经之文可以正流俗经本之字者，则改之。东原师尝搜考异文，以为订经之助。"② 戴氏综合运用多种方法，对"显然讹谬者，宜从订正"，"字形转写之谬"则"径行改易"，"苟害六经之义，虽汉人亦在所当改"③，表现了"不以人蔽己"、实事求是的勇敢精神和对传统文化的责任感，对时人与后学产生了重要影响。

戴氏校书注重推求古书义例、文例，推寻讹误原因，高屋建瓴，透彻精辟而终于纠正。张舜徽对此曾有感言，云："校勘学家对学术界的贡献，本不限于校订文字的正误，而在能通过长期校书工作掌握古人用字属辞的一般规律，从中找出公例和通则，写成专著，使学者们得到理解古书、疏释旧义的一把钥匙。"④ 戴震校勘《水经注》就是依据归纳出的"三大义例"将经文与注文分开，而在校勘《方言》过程中也是着力寻找内证线

---

① 段玉裁：《戴先生年谱》丁酉条，黄山书社 1995 年版。
② 段玉裁：《与梁耀北书论戴赵二家水经注》，《经韵楼集》，光绪甲申秋树根斋本。
③ 戴震：《与卢文弨论校大戴礼记书》，《戴震全书》第六册，黄山书社 1995 年版，第 283 页。
④ 张舜徽：《扬州学记》，广陵书社 2004 年版，第 213 页。

索，归纳文例，以求其是。戴氏注重运用小学方法揭示文字讹误，校勘过程中特别注意一些形似易混之字，并将这些形似易混之字运用到本书或他书的校订，能够在校勘中对材料勾连群书，穷尽地罗列同类材料加以对比研究，求得大量实例以发掘内在联系。戴氏在《论韵书中字义答秦惠田书》中曾总结校勘方法云："诂训音声，自汉已来，莫之能考也久，无怪乎释经论字，茫然失据。此则字书、韵书所宜审慎不苟也。虽旧韵相承，其中显然讹谬者，宜从订正。"并总结文字讹误之例有：（1）因古今、正俗而误者；（2）因形似、音近而讹；（3）因正文、注文相混而错；（4）本无其字，后人妄造；（5）相沿传写而讹；（6）字形分合而讹。我们通过他对《方言》的校勘也可以见其博综淹贯，发凡起例的成就，并启导了后世以通例归纳校勘古书的条例和方法，如王念孙《读书杂志·淮南内篇后序》、王引之《经义述闻·通说》、俞樾《古书疑义举例》等，皆率由此路而来。

戴震曾感叹云："生千百年后，欲稽古毕得，用订史籍讹文，诚匪易易"，"治经所当阙疑者也，然其事关礼典之大，又不可徒守阙疑之义"。① 后人欲校勘经籍，不能坐等圣贤重述，资深而通识的学者可以凭借文献资料的博征，才、学、识的贯通，处理一些显而易见的讹误，当不为过。若有明显之误，不可"徒守阙疑之义"，尤其是"立说之是非"，更需要谨慎审定，大胆识断。段玉裁云："盖一书流传既久，彼此乖异，势所必有也，墨守一家，以此攻彼，夫人而自以为能也，而郑君之学不主于墨守而主于兼综，不主于兼综而主于独断，其于经字之当定者，必相其文义之离合，审其音韵之远近，以定众说之是非，而以己说为之补正。"② 段氏主张理校之法，倡言"兼综"、"独断"，于"经字之当定"之处，"以己说为之补正"。又引师说以坚定己意："慎修先生、东原师皆曰：'从事经学盖有三难：淹博难，识断难，审定难。'仆以为定本子之是非，存乎淹博，定作书者之是非，则存乎识断、审定。"段氏尽承戴学之法，好学深思，出色当行。清人校勘，善于贯通全书，把握义例，以大体着眼，绝不就字论字，故虽无古本可参，所校仍坚不可移，远较宋元诸儒精深。戴校《仪礼识误》《仪礼集释》《仪礼释宫》多从经注与注疏的验证入手，务求经、注、疏字字落实，善于发现龃龉之处，遇有词句不伦，或数本互异，或义有难安，每出理校之法，而屡收奇效。其读书之精细，令人钦佩。

戴震整理古籍既重视版本对校而又不拘泥于版本，善于总结义例，并将小学方法综合用之于理校，体现了"不以人蔽己，不以己自蔽"的学术风尚。这一思想方法突破了传统校勘学的局限，推动了当时古籍整理和研究领域的发展。戴氏认为：汉人传注如果不合六书，有碍经义，也不惜改，何况魏晋六朝？即使宋版，亦有不是之处，需审慎辨别，常云："宋本不皆善，有由宋本而误者。"③ 戴氏的这种做法，时人有反对也有赞同，但综观反对者和赞同者的成就及影响，我们自会了然于胸。乾嘉时期的学术大师段玉裁云："校书之难，非照本改字不讹不漏之难也，定其是非之难。故校经之法必以孔还孔、以郑还郑，各得其底本而后判其义理之是非，而后经之底本可定。故有所谓宋版书者，亦不过校书之一助，是则取之，不是则却之，宋版岂必是耶？故刊古书者，其学识无憾，则折衷

———————————

① 戴震：《毛郑诗考正·生民》，《戴震全书》第一册，黄山书社 1994 年版。
② 段玉裁：《经义杂记序》，《经韵楼集》，光绪甲申秋树根斋本。
③ 段玉裁：《戴先生年谱·附言谈辑要》，《戴震全书》第六册，黄山书社 1995 年版，第 717 页。

为定本以行于世，如东原师之《大戴礼》《水经注》是也。"① 王念孙云："吾用小学校经，有所改，有所不改。"② 王引之云："说经者期于得经意而已，前人传注不皆合于经，则择其合经者从之，其皆不合，则以己意逆经意而参之他经，证以成训，虽别为之说亦无不可。"③ 这种不拘泥于古本、"用小学校经"的校勘思想显然承袭于戴氏，而段氏与二王的杰出成就也显然与戴震的影响有着极密切的关系，《说文解字注》《读书杂志》《经义述闻》等旷世绝作的出现已足以说明这一问题。

戴震作为四库纂修官并承担大量的古籍整理工作，无论在实践或是方法论的指导方面，都是指导和引领学者前行的关键人物。他以理校为主的校勘方法适应了当时古籍整理的要求，也由此确定了此后校勘学的发展方向，体现了鲜明的时代学术风尚。段玉裁、高邮王氏父子及孙诒让、陈垣等人的丰硕成果便是对戴氏校勘学思想的有力证明。虽然有人批评戴震凭借学高识广而擅改古书、持论武断，那也是智者固有失。从另一层面说，如果拘守版本死校之法，"朱墨满纸却不能定是非"，即使是显然讹误也作古董珍宝而存留不弃，使人不知究竟是读经典正文，还是看尾大不掉的注语，那是"藏书家之校雠，儒林所不重"的。就方法论而言，正确的校勘法应当是比较分析和科学考证，尽可能地搜集各种版本和异文，综合运用文字、声训、语法等基础知识以及社会历史文化学科的辅助，以求得去伪存真的结果。可以说，在清儒中戴震及其后学者正是其中较为能够达到这种要求的人。作为乾嘉考据学的代表人物，戴震的治学思想和方法，对此一时期的学术发展起到了关键性的引领作用。他所倡导的"由字以通其词，由词以通其道"的学术路径，引导了清代学术"由小学而入经学，而经学可信"的道路。所以，胡朴安在《戴东原先生集序》中称："二百年来确有治学之方法，立有清一代考据学之基础，衣被学者，至今日犹有受之而未尽，则休宁戴东原先生其人也。"由此可知，戴震在四库馆中整理古籍的重要贡献，以及对后世学术发展的深刻影响。

（作者单位：安徽大学徽学研究中心）

---

① 段玉裁：《与梁耀北书论戴赵二家水经注》，《经韵楼集》，光绪甲申秋树根斋本。

② 转引自龚自珍：《龚自珍全集》，上海人民出版社1975年版，第148页。

③ 王引之：《经义述闻序》，《经义述闻》，中华书局1998年版。

论《四库全书总目》对顾炎武学术史地位的建构[*]

□ 王献松

　　《四库全书总目》①（简称《总目》）作为清代官方钦定的解题目录，在目录学史上具有里程碑式的地位；同时，《总目》在继承传统目录学"辨章学术，考镜源流"的基础上，对历代学术源流作了较为系统的梳理与建构，在学术史研究领域同样举足轻重。《总目》的"钦定"性质，决定了它在当时学术评价体系中的权威地位，其学术评价代表着官方的学术导向，并进而影响到学界对学术史的整体感知。其中《总目》对顾炎武（1613—1682 年）学术史地位的建构，对顾炎武学术地位的上升起到了极为重要的作用。

　　目前学界对《总目》与顾炎武学术地位的关系已有一定认识，如王汎森《清代儒者的全神堂——〈国史儒林传〉与道光年间顾祠祭的成立》一文称："《四库提要》中收入顾炎武的著作二十二种，有的收入正编，有的则列于存目。我通检这些提要，馆臣们确实对顾氏的考证著作大加赞赏，但顾氏后来为人们所称美的经世之书，却大遭贬抑。可以看出在考证学如日中天时，顾炎武为人们所看重的是考证之书而非经济之论。"② 但该文侧重讨论阮元《国史儒林传》对顾炎武学术的定位问题，并未对《总目》评价顾炎武的问题展开讨论。王家范《如何读懂顾炎武？》一文在王汎森文章的基础上，认为顾炎武"清代'第一'之类的影子，最早或可追溯到《四库全书总目提要》"，但四库馆臣鉴于朝廷立场，不敢正面直视顾炎武的经世之学，而"以'不合用'三字压服天下，御用得实在猥琐可怜"，他们在对顾炎武著作处置时，对经义、史地类仍酌情收入，"对太多涉及治道的书则讳莫如深"，并"将潘次耕整理的《亭林遗书》（诗文合集）归于'时事违碍'，

　　* 本文为国家社科重点项目"清代文人专题研究"（项目批准号：13AZD047）、武汉大学研究生自主科研重点项目"顾炎武学术史研究"（项目编号：2014631020203）阶段性研究成果，得到中央高校基本科研业务费专项资金资助。
　　① 本文所引《总目》原文，全部出自中华书局 1965 年版《四库全书总目》（影印本），本文后引该书不再注明版本信息。
　　② 王汎森：《权利的毛细管作用——清代的思想、学术与心态》，台湾联经出版事业有限公司 2013 年版，第 575~576 页。

列入禁毁（有'应行销毁'之令），恐其有传布误国之害"①。此认识已相当深刻，但尚未能对《总目》与顾炎武学术地位之间的关系作系统论述。而王培峰《〈四库全书总目〉对顾炎武的学术评价》一文虽然从"褒扬"、"批评与驳正"两方面介绍了《总目》对顾炎武的评价②，却未涉及《总目》对顾氏学术地位的建构以及其这一行为背后的深层内涵，失之过浅。

本文则在分析《总目》对顾氏著作评价的基础上，进一步探讨顾炎武在《总目》学术评价中的"参照物"作用以及《总目》对顾炎武形象的建构，以厘清《总目》建构顾炎武"清代考据学开山之祖"的具体情况。至于《总目》对顾氏学术史地位建构的深层内涵，笔者另有专文讨论。

一、《四库全书总目》对顾炎武著作的评价情况

《总目》所收著作分"著录"、"存目"两类，前者见于《四库全书》，后者仅于《总目》中有提要。《总目》著录部分收顾炎武著作十四部，依次是：《左传杜解补正》《九经误字》《音论》《诗本音》《易音》《唐韵正》《古音表》（以上五种又总为《音学五书》）《韵补正》《历代帝王宅京记》《营平二州地名记》《求古录》《金石文字记》《石经考》《日知录》；存目部分收八部，依次是：《顾氏谱系考》《天下郡国利病书》《昌平山水记》《山东考古录》《京东考古录》《菰中随笔》《救文格论》（附《杂录》）《经世篇》。

（一）《总目》对著录部分著作的评价

《总目》对著录部分顾炎武著作整体评价很高，并且以其考据成就为主要评价标准。如《总目》认为《左传杜解补正》的考证"皆有根据，其他推求文义、研究训诂，亦多得左氏之意"，"炎武甚重杜《解》，而又能弥缝其阙失，可谓扫除门户，能持是非之平矣"③。《九经误字》以石经校勘今本群经讹误，使群经"得以补正，则于典籍不为无功矣"④。《音论》大多"元元本本，足以订俗学之讹"⑤。"南宋以来，随意叶读之谬论"，至《诗本音》"始一一廓清，厥功甚巨"⑥。《易音》中"考核精确者"，"于古音亦多有裨，固可存为旁证焉"⑦。《唐韵正》"逐字以求古音，当移出者移而出，当移入者移而入，视他家谬执今韵言古音，但知有字之当入，而不知有字之当出，以至今古纠牵不可究

---

① 王家范：《如何读懂顾炎武?》，《文汇报》2014 年 12 月 26 日，第 T05 版。

② 王培峰：《〈四库全书总目〉对顾炎武的学术评价》，《图书馆工作与研究》2013 年第 6 期，第 77~79 页。

③ 《左传杜解补正》提要，永瑢等：《总目》卷 29，第 235 页。

④ 《九经误字》提要，永瑢等：《总目》卷 33，第 276 页。

⑤ 《音论》提要，永瑢等：《总目》卷 42，第 367 页。

⑥ 《诗本音》提要，永瑢等：《总目》卷 42，第 367 页。

⑦ 《易音》提要，永瑢等：《总目》卷 42，第 368 页。

诘者，其体例特为明晰"①。而《古音表》之"配隶古音，实有足纠吴棫以来之谬者"②。《韵补正》"绝不为叫嚣攻击之词，但于古音叶读之舛误、今韵通用之乖方，各为别白注之，而得失自见，可谓不悖是非之正，亦不涉门户之争者"③。《历代帝王宅京记》"征引赅洽，考据亦颇精审"④。《营平二州地名记》"于考证之学不为无补"⑤。《金石文字记》"证据今古，辨正讹误，较《集古》《金石》二《录》实为精核"⑥。《石经考》"博列众说，互相参校"，能"发前人所未发"⑦。《总目》评价顾炎武代表作《日知录》更是不吝赞美之词："炎武学有本原，博赡而能通贯，每一事必详其始末，参以证佐，而后笔之于书。故引据浩繁，而牴牾者少。非如杨慎、焦竑诸人，偶然涉猎，得一义之异同，知其一而不知其二者。"⑧

可见，《总目》都是从考据学角度评价顾炎武的著作的，认为他能不涉门户之见，考证翔实精核，能订正前人谬误，发前人所未发，其成就已超越吴棫、杨慎、焦竑等人。

（二）《总目》对存目部分著作的评价

《总目》对存目的八部著作，则评价不高。如《总目》认为《顾氏谱系考》虽然"于顾氏世系考据最详"，但"自唐以后，谱学失传，掇拾残文，未必源流尽合"⑨。《天下郡国利病书》"采掇旧文，同异兼收，间有矛盾之处，编次亦绝无体例，盖未成之稿本"⑩。《昌平山水记》虽然"辨证皆多精确"，但由于"长城以外为炎武目所未经，所叙特多舛误"，又有"过泥史传之失"⑪。而《京东考古录》本非顾炎武编订，而是吴震方勒取《日知录》与《昌平山水记》而"伪立此名"⑫。《菰中随笔》虽然"有足资参考者，然编次不伦，饾饤无绪，当为偶录稿本，后人以名重存之耳"⑬。《救文格论》是别行之本，书中内容"后乃编入《日知录》中，此犹据初本刻之"⑭。而《经世篇》则是"应科举者钞撮类书为之，而坊贾托名于炎武"⑮。

可见，《总目》在评价存目部分顾炎武著作时，主要是从这些著作的版本、编排上，认为它们多为稿本，编次无序，非顾炎武手订之书；但并非贬低其考据成就，如《总目》对《顾氏谱系考》《昌平山水记》《菰中随笔》等书中的考据还是认可的。从总体而言，

---

① 《唐韵正》提要，永瑢等：《总目》卷42，第368页。
② 《古音表》提要，永瑢等：《总目》卷42，第368页。
③ 《韵补正》提要，永瑢等：《总目》卷42，第368页。
④ 《历代帝王宅京记》提要，永瑢等：《总目》卷68，第609页。
⑤ 《营平二州地名记》提要，永瑢等：《总目》卷70，第621页。
⑥ 《金石文字记》提要，永瑢等：《总目》卷86，第741页。
⑦ 《石经考》提要，永瑢等：《总目》卷86，第741页。
⑧ 《日知录》提要，永瑢等：《总目》卷119，第1029页。
⑨ 《顾氏谱系考》提要，永瑢等：《总目》卷63，第565页。
⑩ 《天下郡国利病书》提要，永瑢等：《总目》卷72，第637页。
⑪ 《昌平山水记》提要，永瑢等：《总目》卷76，第663页。
⑫ 《京东考古路》提要，永瑢等：《总目》卷77，第673页。
⑬ 《菰中随笔》提要，永瑢等：《总目》卷126，第1090页。
⑭ 《救文格论》提要，永瑢等：《总目》卷126，第1090页。
⑮ 《经世篇》提要，永瑢等：《总目》卷139，第1177页。

《总目》对顾炎武考据学成就给予了很高的评价，但对顾炎武引以为毕生追求的经世学则论述很少且评价较低。

顾炎武经世学著作有《日知录》《天下郡国利病书》等。《总目》对《天下郡国利病书》的评价仅从其编排体例上进行评价，认为它是"杂取天下府州县志书，及历代奏疏文集，并明代《实录》，辑录成编"，并且"间有矛盾之处，编次亦绝无体例"，只是未完成的稿本，① 而并不论及顾炎武编纂此书的用意。《总目》对于《日知录》的评价虽然很高，但其评价的角度主要侧重在考据学方面，而于顾炎武经世之学，则采取了贬低的态度，如《总目》称："炎武生于明末，喜谈经世之务，激于时事，慨然以复古为志，其说或迂而难行，或愎而过锐。"② 顾炎武弟子潘耒（1646—1708 年）则认为《日知录》以经世为主旨，而以考证、文辞为末务，其《日知录序》称顾炎武于"事关民生国命者，必穷源溯本，讨论其所以然"，"足迹半天下，所至交其贤豪长者，考其山川风俗、疾苦利病，如指诸掌"，称《日知录》于"叹礼教之衰迟，伤风俗之颓败，则古称先，规切时弊，尤为深切著名"，"异日有整顿民物之责者，读是书而惕然觉悟，采用其说，见诸施行，于世道人心实非小补。如第以考据之精详，文辞之博辨，叹服而称述焉，则非先生所以著此书之意也"③。《总目》称赞《日知录》的考据学成就，而贬低其经世之用，显然是潘耒所谓"非先生所以著此书之意"者，所以《总目》对潘耒此序一并加以贬斥："潘耒作是书序，乃盛称其经济，而以考据精详为末务，殆非笃论矣。"④

笔者认为，潘耒称赞顾炎武的经世之学，是符合顾炎武一生志趣的。顾炎武在《初刻日知录自序》中称："若其所欲明学术，正人心，拨乱世，以兴太平之事，则有不尽于是刻者，须绝笔之后，藏之名山，以待抚世宰物者之求，其无以是刻之陋而弃之，则幸甚!"⑤ 可见，顾炎武对《日知录》的预期是能够"明学术，正人心，拨乱世，以兴太平之事"，"以待抚世宰物者之求"，这充分说明顾炎武对《日知录》的定位首先是一部经世之作。而《总目》则一反潘耒之论，贬低《日知录》的经世之用，盛称其考据之功，使之成为清代考据学的经典之作。这可以说是对顾炎武学术的"断章取义"，遗其本而重其末。

二、顾炎武在《四库全书总目》学术评价中的"参照物"作用

《总目》虽成于众手，但其学术评价的指导思想却极为明确——"重考据，轻义理"。以考据成就而倍受《总目》青睐的顾炎武，在其评价体系中也就成了一个重要的评价参照物。这主要表现在以下四个方面。

① 《天下郡国利病书》提要，永瑢等：《总目》卷 72，第 637 页。
② 《日知录》提要，永瑢等：《总目》卷 119，第 1029 页。
③ 潘耒：《遂初堂文集》卷 6，《清代诗文集汇编》170 册，上海古籍出版社 2010 年版，第 303～304 页。
④ 《日知录》提要，永瑢等：《总目》卷 119，第 1029 页。
⑤ 顾炎武：《顾亭林诗文集》卷 2，中华书局 1983 年版，第 27 页。

（一）《总目》引用顾炎武观点，作为其评价依据

　　《总目》对其他学者、著作评价时，经常引用顾炎武的观点，以作为其评价的依据，这既表明了《总目》对顾炎武学术观点的认同，也使顾炎武在《总目》评价体系中具有重要的"参照物"作用。

　　如《总目》评价朱熹《周易本义》时，引用《日知录》卷一"朱子《周易本义》"条中关于程颐《易传》与朱熹《本义》分合过程的考证，称顾氏所辨"最为明晰".① 评价《书传会选》时，引《日知录》卷十八"《书传会选》"条对该书的肯定评价，认为"以炎武之淹博绝伦，罕所许可，而其论如是，则是书之足贵，可略见矣".② 评价丰坊《古书世学》时，引《日知录》卷二"丰熙伪《尚书》"条对《古书世学》为伪作的考证，称顾氏"其辨可谓明矣"③。评价《仪礼注疏》时，引《日知录》卷十八"监本二十一史"条对《仪礼》脱文的校勘，以说明"《仪礼》文古义奥，传习者少，注释者亦代不数人，写刻有讹，猝不能校，故纰漏至于如是"的状况。④ 评张尔岐《仪礼郑注句读》时，引顾炎武《与汪琬书》《广师篇》两文中对张尔岐的推崇之语，认为"顾炎武少所推许"，而对张尔岐"推挹之甚至，非徒然也",⑤ 以此肯定张尔岐此书的学术价值。评价《礼记大全》时，又引"《书传会选》"条"自八股行而古学弃，《大全》出而经说亡。洪武、永乐之间，亦世道升降之一会"之论，称顾炎武"诚深见其陋".⑥ 评《四书大全》时，引《日知录》卷十八"《四书五经大全》"条对明代编修《四书大全》情况的考证，认为顾氏"于是书本末，言之悉矣"⑦。评赵宦光《说文长笺》时，引《日知录》卷二十一"《说文长笺》"条所考《长笺》中十余条讹误，谓"皆深中其失"⑧。评方日升《韵会小补》时，据《音论》"诋其劳唇吻、费简册，有甚于前人者"⑨。以作其评价之佐证。评《素王记事》时，谓此书为书帕本，又引"监本二十一史"条关于书帕本的考证，认为书帕本"卤莽就工，殊不堪读"⑩，以此作为其评价该书的依据。评胡缵宗《嘉靖安庆府志》时，引《日知录》卷十九"文章繁简"条对此书之考证，认为该书有"好古之过"的弊端。⑪ 评赵明诚《金石录》时，据《日知录》卷十八"张参《五经文字》"条考证该书章丘刻本后序以"壮月朔"误为"牡丹朔"，而称赵明诚"书之舛谬，可以概见".⑫ 评徐文靖《皇极经世考》时，据《日知录》卷二十"古人不以甲子名岁"条

---

① 《周易本义》提要，永瑢等：《总目》卷3，第11页。
② 《书传会选》提要，永瑢等：《总目》卷12，第98页。
③ 《古书世学》提要，永瑢等：《总目》卷13，第110页。
④ 《仪礼注疏》提要，永瑢等：《总目》卷20，第159页。
⑤ 《仪礼郑注句读》提要，永瑢等：《总目》卷20，第162页。
⑥ 《礼记大全》提要，永瑢等：《总目》卷21，第170页。
⑦ 《四书大全》提要，永瑢等：《总目》卷36，第301页。
⑧ 《说文长笺》提要，永瑢等：《总目》卷43，第377~378页。
⑨ 《韵会小补》提要，永瑢等：《总目》卷44，第386页。
⑩ 《素王记事》提要，永瑢等：《总目》卷59，第532页。
⑪ 《嘉靖安庆府志》提要，永瑢等：《总目》卷73，第640页。
⑫ 《金石录》提要，永瑢等：《总目》卷86，第734页。

"自王莽以前古人不以甲子名岁"的观点,认为《竹书纪年》为明人伪造,而徐文靖竟误信《竹书纪年》而以之驳《皇极经世书》之纪年。① 评真德秀《文章正宗》时,引《日知录》卷三"孔子删诗"条以该书有"以理为宗,不得诗人之趣"之弊,《总目》则称顾氏"所论至为平允,深中其失"。② 评钟惺、谭元春所编《诗归》时,引《日知录》卷十八"改书"条"《诗归》一书,尤为妄诞"的观点,并加以肯定。③

《总目》引用顾炎武观点十余处,或依据其考证观点而立论,或直接对其观点加以肯定,以作为对其他学者、著作评价的依据。可见,《总目》对顾炎武的考据学是非常推崇的,并用实际行动肯定了其考证成果。

(二)《总目》以顾炎武为参照物,评其他学者学术之优劣

《总目》在评价学者、著作时,还经常以顾炎武作为"参照物",进行优劣评判。

如《总目》评杨简《慈湖诗传》时,认为它"往往以汉魏以下之韵牵合古音,其病与《韵补》相等"④,并据顾炎武《韵补正》对吴棫《韵补》的纠谬,进而对《慈湖诗传》的古音学予以了否定。评明傅逊《左传注解辨误》时,称此书"皆驳正杜预之解,间有考证,而以意推求者多。视后来顾炎武、惠栋所订,未堪方驾"⑤。评价阎若璩学术时,称其"博极群书,又精于考证,百年以来,自顾炎武以外,罕能与之抗衡者"⑥;又称其"记诵之博,考核之精,国初实罕其伦匹,虽以顾炎武之学有本原,《日知录》一书,亦颇经其驳正,则其他可勿论也"⑦。评杨慎《古音略例》时,称该书"由掇拾而成,故其说或离或合,不及后来顾炎武、江永诸人能本末融贯也"⑧。评杨慎《转注古音略》时,则称"以其引证颇博,亦有足供考证者,故顾炎武作《唐韵正》犹有取焉"⑨。而评陈第《毛诗古音考》时,则称:"言古韵者自吴棫。然《韵补》一书,庞杂割裂,谬种流传,古韵乃以益乱。国朝顾炎武作《诗本音》,江永作《古韵标准》,以经证经,始廓清妄论;而开除先路,则此书实为首功。"⑩ 评价毛奇龄音韵学时,以顾炎武为参照,而论两家之优劣:"两家所撰韵书,互有出入,故其论《易》韵,亦时有异同。大抵引证之博,辨析之详,则奇龄过于炎武;至于通其可通,而阙其所不可通,则奇龄之书又不及炎武之详慎。……且所谓两界、两合、蓦韵者,其中皆自申其古今通韵之例,亦不及炎武偶杂方言之说为通达而无弊。然炎武书太简略,而奇龄则征引赅洽,亦颇足互证。以韵读《易》者,以炎武书为主,而参之是书,以通其变,略短取长,未始不可相辅而行也。"⑪

---

① 《皇极经世考》提要,永瑢等:《总目》卷110,第933页。
② 《文章正宗》提要,永瑢等:《总目》卷187,第1699页。
③ 《诗归》提要,永瑢等:《总目》卷193,第1759页。
④ 《慈湖诗传》提要,永瑢等:《总目》卷15,第123~124页。
⑤ 《左传注解辨误》提要,永瑢等:《总目》卷30,第247页。
⑥ 《四书释地》提要,永瑢等:《总目》卷36,第306页。
⑦ 《潜邱札记》提要,永瑢等:《总目》卷119,第1030页。
⑧ 《古音略例》提要,永瑢等:《总目》卷42,第365页。
⑨ 《转注古音略》提要,永瑢等:《总目》卷42,第365页。
⑩ 《毛诗古音考》提要,永瑢等:《总目》卷42,第365页。
⑪ 《易韵》提要,永瑢等:《总目》卷42,第369页。

评江永《古韵标准》时，称该书"大旨于明取陈第，于国朝取顾炎武，而复补正其讹阙"①。评朱简《韵总持》时，称该书"与陈第、顾炎武所考古韵，未尝有一字之合，不知其何以称古韵"②。评潘耒《类音》时，比较二人韵学特点："炎武之韵学，欲复古人之遗；耒之韵学，则务穷后世之变"③。评王植《韵学》时，认为"自明以来，惟陈第、顾炎武及近日之江永，识其源流"，而王植此书则"不能从源而分流，而乃执末以议本，攻所必不能攻，而遵所必不可遵，故用力弥勤而弥于古法未合也"④。评刘维谦《诗经叶音辨讹》时，则称："古音之学，自宋吴棫而晦，自明陈第乃渐明，国朝顾炎武诸家，阐发其旨，久有定论，维谦欲创为异说，以驾乎前人之上，反以吴棫为是，陈第为非，业已黑白倒置"⑤。评朱彝尊学术时，称其"博识多闻，学有根柢，复与顾炎武、阎若璩颉顽上下"⑥。评万斯同《石经考》时，称："石经之沿革异同，唐宋以来，论者龃龉不一，昆山顾炎武始辑诸家之说，为《石经考》，实有创始之功。斯同是编，悉采炎武之说，又益以吴任臣、席益、范成大、吾衍、董逌诸家之论，并及炎武所作《金石文字记》，亦间附以己见。虽不若杭世骏《石经考异》之详辨，而视顾氏之书，已为较备。且炎武详于汉、魏，而略于唐、宋，斯同则于唐、宋石经引据特详。"⑦ 评杭世骏《石经考异》时，称该书"因顾炎武《石经考》犹有采摭未备、辨正未明者，乃为纠讹补阙……盖合数人之力，参订成编，非但据一人之闻见，其较顾炎武之所考，较为完密，亦有由也"⑧。评徐昂发时，称"核其所学，自不及国初顾炎武、朱彝尊等之淹通"⑨。评王棠《知新录》时，称此书"大旨欲仿顾炎武《日知录》，然不过《谈荟》《樵书》之流亚耳"⑩。评张尔岐《蒿庵闲话》时，称："原跋以是编为《日知录》之亚，然《日知录》元元本本，一事务穷其始末，一字务核其异同。是编特偶有所得，随文生义，本无意于著书，谓之零玑碎璧则可，至于网罗四部，镕铸群言，则实非《日知录》之比。"⑪ 评袁栋《书隐丛说》时，称："原序拟以洪迈《容斋随笔》、顾炎武《日知录》，栋自序亦云摹仿二书，然究非前人之比也。"⑫

以上诸条，《总目》在评价其他学者或著作时，都以顾炎武为重要"参照物"，是因为《总目》认为顾炎武"博极群书，精于考证，国初称学有根柢者，以炎武为最"⑬，顾炎武作为清代学术的代表性人物，可以作为对其他学者进行学术评价的标准。

① 《古韵标准》提要，永瑢等：《总目》卷42，第369页。
② 《韵总持》提要，永瑢等：《总目》卷44，第386页。
③ 《类音》提要，永瑢等：《总目》卷44，第390页。
④ 《韵学》提要，永瑢等：《总目》卷44，第393页。
⑤ 《诗经叶音辨讹》提要，永瑢等：《总目》卷44，第393页。
⑥ 《经义考》提要，永瑢等：《总目》卷85，第732页。
⑦ 《石经考》提要，永瑢等：《总目》卷86，第741页。
⑧ 《石经考异》提要，永瑢等：《总目》卷86，第743页。
⑨ 《畏垒笔记》提要，永瑢等：《总目》卷126，第1092页。
⑩ 《知新录》提要，永瑢等：《总目》卷126，第1092页。
⑪ 《蒿菴闲话》提要，永瑢等：《总目》卷129，第1108页。
⑫ 《书隐丛说》提要，永瑢等：《总目》卷129，第1111页。
⑬ 《左传杜解补正》提要，永瑢等：《总目》卷29，第235页。

（三）《总目》记载学者对顾炎武的回应，展现其学术影响

其他学者对顾炎武学术的引用、补正、反驳等情况，《总目》也多有记载，这在一定程度上展现了顾炎武在这一百多年学术史上的影响。

《总目》中有记载其他学者引用顾炎武学说者，如朱鹤龄《诗经通义》"释音，明用陈第，国朝用顾炎武"①。顾栋高《毛诗类释》中"'邶鄘卫'一条为顾炎武说"②。冯李骅、陆浩所编《左绣》"摘取孔氏《正义》及国朝顾炎武《左传补正》二书，与杜氏有异同者，附于其后"③。万斯同《声韵源流考》中"论古韵，则吴棫、陈第、顾炎武、毛奇龄、邵长蘅诸说，南辕北辙，互相攻击，而并全录其文，无一字之考订"④。魏裔介《资瀍新闻》"卷四曰韵学类，全钞顾炎武《唐宋韵谱》旧文"⑤。林侗《来斋金石考》"中间辨证，大抵取之顾炎武《金石文字记》，而颇以己意为折衷，多所考据"⑥。

《总目》中又有记载其他学者对顾炎武未备、未尽之处进行续补者，如沈彤《春秋左氏传小疏》"以赵汸、顾炎武所补《左传杜注》为未尽，更为订正"⑦。苏本洁《左传杜注补义》"因顾炎武《左传杜解补正》有所未尽，乃作此以补之"⑧。

《总目》中还有记载其他学者驳正顾炎武学术者，如范家相《诗沈》考辨"三百五篇之韵，叶之而多有不谐"，可以"解顾炎武、毛奇龄二家之斗"。⑨ 沈彤《春秋左氏传小疏》认为"徒兵则不得谓非士卒矣，亦可以补正顾氏之失"⑩。惠栋《九经古义》于《仪礼·士昏礼》之'皇舅某子'，申注疏、张子、李子之义，驳顾炎武之说"⑪。毛奇龄《古今通韵》"为排斥顾炎武《音学五书》而作，创为五部三声、两界两合之说"⑫。王植《韵学臆说》"引据不过宋吴棫、近时毛奇龄、马自援之说，而抗词以攻顾炎武，所见左矣"⑬。刘维谦《诗经叶音辨讹》"首列等子图……次为辨论顾炎武《音学五书》、毛奇龄《古今通韵》"⑭。江永《四声切韵表》"大旨谓顾炎武《古音表》务反旧说之非"⑮。蒋骥《楚辞说韵》"博引古音之同异，每部列通韵、叶韵、同母叶韵三例，以攻顾炎武、毛奇龄之说"⑯。

———————————————

① 《诗经通义》提要，永瑢等：《总目》卷16，第131页。
② 《毛诗类释》提要，永瑢等：《总目》卷16，第134页。
③ 《左绣》提要，永瑢等：《总目》卷31，第258页。
④ 《声韵源流考》提要，永瑢等：《总目》卷44，第390页。
⑤ 《资瀍新闻》提要，永瑢等：《总目》卷133，第1131页。
⑥ 《来斋金石考》提要，永瑢等：《总目》卷86，第741页。
⑦ 《春秋左氏传小疏》提要，永瑢等：《总目》卷29，第242页。
⑧ 《左传杜注补义》提要《总目》卷31，第258页。
⑨ 《总目》卷16《诗沈》提要，第135页。
⑩ 《春秋左氏传小疏》提要，永瑢等：《总目》卷29，第242页。
⑪ 《九经古义》提要，永瑢等：《总目》卷33，第277页。
⑫ 《古今通韵》提要，永瑢等：《总目》卷42，第368页。
⑬ 《韵学臆说》提要，永瑢等：《总目》卷44，第392页。
⑭ 《诗经叶音辨讹》提要，永瑢等：《总目》卷44，第393页。
⑮ 《四声切韵表》提要，永瑢等：《总目》卷44，第393页
⑯ 《山带阁注楚辞》提要，永瑢等：《总目》卷148，第1269页。

从《总目》记载顾炎武对清代考据学的影响可以看出，虽然学界对顾炎武的个别考据结论尚有不同意见，但考据学的方法已经逐渐被学者接受。

（四）《总目》驳正顾炎武观点，践行考据学实践

《总目》在对顾炎武考据学给予高度评价的同时，也对其某些考据失误给予驳正。

如顾炎武认为朱熹《周易本义》不用互体之说，而于《大壮》六五言"卦体似兑"，则是"创先儒所未有，不如言互体"，《总目》则认为："朱子特不以互体为主，亦未尝竟谓无是理也。"① 顾炎武认为胡广修《五经大全》时，始割裂朱熹《周易本义》以入程颐《易传》，而《总目》则认为在胡广之前，南宋"董楷已用程子之本，而附以《本义》"，元代赵采《周易程朱传义折衷》"又因之，则其来有渐矣"。② 顾炎武认为王柏为元儒，《总目》则"考柏以度宗咸淳十年卒，未尝入元，炎武偶误也"。③ 顾炎武称见《孝经援神契》，而《总目》认为《援神契》"自宋以来不著于录，殆炎武一时笔误，实无此书"④。顾炎武又误将李焘按四声编次的《说文解字》误归徐铉。⑤ 顾炎武又认为《隋书·突厥传》中有"一事而重书为二事"者，而《总目》则认为这是传写时有衍字，"炎武以为一事重书，似未必然也"。⑥ 顾炎武认为荀悦《汉纪》纪王莽事，"尽没其天凤、地皇之号"，不如班固《汉书》之善，而《总目》认为"班书莽自为传，自可载其伪号。荀书以汉系编年，岂可以莽纪元哉"？顾氏之说"非确论，不足为悦病"⑦。

可见，《总目》对顾炎武的驳正，大多是细节上的考据。但不管是《总目》记载其他学者对顾炎武观点的反驳，还是《总目》直接对顾炎武观点的驳正，在思路上，都与《总目》高度赞扬顾炎武考据学是一致的，都是其重视考据学的表现，都是为了突出考据学的地位，而且这种驳正本身就是对考据学的践行。可以说，《总目》本身就是一部考据学的经典之作，是"考据学达到高峰之际的产物与标志"⑧。

三、清代考据学开山之祖——《四库全书总目》建构的顾炎武学术地位

顾炎武的学术虽然在生前就受到不少学者的推崇，但在明清之际的学界，也只是众多学者中的一家，其"清学开山之祖"的学术地位是被逐渐建构起来的，而在此过程中，《总目》对顾炎武学术的建构，是至关重要的一步。顾炎武在《总目》中受关注的程度之高，是同时代的黄宗羲、方以智、张履祥、陆世仪、颜元、王夫之等大儒无法比拟的。而

① 《易象意言》提要，永瑢等：《总目》卷3，第17页。
② 《周易程朱传义折衷》提要，永瑢等：《总目》卷4，第23页。
③ 《书疑》提要，永瑢等：《总目》卷13，第106页。
④ 《古微书》提要，永瑢等：《总目》卷33，第280页。
⑤ 《说文解字五音韵谱》提要，永瑢等：《总目》卷43，第371页。
⑥ 《隋书》提要，永瑢等：《总目》卷45，第408页。
⑦ 《汉纪》提要，永瑢等：《总目》卷47，第419页。
⑧ 司马朝军：《〈四库全书总目〉研究》，社会科学文献出版社2004年版，第392页。关于《总目》的考据学成就，可参考该书第八章"《四库全书总目》在考据学上的贡献"。

《总目》之所以会如此重视顾炎武，主要是由于其考据学成就。笔者认为，《总目》在对顾炎武的论述之中，已经初步地建构了其"清代考据学开山之祖"的学术地位。这主要表现在以下四个方面。

（一）《总目》对顾炎武"博学多识、考证精核"形象的整体建构

《总目》在著录顾炎武首部著作《左传杜解补正》时开篇即称："博极群书，精于考证，国初称学有根柢者，以炎武为最。"这可以说是《总目》对顾炎武评价的纲领性表述，并影响到阮元修撰《国史儒林传》，其中《顾炎武传》称："国朝称学有根柢者，以炎武为最。"① 王汎森注意到阮元改"国初"为"国朝"这一细节，认为阮元在"尊崇官方的功令"之外，"同时加入自己的评价，把顾炎武由'国初'的第一大儒改为'国朝'第一大儒"。② 可见，《总目》建构的顾炎武形象在一定范围内已形成一种共识，以至于道光二十三年（1843 年）何绍基、张穆等人在北京慈仁寺为顾炎武建祠堂祭祀，掀起了一场"顾炎武崇拜"。

《总目》对顾炎武这一地位的建构还散见于书中，如称"炎武之淹博绝伦"③、"顾炎武博极群书"④、"炎武本精考证之学"⑤、"顾炎武考证之学最为精核"⑥ 等。除了这种对顾炎武的直接描述外，《总目》在列举清代考据学家时，也以顾炎武为首。如毛奇龄在《经问》中"指名而攻者，惟顾炎武、阎若璩、胡渭三人，以三人皆博学重望，足以攻击"⑦。"汉儒考证之学，遂散见杂家笔记之内，宋洪迈、王应麟诸人，明杨慎、焦竑诸人，国朝顾炎武、阎若璩诸人，其尤著者也"⑧；"若璩博极群书，又精于考证，百年以来，自顾炎武以外，罕能与之抗衡者"⑨；朱彝尊"博识多闻，学有根柢，复与顾炎武、阎若璩颉颃上下"⑩；方以智"崛起崇祯中，考据精核，迥出其上，风气既开，国初顾炎武、阎若璩、朱彝尊等，沿波而起，始一扫悬揣之空谈"⑪。

在清初考据学家中，《总目》对顾炎武的排序一直都是放在首位的，这其中虽然也有顾炎武比阎若璩、胡渭、朱彝尊等人年长的原因，但《总目》将仅比顾炎武年长两岁且同样"考据精核"的方以智（1611—1671 年）列入明代考据学家之中，就不能不说是《总目》对顾炎武的特别青睐了，否则《总目》完全可以像对方以智的处理一样，将顾炎武列入明代考据学家之中。可见，《总目》将对顾炎武考据学的高度关注是有着深刻内涵

① 阮元：《儒林传稿》，《续修四库全书》第 537 册，上海古籍出版社 1996 年版，第 632 页。
② 王汎森：《权利的毛细管作用——清代的思想、学术与心态》，台湾联经出版事业有限公司 2013 年版，第 576 页。
③ 《书传会选》提要，永瑢等：《总目》卷 12，第 98 页。
④ 《说文解字五音韵谱》提要，永瑢等：《总目》卷 43，第 371 页。
⑤ 《菰中随笔》提要，永瑢等：《总目》卷 126，第 1090 页。
⑥ 《竹书纪年》提要，永瑢等：《总目》卷 47，第 418 页。
⑦ 《经问》提要，永瑢等：《总目》卷 33，第 276 页。
⑧ 《经稗》提要，永瑢等：《总目》卷 33，第 278 页。
⑨ 《四书释地》提要，永瑢等：《总目》卷 36，第 306 页。
⑩ 《经义考》提要，永瑢等：《总目》卷 85，第 732 页。
⑪ 《通雅》提要，永瑢等：《总目》卷 119，第 1028 页。

的，它的目的就是要建构顾炎武在清代考据学上的开山地位。

(二)《总目》对顾炎武"清代古音学第一人"形象的建构

《总目》对顾炎武"清代考据学开山之祖"学术地位的建构，除了从整体上论述其考据精核之外，也从具体学术成就的角度进行了建构。古音学就是顾炎武考据学成就中极为重要的一个方面。如《总目》称："陈第作《毛诗古音考》《屈宋古音义》，而古音之门径始明。然创辟榛芜，犹未及研求邃密，至炎武乃探讨本原，推寻经传，作《音学五书》以正之。……全书（指顾炎武《音论》——笔者注）持论精博，百余年来言韵学者，虽愈阐愈密，或出于炎武所论之外，而发明古义，则陈第之后，炎武屹为正宗。"① "言古韵者自吴棫。然《韵补》一书，厖杂割裂，谬种流传，古韵乃以益乱。国朝顾炎武作《诗本音》，江永作《古韵标准》，以经证经，始廓清妄论。"② "自明以来，惟陈第、顾炎武及近日之江永，识其源流。"③ "古音之学，自宋吴棫而晦，自明陈第乃渐明，国朝顾炎武诸家，阐发其旨，久有定论。"④

顾炎武在明代陈第（1541—1617年）草创未精的古音学基础上，撰成《音学五书》，既对宋吴棫、明陈第的古音学多有推进，也奠定了清代古音学研究的基础。虽然清代古音学在顾炎武之后，经过江永、戴震、段玉裁、王念孙、孔广森等人的研究，愈加精密，但清代古音学的基本格局，在顾炎武《音学五书》中已基本奠定。所以，《总目》称在清代古音学中，"炎武屹为正宗"，即是肯定其"清代古音学第一人"的地位。另外，清代考据学之所以能够取得巨大成就，其中最主要原因之一就是清代古音学的高度发达，进而推动文字训诂学的发展，为考据学扫清了障碍。因此，《总目》肯定顾炎武"清代古音学第一人"的地位，就可以理解为是对顾炎武"清代考据学开山之祖"的进一步建构。

(三)《总目》对顾炎武"娴于地理"形象的建构

顾炎武毕生以经世为志，早年即留心地理之学，着手编纂《天下郡国利病书》《肇域志》二书，其《山东考古录》《昌平山水记》等地理学著作其实都是顾炎武为编纂这两部书而做的准备工作，后来进行编订单独刊行。但是《总目》对顾炎武地理学成就的肯定，并非着眼于经世学的角度，而是因其有功于考据学。如《总目》称："炎武博极群书，足迹几遍天下，故最明于地理之学。"⑤《历代帝王宅京记》"征引赅洽，考据亦颇精审。盖地理之学，炎武素所长也"⑥。"炎武娴于地理，所纂述多可依据，书（指《营平二州地名记》——笔者注）虽残阙，要于考证之学不为无补焉。"⑦《谲觚》中"论孟尝君之封于薛及临淄之非营邱诸条，皆与地理之学有所补正"。⑧

① 《音论》提要，永瑢等：《总目》卷42，第367页。
② 《毛诗古音考》提要，永瑢等：《总目》卷42，第365页。
③ 《韵学》提要，永瑢等：《总目》卷44，第393页。
④ 《诗经叶音辨讹》提要，永瑢等：《总目》卷44，第393页。
⑤ 《昌平山水记》提要，永瑢等：《总目》卷76，第663页。
⑥ 《历代帝王宅京记》提要，永瑢等：《总目》卷68，第609页。
⑦ 《营平二州地名记》提要，永瑢等：《总目》卷70，第621页。
⑧ 《山东考古录》提要，永瑢等：《总目》卷77，第673页。

可见，《总目》对顾炎武"娴于地理"形象，主要是从顾炎武地理著作有功于考据学角度进行建构的。这也是顾炎武能够被《总目》尊为"清代考据学开山之祖"的另一重要原因。

(四)《总目》对顾炎武金石学地位的建构

《总目》对顾炎武金石学成就也给予了极高评价。如《总目》称："炎武性好远游，足迹几遍天下，搜金石之文，手自钞纂。……（《求古录》——笔者注）每刻必载全文，盖用洪适《隶释》之例，仍皆志其地理，考其建立之由，古字篆隶，一一注释。其中官职、年月，多可与正史相参。"① "今观其书（指《金石文字记》——笔者注），裒所见汉以来碑刻，以时代为次，每条下各缀以跋，其无跋者亦具其立石年月、撰书人姓名。证据今古，辨正讹误，较《集古》《金石》二《录》实为精核。……在近世著录金石家，其本末源流，灿然明白，终未能或之先也。"② "炎武此书（指《石经考》——笔者注），博列众说，互相参校，其中如据卫恒《书势》以为《三字石经》非邯郸淳所书，又据《周书·宣帝纪》《隋书·刘焯传》，以正《经籍志》自邺载入长安之误，尤为发前人所未发。"③ "石经之沿革异同，唐宋以来，论者龃龉不一，昆山顾炎武始辑诸家之说，为《石经考》，实有创始之功。"④ "古今金石之书，其备载全文者……在国朝惟顾炎武之《求古录》、陈奕禧之《金石遗文录》、叶万之《续金石录》，其余不过题跋而已。"⑤

顾炎武对金石学的研究主要侧重于将金石文献与传世的经世文献进行比勘考证，如据《石经》对《仪礼》脱文的校补，就得到《总目》的高度赞扬。这是清代考据学中非常重要的研究方法，《总目》自然会对顾炎武考据学地位有更高的评价。

综合以上四个方面，我们可以非常清晰地看到，《总目》通过学术评价的方式，已经基本建构了顾炎武作为"清代考据学开山之祖"的学术地位。

四、结　语

从上文的分析可以看出，《总目》已经通过对顾炎武的学术评价，初步梳理了清代考据学，进而建构了顾炎武"清代考据学开山之祖"的学术地位。虽然至梁启超才正式提出顾炎武为"清学开山之祖"——"论清学开山之祖，舍亭林没有第二个人"⑥。但笔者认为，此观念实自《总目》已有萌芽，王家范认为顾炎武"清学第一"或可追溯到《总目》的猜测是可以成立的，而梁启超的观点只是将"清代考据学"置换为"清学"而已。因为在梁启超看来，考据学就是"清学"的主要学术形态，其《清代学术概论》称："清代儒者以朴学自命，以示别于文人，实炎武启之。"⑦ 其中"朴学"一节亦称："夫清学

① 《求古录》提要，永瑢等：《总目》卷86，第740页。
② 《金石文字记》提要，永瑢等：《总目》卷86，第741页。
③ 《石经考》提要，永瑢等：《总目》卷86，第741页。
④ 《石经考》提要，永瑢等：《总目》卷86，第741页。
⑤ 《嵩阳石刻集记》提要，永瑢等：《总目》卷86，第742页。
⑥ 梁启超：《中国近三百年学术史》，商务印书馆2011年版，第68页。
⑦ 梁启超：《清代学术概论》，中华书局2010年版，第17页。

派固能成为学者也，其在我国文化史上有价值者以此。"① 梁启超已将清学等同于考据学（考据学又称朴学），考据学是最能代表清代学术特点的。所以，梁启超称顾炎武为"清学开山之祖"的说法，沿袭《总目》对顾炎武学术史地位的建构而稍作变通。同时，这也表明《总目》对顾炎武"清代考据学开山之祖"学术地位的建构在顾炎武学术史上具有里程碑式的意义。此后，考据学正式得到官方肯定和扶持，成为清代显学。

（作者单位：武汉大学中国传统文化研究中心）

---

① 梁启超：《清代学术概论》，中华书局 2010 年版，第 71 页。

学术评论

《阳明学研究》创刊号述评

□ 刘乐恒

　　王阳明是继朱子之后的宋明理学宗匠，他还是在中华文化绳绳相继的演进过程中具有承前启后作用的人物。而阳明及其后学所形成的心学传统，充分体现出中国传统哲学与文化中的主体性、自觉性、独立性的精神。此种精神，仍需在当代社会与文化的脉络下，赓续慧命，鼓之舞之，光辉日新，以期与时偕行，明体达用，增进善美。

　　武汉大学中国哲学史学科在前辈萧萐父、唐明邦、李德永先生的指引下，长期成为明清哲学思想研究的重要阵地。自萧先生以来，武大珞珈山下的三代学人，都希望自身能推动阳明学的研究。为实现夙愿，武汉大学成立阳明学研究中心，并且正式推出《阳明学研究》辑刊的创刊号，于2015年10月由中华书局正式出版。本期创刊号收罗国内外相关领域的顶尖学者与哲学家的原创性论文，可谓众星璀璨，胜义纷披，斐然成章，对阳明学研究乃至中国思想哲学的研究有着实质性的推进。笔者兹就此作一述评。

一

　　本期《阳明学研究》的论文主要围绕哲学与理学、明代学术史、明清之际思想史等方面，对阳明学作出系统的阐发。首先，在哲学与理学的层面上，本期论文多围绕阳明"良知"之说而展开，或定位界说，或多角度探析，或动态性展示，可谓探赜索隐，钩深致远。

　　成中英教授《从本体诠释论述王阳明释易的良知哲学》一文以其本体诠释、生命创发哲学的视野，分析阳明对于《周易》明夷等卦的解释，从而动态性地展示出阳明"心即理"之说不仅提示出心的自觉性、自主性，兼且呈现出心的活动性、实践性、创生性。成教授特别指出王阳明的生命与学问具有"明夷"的性格与特质。明夷卦展示出君子是如何身处"明入地中"的艰难险阻之境中而坚贞不拔、超越困厄的，而王阳明的政治实践、龙场悟道则深刻体现出人的良知之心如何通过一个曲折的磨合过程，超化境遇之困难、局限、蔽塞，最终融合宇宙创发生生的生命之流中去。因此，阳明是通过心的作用，而将理化作内在的生命境界。与成教授论文的取向相近，丁为祥教授《从"良知"的形成看阳明研究的不同进境》一文，乃通过动态性、生成性的视野，揭示王阳明能够建立其良知之学，是三端并进的结果。首先，知识与学理上的积养是阳明提出良知之学的前提。其次，这种知识与学理的积养仍须通过身心修养实践功夫以收"形著习察，实有诸己"之功。最后，这种身心功夫的实践实在可内可外，如果仅有环境压力或师友夹持，那么这种实践亦可流为形式。因此推动阳明建立其良知之学的最重要动力，乃是一种如《中庸》所谓"困而知之"的"主体精神危机"，此种危机实能内化为王阳明在其政治与生命过程中超越困顿的最大动力，使他明确良知的真切意蕴和价值。另外，丁教授的论文兼能展现出阳明及其弟子在"静处体现"与"事上磨练"、"三有"与"一无"、"文献考证"与"精神危机"之间的张力与冲突中孕育出良知思想的艰难历程。

董平教授的《论良知作为人的本原性实在》一文则论证阳明之良知蕴含生命本原、情感本原、知识本原、德性本原四维度，四维相通相融，共同体现出良知是人的"本原性实在"。不过，作者指出论文并非主张"四重良知"之说，而是要通过对四个侧面的阐发，扩展良知之蕴，而良知终只是一良知而已。另外，笔者认为，董教授通过四个方面展示良知作为"本原性实在"的义涵，也是对牟宗三良知诠释的某种丰富与调整。牟氏将阳明良知之学诠释为"道德的形上学"，侧重阐释良知之为道德一义，指出良知作为道德而能通于形上界、存在界。但牟氏对于良知通于生命、情感的一面似乎着墨不多，此文应可略补其阙。

除此之外，本期论文也对良知学的结构、意义与价值作出较为精约的论述。吴光教授之文《论阳明学的理论结构、根本精神与当代价值》指出阳明良知之学具有本体论、方法论、实践论、民本论四层次的内容，其根本精神则在道德的理想主义、亲民的人文精神、和而不同的兼容精神、知行合一的力行精神四大端；据此，其当代价值则在于道德、民本、多元、力行之义上。而黄钊教授的论文则将阳明致良知之学置于中国伦理学史的脉络下考察，并概述良知之学的创造性价值，其中特别阐发致良知之学中修身、栽培、涵养的维度。

二

除了阐发阳明学中良知一义之外，本期论文作者还从哲学与理学的视野，或整体或具体地考察阳明心学的特质与品格所在。

杨国荣教授《当然与自然》一文指出宋明理学的整体取向是强调"当然"的问题，也即通过心、性、理等问题的探讨指向价值理想与道德义务。但是理学各派对于当然问题的理解各有不同，横渠重视当然与实然之统一，朱子重视当然与必然之统一，阳明则强调当然与自然之统一。这里所说的自然主要是指自然情感、七情之乐。阳明因为展示出心体与七情的内在沟通性，故能让道德实践成为自觉、自愿、自然的向善历程，而达致当然与自然、情与理的交融，因此就能够超化朱子因重视理性规范而造成的压制自然情感的问题。可以说，杨教授此文展示出宋明理学研究与哲学思考的双向发明。林安梧教授之文《关于"善之意向性"的问题之厘清与探讨》则将哲学思考从阳明引申至整个宋明理学。此文将朱子、陆王、蕺山分作三个逐渐递进的面向。朱子重物理，故强调"道德超越的形式性原理"；陆王重本心，故强调"道德超越的主体性原理"；而从阳明之良知之学直至蕺山之诚意、慎独之学，则隐含着从主体性走向意向性的趋势。蕺山推进阳明之学，通过"意"而对理、气、性、情、心、意、知、物诸端交相护养，最终建立意向性哲学并超化以往理学的主体性框架。林教授此文体现了他对宋明理学发展的独特洞察，同时也体现出他试图超越牟宗三过分的道德主体性哲学而培育自身的哲学系统的努力。

吴震教授《万物一体》一文则阐发出阳明"万物一体"之论所蕴含的政治社会理想。"万物一体"本是中国哲学的大传统、大方向，而吴教授则指出阳明将"万物一体"理解为"一体之仁"。这种一体之仁的境界蕴含感通性、循环性、实践性。放在《大学》的脉络下考察，则阳明哲学中"明德"与"亲民"的关系，并非朱子式的"明德为本，新民为用"，而是明德是"天地万物一体之体"，亲民是"天地万物一体之用"，使得明德与亲民构成诠释学循环。这一方面超化了朱子将两者视作两橛之可能，另一方面则使得亲民在实践功夫上反可构成明德之基。而通过明德与亲民的互摄关系，阳明的万物一体说指向了天下治平的社会政治理想。吴教授此文可以说是对于余英时《朱熹的历史世界》一书的主要观点的引申。当然，如果放置在现代的背景下作考察，则阳明通过"一体之仁"为基础，直接展示其政治理想，是否仍未能明确出道德与政治的分际？这有待于进一步的思考与讨论。

另外，陈立胜教授《入圣之机》一文则集中辨析了阳明"一念发动处即是行"这一重要命题。当代学界往往认为这个命题有"销行入知"的倾向，而与阳明一贯所重视的"销行入知"的思想造成紧张，因此不能体现出知行合一说的全幅意蕴。学界同时又认为这个命题中的"一念"应指"恶念"而非"善念"，否则会造成知而不行的流弊。陈文则通过详细的文本分析，指出这一命题与其说是一个警示性命题或关于克念功夫的命题，不如说是一个"入圣之机"的命题。换言之，就是阳明揭示出人在一念之中，已然含蕴着某种自有限而入无限的入圣之机，此入圣之机中自能蕴含着"知善知恶"的精微机括。当然，陈教授的这种"另类"解读是否完全切合阳明的本义，我们仍可将之放置在阳明思想的脉络下再作考察。

三

本期论文除了围绕阳明良知之学、心即理之学作出阐发之外，还从明代学术史、明清之际思想史乃至现代哲学精神等方面，对于阳明心学作出正面或侧面的论述。

蒋国保教授的《王阳明"〈大学〉古本"说散论》通过学术史的考察，指出《大学》对于阳明思想的影响具有根本性，而不是如牟宗三所说的以《中庸》为据依。蒋教授同时指出阳明此种诠释乃依据《大学》古文而引申出来，而他对《大学》古本的重视，并非出于文献学式的"发思古之幽情"，而是要创立自身的"《大学》古本诠释学"以对抗朱子的《大学》诠释学，我们从阳明《大学问》中对"良知"、"格物"的独特诠释便较容易得出这一结论。而蔡方鹿、刘畅二教授的《王阳明〈朱子晚年定论〉写作原因及其时代价值探讨》则关注历代所争论不休的《朱子晚年定论》一书。此文还原了阳明编写此书时的心态与取向，指出此书并非故与朱子立异，而是要推动朱子学发展的另一面。因此阳明编写此书，其初衷是要争取其学在官学上的一席之位、合法位置，由此可见阳明学的形成，是在与朱子学互动的过程中实现的。张新民教授《心学思想世界的建构与拓展》一文则通过丰富的篇幅，充分揭示出阳明心学是在儒、佛、道三教的互动互通的过程中建立起来的。这使得一方面能够促进三教融合，塑造阳明心学的开放性；另一方面又因为阳明不失儒家立场，而推动儒学自身的发展。

王船山与王阳明皆为明清两代的思想大家,本期论文对于"二王"思想也作了深入的比较。徐孙铭教授文《船山对阳明心学的批驳和误读》重在讨论船山对于阳明之学的批判。他认为船山的相关批判确实具有一定的合理性,但船山却不能由此否认阳明之学的合理价值,因为阳明倡言良知正体现出儒家重视道德的大传统,同时其良知之学在哲学上确实能够与佛道、狂禅构成实质性区别。徐教授的这种辨析,有助于厘清明清以来学术思想界对于阳明之学的某些误读。日本佐藤錬太郎教授的论文《王夫之对王学左派李贽的批判》则对比了李贽《藏书》与王船山《读通鉴论》两部史论的思想异同。他分析后指出,这两部史论都重视经世致用,并正视时代的变化性而批判正统论。李贽的政治观与伦理观以批判单一性而承认现实的多样性为特征;而王夫之身历明清之际的社会政治大变动,因此特别强调社会的道德伦理秩序的重要性,并以此批判《藏书》。佐藤教授的这种对比,体现出学术思想史研究的某种新角度和新视野。

邓红教授的《浅析〈南询录〉的佛教式机性论》则专精研究明代和尚邓豁渠的《南询录》一书,对书中"机"字的义涵作出细腻的分析,最终总结出"机"与"性"的相通一致性,因此邓豁渠的佛学思想可概括为"机性论"。笔者认为,这种机性论乃体现出明代思想的一个普遍的特征。郭齐勇教授是研究熊十力与新儒家的大家,他的文章《熊十力与心学的易学观》充分系统地揭示出熊十力的易学思想虽然是从理学的易学观中吸收其易学的方法论,从气学的易学观中吸收其生生健动之蕴,但究其实他最能承接阳明心学的易学观,因为熊氏易学观的基石在于"本心"、"本体"。另外,文章在此基础上指出熊氏易学未能完全超化其内在的一些矛盾与张力。对于这些矛盾与张力,学界仍有很多的探讨空间。

另外,钱明教授《东亚世界的"阳明学"概念》一文则以学术史与概念思想史的线索,通过东亚各地文化互动的脉络与背景,细腻丰富地展示出"阳明学"这一概念的形成、演变、衍化的过程。从中国明代的"姚江学"到其后的"阳明学",从朝鲜的"稽山"之说到后来的"王学"之称,从日本的崇尚"阳明学"到其后来中性的"阳明学"研究,"阳明学"的概念的所指的义涵,无不承担与体现着政治、社会、思想、学术等各方面的角力、冲突、变迁。通过文章的阐发与辨析,作者乃深切地体会到当今时代,学界更需要从整个东亚的视野,以思考阳明学的共时性与同体性,并呼吁成立东亚阳明学会与朱子学会,体现出作者宽广的学术关怀。

综上,本文简述了《阳明学研究》第一期所辑录论文对于阳明学研究的具体深化与推进,由此对于当代学界阳明学研究、中国哲学思想研究的趋势,实可窥见一斑。在哲学与理学研究的层面,当代学者越来越倾向于通过动态性、历史性、生成性的视野与方法,还原与展示出阳明学的形成与演化过程,并以此重新检视朱王之辩、格物之辩、心学理学气学之辩等传统论题。而拙见以为,当代学界已经在中西哲学的对比与融通的事业上推进甚多,因此我们在阳明学研究上,仍可促进和深化阳明学诸论题与中西哲学的互动互诠,从而臻至双向发明。换言之,学界对于阳明心学的哲学研究,理应成为未来中西哲学互动过程中的重要环节。而从学术思想史的角度而言,当今学界的研究视野与方法也体现出多元性、多角度的特征,今后的阳明学研究亦宜从增进多元、学科整合着眼,探析出与当代语境相关的论题;同时亦宜注重弥补研究不深的领域,例如阳明学与经学史、阳明学与经典诠释、阳明学与明清之际思想史、阳明学与东亚儒学等方面,当代学者仍可作深入专精的研探与辨析。

　　人能弘道，非道弘人。阳明心学推致良知、自作主宰的精神深深地显豁出儒学以至中华文化阐扬人道、天人交参的蕴奥。因此，正如郭齐勇教授在《发刊词》中所说"王阳明的精神就是我们中华民族的精神"。在此，我们衷心祈望《阳明学研究》能够成为推动阳明学乃至中华人文精神赓续复兴的学术阵地。

（作者单位：武汉大学哲学学院）